Ben-Simon

DER KINDER BROCKHAUS

Technik

DER KINDER BROCK HAUS

Technik

Mit Illustrationen von Axel Weigend
und Andreas Rzadkowsky

F. A. BROCKHAUS
Mannheim · Leipzig

Bibliografische Information der Deutschen Bibliothek
Die Deutsche Bibliothek verzeichnet diese
Publikation in der Deutschen Nationalbibliografie;
detaillierte bibliografische Daten sind im Internet
über http://dnb.ddb.de abrufbar.

Redaktionelle Leitung Ulla Behrendt-Roden
Redaktion Kristina Petersen, Annett Stütze
Fachlektorat Felix R. Paturi
Text Georg Hermens, Alexandra Hostert,
Kai Lückemeier, Alke Merkel, Daniel Münter,
Thomas Reintjes, Andrea Weinzierl (VisualBridges AG)

Herstellerische Leitung Claudia Rönsch
Layout Sigrid Hecker
Illustration Axel Weigend und Andreas Rzadkowsky
Umschlaggestaltung Hans Helfersdorfer
Satz und Herstellung Sigrid Hecker, Mannheim
Druck und Bindung Ebner und Spiegel GmbH, Ulm

Printed in Germany
ISBN 3-7653-2291-1

Inhalt

Ob morgens beim Aufstehen der Funkwecker, die Straßenbahn auf dem Weg zur Schule, die SMS in der Pause, das nachmittägliche Surfen im Internet oder abends das Stündchen vor dem Fernseher: Technik begegnet uns heutzutage überall. Ohne die vielen technischen Geräte wäre unser Alltag gar nicht mehr denkbar. Doch die technischen Geräte und Maschinen dienen nicht nur der Unterhaltung, sondern erleichtern auch die Arbeit in den Fabriken und sind eine wichtige Hilfe bei der Forschung.

In diesem Lexikon werden rund 300 technische Geräte, Maschinen und Instrumente vorgestellt und in ihrer Wirkungsweise erklärt. Du kannst das Buch dabei auf verschiedene Weise nutzen: Entweder du suchst Informationen zu einem ganz bestimmten Gerät, das du mit Namen kennst; dann schlägst du es hinten im Stichwortverzeichnis nach. Dort sind alle Geräte und Maschinen, die in diesem Lexikon vorgestellt oder erwähnt werden, mit Seitenzahlen aufgelistet.

1 Jedem Gerät in diesem Lexikon ist ein eigener Artikel gewidmet. Wo der Artikel anfängt, erkennst du an dem großen blauen **Stichwort**. Auf einer Seite findest du meistens zwei Stichworteinträge, also die Erklärungen zu zwei Geräten oder Maschinen.

2 Zu jedem Stichwort gibt es ein oder zwei **Fotos**. Sie zeigen dir das vorgestellte Gerät in Nahaufnahme oder im Einsatz in seinem Umfeld. Auf den historischen Fotos kannst du sehen, wie die Geräte früher aussahen, als sie gerade erfunden wurden, zum Beispiel einen der ersten Staubsauger oder den Vorläufer des Autos.

3 Viele Artikel haben neben den Fotos auch noch eine **Grafik**. Sie zeigt dir das Gerät im Detail und soll dir helfen, seine Funktionsweise zu verstehen. In der Grafik sind auch die einzelnen Bestandteile des Geräts benannt.

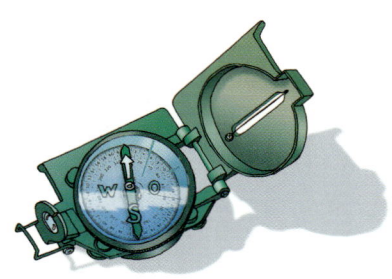

Kaufhaus

Leuchtstoffröhren und Neonlicht am Picadilly Circus in London.

Bis zu 10 000 Menschen befördert eine **Rolltreppe** pro Stunde. Sie fährt zwischen 30 und 60 m/min.

🔍 INFOBOX
Neonlicht

Oft werden Leuchtstoffröhren mit Neonröhren verwechselt. Neonröhren funktionieren nach einem ähnlichen Prinzip, allerdings benötigen sie etwas mehr Energie. Das Gas im Innern – man verwendet Neon oder andere Gase – wird zum Leuchten angeregt. Dieses Licht, bei Neongas ist es rot, kann man direkt sehen. Zu Schriftzeichen gebogene Neonröhren werden oft in der Werbung eingesetzt.

Leuchtstoffröhre

Leuchtstoffröhren haben im Vergleich zu ▶ Glühlampen mehrere Vorteile: Sie werden nicht so heiß, brauchen weniger Energie und sind länger haltbar.

Im Inneren der Leuchtstoffröhren ragt an jedem Ende ein kleiner Metallstift in die Röhre. Diese so genannten Elektroden sind mit dem Stromnetz verbunden. Außerdem ist die Röhre mit Gas gefüllt. Wird nun also in der Röhre zwischen den Elektroden eine Spannung aufgebaut, leitet das Gas den Strom und fängt an zu leuchten. Allerdings ist das Licht zunächst unsichtbar – deshalb nennt man es Schwarzlicht. Erst eine Leuchtschicht auf der Innenwand der Glasröhre verwandelt es in sichtbares Licht. ■

Rolltreppe 1

Um 1900 wurde eine Treppe mit beweglichen, auf Rollen gelagerten Stufen entwickelt. Mit diesem vor allem in Kaufhäusern eingesetzten Beförderungsmittel können zur gleichen Zeit wesentlich mehr Menschen als in einem ▶ Aufzug befördert werden.

Rolltreppen arbeiten ähnlich wie Aufzüge mit einem Gegengewicht. Die Stufen, die im Innern der Rolltreppe wieder zurückfahren, wirken dabei als Gegengewicht. Der ▶ Motor muss so nur wenig mehr Kraft aufwenden, als er braucht um die Menschen zu bewegen. Mit dem Motor wird eine Kette angetrieben, die die Stufen zieht. Die Stufen selbst haben an der Vorder- und an der Hinterkante Rollen. Damit gleiten sie auf zwei verschiedenen Schienen. Durch den Abstand der Schienen wird die Stufenhöhe festgelegt. Über große Umlenkrollen werden die Stufen wieder zurück zum Anfang geschickt. Dabei hängen sie kopfüber an Schienen unter dem sichtbaren Teil der Rolltreppe. ■

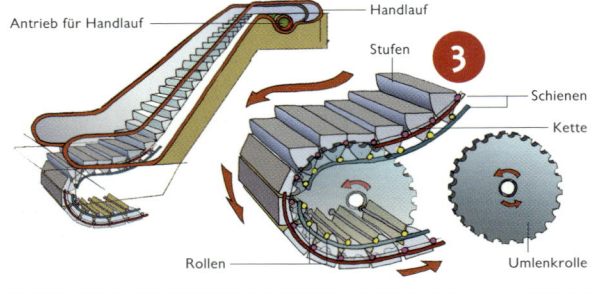

Antrieb für Handlauf — Handlauf — Stufen — **3** — Schienen — Kette — Rollen — Umlenkrolle

136

Vielleicht hast du dich auch schon immer gefragt, mit welcher technischen Ausrüstung beispielsweise ein Vulkanforscher arbeitet. Das kannst du im Kapitel »Auf der Forschungsstation« nachlesen. Oder mit welcher Technik die Polizisten bei ihrer Ermittlung von Verbrechen unterstützt werden? Darüber gibt dir das Kapitel »Bei der Polizei« Auskunft. Die Inhaltsübersicht auf Seite 5 zeigt dir, wo die einzelnen Kapitel beginnen.

Du kannst dich aber auch über das große Panoramabild, das jedem Kapitel vorangestellt ist, »einlesen«. Auf dieser Bildtafel werden auf einen Blick viele Stichwörter eines Kapitels gezeigt. Wenn dich ein Gerät in dem Bild besonders interessiert, du aber nicht weißt, wie es heißt, dann hilft dir die Bildlegende auf der linken Seite des Bildes. Sie nennt dir den Namen des Geräts, und unter seinem Stichwort kannst du viel Wissenswertes darüber nachlesen.

Kaufhaus

Scannerkasse

Fast alle Waren im Supermarkt sind mit einem Strichcode versehen. Von der Kassiererin wird dieser Code an der Scannerkasse eingelesen – meist mithilfe ▶ Lasers. Mehrere teils bewegliche Spiegel lenken den Laserstrahl um. So tastet er 200- bis 1000-mal pro Sekunde das Scanfenster nach Strichcodes ab. Manche Kassen nutzen mehrere Laserstrahlen gleichzeitig. Diese sind so über Kreuz angeordnet, dass sie den Strichcode in verschiedenen Lagen ablesen können.

Andere Scannerkassen nutzen statt eines Lasers einen CCD-Chip, wie er auch in modernen ▶ Kameras oder ▶ Scannern für Computer eingebaut ist.

Gemeinsam ist allen Strichcode-Scannern, dass sie am reflektierten Licht den Strichcode als Hell-Dunkel-Muster erkennen. Daraus

Mit einem **Handscanner** liest der Paketbote den Transportcode eines Pakets ein.

wird die Produktnummer errechnet. Aus einer Datenbank rufen sie dann den aktuellen Preis für das Produkt ab.

Nicht nur im Supermarkt werden Strichcodes und Scanner benutzt. Mithilfe von Strichcodes werden Postpakete (▶ Post) sortiert, und wer genau hinguckt, kann auch auf Briefen einen aufgedruckten Strichcode entdecken. Sowohl Bücher und Benutzerausweise in Bibliotheken als auch Skipässe sind oft mit Strichcodes ausgestattet, und selbst im Krankenhaus nutzt man sie. ■

💡 ERFINDUNG

Die Registrierkasse

Der Amerikaner James Ritty muss ein misstrauischer Mensch gewesen sein. Den Angestellten in seiner Bar schien er jedenfalls nicht zu trauen. Deshalb entwickelte er im Jahr 1879 gemeinsam mit seinem Bruder eine Registrierkasse. Sie verhinderte, dass jemand Geld in die eigene Tasche steckte, denn die Kasse vermerkte alle Einnahmen. In Deutschland fertigte ab 1900 die Firma Anker solche Kassen (siehe Bild).

🔍 INFOBOX

Strichcode

Jede Zahl lässt sich auch als Strichcode ausdrücken. Zunächst kann man Zahlen als Folge von Einsen und Nullen schreiben. Die Zahl 13 sieht als so genannte Binärzahl so aus: 1101. In einem Strichcode wird diese Zahl in helle und dunkle [..] übersetzt. Meist steht die ursprüngliche Zahl als normal lesbare Ziffernfolge unter dem Strichcode.

9 783765 322914

Oft ist in die **Scannerkasse** eine Waage integriert. Obst und Gemüse kann die Kassiererin so nach Gewicht abrechnen.

4 Innerhalb eines Artikels gibt es farbige Pfeile: die **Verweispfeile**. Sie zeigen dir an, dass es zu dem nachfolgend genannten Gerät einen eigenen Artikel gibt. Auf welcher Seite du diesen Artikel findest, kannst du hinten im Stichwortverzeichnis unter dem jeweiligen Gerätenamen nachschlagen.

5 Vertiefende oder zusätzliche Informationen zu dem Stichwort erhältst du in den **Boxentexten**. Es gibt die so genannten **Infoboxen**, die die Stichwortartikel inhaltlich weiterführen oder ergänzen. Viele von ihnen sind außerdem mit einem weiteren Foto zum Thema ausgestattet. In den **Quizboxen** kannst du dein Wissen spielerisch prüfen. Um die richtige Antwort zu erfahren, musst du das Buch auf den Kopf stellen. Wie und wann ein Gerät erfunden wurde, erfährst du in den **Erfindungsboxen**. Hier kannst du auch noch weitere interessante Details nachlesen. Und in den **Interviewboxen** kommen Fachleute zu Wort, die dir sicherlich einige brennende Fragen beantworten können.

Zu manchen Maschinen oder Geräten gibt es besonders viel zu sagen, deshalb werden sie auf **Sonderseiten** erklärt. Diese erkennst du daran, dass sie gelb unterlegt sind.

137

Am besten versteht man, wie eine Maschine funktioniert, wenn man sie direkt an ihrem Einsatzort sieht. Hilfreich ist es außerdem, wenn man weiß, welche anderen Geräte in ihrem Umfeld eingesetzt werden. Deshalb hat dieses Lexikon ein besonderes Ordnungsprinzip: Es ist nicht streng alphabetisch sortiert, sondern teilt die Maschinen, Geräte und Instrumente nach Kapiteln auf. So steht beispielsweise die Mikrowelle nicht neben dem Stichwort Mikroskop, sondern zwischen Lichtsensor und

Nähmaschine – alles Gegenstände, die du im Kapitel »Im Haus« findest. Jedes der 20 Kapitel ist einem wichtigen Lebensbereich des Menschen gewidmet, vom Bahnhof bis zum Weltraum, von den Unterhaltungsmedien bis zum Bauernhof. Das Lexikon endet mit einem Ausblick auf die »Technik von Morgen«. Hierin kannst du nachlesen, an welchen technischen Erfindungen die Forscher heute experimentieren, damit wir sie vielleicht in naher Zukunft einsetzen können.

Ein **farbiger Balken** oben und unten auf der Seite kennzeichnet die Kapitel.

Die ganzseitigen gemalten **Panoramabilder** führen dich in das jeweilige Thema ein. Auf ihnen findest du die meisten Geräte wieder, die in dem Kapitel erklärt werden. Aufschnitte und besondere Perspektiven ermöglichen dir einen spannenden Einblick, zum Beispiel in die Innenräume einer Forschungsstation, auf die Baustelle einer Autobahnbrücke oder in das Cockpit eine Raumschiffs.

In der linken Spalte, der **Bildlegende**, sind alle Geräte, die du auf dem Panoramabild siehst, namentlich aufgeführt. Die Geräte, die auf den nachfolgenden Seiten als Stichwörter erklärt werden, aber im Panoramabild nicht zu sehen sind, haben keine Nummer.

Im Haus

1 Einbruchsicherung
2 Garagentor
3 Geschirrspülmaschine
4 Herd
5 Klimaanlage
6 Küchenwaage
7 Kühlschrank
8 Lichtsensor
9 Mikrowellenherd
10 Nähmaschine
11 Rasenmäher
12 Sicherheitsschloss
13 Staubsauger
14 Toaster
15 Türklingel
16 Uhr
17 Waschmaschine
18 Zentralheizung

116

Am Anfang jedes Kapitels steht ein großes Panoramabild. Es verschafft dir einen schnellen Überblick. Ihm folgt ein einleitender Text, der die wichtigsten Informationen zu dem jeweiligen Lebensbereich und den dort verwendeten Geräten und Maschinen zusammenfasst und dich in das Thema einführt. Wenn du die Artikel eines Kapitels vom Anfang bis zum Ende durchliest, wirst du manchen Zusammenhang verstehen. Im Kapitel »Am Flughafen« zum Beispiel kannst du vom Check-in bis zur Landung die einzelnen technischen Stationen mitverfolgen: Vom Röntgengerät bei der Sicherheitskontrolle über das kilometerlange Fließbandnetz bei der Gepäckbeförderung, von den komplizierten Kontrollinstrumenten im Flughafentower bis zu den unzähligen Steuerungsgeräten im Cockpit des Flugzeugs – all diese verschiedenen Geräte und Maschinen müssen eingesetzt werden, damit die Passagiere und das Gepäck heil an ihr Ziel gelangen.

117

Jedes Gerät und jede Maschine im Panoramabild hat eine **Nummer**. Wenn du etwas nicht kennst, findest du in der Spalte links vom Bild eine Wörterliste. Hier stehen die Geräte in alphabetischer Reihenfolge und nach Nummern geordnet.

Auf dem Bahnhof

Auf dem Bahnhof

In einem Bahnhof ist jeden Tag viel los, denn täglich nutzen in Deutschland fast fünf Millionen Menschen die Eisenbahn – zum Beispiel, um zur Arbeit, in die Schule oder in den Urlaub zu fahren.

Im Bahnhofsgebäude stehen Fahrkartenautomaten, an denen die Reisenden einen Fahrschein kaufen oder sich einen Sitzplatz im Zug reservieren können.

An großen Anzeigetafeln lässt sich leicht ablesen, welche Züge in der nächsten Zeit ankommen oder abfahren.

Auf den Gleisen sieht man die unterschiedlichsten Züge: Voll beladene Güterzüge, Rangierloks und moderne Hochgeschwindigkeitszüge wie der ICE warten auf die Weiterfahrt.

Damit die Reisenden ihre Züge gut erreichen können, gibt es oft unterhalb des Bahnhofs U-Bahn-Stationen.

Erhält ein Zug Einfahrt in den Bahnhof, lotsen ihn die im Stellwerk arbeitenden Mitarbeiter durch das Gewirr von Gleisen und Weichen bis zum richtigen Gleis. Über eine Lautsprecherdurchsage werden die wartenden Passagiere informiert, auf welchem Gleis ein Zug als Nächstes einfährt und ob er mit Verspätung ankommen wird. Während der Einfahrt sorgen Zugbremsen dafür, dass der Zug im Bahnhof an der richtigen Stelle zum Stillstand kommt. Erst wenn der Zug sicher angehalten hat, lassen sich die Türen öffnen – das ist eine Vorsichtsmaßnahme, damit niemand aus Versehen aus dem fahrenden Waggon fällt. Nach dem die angekommenen Fahrgäste ausgestiegen sind, können die abreisenden einsteigen. Erst dann gibt das Gleispersonal dem Lokführer das Zeichen zur Weiterfahrt. Und los geht die Reise zum nächsten Bahnhof.

Auf **Anzeigetafeln** können die Reisenden die Abfahrtszeit und die Gleisnummern ablesen.

Anzeigetafel

Damit jeder Fahrgast weiß, auf welchem ► Gleis sein Zug abfährt, gibt es in der Eingangshalle von großen Bahnhöfen Anzeigetafeln. Dort kann man alle wichtigen Informationen über demnächst abfahrende oder ankommende Züge ablesen. Die Anzeigetafeln informieren nicht nur über Abfahrtszeit, Zwischenhalte und Zielbahnhof, wie die herkömmlichen Fahrpläne, die auf großen, gelben Plakaten im Bahnhof hängen, sondern auch über eventuelle Verspätungen. Die aktuellen Informationen erscheinen automatisch auf der Anzeigetafel. Entsprechend der Sommer- und Winterzeit werden die Fahrpläne zweimal im Jahr im Computer hinterlegt. Nur Verspätungen müssen von Hand eingegeben werden. ■

QUIZBOX
Fahrkartenautomaten

Auf jedem Bahnhof steht mindestens ein Fahrkartenautomat für den Nah- oder Fernverkehr. Wie viele gibt es insgesamt in Deutschland?

1. Etwa 35
2. Etwa 5000
3. Etwa 10 000

Antwort 3: Bundesweit stehen etwa 10 000 Fahrkartenautomaten auf den Bahnhöfen bereit, an denen Reisende rund um die Uhr eine Fahrkarte kaufen können.

Fahrkartenautomat

Um mit einem Zug fahren zu können, braucht jeder Passagier eine Fahrkarte. Darauf stehen Start- und Zielbahnhof sowie die Zeitspanne, in der die Karte gültig ist. Die Fahrkarte kann man entweder an einem Schalter im Bahnhof, im ► Internet oder am Fahrkartenautomaten kaufen. Der Vorteil von Fahrkartenautomaten ist, dass die Reisenden dort rund um die Uhr eine Fahrkarte erwerben können und nicht darauf warten müssen, bis der Schalter öffnet. An vielen kleineren Bahnstationen gibt es oft gar keine Schalter mehr.

Am Fahrkartenautomaten muss der Fahrgast zunächst über eine Tastatur oder einen berührungsempfindlichen Bildschirm eingeben, wohin er reisen möchte. Im Automaten arbeitet ein kleiner Computer, der die Strecke und den Preis selbstständig errechnet. Sobald der Fahrgast seine Reise bezahlt hat, druckt der Automat die gewünschte Fahrkarte aus. Es gibt zwei Arten von Fahrkartenautomaten: für den Nah- und den Fernverkehr. An den Automaten für den Fernverkehr können Reisende nicht nur Fahrkarten kaufen, sondern sich außerdem Fahrpläne anzeigen lassen oder einen Sitzplatz im Zug reservieren. ■

An **Fahrkartenautomaten** können Reisende ihre Fahrkarten mit Münzen, Geldscheinen oder Bankkarten bezahlen.

Mithilfe von Weichen lassen sich die **Gleise** so verstellen, dass Züge die Fahrspur wechseln können. Signale weisen den richtigen Weg in den Bahnhof.

Gleise

Gleise bestehen aus zwei Schienen, die meist auf Holzschwellen befestigt sind. Der Abstand zwischen den Schienen ist die »Spurweite«. In Deutschland beträgt sie genau 1435 mm – das ist die so genannte »Normalspur«. Schienenstränge, die weiter auseinander liegen, nennt man »Breitspur«. Es gibt auch Schmalspur-Bahnen, die auf enger liegenden Schienensträngen fahren.

Ihren Namen bekam die Eisenbahn von den früher verwendeten Eisenschienen; heute sind sie aus dem stabileren Stahl. Und statt auf Holzschwellen werden sie nun oft auf einer Betonschicht verlegt. ■

Güterzug

Die Eisenbahn transportiert nicht nur Reisende quer durch das Land, sondern auch viele Waren. Dafür gibt es eigene Güterwaggons. In Deutschland können Güterzüge bis zu 700 m lang sein! Der Vorteil von Güterzügen ist, dass sie viel mehr und viel schwerere Lasten transportieren können als ▶ LKWs: Durchschnittlich befördert ein Zug ungefähr so viele Güter wie 40 LKWs.

Für den Gütertransport setzt man oft ▶ Container ein. Diese werden von großen ▶ Kränen auf die Zugwaggons gehoben. Um möglichst lange Züge zusammenzustellen, werden manchmal Güterwaggons aneinander gekoppelt, die nicht den gleichen Zielbahnhof haben. Sie fahren so weit wie möglich zusammen und werden dann auf Zwischenstationen in Rangierbahnhöfen neu zusammengestellt. ■

Moderne **Güterzüge** können mit einer Höchstgeschwindigkeit von 120 km/h fahren und dabei bis zu zehn ▶ Container transportieren.

Hochgeschwindigkeitszug

Das ▶ Auto hat sich zum größten Konkurrenten der Eisenbahn entwickelt: Fast jede Familie hat heute ein eigenes und ist deshalb bei Reisen nicht mehr auf die Bahn angewiesen. Damit die Menschen wieder öfter die Eisenbahn statt ihres Autos nutzen, wurden Hochgeschwindigkeitszüge entwickelt. Diese können mit Geschwindigkeiten von mehr als 300 km/h durch das Land flitzen. Damit sind sie ungefähr so schnell wie ein ▶ Formel-1-Rennwagen.

Der deutsche Hochgeschwindigkeitszug ist der ICE (Intercityexpress) – von außen gut erkennbar an der weißen Farbe und dem roten Längsstreifen. Wichtig für seine Schnelligkeit ist neben den starken ▶ Motoren auch seine windschnittige Form: Er sieht aus wie eine lange Schlange, denn die einzelnen Wagen gehen fast nahtlos ineinander über. Der ICE wird nicht von einer herkömmlichen ▶ Lokomotive, sondern von zwei »Triebköpfen« vorwärts bewegt. Ein Triebkopf sitzt an der Spitze des Zuges und zieht, der andere befindet sich am Ende und schiebt den Zug von hinten an. Zwischen die beiden Triebköpfe können bis zu 14 Mittelwagen eingespannt werden.

Seit dem Jahr 2000 gibt es den weiter verbesserten ICE 3. Die Motoren des ICE 3 befinden sich nun nicht mehr an den Zugenden, sondern sind über die gesamte Länge verteilt. Das macht den neuen ICE noch schneller, weil so die Antriebskraft über den ganzen Zug verteilt ist: Er kann bis auf 330 km/h beschleunigen. ■

Es gibt auch **Hochgeschwindigkeitszüge** mit Neigetechnik wie bei diesem ICE: Sie legen sich in die Kurven, ähnlich wie auch die Fahrer von ▶ Motorrädern. So sind sie noch schneller.

🔍 INFOBOX

Berühmte Hochgeschwindigkeitszüge

Hochgeschwindigkeitszüge gibt es nicht nur in Deutschland: In Japan fahren schon seit 1964 die so genannten Shinkansen-Züge (Bild links). Sie waren bereits damals über 200 km/h schnell und wurden technisch immer weiter verbessert. Die Shinkansen-Züge sind vor allem für ihre Pünktlichkeit berühmt: Im Jahr 1999 betrug die längste Verspätung gerade einmal 24 Sekunden!
Die ersten europäischen Hochgeschwindigkeitszüge waren der französische TGV (Train à Grande Vitesse, Bild rechts) und etwa zeitgleich der britische APT (Advanced Passenger Train). Die Premierenfahrt des TGV fand am 22. September 1981 auf der Strecke von Paris nach Lyon statt. Schon damals beschleunigte der französische Superzug auf Geschwindigkeiten von 260 km/h. Seine Antriebstechnik wurde ständig weiter verbessert. Am 18. Mai 1990 stellte der TGV einen Weltrekord auf: Mit einer Spitzengeschwindigkeit von 515,3 km/h war er der schnellste Zug der Welt!

Lokomotive

Lokomotiven sind die Antriebsfahrzeuge von Eisenbahnen. Früher wurden sie mithilfe von Dampfkraft vorwärts bewegt. Die Dampfeisenbahn wurde im 19. Jahrhundert zum ersten Transportmittel, mit dem sich auch ärmere Menschen eine Reise leisten konnten. Nun mussten die langen Wege nicht mehr zu Fuß oder mit dem Pferd zurückgelegt werden. Aber auch für den Gütertransport bedeutete die Dampfeisenbahn einen großen Fortschritt: Mit ▶ Güterzügen konnten schwere Waren viel schneller an ihr Ziel befördert werden.

Die Firma Siemens entwickelte die erste Lokomotive, die nicht durch Dampfkraft angetrieben wurde, sondern mit ▶ Elektrizität.

Auf einer Ausstellung im Jahr 1879 transportierte die kleine Elektrolok zum ersten Mal Fahrgäste und fand begeisterten Anklang. Da die Elektromotoren schnell immer leistungsfähiger wurden, haben die E-Loks ihre dampfgetriebenen Vorgänger mehr und mehr von den Schienen verdrängt.

Elektroloks können die schweren Züge besonders gut ziehen, weil sie wesentlich leichter als Dampflokomotiven sind, dabei aber über viel Kraft verfügen. Außerdem sind sie ungefährlicher: Früher konnte es manchmal passieren, dass eine überanstrengte Dampflok explodierte.

Die Elektroloks entnehmen die nötige Energie für ihre Motoren Stromleitungen.

Dampflokomotiven waren wegen der großen Rauchwolken schon von weitem zu sehen. Auch heute fahren auf einigen besonderen Strecken, wie beispielsweise an der Ostsee zwischen Grevesmühlen und Klütz, noch alte Loks, wie diese 1943 gebaute Dampflok der Baureihe 52.

Diese dicken Leitungen verlaufen oberhalb der Gleise. Auf dem Dach der Elektrolok befinden sich spezielle Stromabnehmer, die von unten an die Oberleitung gedrückt werden. Deshalb müssen alle Bahnstrecken, auf denen Elektroloks fahren, mit Stromkabeln versehen sein. Da die Ausstattung der Bahnstrecken mit Oberleitungen ziemlich teuer ist, lohnt sich die Investition nur auf Linien, die häufig befahren werden.

Auf den Nebenstrecken fahren deshalb meist Dieselloks. Sie werden von einem Dieselmotor angetrieben und benötigen keinen

ERFINDUNG
Die erste Lok

Früher wurden Eisenbahnen wie Kutschen von Pferden über die Schienen gezogen. Die meisten dieser Pferde-Bahnen fuhren in ▶ Bergwerken, um Kohle und Erz aus den Gruben zu befördern. Die erste von Dampf angetriebene Lokomotive baute der Engländer Richard Trevithik im Jahr 1804. Sie konnte bis zu 8 km/h schnell fahren und fünf schwer beladene Wagen ziehen. Doch niemand wollte Trevithiks Lok kaufen und einsetzen.

Es dauerte noch über 20 Jahre, bis eine Dampflokomotive fahrplanmäßig Passagiere beförderte: Erst die Lok »Locomotion«, die der Engländer George Stephenson gebaut hatte, brachte Reisende von der Stadt Darlington ins benachbarte Stockton. Bei ihrer ersten Fahrt am 27. September 1825 wurde die »Locomotion« von einer jubelnden Menschenmenge empfangen. In Deutschland fuhr die erste Lok, die »Adler« hieß, im Dezember 1835 auf einer 8 km langen Strecke zwischen Nürnberg und Fürth.

Strom aus Oberleitungen. Aber Dieselloks müssen regelmäßig aufgetankt werden – genau wie ▶ Autos.

Mittlerweile gibt es auch eine Weiterentwicklung der herkömmlichen Lokomotiven: Der Triebkopf ist eine Kombination aus Lokomotive und Waggon. Im vorderen Teil sitzt der Lokführer und direkt dahinter sind die Plätze für die Fahrgäste. Triebköpfe werden zum Beispiel bei ▶ Hochgeschwindigkeitszügen eingesetzt. ■

Diesel-Lokomotiven müssen an besonderen Lok-Tankstellen (▶ Tankstelle), die mit extra großen Zapfsäulen ausgestattet sind, regelmäßig aufgetankt werden. Ein Personenzug der neuesten Bauart hat einen 2500-l-Tank und kann damit 1000 km weit fahren. Die viel schwereren Güterzüge benötigen 4000 l für die 1000 km. Die Deutsche Bahn verfügt über 210 Eisenbahn-Tankstellen.

Stromabnehmer — Flüssigkeitskühlanlage — Hochspannungsgerüst — Fahrmotorlüfter — Führerraum — Führerraum — Fahrmotoren — Haupttransformator — Fahrmotoren

101 004-0

Elektroloks entnehmen den Strom von Oberleitungen, so werden die ▶ Motoren angetrieben.

Magnetschwebebahn

Die Züge der Eisenbahn rollen auf Rädern über die ▶ Gleise. Es gibt aber auch eine Bahn, die ohne Räder auskommt: die Magnetschwebebahn. Sie schwebt über der so genannten Führungsschiene, die auf Stützen verläuft. Diese Schiene sieht aus wie eine lange Brücke. Damit der Zug nicht von der Führungsschiene herunterfällt, umgreift er sie mit Traggestellen.

Starke Magnete, die sich von unten an den Fahrweg heranziehen, bringen den Zug zum Schweben. Die so genannten Trag- und Führmagnete sind beidseitig über die gesamte Länge des Zuges angeordnet. Die starke Anziehung zwischen den Magneten bewirkt, dass der Zug von unten an die Führungsschiene herangehoben wird. Er »klebt« dort aber nicht fest, weil die Erdanziehungskraft den Zug gleichzeitig nach unten zieht. Es wirken also zwei gegenläufige Kräfte auf den Zug ein: die Anziehungskraft zwischen den beiden Magneten und die Erdanziehungskraft.

Ein besonderer Elektromotor treibt die Magnetschwebebahn an. Dieser ▶ Motor ist äußerst leistungsstark und macht die Magnetschwebebahn sehr schnell.

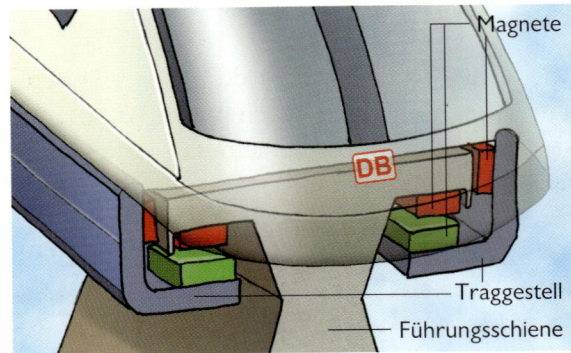

In Deutschland wurde die Magnetschwebebahn »Transrapid« entwickelt. Seit Ende 2003 fährt sie in China. Dort können die Menschen vom neuen Finanzzentrum Schanghais bis zum 30 km entfernten Flughafen »Pudong International« schweben. Dabei beträgt die Fahrzeit nur knapp acht Minuten und der Transrapid erreicht Geschwindigkeiten über 500 km/h. ■

Die deutsche **Magnetschwebebahn** Transrapid verkehrt im Emsland auf einer 31,5 km langen Versuchsstrecke. Hier wird die Bahn im Dauerbetrieb getestet und der Öffentlichkeit vorgestellt.

INFOBOX

Die Wuppertaler Schwebebahn

Bereits vor über 100 Jahren wurde in Wuppertal die erste Schwebebahn gebaut. Ihre Schienen verlaufen wie bei einer Magnetschwebebahn auf Stelzen. Die Räder des Zuges sind auf dem Dach der Waggons befestigt und in die eigentlichen Eisenbahnschienen eingehängt. So »schweben« die Wagen unter den Schienen entlang.

Bei der Planung einer Nahverkehrsstrecke durch Wuppertal war nicht ausreichend Platz für eine herkömmliche Bahnlinie. So überlegte man, eine »schwebende Bahn« über dem Flussbett der Wupper zu bauen. Die 13,3 km lange Strecke verläuft fast ausschließlich über dem Fluss.

Die Wuppertaler Schwebebahn ist heute das Wahrzeichen der Stadt. Viele berühmte Menschen sind schon mit ihr mitgeschwebt. Und sogar ein Elefant ist mit ihr verreist – und dabei aus dem Zug gefallen! Glücklicherweise hat er sich aber nicht schwer verletzt.

Reservierung

Am Wochenende und in den Ferien möchten oft sehr viele Menschen mit dem Zug verreisen. Um sicher zu sein, dass man während der Reise einen Sitzplatz findet, kann man vorher eine Reservierung vornehmen. Möglich ist das am Schalter im Bahnhof, am ▶ Fahrkartenautomaten, im Reisebüro und über das ▶ Internet. Auf dem Reservierungsschein sind die Nummern des Waggons und des Platzes, auf den man nun ein Anrecht hat, vermerkt. Die getätigten Reservierungen sind alle in einer großen Computer-Datenbank gespeichert. Die Bahnmitarbeiter können über ihre Computer auf die Datenbank zugreifen und sehen, welche Plätze belegt sind.

In den Zügen lässt sich an einem kleinen Kärtchen oder Display über den Sitzen ablesen, welche Plätze reserviert worden sind. ■

INFOBOX

Signale – die Verkehrszeichen der Eisenbahn

Anhand von Signalen erkennt der Lokführer, wann er den Zug anhalten muss und wann er weiterfahren darf.
Früher gab es nur »Formsignale« (siehe Bild) – an einem hohen Mast waren oben bewegliche Flügel angebracht. Die unterschiedliche Stellung der Flügel zeigte an, ob der Zug bremsen oder halten musste. Heute werden fast ausschließlich Lichtsignale eingesetzt. Ähnlich wie bei ▶ Ampeln bedeutet auch hier: grünes Licht »Freie Fahrt«, rotes Licht dagegen »Halt!«. Weil Züge nicht so schnell stoppen können, gibt es die so genannten Vorsignale. Sie informieren bereits 1000 m vor dem Hauptsignal, was dieses anzeigen wird.

Stellwerk

Um die Züge zu koordinieren und um Zusammenstöße zu vermeiden, wird der Schienenverkehr in Stellwerken gesteuert. Stellwerke befinden sich meist in der Nähe der Bahnhöfe.

Alle Signale und Weichen im Umkreis werden dort so gestellt, dass so genannte »Fahrstraßen« entstehen. Wie auf einer richtigen Straße wird der Zug über die Weichen zum richtigen ▶ Gleis im Bahnhof geleitet. Außerdem überwachen die Mitarbeiter im Stellwerk, dass die Fahrstraße immer nur von einem Zug befahren wird: Alle anderen Weichen, die auf die Fahrstraße hinführen, werden blockiert.

Früher gab es nur mechanische Stellwerke, bei denen die Weichen und Signale über Seilzüge mit Hebeln im Stellwerksgebäude verbunden waren. In den 1950er-Jahren wurden immer mehr Gleisbildstellwerke in Betrieb genommen. Auf einer großen Tafel ist der Gleisverlauf der Umgebung abgebildet; farbige Lämpchen symbolisieren die verschiedenen Weichen und Signale. Mittels Taster werden die Fahrstraßen automatisch eingestellt. Seit 1985 gibt es auch Stellwerke, die elektronisch funktionieren. Hier überwachen Computer den Zugverkehr. ■

In einem **Gleisbildstellwerk** sind auf großen Pulten Gleise, Weichen und Signale durch Linien und Lämpchen dargestellt. Häufiger sind heutzutage allerdings elektronische Stellwerke.

U-Bahn

QUIZBOX

Wie schnell fahren U-Bahnen in Deutschland?

1. 20 km/h

2. 50 km/h

3. 80 km/h

Antwort 3: Die U-Bahnen können auch auf den kurzen Strecken zwischen den Bahnhöfen Geschwindigkeiten bis zu 80 km/h erreichen.

Untergrundbahnen sind in Großstädten mit die schnellsten Verkehrsmittel, da sie vom Straßenverkehr unabhängig sind und diesen entlasten. In eine einzige U-Bahn passen ungefähr so viele Menschen wie in 12 Busse. Die Züge der U-Bahn fahren unterirdisch auf einem eigenen Schienensystem. Oft gelangen die Fahrgäste über lange Rolltreppen zu den Stationen. Neben den ▶ Gleisen verläuft ein schmaler Steg. Auf ihm können die Fahrgäste bei einem Notfall bis zum nächsten Notausstieg laufen. Diese liegen immer zwischen den einzelnen Stationen. Auf den Stegen können aber auch die Bahnarbeiter zu einem kaputten Zug gelangen, wenn Reparaturen notwendig sind.

Die Züge der U-Bahn werden von Elektromotoren (▶ Motor) angetrieben. Den benötigten Strom bekommen sie nicht über eine Oberleitung wie im normalen Zugverkehr. Stattdessen versorgt eine Stromschiene, die zwischen oder neben den Gleisen verläuft, die Züge mit Energie.

Es gibt sogar schon U-Bahnen, die ganz ohne Fahrer auskommen. Diese Züge werden von einer Zentrale aus ferngesteuert. ■

Die Fahrt mit der **U-Bahn** gehört mittlerweile in nahezu allen Großstädten zum Alltag der Menschen – wie hier in Barcelona.

INFOBOX

Die erste U-Bahn

Die erste Untergrundbahn wurde im Jahre 1863 in London eingeweiht. Die Züge wurden noch von Dampflokomotiven gezogen. Deshalb war es in den U-Bahn-Schächten stickig und voller Ruß. Hinzu kam die schlechte Beleuchtung der Züge und Tunnel – kein Wunder also, dass sich viele Menschen fürchteten.
Die erste U-Bahn auf dem europäischen Festland fuhr 1896 in Budapest (siehe Foto). Hier wurden von Anfang an elektrische Bahnen eingesetzt. Auch in anderen Großstädten wurden U-Bahn-Linien gebaut: Die Pariser Metro wurde 1900 eröffnet, die U-Bahn in Berlin zwei Jahre später.

Zugbremsen

Einen schweren Zug mit ▶ Lokomotive und mehreren Waggons zum Stehen zu bringen, kann ganz schön schwierig sein. Wenn lediglich die Lok eine Zugbremse hätte, wäre der Bremsweg, bis der gesamte Zug zum Stillstand kommt, sehr lang. Deshalb müssen sowohl die Lokomotive als auch die einzelnen Waggons gebremst werden. Früher gab es dafür kleine Häuschen auf den Wagen, in denen die »Bremser« saßen. Auf Befehl des Lokführers mussten sie den so genannten »Bremsschuh« mithilfe einer Kurbel auf die Wagenräder drücken und den Zug so abbremsen. Ende des 19. Jahrhunderts entwickelte der Amerikaner George Westinghouse die Druckluftbremse: In einem Kessel der Lok wird Luft zusammengedrückt, bis sie unter einem extrem hohen Druck steht. Diese Druckluft leitet der Lokführer bei Bedarf durch ein Rohrsystem zu den einzelnen Wagen. Mit ihr werden die »Bremsbacken« oder »Bremsklötze« auf die Räder gedrückt und der Zug bremst ab. Das funktioniert so ähnlich wie die Bremsbacken bei ▶ Fahrrad-Handbremsen, nur werden diese per Hand über den Seilzug der Handbremse auf die Räder gepresst. Der Vorteil von Druckluftbremsen ist, dass der Lokführer sie allein betätigen kann.

Druckluftbremsen werden noch heute in allen Zügen als zusätzliches Bremssystem eingesetzt. Mittlerweile gibt es aber andere, verbesserte Arten von Bremsen, zum Beispiel elektrische Bremsen. Besonders in ▶ Hochgeschwindigkeitszügen müssen extrem leistungsstarke Bremsen eingesetzt werden. ■

INFOBOX

Vorsicht, Notbremse!

Jeder Waggon im Zug muss mit einer Notbremse ausgestattet sein, damit die Fahrgäste im Notfall die Möglichkeit haben, den Zug anzuhalten.
Man darf sie beispielsweise betätigen, wenn sich jemand im Zug verletzt hat und schnell ins Krankenhaus gebracht werden muss.
Wird in einem ▶ Hochgeschwindigkeitszug die Notbremse gezogen, kann der Lokführer bestimmen, wo der Zug stoppen soll.

Zugsicherung

Die Zugsicherung ist eine in allen Zügen eingebaute Sicherheitsmaßnahme, die bei der Eisenbahn Unfälle verhindern soll. Es gibt verschiedene Sicherheitssysteme mit unterschiedlichen Aufgaben: Die so genannte Sicherheitsfahrschaltung (Sifa) sorgt dafür, dass der Zug nicht führerlos fährt, falls der Lokführer ohnmächtig werden oder einschlafen sollte. Während der Fahrt muss der Lokführer einen Knopf, einen Schalter oder ein Fußpedal gedrückt halten und alle 30 Sekunden kurz loslassen. Versäumt er das, wird der Zug sofort gebremst.

Ein anderes Sicherheitssystem ist die induktive Zugsicherung (Indusi). Sie sorgt dafür, dass der Lokführer den Zug bei jedem Haltesignal stoppt. Passiert der Zug ein solches Signal, muss der Lokführer sofort einen Knopf drücken. Dadurch bestätigt er, dass er das Signal gesehen hat und den Zug anhalten wird. Versäumt er, diesen Knopf zu drücken, wird der Zug sofort zwangsgebremst. ■

REKORDE

Legendäre Züge

Die längste Bahnstrecke der Welt verbindet Moskau mit Wladiwostok. Die Transsibirische Eisenbahn benötigt für die 9298 km lange Strecke sieben Tage.
Der Andenexpress verkehrt auf der höchsten Eisenbahnlinie: Diese führt über den Tricliopass in Peru auf einer Höhe von 4818 m.
Der luxuriöseste Zug war der Orientexpress. Er fuhr von 1889 bis 1977 zwischen Paris und Istanbul.

Die verschiedenen Systeme der **Zugsicherung** verhindern, dass Haltesignale überfahren werden oder Züge zusammenstoßen.

Auf dem Bauernhof

Auf dem Bauernhof

Fast alle Lebensmittel, die wir jeden Tag essen, sind Erzeugnisse aus der Landwirtschaft. Denn Bauern bauen nicht nur Obst und Gemüse an, sondern auch Getreide, Raps oder Rüben. Und sie halten viele Tiere – Rinder, Schweine, Schafe, Hühner oder Ziegen leben auf Bauernhöfen. Was die Bauern erzeugen, wird direkt gegessen oder weiterverarbeitet. Zum Beispiel wird aus Korn Brot gemacht, aus Milch Quark und Käse und das Fleisch der Tiere wird zu Schnitzel, Kotelett und Wurst verarbeitet. Doch nicht nur Nahrungsmittel, auch andere Dinge wie Leder, Felle, Horn oder Rapsöl werden von Bauern erzeugt. Einigen Nahrungsmitteln sieht man kaum noch an, dass sie ursprünglich vom Land stammen. Cola zum Beispiel besteht zu großen Teilen aus knorrigen Zuckerrüben! Die Bauernhöfe haben sich in den letzten Jahrzehnten sehr verändert und sind heute moderne Landwirtschaftsbetriebe.

Manche verfügen über einen ganzen Maschinenpark mit Traktoren, Mähdreschern und vielem mehr. Mit ihnen kann der Bauer die Felder pflügen, aussäen und ernten sowie bewässern und düngen. Aber auch die Futter- und Getreidelager und die Ställe für das Vieh sind mit modernster Technik ausgerüstet. Hühner, Schweine und Rinder leben zu Tausenden in riesigen Mastbetrieben. Fütterung und Ausmisten werden per Computer gesteuert. Die meisten dieser Tiere haben nie in ihrem Leben eine Weide gesehen.

Durch verbesserte Anbaumethoden können heute zehn Menschen von einem Stück Land leben, dessen Ertrag früher nur für einen Menschen reichte. Das ist möglich geworden, weil man gezielter düngen kann und Schädlingsbekämpfungsmittel einsetzt. Landmaschinen erleichtern die harte Feldarbeit. Aber auch die Pflanzen wurden durch Züchtung so verändert, dass sie einen reicheren Ertrag liefern.

Doch dieser Fortschritt belastet die Natur. Deshalb kehren immer mehr Betriebe zu einer tier- und umweltfreundlicheren Landwirtschaft zurück.

Ballenpresse

Nachdem die ▶ Mähdrescher im Sommer das Getreide abgeerntet haben, beginnt die Arbeit mit der Ballenpresse. Mit ihr wird das Stroh, das in breiten Bahnen auf den Stoppelfeldern liegt, gebündelt und geschnürt. An der Form der Bündel kann man erkennen, welche Ballenpresse zum Einsatz gekommen ist: Packenpressen formen schwere, rechteckige Pakete, moderne Rundballenpressen mannshohe runde Ballen.

Da Ballenpressen keinen eigenen ▶ Motor haben, werden sie von einem ▶ Traktor gezogen. Die Walzen und Gelenke, die das Stroh schneiden, pressen und binden, werden vom Traktor durch eine Gelenkwelle angetrieben.

Mit einer Walze mit schmalen Metallzinken wird das Stroh vom Boden aufgenommen. Ein Messerwerk zerschneidet es, dann wird es in die Presskammer transportiert. Dort presst es ein schwerer Kolben zu Paketen und automatische Knoter zurren diese mit Bändern fest.

Etwas anders funktioniert die Rundballenpresse. Mit ihr wird das Stroh in breiten Bahnen und unzerschnitten in die Presskammer aufgenommen. Kreisförmig angeordnete Rollbänder oder ein umlaufender Riemen wickeln es anschließend wie eine Lakritzschnecke auf.

Seit wann wird Landwirtschaft betrieben?

Ackerbau und Viehzucht zählen zu den bedeutendsten Errungenschaften der Kulturgeschichte. Die Menschen, die zuvor als Jäger und Sammler umhergezogen waren, wurden sesshaft und gründeten Dörfer.
Erstes Getreide wurde vor 10 000 Jahren in Nordafrika und Vorderasien ausgesät. Wenig später gelang es, Wildtiere zu zähmen und zu züchten. Die Bauern erzeugten im Laufe der Zeit mehr Nahrung, als sie benötigten. Dadurch konnten sich einige Dorfbewohner neuen Handwerksberufen widmen.
Ein großes Problem sind jedoch nach wie vor die Missernten, die durch Stürme, Überschwemmungen, Trockenheit oder Insekten entstehen.

Fütterungsanlage

In den Ställen landwirtschaftlicher Großbetriebe leben oft Hunderte von Kühen und Rindern und mehr als tausend Schweine, Puten oder Hühner. Ohne Fütterungstechnik würde dem Bauern ein ganzer Tag nicht reichen, um alle Tiere mit Futter zu versorgen. Deshalb sind Fütterungsanlagen heute auf großen Bauernhöfen unersetzlich.

Moderne Fütterungsanlagen werden per Computer gesteuert. Bei der Sensorfütterung kontrollieren Fühler im Trog die Futtermenge. Mehrmals täglich wird frische Nahrung aufgefüllt. Die neuesten Anlagen sind sogar in der Lage, die einzelnen Tiere zu unterscheiden. Codierungen im Halsband oder Ohr verraten dem Computer, welches Tier gerade am Futterstand frisst und welche Nährstoffe es noch braucht.

Die **Ballenpresse** fährt direkt hinter dem ▶ Mähdrescher über die Felder und sammelt das Stroh auf. Es wird zu Packen oder großen Ballen gepresst. Diese kann man oft mit weißen oder grünen Folien umwickelt am Feldrand liegen sehen.
Stroh kann der Bauer gut gebrauchen: Es wärmt und polstert die Ställe und ist anschließend als Teil des Mistes wertvoller Dünger.

In modernen **Fütterungsanlagen** werden per Computer die Mahlzeiten aus Getreide und Mais dosiert. So können Mastschweine, aber auch Kühe und Hühner, optimal gefüttert werden.

Güllesilo

Viele Leute denken, Gülle, Jauche und Mist wären dasselbe. Das stimmt aber nicht. Als Jauche bezeichnet man den Harn der Tiere, als Mist den mit Stroh vermischten Kot. Gülle besteht aus Kot, Harn und dem Reinigungswasser aus den Ställen. Sie entsteht also nur, wenn die Tiere ohne Stroh gehalten werden.

Gülle ist ein wertvoller Dünger. Deshalb entsorgen die Bauern sie nicht einfach, sondern pumpen die Gülle trotz ihres strengen Geruchs aus den Ställen in große Güllesilos. Dort wird sie aufbewahrt, bis der Bauer sie weiterverwenden kann. Die Dämpfe, die sich in diesen Behältern entwickeln, sind so intensiv, dass ein Mensch von ihnen ohnmächtig werden kann. Deshalb müssen Güllesilos geruchsfest, stabil und gut gesichert sein.

Zwischen Frühjahr und Herbst bringt der Bauer diesen Dünger auf die Felder. Über ein dickes Rohr pumpt er die Brühe zunächst in das Güllefass, das er anschließend mit seinem ▶ Traktor auf die Felder fährt. Die alten Güllefässer spritzten ihren Inhalt mittels Pralltellern auf die Felder. Das funktionierte so ähnlich, als verspritzte man Wasser, indem man eine Untertasse schräg vor den Wasserstrahl eines Gartenschlauches hält. Die Gülle und mit ihr der bekannte Geruch breiteten sich weit aus. Neue Güllefässer haben eine breite Reihe von Schläuchen, die über den Boden schleifen. So sickert der Dünger direkt auf das Feld. Einige Güllefässer haben sogar Grabhaken, die die Gülle leicht unterpflügen. Bei diesem Verfahren ist auch der Geruch nicht mehr so schlimm.

In Neubukow in Mecklenburg-Vorpommern steht eines der größten Bio-Kraftwerke (▶ Kraftwerk) Europas. In diesen großen **Güllesilos** wird aus Gülle und Bioabfällen Methangas erzeugt, aus dem Wärme und Strom gewonnen werden können. Ein Nebeneffekt dieser alternativen Energiegewinnung ist, dass die durch den Prozess veränderte Gülle nicht mehr stinkt.

Herkunftskontrolle

Durch Herkunftskontrollen kann man herausfinden, woher die Tiere stammen, deren Fleisch weiterverarbeitet werden soll. Auf Ohrenmarken oder in kleinen elektronischen Chips, die den Tieren gleich nach der Geburt einoperiert werden, sind alle Angaben zur Herkunft enthalten. Das ist sehr wichtig, denn durch diese Kontrollen können Bauern, die bei der Tiermast verbotene Mittel verwenden, schneller aufgespürt werden.

Die bisherigen Herkunftskontrollen haben aber einen entscheidenden Nachteil: Sie enden an den Toren des Schlachthofs. Dort werden die Ohrmarken und elektronischen Chips vom Körper getrennt. Die Fleischbeschauer kontrollieren zwar die Schinken und Schnitzel, aber sie können nicht mehr erkennen, von welchem Erzeuger und von welchem Hof das Fleisch stammt.

Eine bessere Lösung ist die so genannte DNA-Analyse. So wie alle Menschen haben auch Tiere in den Körperzellen mikroskopisch kleine, unverwechselbare genetische Merkmale. Anhand einer Gewebeprobe kann man die DNA analysieren und so die Tiere identifizieren. Allerdings ist es sehr teuer und aufwendig, die Herkunftsdaten von Millionen Schlachttieren zu speichern. ■

An den Ohrenmarken kann man ablesen, woher die Kühe stammen. Eine solche **Herkunftskontrolle** ist zum Beispiel wichtig, um zu erkennen, von welchen Höfen kranke Tiere kommen.

Heuwender

Schon seit Jahrhunderten schneiden die Bauern im Sommer Gras und Klee. Durch Trocknen wird es haltbar. Heu ist ein nahrhaftes Grünfutter, das Rinder, Schafe und Pferde im Winter gern fressen.

Damit das geschnittene Gras gut trocknet, muss es mehrmals gewendet werden. Deshalb schleudert der Bauer mit den drehenden Armen des Heuwenders den Grünschnitt regelmäßig durch die Luft. Es ist sehr wichtig, dass alle Halme richtig trocken sind, bevor die Bindemaschine kommt und sie eingelagert werden, denn feuchtes Heu fängt an zu schimmeln und kann dann nicht mehr an die Tiere verfüttert werden. Außerdem kann durch Fäulnis so starke Hitze entstehen, dass sich Brände entwickeln. ■

Die Heuernte wird von jeher vom Wetter bestimmt. Drei- bis viermal pro Jahr kann der Bauer das Grünfutter schneiden. Nach der Ernte wird das Gras auf den Wiesen getrocknet. Dazu werden **Heuwender** eingesetzt.

QUIZBOX

Herkunftskontrolle

Was verrät der Stempelaufdruck auf Eiern?

1. Gibt Auskunft über die Federfarbe der Hühner

2. Auskunft über Herkunft und Haltungsart

3. Telefonnummer des Huhnbesitzers

Antwort 2: Seit Januar 2004 müssen Eier der Güteklasse A mit einem Erzeugercode versehen werden. Er garantiert die Herkunftskontrolle der Eier.

Das »D« steht, wie bei Autokennzeichen, für Deutschland. An der Identifikationsnummer lässt sich die jeweilige Legefarm ablesen. Eine Ziffer, je nach Stempel die erste oder vierte, enthält die Angaben zur Haltungsform der Hennen.

An der Außenwand von **Kühltanks** befindet sich eine Ablesetafel für den Füllstand und das ▶ Thermometer. Durch ein Rührwerk wird die Milch im Tank gleichmäßig gekühlt.

Kühltank

Milch ist ein schnell verderbliches Lebensmittel. Deshalb ist es wichtig, dass sie nach dem Melken möglichst rasch gekühlt wird. Dies geschieht in Kühltanks, die über einen dicken Schlauch mit der ▶ Melkmaschine verbunden sind. In den Tanks wird die Milch auf eine Temperatur von 4 °C gebracht. Milchtanks haben meist Wände aus Edelstahl und sind aus hygienischen Gründen so aufgestellt, dass sie vom Melkstand und den Tierställen klar abgegrenzt sind. Jeden Tag pumpt ein Milchwagen die Milch ab und bringt sie zur Molkerei. Damit die Fracht nicht verdirbt, wird sie auch während der Fahrt ständig gekühlt. ◾

Im Durchschnitt isst jeder Deutsche 240 Eier pro Jahr. Mehr als 90 % dieser Eier stammen derzeit noch aus **Legebatterien**. Ab dem Jahre 2012 wird diese Art der Hühnerhaltung jedoch verboten sein.

Legebatterie

Die meisten Eier, die in Supermärkten verkauft werden, stammen von riesigen Hühnerfarmen. Dort leben manchmal mehr als 100 000 Hühner in so genannten Legebatterien. Auf engstem Raum stehen Reihen winziger Drahtkäfige, in denen sich die Tiere kaum bewegen können. Wie in einer Fabrik reiht sich Verschlag an Verschlag. Sobald eine Henne ein Ei gelegt hat, rollt es auf ein Fließband. Die Eier werden sofort automatisch nach Größen sortiert.

Von Tierschützern wird diese Art der Hühnerhaltung stark kritisiert: Vier bis fünf Hennen, die oft nicht länger als ein Jahr leben, müssen sich einen Käfig teilen, der nicht größer ist als eine Zeitungsseite. Durch die Enge fügen sich die Tiere oft gegenseitig schwere Verletzungen zu. Deshalb werden ihre Schnäbel beschnitten.

Der große Vorteil dieser Art von Käfighaltung ist, dass die Eier kostengünstig produziert werden können. Bei der Boden- und Freilandhaltung benötigen die Bauern erheblich mehr Platz für ihre Hühner. Außerdem legen Freilandhühner weniger Eier. Anhand des Stempelaufdrucks (▶ Herkunftskontrolle) kann man erkennen, wie die Hennen gehalten wurden, deren Eier man kauft. ◾

INFOBOX

Wie blieb die Milch früher frisch?

Auch die frischeste Milch bleibt ohne Kühlung nicht lange haltbar. Noch vor einhundert Jahren waren Kühlgeräte auf Bauernhöfen unbekannt. Als bester Aufbewahrungsort galt der Brunnen. Mit Seilen wurden die Kannen in den kühlen Brunnenschacht gehängt. Oder die Bauern lagerten die Milch an einem schattigen Ort in Bottichen mit kaltem Wasser. Durch regelmäßiges Umrühren wurde die Säuerung verzögert. Aus der Milch, die nicht getrunken wurde, wurden haltbare Milchprodukte wie Butter und Käse gemacht.

Mit dem Aufkommen der Molkereien wurde das Buttern, also die eigene Herstellung von Butter, auf den Höfen selten. Die Bauern brachten jeden Tag ihre Abend- und Morgenmilch mit Bollerwagen zur Molkerei. Die entrahmte Milch konnten sie wieder mitnehmen und an die Schweine verfüttern. Später holten Pferdewagen die Milch ab. Nun brauchten die Bauern ihre Kannen morgens nur noch an den Straßenrand zu stellen. Doch durch die Wartezeit begann die Milch öfter zu säuern. Jetzt füllt man die Milch sofort nach dem Melken in Kühltanks.

Mähdrescher

Mähdrescher zählen zu den wichtigsten und vielseitigsten Maschinen in der Landwirtschaft. Mit ihrer Hilfe kann der Bauer das Getreide in einem Arbeitsgang mähen und dreschen – manche pressen auch noch das Stroh zu Ballen.

Moderne Mähdrescher haben eine Arbeitsbreite bis zu neun Metern und eine Motorenleistung (▶ Motor) von mehr als 300 kW (400 PS). Das Prinzip ist aber bei allen Maschinen ähnlich. Ganz vorne dreht sich die große Haspel. Sie zieht das Getreide vorsichtig zur Maschine hin, damit die losen Körner nicht auf das Feld, sondern auf den Schneidewerktisch fallen. Ein Messerwerk mäht das Getreide ab, das dann automatisch in die Dreschtrommel gelangt. Hier wird das meiste Korn aus den Ähren geschlagen. Das verbliebene Stroh wird auf einen Schüttler geleitet, der auch noch die letzten Getreidekörner aus den Ähren holt. Anschließend gelangt die Ernte in den Reinigungsbereich. Hier wird das Korn zunächst gesiebt, um Kurzstroh und andere Fremdteile zu entfernen. Anschließend trennt ein Gebläse die Samenhüllen, also die Spreu, vom eigentlichen Korn. Ein spezieller Aufzug, der Elevator, transportiert

nun das gesäuberte Erntegut in den Korntank im oberen Bereich der Maschine, wo es zwischengelagert wird.

Mähdrescher sind in den letzten Jahren durch modernste Technik und Elektronik immer leistungsstärker geworden. In nur zwei Stunden schafft eine Maschine heute ein Pensum, für das früher 30 Männer 12 Stunden hart arbeiten mussten. ■

Manche der großen **Mähdrescher** sind mit einem Satelliten-Ortungssystem ausgestattet. Damit wird der Ertrag ermittelt, der auf jedem Teil des Feldes geerntet wurde. Der Bauer weiß dann, an welchen Stellen er stärker düngen sollte.

Mähdrescher haben einen seitlich ausklappbaren Arm mit einer spiralförmigen Körnerschnecke, durch die minutenschnell Tausende Liter Korn auf einen Laster transportiert werden. Das Entladen funktioniert nebenher, sodass der Bauer mit dem Mähdrescher weiter mähen und dreschen kann.

Eine gute Wartung der **Melk-anlagen** ist sehr wichtig. Auch die Qualität der Milch wird ständig geprüft.

Melkmaschine

Früher haben die Bauern ihre Kühe zweimal täglich in mühsamer Handarbeit gemolken. Heute wird diese Aufgabe fast überall von Melkmaschinen verrichtet. So können problemlos mehrere Kühe gleichzeitig gemolken werden und ein einzelner Melker kann erheblich mehr Kühe versorgen als früher. Aber noch immer braucht man zum Melken auch Wissen und Erfahrung.

Um gute Milch zu bekommen, muss der Melker die Kuh zunächst anmelken: Er entnimmt jeder der Zitzen die Anfangsstrahlen, die die meisten ungesunden Keime enthalten. In einem speziellen Becher prüft er anschließend, ob die Milch verändert aussieht oder schädliche Keime enthält. Anschließend reinigt er das Euter und erst dann setzt er die Gummisauger an. Diese Sauger, auch Melkbecher genannt, sind über eine Leitung mit einer Saugpumpe verbunden. Ungefähr ein Mal pro Sekunde saugt die Maschine, dann lässt sie wieder für eine Sekunde locker. Ganz ähnlich verhält sich auch ein trinkendes Kalb. Der ganze Melkvorgang dauert sechs bis acht Minuten. Der Bauer muss auch darauf achten, rechtzeitig mit dem Melken aufzuhören. Denn wenn zu kurz oder zu lange gemolken wird, kann sich das Euter entzünden. ◼

Mit **Saatmaschinen** werden die Samen in geraden Reihen gesetzt. Solche Pflanzenreihen erleichtern auch die Ernte.

Saatmaschine

Saatmaschinen benötigt der Bauer für die Frühjahrs- und Herbstaussaat. Mit einem Rotor, der wie ein Pürierstab den Boden durchwühlt, wird zunächst die Erde aufgelockert. Dabei zerkrümeln auch größere Erdbrocken. Dann werden Furchen in den Boden gedrückt. Ein Särad setzt die Saatkörner aus dem Korntank einzeln in die Furchen. Haken aus Metall ziehen zuletzt den Boden wieder glatt. Nun können die Saatkörner aufgehen und die kleinen Keimlinge bei ausreichender Bewässerung gut im weichen Boden wachsen. ◼

In den großen **Melkmaschinen** suchen die Kühe selbst den Melkstand auf und bestimmen damit den Zeitpunkt und die Häufigkeit des Melkens. Hier können 500 bis 1000 Kühe gleichzeitig gemolken werden.

Silo

Das Wort Silo stammt aus dem Spanischen und bedeutet Speicher oder Behälter. Auf dem Land kann man zwei verschiedene Arten von Silos entdecken. Auffällig sind die Hochsilos, die aus Metall, Beton oder Kunststoff bestehen. Hier lagert der Bauer Getreide, das er verkauft oder als Saatgut verwendet. Manchmal lagert er auch Kraftfutter für seine Tiere in Hochsilos. Füllen kann er das Silo entweder oben oder unten durch Klappen. Weil die Speicher luftdicht verschließbar sind, ist das Lagergut vor Gärung, Fäulnis oder Schimmel gut geschützt.

Unauffälliger, aber sehr viel häufiger sind die Flach- oder Fahrsilos. Man nennt sie Fahrsilos, weil der Bauer sie mühelos mit dem ▶ Traktor befahren kann. Sie sind sehr einfach und kostengünstig anzulegen, doch Lebensmittel für Menschen kann man darin nicht lagern. Manche haben Betonwände an den Seiten, aber oft werden sie auch nur auf einer einfachen Bodenplatte angelegt und mit Planen abgedeckt. In ihnen macht der Bauer

In **Hochsilos** wird beispielsweise Getreide geschützt aufbewahrt. Eine trockene Lagerung ist dabei sehr wichtig. Wenn das Korn im Silo mehr als 14 % Feuchtigkeit enthält, kann es schimmeln, keimen oder zusammenkleben.

Silage. Sie riecht nicht sehr gut, ist aber ein hochwertiges Grünfutter. Vor allem Rinder mögen das vergorene Gemisch, das meist aus Gras, Mais und Zuckerrübenschnitzeln besteht. ■

QUIZBOX

Hochsilos

Warum beginnen an den meisten Hochsilos die Außenleitern erst in zwei oder drei Metern Höhe?

Antwort: Der untere Teil der Leitern wird aus Sicherheitsgründen abgenommen, damit niemand Unbefugtes durch die obere Luke ins Silo gelangt. Im Inneren besteht nämlich wegen der hohen Staubkonzentration Erstickungsgefahr.

INFOBOX

Vorsicht, Explosionsgefahr!

Überall, wo Gase, Dämpfe oder Staub in großen Mengen entstehen und sich mit Sauerstoff vermischen, herrscht große Explosionsgefahr. Und besonders auf Bauernhöfen kann viel passieren! Methangas zum Bespiel, das sich in den ▶ Güllesilos entwickelt, ist selbst in starker Verdünnung hochexplosiv. Aber auch im Kornspeicher kann es zu schweren Verpuffungen kommen. In Getreidesilos besteht die Gefahr von Staubexplosionen. Bei der Füllung der Speicher ensteht durch die Reibung der einzelnen Getreidekörner eine riesige Staubmenge. Ein Mensch kann bei so viel Staub ohne Atemschutz kaum atmen. Dieser Staub entzündet sich nicht von selbst, doch bereits ein kleiner Funken kann ein Inferno auslösen. Dies kann durch Unachtsamkeit, aber auch durch die Verwendung falscher Materialien geschehen. Riskant sind vor allem Plastikrohre. Denn beim Füllen des Silos reiben die Körner an den Rohrwänden entlang. Dadurch kann sich das Plastikmaterial elektrisch aufladen. Wenn das Rohr dann noch in der Nähe von Metall montiert ist, kann ein Funke überspringen und eine Explosion auslösen.

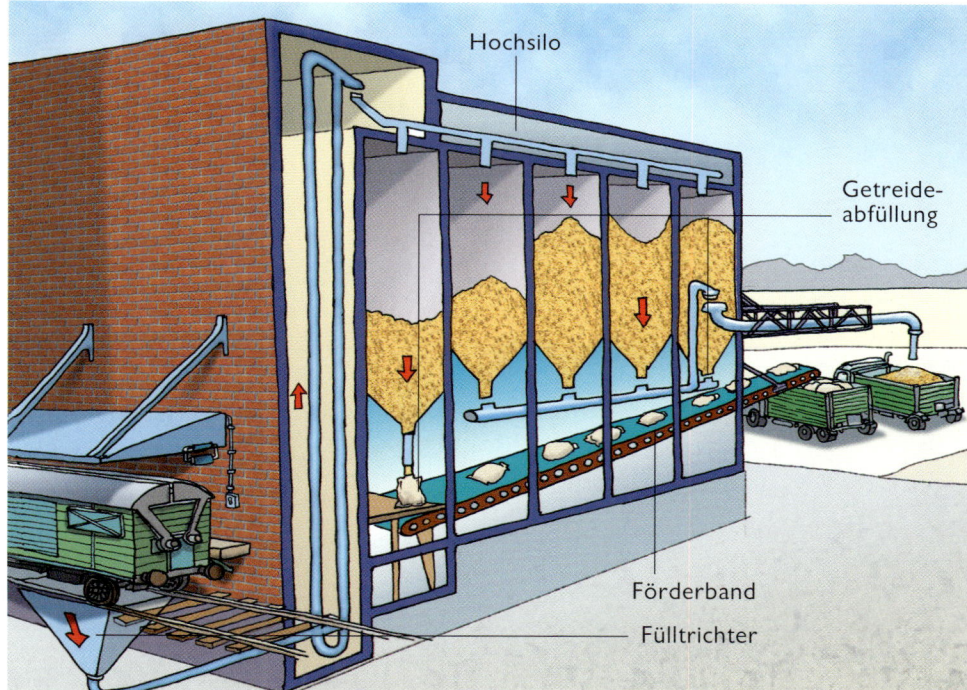

Hochsilo

Getreideabfüllung

Förderband

Fülltrichter

Für den Transport innerhalb des **Silos** diente früher eine Art Aufzug, der so genannte »Löffel-Paternoster«. Heute wird das Getreide mit einem Luftgebläse oder einer Winde in die Speicher befördert.

In der **Innenansicht** erinnern die Kabinen moderner Traktoren eher an das Cockpit eines ▶ Rennwagens als an die Trecker vergangener Tage. Luftgefederte Sitze sorgen für Fahrkomfort, Lenksäule und Bedienelemente lassen sich nach Bedarf verstellen. Manche Trecker sind sogar schallgeschützt.

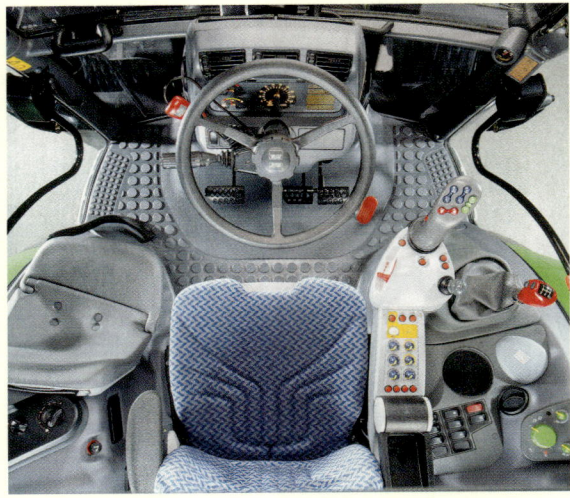

Traktor

Traktoren, auch Trecker oder Schlepper genannt, sind die Alleskönner auf dem Bauernhof. Mit Traktoren kann man auf den Feldern pflügen, düngen, säen und ernten, sie helfen beim Anlegen von ▶ Silos und beim Einholen des Strohs. Manche haben außerdem einen Frontlader, mit dem tonnenschwere Lasten transportiert werden können.

Die meisten Traktoren haben einen Dieselmotor (▶ Motor). Er verbraucht weniger Kraftstoff als ein Benzinmotor und ist robuster. Typisch sind auch die großen Reifen und der Allradantrieb. So kann der Bauer auch auf holprigen Feldwegen und matschigen Ackerböden mühelos fahren. Nützlich sind besonders die vielen Gänge, die Traktoren haben.

Ein normales Auto hat fünf Vorwärtsgänge und einen Rückwärtsgang. Moderne Traktoren hingegen verfügen über bis zu 36 Gänge für die Vorwärts- und die Rückwärtsbewegungen, weil jede Feldarbeit ihre eigene Maschinenkraft erfordert. So gibt es ganz bestimmte Einstellungen zum Pflügen, Säen, Düngen oder Ernten.

Traktoren haben ein enormes Gewicht. Ein Durchschnittsmodell wiegt etwa 7500 kg – so viel wie 100 erwachsene Männer. Ein Traktor kann bis zu 400 l Kraftstoff tanken. Das reicht bei leichter Arbeit für etwa 40 Stunden. Bei schweren Arbeiten, wie dem Pflügen, ist dieser Vorrat bereits nach rund 25 Stunden erschöpft.

Neben der Leistungskraft der Maschinen hat sich in den letzten Jahren auch der Fahrkomfort verbessert. Früher saßen die Bauern auf harten Schemeln und die zugigen Kabinen waren an den Seiten oft nur durch dünne Plastikfolien geschützt. Die Entwickler moderner Traktoren berücksichtigen, dass ein Landwirt viele Arbeitsstunden auf dem Trecker verbringen muss.

Durch ihre Vielseitigkeit sind **Traktoren** die wichtigsten Arbeitsgeräte in der Landwirtschaft. Sie dienen nicht nur als Zugmaschinen, sondern bilden auch die Basis für viele unterschiedliche Maschinenkombinationen zur Ackervorbereitung. Die erhöhte Sitzposition und die großen Fenster ermöglichen dem Fahrer während der Arbeit einen optimalen Überblick.

Eines der vielen Zusatzgeräte von **Traktoren** ist der Laubabschneider. Eingesetzt wird er meist an speziellen Schmalspurtraktoren, die man im Wein- und Obstanbau benötigt. Arbeitshöhe und Neigung der Schneidewerkzeuge steuert der Fahrer in der Kabine.

INFOBOX

Traktoren

▶ Traktoren wurden erst Ende des 19. Jahrhunderts erfunden und ab 1921 produzierte man erste Modelle in größeren Serien. Heute werden Trecker ganz nach Bedarf in verschiedenen Ausführungen hergestellt – es gibt kleine, preiswertere und große, sehr teure. Ihr Aufbau ist jedoch stets ähnlich. Der ▶ Motor befindet sich oberhalb der Vorderachse, knapp hinter den Vorderrädern. Dahinter liegt das Getriebe. Im Bodenbereich unter dem Getriebe befindet sich der Tank. Er fasst bei den kleineren Traktoren etwa 200 l Kraftstoff, bei großen Maschinen bis zu 400 l. Wenn die Maschine einen Frontlader hat, wird dieser oberhalb des Motors montiert. Die Vorderräder sind kleiner als die Hinterräder – das macht den Trecker wendig. Im hinteren Bereich befindet sich ein Hubwerk. Hier kuppelt der Bauer die verschiedenen Zusatzgeräte an. Es heißt Hubwerk, weil es Geräte wie den Pflug heben und senken kann. Darüber befindet sich die Gelenkwelle, die unter anderem zum Antrieb der ▶ Ballenpresse sowie der ▶ Saat- und Pflanzmaschinen dient.

Auspuff

Fahrerkabine

Motor

Luftkühlung

Fronthubwerk

Vorderachse

Tank

Getriebe

Hydraulikhubwerk

Auf der Baustelle

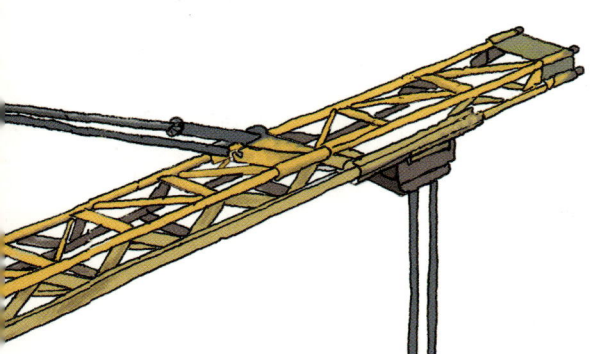

Auf der Baustelle

Große und schwere Maschinen, hoch in den Himmel ragende Kräne, beeindruckende Konstruktionen – auf einer Baustelle gibt es immer viel zu sehen. Die nächste Baustelle ist nie sehr weit entfernt, denn allein in Deutschland wird jeden Tag eine Fläche so groß wie 160 Fußballfelder neu bebaut. Das ergibt im Jahr ein Gebiet so groß wie Köln mit nagelneuen Straßen und Häusern.

Allein um eine neue Straße zu bauen, braucht man viele verschiedene Maschinen. Zuerst werden mit Baggern und Muldenkippern die oberen Erdschichten abgetragen, und es wird neues Material aufgeschüttet. Diese Erdarbeiten können auch mit einem Schürfwagen erledigen werden. Mit einem Erdhobel wird die Straße planiert, sodass sie eben ist. wichtig ist auch der Einsatz der Walze: Mit ihr wird der Untergrund befestigt, damit die Straße später die schweren Fahrzeuge tragen kann und nicht unter dem Gewicht zusammensackt. Stabile Straßen bestehen deshalb auch aus mehreren Schichten: Über dem Untergrund aus Erde liegt der Unterbau. Diese Schicht muss härter sein als die darunter liegenden Erdschichten. Das erreichen die Bauarbeiter, indem sie die aufgeschüttete Erde zum Beispiel mit Kalk vermischen. Die nächste Schicht ist der Oberbau. Er besteht vor allem aus Sand, Kies oder Schotter. Der sichtbare Teil einer Straße ist nur die obere Schicht, die Deckschicht. Sie wird von einem Straßenfertiger aufgetragen, der den Asphalt gleichmäßig auf der Straße verteilt. Doch nicht alle Straßenoberflächen sind aus Asphalt: Manche Fahrbahnen sind auch betoniert oder gepflastert.

Eine besondere Herausforderung für die Ingenieure sind Tunnel und Brücken. Moderne Technik und präzise Planung und Ausführung ermöglichen immer längere und höhere Konstruktionen. Über hohe Brücken oder durch lange Tunnel kann man sogar Meere über- oder unterqueren. Doch solche kühnen Bauwerke zu errichten ist kompliziert und gefährlich.

Asphalt

Asphalt kommt zwar auch in der Natur vor, doch der schwarze Straßenbelag, wie wir ihn kennen, wird heute meistens maschinell hergestellt. Er besteht zum größten Teil aus Mineralien – also Kies, Sand, Splitt oder Steinmehl. Dazu kommt Bitumen, mit dem die Steinchen zusammengehalten werden. Bitumen wird aus ▶ Erdöl gewonnen. Oft werden Asphalt oder Bitumen mit Teer verwechselt. Teer ist zwar genauso schwarz, wird aber aus Kohle gewonnen und ist schädlich für die Gesundheit. Deshalb darf er gar nicht mehr zum Bauen verwendet werden. Der Name Asphalt kommt vom griechischen Wort ásphaltos – »unzerstörbar«. ▪

Heißer **Asphalt** ist weich und lässt sich leicht verarbeiten. Erst beim Abkühlen wird er hart.

Bagger

Auf Baustellen sind heute meistens Hydraulikbagger im Einsatz. Sie stehen auf Rädern oder Raupenketten. Der obere Teil mit dem Führerhaus ist drehbar und hat einen langen Arm, der sich an einer Art Ellenbogen knicken lässt. An dessen Ende ist das wichtigste Arbeitsgerät des Baggers, das Grabgefäß, befestigt. Man spricht dabei nicht nur von Schaufeln, sondern je nach Form auch von Löffeln oder Greifern. Früher arbeiteten Bagger nicht hydraulisch, sondern mit Seilen – ähnlich wie ▶ Kräne. Auch heute werden Seilbagger noch eingesetzt, weil sie eine größere Reichweite als Hydraulikbagger haben.

Die Giganten unter den Baggern sind die Schaufelradbagger. Sie funktionieren ähnlich wie ein Wasserrad: Mehrere Schaufeln, die an einem sich drehenden Rad befestigt sind, graben von unten nach oben und kippen den Inhalt direkt auf ein Förderband. Schaufelradbagger können bis zu 100 m hoch und 240 m lang sein. Mit diesen Riesen werden im Tagebau Bodenschätze abgebaut, zum Beispiel Braunkohle. Eimerkettenbagger funktionieren ähnlich. Sie baggern zum Beispiel Fahrrinnen für Schiffe aus oder werden in Kiesgruben eingesetzt. ▪

Bei diesem **Großbagger** mit Raupenfahrwerk wird Öl über Schläuche in den unteren Teil des silbrig glänzenden Zylinders gepumpt. Hydraulisch lassen sich nun die große Schaufel und mit ihr schwere Lasten bewegen.

Die **Ostbrücke** über den Großen Belt in Dänemark ist eine der längsten Hängebrücken der Welt: Die Pylone stehen 1624 m auseinander. Nach elf Jahren Bauzeit wurde sie 1998 eröffnet.

Brückenbau

Der **Brückenbau** ist besonders beim Bau von Autobahnen wichtig – schließlich soll es keine Kreuzungen geben. Auch Flüsse und Täler müssen überbrückt werden. Hier wird mit einer Autobahnbrücke ein Tal überspannt. Die fertige Brücke wird über 700 m lang sein.

Brücken sind imposante Bauwerke: Sie überspannen Täler und Flüsse, führen über Straßen und Schienen hinweg oder verbinden Inseln mit dem Festland. Manche Brücken sind sogar richtig berühmt: Ein Bild von der Rialto-Brücke in Venedig oder der Golden Gate Bridge in San Francisco hat fast jeder schon mal gesehen.

Architekten und Ingenieure unterscheiden drei Brückentypen. Die Balkenbrücke ähnelt einem Brett, das jemand über einen Bach legt – eine starre Brückendecke mit Stützpfeilern an den Enden und manchmal auch in der Mitte. Damit die Brücke stabil ist, dürfen diese nicht zu weit auseinander stehen. Größere Entfernungen kann man besser mit Bogenbrücken aus Stein oder Stahl überspannen. Die längsten Brücken sind allerdings Hängebrücken: An hohen Pfeilern, den Pylonen, wird die Brücke mit dicken Stahlkabeln aufgehängt. Diese Seile halten die Fahrbahn und tragen das Gewicht der Brücke und des Verkehrs.

 INTERVIEW

Fragen an einen Bauingenieur

Was macht den Brückenbau so schwierig?
Wir müssen mit vielen Kräften rechnen: Nicht nur dem Verkehr, auch Wind, Wellen, Schneelast und Erdbeben muss eine Brücke standhalten. Wenn die Sonne scheint und es warm ist, dehnt sich eine Brücke aus. Deshalb bauen wir kleine Zwischenräume als Dehnungsfugen ein.

Wie kommt die Fahrbahn auf die Pfeiler?
Manchmal ist es nicht möglich, eine riesige Baustelle zu errichten, wo später die Brücke stehen soll. Dann montieren wir die Fahrbahn an den Enden der Brücke vor. Maschinen heben sie etwas an und schieben sie langsam Stück für Stück von einem Pfeiler zum nächsten. In der Mitte treffen sich die beiden Fahrbahnteile.

Erdhobel

Mit diesen Maschinen kann man besonders gut glatte Flächen erzeugen. Planieren nennen Fachleute das. Das wichtigste Teil eines Erdhobels ist, wie bei einem Pflug, die Schar. Sie hängt in der Mitte zwischen den Vorder- und den Hinterrädern. Die Schar ist so verstellbar, dass der Fahrer sie sogar ganz neben das Fahrzeug bewegen kann. Das ist besonders praktisch, wenn der Erdhobel keine Fahrspuren auf der planierten Fläche hinterlassen soll.

Mit Erdhobeln kann man Erdschichten abtragen, Gräben anlegen, Material an Ort und Stelle mischen und verteilen oder auch Schnee räumen. Sie sind besonders schnell, weil sie sowohl beim Vorwärts- als auch beim Rückwärtsfahren arbeiten können. ▪

Weil man mit **Erdhobeln** Flächen begradigen kann, werden sie im Englischen Grader genannt. Selbst schräge Flächen, wie zum Beispiel Böschungen, können mit Erdhobeln gut bearbeitet werden.

Fahrmischer

Jeder kennt die großen Fahrmischer mit den bunten Trommeln. Sie arbeiten nach einem Prinzip, das bereits vor über 100 Jahren – am 10. Januar 1903 – zum Patent angemeldet wurde; nämlich, wie man fertig gemischten Beton über längere Zeit aufbewahren kann, ohne dass er hart wird.

Am Betonwerk holt der Fahrmischer frischen Beton: Entweder schon fertig gemischt oder es werden nur die einzelnen Zutaten in den Fahrmischer gefüllt. Dann mixt der Fahrmischer den Beton während der Fahrt zur Baustelle.

Wenn die große Trommel des Fahrmischers mit Beton gefüllt ist, muss sie sich ständig drehen, sonst würden sich die einzelnen Bestandteile wieder absetzen – so wie in einer Flasche Orangensaft das Fruchtfleisch mit der Zeit nach unten sinkt. Spiralen aus Stahl im Innern der Trommel sorgen für eine gleichmäßige Durchmischung.

An der Baustelle angekommen, können die Fahrmischer oft nicht genau zu der Stelle fahren, wo der Beton gebraucht wird. Dann benutzen die Bauarbeiter Betonpumpen. Diese können direkt am Fahrmischer angebaut sein. Durch einen langen Rüssel wird der Beton zum Beispiel in die oberen Etagen von Hochhaus-Baustellen gepumpt. ▪

Fahrmischer pendeln zwischen Betonwerk und Baustelle. Genau zum richtigen Zeitpunkt müssen sie den Beton bringen, der aus Zement, Wasser und Sand oder Kies besteht.

Wie funktioniert ein Flaschenzug?

Stahlträger oder andere schwere Lasten hochzuheben kostet viel Kraft. Auch für Maschinen ist so etwas schwierig. Deshalb greifen Bauleute schon seit über 2000 Jahren zu einem Trick: Sie ziehen Lasten nicht mit einem einfachen Seil nach oben, sondern winden das Seil über Rollen mehrmals hin und her.

Eine der Rollen ist fest montiert, die andere hängt beweglich in den Seilen. Wichtig ist, dass ein Ende des Seils fest verankert ist. Jetzt ist es viel einfacher, schwere Lasten hochzuziehen.

Mit einem solchen Flaschenzug hat man genügend Kraft, um eine schwere Last, die am Haken hängt, nach oben zu ziehen. Sogar sich selbst kann man so leicht hochziehen.

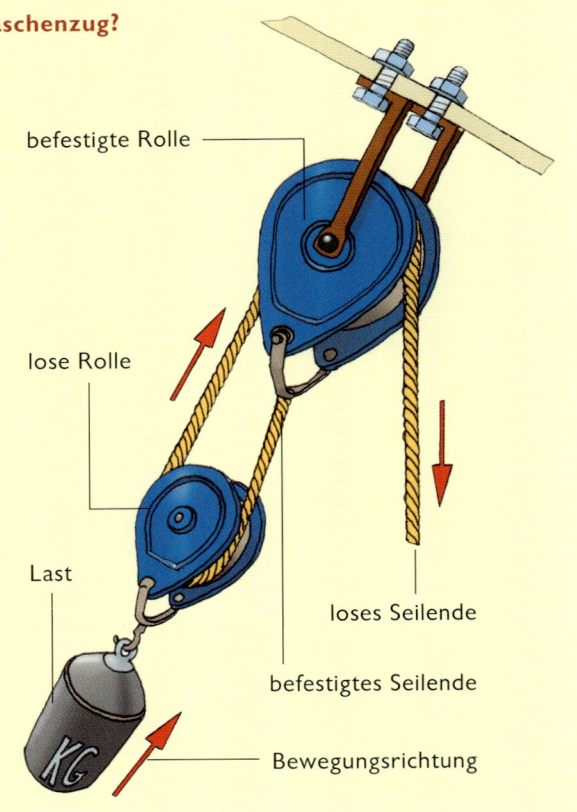

befestigte Rolle

lose Rolle

Last

loses Seilende

befestigtes Seilende

Bewegungsrichtung

Welche Lasten hebt der größte Kran?

Der größte bisher gebaute Turmdrehkran hat den Namen K-10 000. Dieser dänische Kran kann 100 t Gewicht – so viel wiegen 100 Autos – in einem Umkreis von 100 m bewegen. Bei kürzerer Reichweite kann er sogar bis zu 240 t heben. Aber nicht nur auf Höhe und Reichweite kommt es an. Die Spezialkräne werden gebaut, um extrem schwere Lasten zu heben. Rekordhalter ist der niederländische Mammoet MSG-50 mit über 3000 t Hebekraft!

Kran

Kräne sieht man schon von weitem: 100 m und mehr ragen sie in den Himmel hinauf. Alles, was auf der Baustelle gebraucht wird, können sie schnell und genau an die richtige Stelle transportieren.

Man unterscheidet Mobilkräne, die selbst von einem Einsatzort zum nächsten fahren und dort ihren hohen Mast ausfahren, und Turmdrehkräne. Diese sieht man auf den meisten Baustellen. Sie bestehen aus einem senkrechten Mast, dem Turm, und einem langen waagerechten Arm, dem Ausleger. Er kann länger sein, als der Kran hoch ist. An der Unterseite des Auslegers bewegt sich ein kleines Wägelchen vor und zurück: An dieser so genannten Laufkatze hängt an dicken, langen Stahlseilen befestigt der Haken.

Die Seile laufen über mehrere Rollen zu einer Seilwinde. Mit diesem Flaschenzug können auch schwere Lasten gehoben werden. Gegengewichte sorgen dafür, dass der Kran nicht umkippt. Sie sind an der kurzen

Mit einem **Turmdrehkran** erreicht man jeden Winkel einer Baustelle.

Seite des Auslegers und am Fuß des Krans befestigt. Eine Automatik prüft außerdem ständig, ob der Kran die schweren Gewichte halten kann. Dabei gilt: Je näher sich der Haken am Turm befindet, desto schwerer darf das Gewicht sein.

Bei Hochhäusern sind die Kräne zusätzlich am Gebäude befestigt. Und bei Wolkenkratzern stehen die Kräne sogar oben auf der Baustelle und wachsen mit in die Höhe.

Die auf dem Boden stehenden Kräne sind oft auf großen ▶ LKWs montiert oder laufen auf Schienen. ■

Muldenkipper

Muldenkipper lassen sich leicht von anderen Lastern unterscheiden: Sie haben keine Ladefläche, sondern transportieren ihre Ladung in einem ▶ Container. Diesen nennt man auch Mulde. Große Gesteinsbrocken oder Geröll können ihr nichts anhaben, denn die Wände der Mulde sind besonders dick. Vorne ist die Mulde oft bis über das Führerhaus verlängert. So ist der Fahrer geschützt, falls beim Beladen einmal etwas daneben fällt. Zum Entladen lässt sich die Mulde vorne hochstellen, sodass die Ladung über die Hinterkante herausrutscht. Und damit während der Fahrt nichts herausfällt, steigt der Boden der Mulde schräg nach hinten an.

Manchmal kann die Mulde sogar beheizt werden. Die während der Fahrt entstehenden warmen Abgase werden über Schläuche oder Rohre in die hohle Wand der Mulde geleitet. Das ist vor allem an kalten Tagen nützlich: Feuchter Sand oder Lehm kann dann nicht anfrieren.

Manche Muldenkipper sind so riesig, dass sie nicht selbst auf Straßen fahren dürfen, sondern Huckepack auf anderen Lastern transportiert werden müssen. ■

Presslufthammer

Der ohrenbetäubende Lärm eines Presslufthammers ist nicht zu überhören. Wie der Krachmacher funktioniert, sagt eigentlich schon sein Name: mit zusammengepresster Luft. Druckluft sagen Fachleute dazu, und deshalb nennen sie den Presslufthammer auch Drucklufthammer.

Die Druckluft erzeugt ein Kompressor. Diese Maschine pumpt Luft in den Schlauch zum Drucklufthammer. In dem Schlauch ist die Luft zusammengepresst wie in einem Luftballon – nur viel stärker. Die zusammengepresste Luft steht unter hohem Druck. Strömt diese Luft aus dem Schlauch in den Kolben, wird dieser nach unten gedrückt. Dann strömt die Luft durch einen anderen Kanal und hebt den Kolben wieder nach oben – immer abwechselnd. Unten prallt der Kolben mit großer Wucht gegen einen Metallklotz. Dieser gibt die Stöße direkt an das Werkzeug weiter. Das kann zum Beispiel ein Meißel sein.

Mit einem Presslufthammer können Steine, Asphalt oder Beton aufgeschlagen werden. Oft werden sie auch in Bergwerken zum Abbau von Bodenschätzen eingesetzt. ■

Presslufthämmer sind nicht nur schädlich für die Ohren: Durch das Rütteln werden bei manchen Arbeitern die Finger nicht mehr richtig durchblutet. Manchmal kann das sogar zu Knochenschäden führen.

Die großen und robusten **Muldenkipper** sieht man meistens auf Großbaustellen. Hier ist eine moderne, ungewöhnliche Bauform zu sehen, die oft in Steinbrüchen eingesetzt wird. Mit Kippern kann man sehr schwere Lasten bewegen. Die größten können ein Gewicht von mehr als 350 t – so viel, wie 60 Elefanten wiegen – transportieren.

Ramme

Der wichtigste Teil einer Ramme ist der Bär. Der hat zwar kein Zottelfell, ist aber dick und vor allem sehr schwer. Das ist wichtig, denn der Rammbär dient dazu, Pfähle oder Stahlwände mit viel Wucht in den Boden zu schlagen.

Zu einer kompletten Ramme gehört aber noch ein weiteres Teil: der Mäkler. Das ist die Führungsschiene des Rammbären. Der Mäkler wird senkrecht aufgestellt. Ganz oben läuft ein Seil über eine Rolle. Auf der einen Seite hängt der Rammbär, auf der anderen steht eine Seilwinde. Sie zieht den Rammbären mit dem Seil nach oben und lässt ihn dann wieder fallen. Unten trifft der Rammbär auf das Rammgut, das in den Boden gerammt werden soll, und schlägt es hinein.

Es gibt verschiedene Rammbären: Freifallbären funktionieren mit einer Seilwinde und durch die Schwerkraft. Dieselbären schleudern sich nach dem Aufprall durch eine kleine Explosion selbst wieder nach oben. Deshalb nennen Fachleute sie auch Explosionsbären.

Es gibt Rammen als separate Maschinen oder als Anbau für ▶ Bagger. ∎

Ein **Rüttler** vibriert so stark, dass er etwas abhebt und in kleinen Schritten vorwärts »hüpft«.

Rüttler

Locker aufgeschüttetes Material ist keine gute Grundlage für Bauwerke. Unter dem Gewicht des Gebäudes würde der Untergrund nachgeben und sich an einigen Stellen absenken. Aber wenn man den Untergrund fest zusammenpresst, wird er stabiler und man kann sicher auf ihm bauen.

Dieses Zusammenpressen nennen Fachleute Verdichten. Nicht nur für den Bau von Gebäuden, sondern auch beim Bau von Straßen und Wegen verdichtet man das lockere Schüttmaterial. Dazu benötigt man Rüttler. Ein ▶ Motor versetzt eine Metallplatte an der Unterseite des Rüttlers in Schwingung. Die Rüttelplatte bewegt sich ganz schnell hin und her, mindestens 20-mal pro Sekunde. So fangen die Sandkörner im Boden an zu schwingen. Aus den kleinen Hohlräumen zwischen den einzelnen Körnern entweicht die Luft und die Körner rücken näher zusammen. Nun ist der Untergrund festgeklopft.

Größere Flächen werden mit schweren Walzen verdichtet. Mit ihrem großen Gewicht pressen sie die lockeren Schichten zusammen. ∎

Eine **Ramme** besteht aus einem Rammbär und einem Mäkler. Je nach Bauart kann der Rammbär bis zu 3000-mal pro Minute auf das Rammgut schlagen. Hier werden Buhnen zum Schutz der Küste ins Meer gerammt.

Schürfwagen werden von den Experten auch Schürfkübelgeräte oder auf englisch Scraper genannt. Sie gehören zur ▶ Bagger-Familie und sind wahre Multitalente: Mit ihnen kann man Erde sammeln, transportieren und wieder auftragen.

ERFINDUNG

Wer baute die ersten Straßen?

Wer mit dem Auto die Alpen überqueren will, fährt auch heute noch oft über den Großen-Sankt-Bernhard-Pass in der Schweiz. Ausgebaut hat diese Passstraße der römische Kaiser Augustus. In den Jahren 300 vor Christus bis 400 nach Christus haben die Römer in Europa das erste bedeutende Fernstraßennetz aufgebaut. Doch erste Straßen und Wege haben Ägypter, Babylonier und Perser schon vor über 5000 Jahren gepflastert.

Schürfwagen

Schürfwagen haben einen Kübel mit einer Schneide aus Stahl an der vorderen Unterkante. Dieser Kübel lässt sich so absenken, dass die Schneide beim Fahren die obere Erdschicht abschält. Die Erde wird dabei in dem Kübel gesammelt, ähnlich wie Grasschnitt bei einem ▶ Rasenmäher.

Weil für das Abkratzen der Erde sehr viel Kraft nötig ist, wird der Schürfwagen manchmal von einer Raupe geschoben. Oder zwei Schürfwagen arbeiten zusammen: Der hintere schiebt zuerst den vorderen und wenn der voll ist, zieht der vordere den hinteren Schürfwagen, bis auch dessen Kübel mit Erde gefüllt ist. Dann trennen sich die beiden wieder und fahren mit angehobenen Kübeln zu der Stelle, wo die Erde neu aufgebracht werden soll.

Ein Schieber am Kübel stößt nun während der Fahrt die gesammelte Erde wieder heraus. Dabei lässt sich einstellen, wie stark die aufgetragene Erdschicht sein soll.

Auf diese Weise lässt sich eine unebene Erdoberfläche in eine ebene Fläche verwandeln, ohne dass es dabei Erdabraum gibt, der abgefahren werden müsste. ■

Mit einem **Straßenfertiger** kann ein bis zu fünf Meter langes Straßenstück in einer Minute asphaltiert oder betoniert werden.

Straßenfertiger

Mit einem Straßenfertiger wird der heiße ▶ Asphalt auf der Straße verteilt. Dazu hat ein Straßenfertiger vorn einen Vorratskübel mit Asphalt. Darunter liegen Förderbänder und spiralförmige Förderschnecken, die den Straßenbelag aus dem Kübel nach hinten transportieren und über die ganze Breite der Straße verteilen. Mit einer langen Walze am Ende des Straßenfertigers wird der Asphalt in der gewünschten Dicke aufgebracht und verdichtet. Nun kühlt er langsam ab und wird fest.

Die richtige Dicke des Asphalts erkennt der Straßenfertiger automatisch an einem Draht, der vorher neben der Straße gespannt wurde. Moderne Maschinen arbeiten auch mit ▶ Laser- oder Ultraschallsteuerung. ■

Tunnelbau

Tunnel gibt es in fast jeder Stadt. Sie dienen zum Transport von Gütern und Menschen. Durch sie fahren ▶ Autos, Züge, ▶ U-Bahnen oder sogar Schiffe. Die ersten Tunnel waren nicht für den Verkehr bestimmt: Im Iran gibt es 5000 Jahre alte Tunnel, die der Wasserversorgung dienten. Einige der so genannten Quanats benutzen die Menschen dort immer noch. Neben Wasserleitungen waren auch Bergbau-Stollen (▶ Bergwerk) frühe Tunnel.

Erste Straßentunnel bauten bereits die Römer. Jedoch erst die Entwicklungen im Eisenbahnbau machten den Bau einer Vielzahl von stabilen und auch langen Tunnel nötig.

Die beeindruckendsten Tunnel führen heute durch hohe Gebirge oder unter Meeren hindurch. Der längste Straßentunnel der Welt durchquert zwischen Oslo und Bergen auf einer Strecke von mehr als 24 km ein norwegisches Gebirge.

Eisenbahntunnel können sogar noch länger sein: Der fast 54 km lange Seikan-Tunnel verbindet zwei japanische Inseln miteinander. Die tiefste Stelle liegt 240 m unter dem Meeresspiegel. Nur wenig kürzer ist der Eurotunnel zwischen Frankreich und England. Der mit über 57 km längste Tunnel der Welt ist noch im Bau: der Gotthard-Basistunnel in der Schweiz.

Der Bau eines Tunnels ist nicht ungefährlich. Die Einsturzgefahr kann sehr groß sein, besonders direkt nach dem Herausbrechen des Gesteins, wenn die Tunnelwände noch nicht gesichert sind. Deshalb haben Ingenieure die so genannte »Neue Österreichische Tunnelbauweise« entwickelt. Dabei sichern die Arbeiter die nackte Tunnelwand rasch mit Stahl und Spritzbeton. So erhält der Tunnel eine druckstabile Innenwand. Eine weitere Gefahr für Tunnelbauer sind drohende Wassereinbrüche. Deshalb müssen zum Beispiel viele Tunnel mit Spezialfolien abgedichtet werden. Damit das fertige Bauwerk möglichst sicher ist, bestehen moderne Tunnel meistens aus drei Röhren: je eine für jede Fahrtrichtung plus eine Sicherheitsröhre in der Mitte. ■

Der **Bau eines Tunnels** ist eine große Herausforderung für Ingenieure und Bauarbeiter. Sie müssen mit unterschiedlich harten oder lockeren und rutschenden Bodenschichten fertig werden, müssen eindringendes Wasser bekämpfen und für eine gute Belüftung der Baustelle sorgen. Die Bilder auf diesen beiden Seiten zeigen die Bauarbeiten am Gotthard-Basistunnel in der Schweiz. Ab dem Jahr 2011 sollen Schnellzüge auf der Strecke Zürich – Mailand durch die 57 km langen Röhren rasen.

Was können Tunnelvortriebs-maschinen?

Anfangs waren Hammer und Meißel die wichtigsten Werkzeuge der Bergleute. Erst seit dem 17. Jahrhundert benutzten sie Sprengstoff, um Tunnel Stück für Stück voranzutreiben. Auch heute ist der so genannte Sprengvortrieb noch üblich. Ungefährlicher ist der Tunnelbau allerdings mit modernen Tunnelvortriebsmaschinen. Sie haben an der Vorderseite einen riesigen Bohrkopf. Dieser ist genauso groß wie der Tunnelquerschnitt. Über 14 m Durchmesser hatte zum Beispiel das Werkzeug, mit dem die vierte Röhre des Hamburger Elbtunnels gebohrt wurde.

Das Schneidrad am Kopf der Tunnelvortriebsmaschine dreht sich und schabt so das Gestein Stück für Stück weg. Der Vorteil dieser teuren Maschinen ist, dass sie schnell und vor allem sicher arbeiten! Denn direkt hinter dem Schneidrad stützt die Maschine die Tunnelwand ab, sodass nichts einbrechen kann.

Tunnelbohrmaschinen sind sehr vielseitig. Mit ihnen kann man nicht nur bohren, sondern das Gestein auch direkt über Förderbänder abtransportieren. Die Tunnelwände werden mit ihrer Hilfe mit Tübbingen ausgekleidet. Das sind gebogene, vorgefertigte Betonwände. Manchmal werden mit Tunnelbohrmaschinen auch gleich noch Eisenbahnschienen verlegt. Eine solche multifunktionale Maschine kann länger sein als zwei Fußballfelder. Mit elf dieser überdimensionalen Bohrmaschinen wurde zum Beispiel der Eurotunnel zwischen Frankreich und England gebaut. Damit es schneller geht, werden Tunnel meistens von zwei Seiten aus gebohrt. Beim Eurotunnel trafen sich die Tunnelbohrmaschinen dank ▶ Laser- und Computersteuerung sowie einer präzisen Planung und Vorbereitung auf wenige Zentimeter genau.

Auf der Bohrinsel

Erdöl

1 Förderplattform

2 Hubschrauber

3 Öltanker

4 Pipeline

5 Raffinerie

Rohrmolch

6 Tauchboot

A-5 A

Auf der Bohrinsel

Erdöl und Erdgas sind wichtige Rohstoffe. Doch ihre Förderung ist sehr aufwendig. Die meisten bekannten Erdölfelder lagern im arktischen Eis, in Wüsten, unter Urwäldern oder unter Meeren. Mehr als ein Drittel des Erdöls wird heute aus dem Meeresboden gefördert. Um an das tief unter dem Meer liegende Öl zu gelangen, baut man Bohrinseln. Bereits über 500 Bohrinseln gibt es heute. Diese Inseln sind große Teller aus Stahl, die man auch Plattformen nennt. Manche dieser künstlichen Inseln sind größer als ein Fußballfeld. Schiffe schleppen sie über das Meer bis zu der Stelle, unter der man Erdöl gefunden hat. Wenn das Wasser hier nicht mehr als 100 m tief ist, steht die Bohrinsel auf Beinen, die bis zum Meeresgrund hinunter reichen. Oft ist das Wasser unter der Bohrinsel aber tiefer, manchmal sogar bis zu 1000 m tief. Dann befindet sich die Bohrinsel auf Schwimmkörpern, den Pontons. Damit die Plattform an Ort und Stelle bleibt und nicht vom Wind oder der

Meeresströmung fortgetrieben wird, verankern sie Taucher von Tauchbooten aus auf dem Meeresboden.

Zuerst bohren die Arbeiter von einem Bohrturm aus in den Meeresboden, bis sie auf das Erdöl oder Erdgas stoßen. Manchmal liegen diese Schätze sogar mehr als 2 km tief unter dem Meer. Mithilfe der Bohrungen werden Größe und Lage des Ölvorkommens bestimmt. Ist das Öllager groß genug, werden Förderplattformen errichtet. Von hier aus wird das Öl durch die Bohrlöcher an die Oberfläche geholt. Das nennt man Ölförderung. Öltanker transportieren das Öl an die Küste. Durch Rohre, die »Pipelines«, wird es weiter zu den Raffinerien gepumpt. Das sind Fabriken, in denen das Öl gereinigt und aufbereitet wird. Erst dann können die aus Erdöl gewonnenen Rohstoffe weiterverarbeitet werden.

Erdöl

Erdöl ist eine braune bis schwarze Flüssigkeit. Sie entsteht innerhalb von Jahrmillionen tief unter der Erdoberfläche aus winzigen Wassertierchen und Pflanzen.

Im Meer sinken abgestorbene Tiere und Pflanzen auf den Meeresboden. Darüber lagern sich weitere Stoffe ab, zum Beispiel Sand oder Ton. Weil es auf dem Meeresboden nur sehr wenig Sauerstoff gibt, verwesen diese Überreste nicht. Stattdessen werden sie von Bakterien, die keinen Sauerstoff brauchen, chemisch umgewandelt. Im Verlauf vieler Jahrhunderte legen sich immer wieder neue Schichten obendrauf und weil die Erdmassen ständig in Bewegung sind, sinkt diese Substanz immer tiefer. Mit der Zeit verfestigt sie sich. Zusammen mit anderen Ablagerungen, wie Sand und Tonschlamm, entsteht das so genannte Erdölmuttergestein.

Je tiefer das Erdölmuttergestein rutscht, desto wärmer wird der Boden und desto größer wird der natürliche Druck der Erde. Die schweren Erdschichten, die auf dem Erdölmuttergestein lagern, drücken es im Laufe der Zeit wie einen Schwamm aus. Dabei treten Wasser, Erdöl und Erdgas aus und sickern durch verschiedene Schichten im Boden aufwärts, bis sie in einer »Falle« ankommen. Das

ist eine Schicht, die sie nicht weiter nach oben durchlässt. Dort lagert das Gemisch dann, bis jemand das Ölvorkommen entdeckt, anbohrt und fördert. ■

Wissenschaftler untersuchen die Zusammensetzung und Qualität des geförderten **Erdöls**.
Weil Erdöl leichter ist als Wasser, schwimmt es obenauf.

🔍 **INFOBOX**

Erdgas

Erdgas entsteht in ähnlichen Prozessen wie Erdöl und meist kommen sie gemeinsam vor. Erdgas besteht zu großen Teilen aus Methangas, enthält aber auch die Gase Ethan, Propan und Butan. Durch diese Bestandteile ist es beim Verbrennen umweltverträglicher als Kohle oder Erdöl. Es ist eine wichtige Energiequelle und wird als Brennmaterial zum Heizen, Kochen oder Autofahren verwendet.

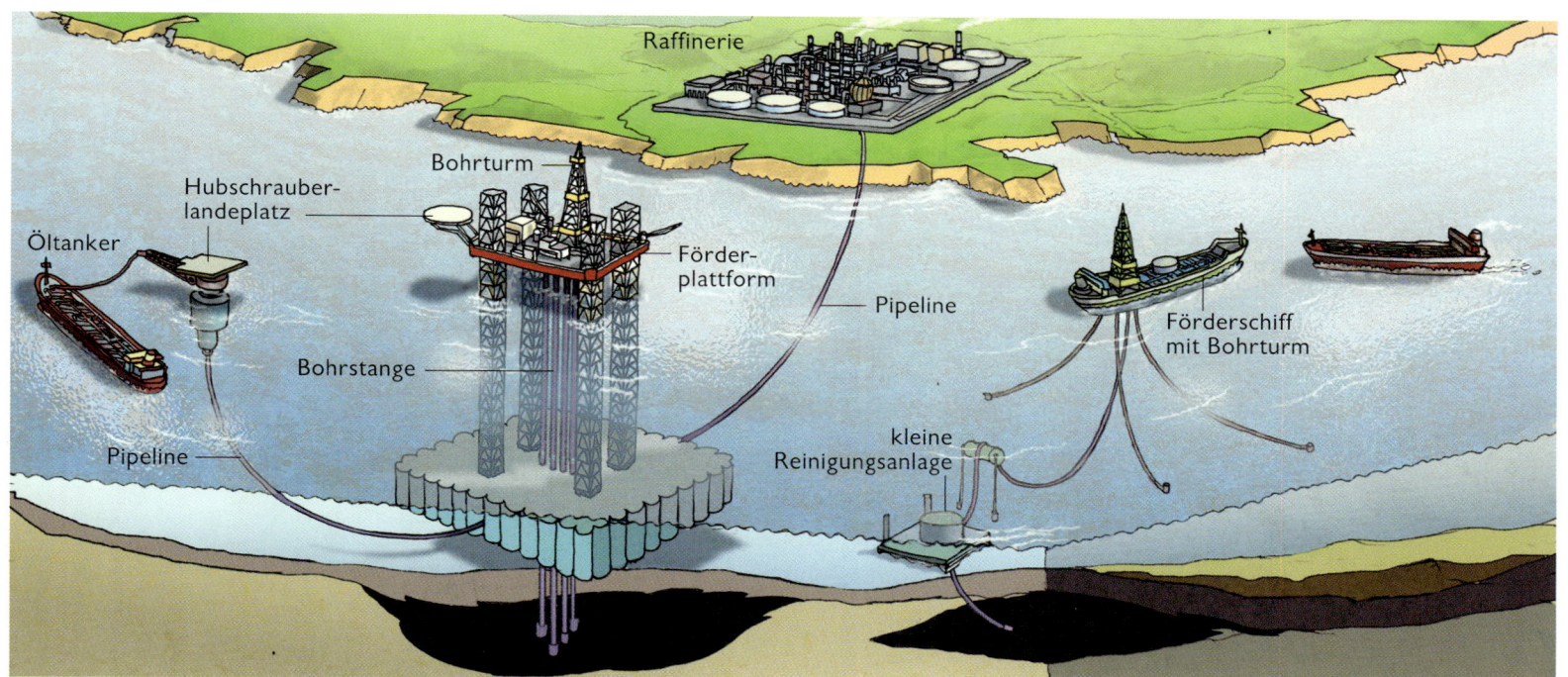

Raffinerie

Bohrturm

Hubschrauberlandeplatz

Öltanker

Förderplattform

Pipeline

Bohrstange

Förderschiff mit Bohrturm

Pipeline

kleine Reinigungsanlage

Förderplattform

Von der Förderplattform aus wird mit Pumpen und vielen anderen Maschinen und Geräten ▶ Erdöl aus dem Meer gefördert. Die Plattform, von der aus die Bohrinselarbeiter ein Ölfeld anbohren und erforschen, und die Plattform, von der aus sie das gefundene Erdöl oder Erdgas an die Oberfläche fördern,

Hier sieht man eine **Förderplattform** in der deutschen Nordsee, kurz bevor die Förderung beginnt. Der Bohrturm und die Bohranlagen wurden bereits abtransportiert.

sind meist ein und dieselbe. Oft entfernt man aber die Bohranlage mit dem Bohrturm nach der Bohrung und setzt sie woanders ein.

Auf einer Förderplattform arbeiten oft mehr als hundert Menschen: Bohrarbeiter, Wissenschaftler, Taucher und Servicepersonal. Einige von ihnen, die Bohrleute, bohren Löcher in die Ölfelder. Pro Ölquelle können das bis zu 60 Löcher sein! Das geschieht mit einem Bohrer aus sehr hartem Stahl. Er hängt an einer Eisenstange vom Bohrturm herunter. Die Bohrarbeiter verlängern die Stange von ihrer Plattform aus so lange Stück für Stück, bis sich der Bohrer durch den Meeresboden zum Erdöl durchgebohrt hat.

Der Bohrer und die Stangen sind hohl. So können die Bohrarbeiter Wasser hindurchpumpen, das den Bohrer kühlt und das Bohrloch reinigt.

Dann schieben die Bohrinselarbeiter ein Rohr nach, durch welches das Rohöl nach oben gefördert werden kann. Sobald das Rohr auf das Ölfeld trifft, schießt ein Teil des Öls von selbst nach oben. Auf das Öl im Boden wirkt nämlich ein natürlicher Druck.

INFOBOX

Wo wohnen die Bohrinselarbeiter?

Eine Bohrinsel ist oft mehrere Hundert Kilometer vom Festland entfernt. Die Arbeiter kehren dann nach einem Arbeitstag nicht nach Hause zurück, sondern bleiben wochenlang auf der Bohrinsel. Meist wohnen sie in Kajüten auf der großen Plattform. Manchmal ist an der Bohrinsel auch ein Schiff vertaut, das den Arbeitern als Unterkunft dient. Die Kabinen sind dann, ähnlich wie auf einem Reiseschiff, als Hotelzimmer eingerichtet. Köche versorgen die Mannschaft mit stärkenden Mahlzeiten. Nach getaner Arbeit können sich die Bohrinselarbeiter in Aufenthaltsräumen bei gemeinsamen Spielen, Sport oder vor dem Fernseher entspannen. Manchmal gibt es auch eine Bücherei. Sogar ein Krankenhaus ist oft an Bord. Alles in allem gleicht das Hotelschiff, in dem die Arbeiter einer Bohrinsel wohnen, jenen ▶ Kreuzfahrtschiffen, auf denen Touristen teure Kreuzfahrten unternehmen – nur hat es sehr viel weniger Komfort.

Das ist ähnlich wie beim Öffnen einer Bierflasche: Der Druck, der sich entspannt, drückt das Bier für einen Moment nach oben. Doch der Druck im Erdboden lässt wie bei der geöffneten Bierflasche rasch nach – es bleibt noch eine Restmenge Öl in der Quelle.

Damit sie das gesamte Erdöl aus dem Boden bekommen, haben die Arbeiter auf der Förderplattform viel zu tun: Sie pumpen Wasser oder Gas durch die Rohre. Das drückt einen weiteren Teil des Öls nach oben. Zuletzt füllen sie die Ölquelle mit heißem Wasserdampf. Die Hitze treibt das restliche Öl an die Oberfläche.

Auf der Plattform fließt das Öl durch Tanks, die Wasser und Erdgas voneinander trennen. ▶ Öltanker transportieren das Öl schließlich zum Hafen. Von dort wird es in ▶ Pipelines zur ▶ Raffinerie gepumpt. Wenn die Bohrinsel nahe am Festland ist, fließt das geförderte Öl manchmal auch direkt durch Pipelines, die auf dem Meeresgrund liegen, zur Küste. ■

Die Plattform einer **Bohrinsel** steht oft auf gewaltigen Beinen. Diese sind meist hohl und dienen als Zwischenlager für das geförderte Erdöl.

INFOBOX

Was kann man aus ▶ Erdöl herstellen?

Erdöl ist einer der wichtigsten Rohstoffe. Man gewinnt daraus beispielsweise Benzin, Diesel und Kerosin. Außerdem liefert es ein gutes Brennmaterial zum Heizen. Auch Sachen aus Kunststoff wie Plastikspielzeug oder Skistiefel werden daraus hergestellt. Sogar Medikamente, Farben und Textilien wie Duschvorhänge macht man aus Erdöl. Und auch das im Straßenbau benötigte Bitumen gewinnt man aus Erdöl. Doch der Vorrat an Erdöl ist begrenzt. Es entsteht zwar immer wieder neues, aber das dauert sehr, sehr lange.

Eine **Bohrplattform** ist bei Nacht gut beleuchtet, es wird nämlich rund um die Uhr gearbeitet. Außerdem sollen Schiffe die Bohrinsel schon von weitem erkennen können.

Hubschrauber werden auch für die Luftrettung eingesetzt. Mit einer Seilwinde können Verletzte an Bord geholt werden. Noch in der Luft beginnt die medizinische Versorgung und rasch werden sie ins nächstgelegene Krankenhaus gebracht.

Hubschrauber

Jede ▶ Förderplattform hat einen Hubschrauberlandeplatz. Denn für die Arbeiter auf den Bohrinseln sind Hubschrauber sehr wichtig. Sie bringen die Arbeiter auf die Insel und wieder zurück auf das Festland. Außerdem transportieren sie Nahrungsmittel, Werkzeuge und Ersatzteile. Und wenn sich jemand bei der Arbeit verletzt hat, ist ein Arzt mit dem Hubschrauber rasch zur Stelle und der Verletzte kann schnell ins Krankenhaus gebracht werden. Denn der Weg zu einer mehrere Hundert Kilometer vom Festland entfernten Bohrinsel würde mit dem Schiff viel zu lange dauern.

Den ersten praktisch verwendbaren Hubschrauber hat 1939 der russischstämmige Amerikaner Igor Sikorsky erfunden. Heute sind Hubschrauber sehr wendig und brauchen nur wenig Platz zum Landen. Wie eine Libelle kann der Hubschrauber in der Luft fast stehen bleiben oder auf der Stelle seine Flugrichtung ändern. Selbst rückwärts kann man mit ihm fliegen. Zum Starten steigt er gerade nach oben und um wieder auf den Boden zu kommen, lässt er sich langsam fallen. Ein normales ▶ Flugzeug könnte schon deshalb auf einer Bohrinsel nicht landen, weil es eine Rollbahn benötigt. Außerdem ist ein Flugzeug nicht so wendig: Es hält sich nur in der Luft, während es sich vorwärts bewegt. Der Hubschrauber ist somit das beweglichste Luftfahrzeug. Deswegen eignet er sich auch gut für den Rettungsdienst und zum Überwachen des Straßenverkehrs.

Hubschrauber gibt es in verschiedenen Größen: In manchen kann nur eine Person fliegen, andere können bis zu 30 Passagiere befördern.

INFOBOX

Was ist ein Rotor?

Beim Hubschrauber sorgt ein Rotor dafür, dass er in die Luft steigt und auch oben bleibt. Der Rotor ist der sich drehende Teil einer Maschine. Beim Hubschrauber sind daran die Drehflügel oder Rotorblätter befestigt. Der Hauptrotor auf dem Dach des Hubschraubers hat meistens vier Rotorblätter.

Flöge man aber nur mit einem Rotor, würde sich die Hubschrauberkabine in die entgegengesetzte Richtung drehen und der Hubschrauber würde unkontrollierbar hüpfen und schlingern. Damit die Flugbahn stabil ist, haben Hubschrauber noch einen kleinen Heckrotor oder einen zweiten Rotor auf dem Dach. Der Pilot steuert den Hubschrauber, indem er die Rotorblätter in eine bestimmte Richtung neigt.

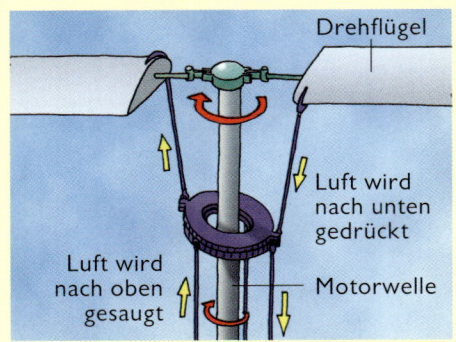

Drehflügel

Luft wird nach unten gedrückt

Luft wird nach oben gesaugt

Motorwelle

Öltanker

Öltanker gehören zu den größten Schiffen, die auf dem Meer unterwegs sind. Mit ihnen wird das ▶ Erdöl von den ▶ Förderplattformen zum Festland transportiert. Die größten Tanker können bis zu 500 000 t Öl laden. Solch große Ölmassen zu transportieren ist gefährlich, denn wenn ein Öltanker verunglückt, fließt viel Öl ins Meer. Das Öl verschmutzt das Wasser, die Strände und tötet Fische und Vögel. Um eine solche Katastrophe zu vermeiden, baut man Tankschiffe heute besonders stabil. Moderne Öltanker haben an den Außenseiten doppelte Wände. Außerdem ist der Laderaum für das Öl in einzelne Kammern unterteilt. Sollte doch einmal ein Tankerunfall passieren, kann nur eine kleine Menge Öl auslaufen und Wasser nur in einen Teil des Schiffes eindringen. ■

Doppelhüllentanker zählen zu den sichersten Schiffen der Welt. Der Tanker »Seahake« ist knapp 178 m lang und 28 m breit.

Pipeline

Wenn ein ▶ Öltanker im Hafen angekommen ist, wird das ▶ Erdöl in eine Pipeline geleitet. Das sind lange Rohre, in denen Erdöl über Land transportiert wird. Mit hohem Druck wird das Erdöl über große Entfernungen durch die Rohre gepumpt. Deshalb gibt es in jedem Rohr Pumpen, die das Öl vorwärts schieben. Die Rohre sind bis zu einem Meter dick und aus Stahl.

Die Pipeline mündet in eine ▶ Raffinerie, wo das Rohöl weiterverarbeitet wird. Die meisten Raffinerien sind nah an der Küste. Doch manchmal ist der Weg dorthin so weit, dass die Pipelines viele Tausend Kilometer lang sind.

Auch Erdgas wird durch Pipelines transportiert. Allein in Deutschland sind die Erdgasleitungen über 200 000 km lang. ■

 REKORDE

Die größten Öltanker

Über 300 m lang sind die weltweit rund 2600 größten Öltanker, mit denen das Öl über die Meere transportiert wird. Ungefähr 400 davon sind immer auf dem Wasser unterwegs, während die anderen in Häfen liegen und gerade mit Öl beladen oder entladen werden. Der größte Tanker, der zurzeit unterwegs ist, misst sogar 458 m. In die »Jahre Viking«, wie der Tanker heißt, würden vier große Kathedralen passen.

Durch **Pipelines** wird ▶ Erdöl oder Erdgas zu den Raffinerien geleitet. In dieser Pipeline wird Erdgas oberirdisch durch Russland transportiert.

Raffinerie

▶ Erdöl ist die Basis für viele verschiedene Rohstoffe. Um diese aus dem Rohöl zu gewinnen, muss es gereinigt und in einzelne Teile zerlegt werden. Die Fabrikanlage, in der das geschieht, nennt man Raffinerie.

Erdöl besteht aus unterschiedlichen Flüssigkeiten, die sich durch Hitze voneinander trennen lassen. Das kann man sich vorstellen wie bei kochendem Nudelwasser: Ein Teil des Wassers steigt in Form von Dampf nach oben. Nach einer gewissen Zeit setzt sich der heiße Dampf an der Fensterscheibe ab. Dort kühlt er ab und tropft als Flüssigkeit wieder nach unten. Ähnliches passiert auch in einer Raffinerie. Da die unterschiedlichen Flüssigkeiten im Erdöl bei verschiedenen Temperaturen verdampfen, lassen sie sich nach und nach einzeln gewinnen. Fachleute nennen das Auskochen der Flüssigkeiten Destillation. Und weil es verschiedene Flüssiganteile sind, heißt es fraktionierte Destillation. Fraktion heißt nämlich so viel wie Anteile – genau wie bei den politischen Anteilen im Bundestag. Am Schluss werden alle Flüssigkeiten noch gereinigt. ◼

In den Stahltürmen einer **Raffinerie** wird ▶ Erdöl in seine Bestandteile zerlegt, gereinigt und zu Brenn- und Rohstoffen aufbereitet. Die Türme sind untereinander durch viele Röhren verbunden.

Ein **Rohrmolch** kann selbst kleinste Risse an der Innenseite von Rohrleitungen aufspüren.

Rohrmolch

▶ Pipelines können im Laufe der Zeit verstopfen oder Löcher bekommen. Oft sind diese so winzig, dass man sie nicht sehen kann, zumal sich Pipelines meistens unter der Erde befinden. Deshalb haben Techniker den Rohrmolch erfunden. Das ist ein ▶ Roboter, der mit dem ▶ Erdöl oder Erdgas durch das Rohr treibt. Der Rohrmolch hat kleine Messfühler, die die Wand des Rohrs abtasten. Wenn der Rohrmolch einen Riss entdeckt, speichert er alle Informationen und der Techniker kann anschließend genau ablesen, wo sich das Loch befindet. Außerdem kann der Rohrmolch Verstopfungen im Rohr beseitigen. ◼

INFOBOX

Wie wird aus ▶ Erdöl Benzin?

Benzin ist die erste Flüssigkeit, die man erhält, wenn man die einzelnen Stoffe im Erdöl voneinander trennt. Wird Erdöl erhitzt, verdampft Benzin als Erstes. Und wenn der Dampf wieder abkühlt, wird er zu flüssigem Benzin. Es gibt aber einen Trick, um noch mehr Benzin zu gewinnen: Mithilfe von bestimmten Substanzen, die dem Erdöl beigemischt werden, können auch andere Stoffe im Erdöl chemisch so aufgespalten werden, dass beim Verdampfen Benzin entsteht.

Tauchboot

Manchmal müssen die Erdölförderanlagen und ▶ Pipelines am Meeresgrund geprüft oder sogar repariert werden. Das Meer ist aber oft 1000 m oder mehr tief. Taucher können in diese Wassertiefen wegen des starken Drucks nicht vordringen. Deshalb kommen dann Tauchboote zum Einsatz.

In den Tauchbooten haben meistens nur zwei Personen Platz. Sie sitzen in einer kugelförmigen Kabine. Außen an den Tauchbooten sind ▶ Kameras und Greifzangen angebracht. Die Greifer können mit Werkzeugen hantieren, die die Tauchbootinsassen von ihrer Kabine aus steuern. Kleine Propeller treiben die Tauchboote an.

Manchmal verwendet man auch ferngesteuerte Tauchroboter. Ein Fachmann steuert den ▶ Roboter von einem Schiff oder einem Tauchboot aus, die Arbeitsbefehle werden über elektrische Kabel oder Funkwellen übermittelt. Am Roboter ist eine Kamera angebracht. So kann der Fachmann die Arbeit des Roboters auf einem Bildschirm genau verfolgen. Damit das auch im Dunkel der Tiefsee möglich ist, haben die Tauchboote

starke Scheinwerfer. Es gibt sogar eine noch modernere Art von Tauchbooten: Das sind Unterwasserfahrzeuge, die weder ein Mensch vom Inneren des Bootes aus lenkt noch jemand fernsteuert. In solchen Tauchbooten arbeiten Computer, die allein nach programmierten Regeln ihre Aufgaben erledigen. Diese Tauchroboter führen manchmal wochenlang eigenständig ihre Mission durch. ■

Das französische **Tauchboot** »Nautile« wird versenkt. Es kann bis zu einer Tiefe von 6000 m unter dem Meeresspiegel abtauchen.

In der Fabrik

a Eine Fahrzeug-Designerin entwickelt am PC ein neues Automodell.

b Das Auto in der Produktion: Zwei Roboter setzen das Armaturenbrett und den Motor ein.

c Mithilfe eines Roboterarms werden die Autotüren manuell eingebaut.

c

In der Fabrik

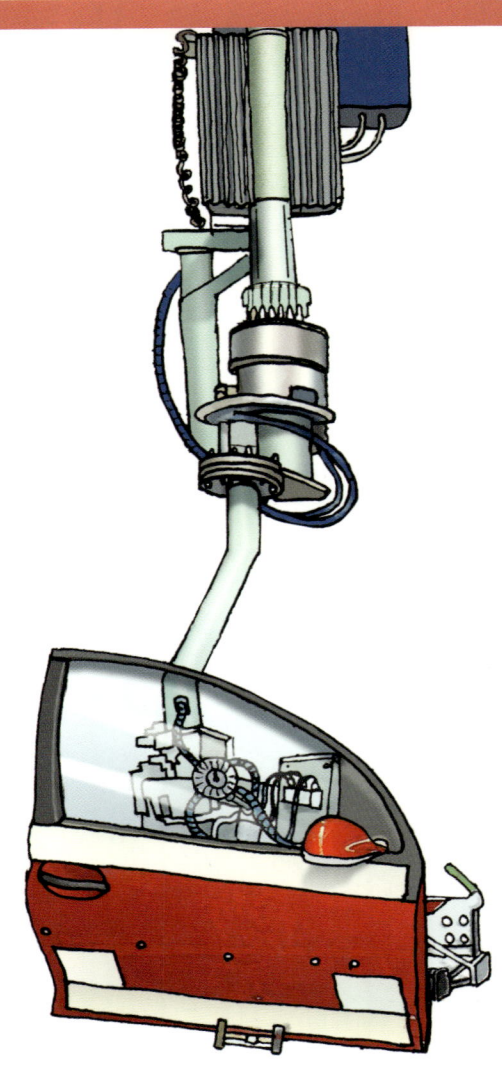

Viele der Produkte, die wir heute kaufen können, wie beispielsweise Spielzeug, Computer, Kleidung, aber auch Lebensmittel, werden in Fabriken hergestellt. Dort produzieren Maschinen schnell und effizient die gewünschten Waren.

Um die verschiedenen Maschinen in den Fabriken betreiben zu können, braucht man nicht nur Rohstoffe und Materialien, sondern vor allem Energie. Früher konnten die Menschen Elektrizität noch nicht selbst erzeugen, sondern nutzten den Wind oder das fließende Wasser in Bächen und Flüssen als Energiequellen. Erst in der zweiten Hälfte des 18. Jahrhunderts – also vor mehr als 200 Jahren – entdeckten die Ingenieure, wie man die Kraft von heißem Dampf industriell nutzen kann. Dampfmaschinen waren vom Wetter unabhängig und konnten überall eingesetzt werden. So konnten sich unterschiedliche Industriezweige mit vielerlei Maschinen und Fabriken entwickeln. Da dies das Leben der Menschen völlig veränderte, spricht man auch von einer »industriellen Revolution«.

Später war die Einführung des Montagebands in Fabriken ein weiterer Schritt hin zur Massenfertigung von Produkten. Heute werden viele Dinge massenhaft

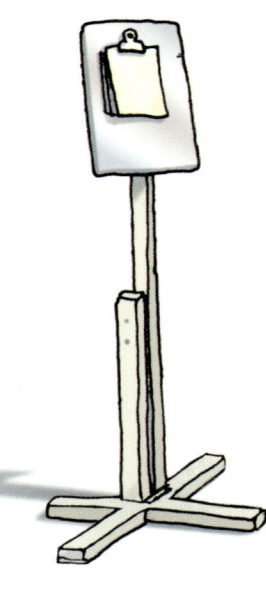

hergestellt: CDs, Mikrochips oder Lebensmittel fertigen die Maschinen so schnell, dass man es manchmal mit bloßem Auge kaum verfolgen kann. Und für Handgriffe, die für Menschen kompliziert oder gefährlich sind, werden heute oft Roboter eingesetzt.

Die Produktion in Fabriken läuft also inzwischen weitgehend automatisch ab. Maschinen und Roboter entlasten die Arbeiter, diese müssen meist nur noch die computergesteuerten Anlagen überwachen. Denn wenn eine Maschine ausfällt, kann das für die ganze Fabrik Stillstand bedeuten.

CD-Fertigung

Die in den Läden verkauften ▶ CDs werden in Fabriken hergestellt. Anders als die am ▶ Brenner eines Computers kopierten CDs werden sie gepresst – fast wie mit einem Stempel. Eine gebrannte CD steht jedoch oft am Anfang der Massenpressung von CDs. Darauf sind Daten oder Musik als mikroskopisch kleine Vertiefungen, den Pits, gespeichert. Die ebenen Zwischenräume nennt man Lands. Auf eine beschichtete Glasscheibe werden mit einem ▶ Laser die Pits und Lands kopiert. Im nächsten Schritt legt sich Silberdampf als hauchdünne Schicht darüber und füllt die kleinen Pits auf. Darauf wird eine Nickel-Schicht aufgetragen. Wenn man nun die ursprüngliche Glasscheibe abnimmt, ist die Nickelplatte eine Art Stempel geworden: Die Pits sind keine Vertiefungen mehr, sondern stehen nun heraus. Diesen Stempel nennt man »Vater«. Werden noch weitere Kopien benötigt, nennt man diese »Söhne«.

Jetzt kann die eigentliche Produktion der CDs beginnen: Auf den Vater oder die Söhne wird heißer Kunststoff mit hohem Druck gespritzt. Die Pits und Lands drücken sich in die Kunststoff-Scheiben ein. Den fast fertigen CDs fehlt nur noch eine Aluminiumschicht, die später den Laserstrahl des ▶ CD-Players reflektiert, und ein Schutzlack. Bedruckt und verpackt kommen die CDs in die Läden. ■

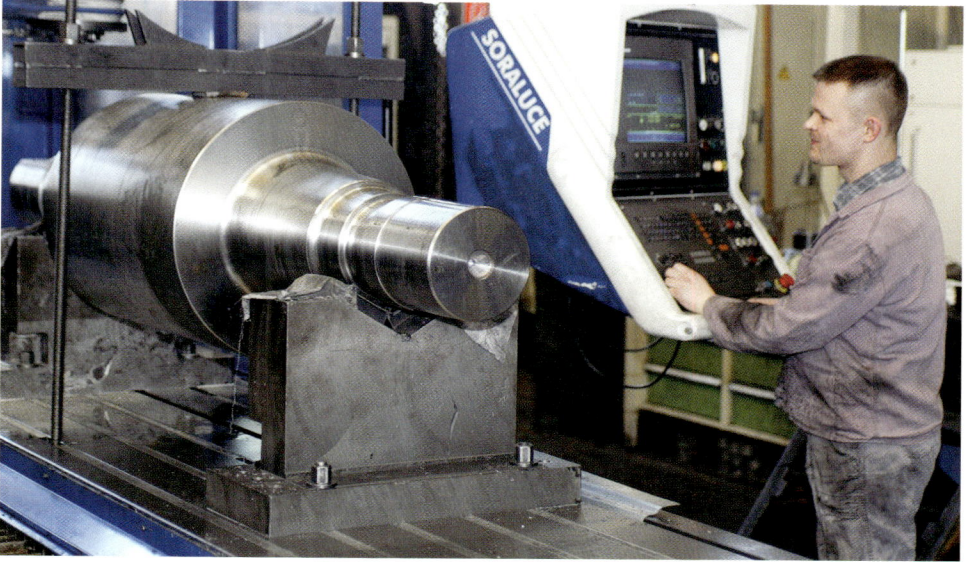

CNC-Maschine

CNC-Maschinen sind computergesteuerte Maschinen; die Abkürzung CNC steht für das englische »computerized numerical control«. Mit solchen Maschinen können Werkstücke so exakt bearbeitet werden, dass alle genau gleich aussehen. Derartig präzise geformte und genau gleiche Teile braucht man beispielsweise beim Bau von ▶ Flugzeugen, weshalb die Vorläufer der CNC-Maschinen auch dafür entwickelt wurden. Diese NC-Maschinen kamen im Gegensatz zu den heutigen CNC-Maschinen in den 1950er-Jahren noch ohne Computer aus.

Ein typisches Beispiel für eine CNC-Maschine ist eine Drehmaschine. In ihr dreht sich das Werkstück, beispielsweise ein Metallstab, um die eigene Achse. Ein scharfer Meißel fährt an dem sich drehenden Werkstück entlang und schabt Material ab. Programmierer haben vorher in den Computer der CNC-Drehmaschine eingegeben, wie schnell sich das Werkstück drehen und wie schnell das Werkzeug, also der Meißel, daran entlangfahren soll. Ein Messgerät überprüft ständig die Positionen von Werkzeug und Werkstück. So erhält jedes Werkstück seine vorher genau berechnete Form, und Präzision ist gewährleistet.

Nicht nur Drehmaschinen, auch Fräsen, Bohr- und Schleifmaschinen können mit CNC-Technik ausgerüstet sein. ■

Sauberkeit ist bei der **CD-Fertigung** überaus wichtig. Die Arbeiter tragen deshalb Haarnetze.

CNC-Maschinen, wie diese Fräsmaschine, arbeiten zwar automatisch, ein Facharbeiter muss sie aber am Computer überwachen und programmieren.

QUIZBOX

CNC-Maschinen

Welcher dieser Gegenstände könnte mit einer CNC-Drehmaschine hergestellt werden?

1. Tür

2. Tischbein

3. Schublade

Antwort 2: Eine Drehmaschine kann nur runde Gegenstände, wie zum Beispiel Tischbeine, herstellen. Das an den Enden eingespannte Werkstück dreht sich und ein Meißel fährt daran entlang. Auf diese Weise entstehen die neuen Formen; Türen oder Schubladen können so allerdings nicht hergestellt werden.

Druckerei

INFOBOX

Wie wird ein Text gesetzt?

Früher fügten Schriftsetzer die Druckplatten Buchstabe für Buchstabe zusammen. Die Buchstaben, in der Fachsprache Typen genannt, waren als kleine Bleistempel in einen Setzkasten einsortiert. Der Setzer suchte sich die passenden Typen heraus und setzte sie von Hand auf die Druckplatte. Dieses Verfahren geht auf Johannes Gutenberg zurück – den Erfinder des Buchdrucks. Später kamen Setzmaschinen auf. Der Setzer musste dann nur noch einen Buchstaben auf einer Tastatur drücken, das Setzen übernahm die Maschine. Heute erleichtern Computer das Setzen.

Sehr viel in unserer Umgebung ist bedruckt, nicht nur Bücher, Zeitungen oder Plakate, auch ▶ Telefone, Tassen, T-Shirts oder Stifte können einen Aufdruck haben.

Für die verschiedenen Materialien und Farbwünsche gibt es unterschiedliche Druckverfahren. Das älteste Verfahren ist der Hochdruck. Er funktioniert wie ein Stempel: Eine mit Farbe bestrichene Druckplatte wird auf Papier gepresst. Nur die hohen, also die herausstehenden Flächen, geben Farbe an das Papier ab. In die Druckplatten, die aus Speckstein, Holz oder anderen Materialien sein können, schneidet man das gewünschte Motiv. Früher schnitzten und stachen Mönche ganze Buchseiten aus Holz.

Genau umgekehrt funktioniert der Tiefdruck: Das Papier saugt die Farbe aus kleinen Vertiefungen in der Druckplatte. Beim Druck wird die Druckplatte mit Farbe eingestrichen, die dann wieder abgewischt wird, sodass sie nur in den Vertiefungen übrig bleibt.

Besonders vielseitig einsetzbar ist der Siebdruck; damit kann man sogar gewölbte Flächen bedrucken. Auch kompliziert geformte Kleinteile werden so bedruckt. Die Druckfarbe wird auf ein feines Sieb, das teilweise durch eine Schablone abgedeckt wird, gegeben. An den abgedeckten Stellen dringt keine Farbe durch das Sieb, alle anderen Flächen werden gedruckt. Das Sieb besteht meist aus Seide oder Edelstahldrähten, die Schablone aus Papier oder Filmmaterial.

Etwa 10 m Papier pro Sekunde rasen in einer **Druckerei** durch die Druckmaschine.

Beim **Rollendruck** läuft das Papier von tonnenschweren Rollen durch die riesige Druckmaschine. Auf einer Rolle sind etwa 20 km Papier.

Das wichtigste Druckverfahren ist heute jedoch der Offsetdruck. Die Druckplatten sind dabei ganz eben und man nutzt stattdessen einen chemischen Trick: Die zu druckenden Stellen sind wasserabstoßend, aber Fett bleibt an ihnen haften – so auch die fetthaltige Druckfarbe. Die Druckplatte gibt die Farbe dann an eine Gummirolle weiter, und diese bedruckt schließlich das Papier. Mit dem Offsetdruckverfahren werden beispielsweise Bücher oder Zeitungen gedruckt. Die dafür nötigen Druckmaschinen sind beeindruckend groß: Sie können fast 100 m lang sein und drucken 100 000 oder mehr Zeitungen innerhalb weniger Stunden. Das Papier rast mit einer Geschwindigkeit von etwa 10 m/s durch die Rotationsmaschinen. Später werden die bedruckten Papierrollen von Maschinen in Bögen geschnitten und zu Zeitungen zusammengefaltet.

Trotz der hohen Geschwindigkeit müssen die Rotationsmaschinen sehr präzise arbeiten: Die Farben blau, rot, gelb und schwarz werden von einzelnen Druckplatten gedruckt,

denn jedes Bild besteht aus vielen winzigen Farbpunkten, den Pixeln. Erst beim Betrachten entsteht aus den einzelnen Farben dann ein buntes Bild. Deshalb ist es wichtig, dass die Platten genau aufeinander abgestimmt sind. Da für jede Farbe auf jeder Seite eine einzelne Druckplatte benötigt wird, müssen in einer Zeitungs-Druckerei oft mehr als 100 Druckplatten in kürzester Zeit hergestellt werden. Das geschieht in modernen Druckereien mithilfe eines ▶ Lasers, der die Texte und Fotos auf die hauchdünnen Aluminiumplatten schreibt. ■

Beim Offsetdruck werden die **Druckplatten** vorher belichtet und dann entwickelt – ähnlich wie Schwarz-Weiß-Fotos. Die belichteten, also die schwarzen Stellen nehmen nach dem Entwickeln die Druckfarbe an. An den anderen Stellen haftet die Farbe nicht, sie werden folglich auch nicht gedruckt.

Für die **Farbsteuerung** in der Druckerei braucht man viel Feingefühl, denn für jede Farbe gibt es eine eigene Druckplatte. Nacheinander wird schwarz, cyan (blau), magenta (rot) und gelb gedruckt. Erst unser Auge mischt aus den winzigen Farbpünktchen, die ganz dicht nebeneinander stehen, alle anderen Farben.

Beim **Bogendruck** zieht die Druckmaschine einzelne Papierbögen von einem Stapel ein. Prospekte, Handzettel oder Plakate werden so gedruckt.

Kunststoffe

Kunststoffe gibt es in vielerlei Form: Verwendet werden sie zum Beispiel in Elektrogeräten, für Zahnspangen oder als einfache Plastiktüten. Sie sind sehr vielseitig, einige schützen gut vor Kälte oder Hitze, andere sind besonders hart und stabil.

Kunststoffe werden unterschieden in »Duroplaste«, diese sind hart wie eine Steckdose, und in »Thermoplaste«, die sich verformen, wenn sie warm werden. Zu den Thermoplasten gehören auch die »Elastomere« – sie sind weich wie ein Schwamm oder elastisch wie ein Gummiring. Fachleute unterscheiden sogar noch weitere Arten.

Für die Kunststoff-Verarbeitung in Fabriken wird oft das Spritzgussverfahren angewendet. Dabei wird flüssiger Kunststoff mit hohem Druck in eine kalte Form gespritzt. Wenn der Kunststoff abgekühlt und hart geworden ist, kann das geformte Produkt aus der geöffneten Form herausgenommen werden. Becher, Kisten, ▶ CDs oder Mülltonnen werden so hergestellt. ■

Laser gibt es in verschiedenen Farben: Die meisten sind rot, manche grün oder blau. Außerdem können Laserstrahlen verschieden intensiv sein – manche sind harmlos wie ein Laserpointer, mit anderen kann man schneiden, schweißen oder bohren.

Laser

Das Wort Laser klingt für manche Menschen gefährlich, denn Laser haben viel Energie. Diese Energie steckt in dem besonders intensiven Lichtstrahl, der nur auf einem kleinen Punkt auftrifft. Mit diesem Strahl lässt sich Metall zerschneiden oder zusammenschweißen. Man kann mit ihm auch dünne, tiefe Löcher bohren.

In der heutigen Welt sind Laser allerdings keine gefährlichen Waffen wie in Science-Fiction-Filmen, sondern wichtige Werkzeuge. Ungefährliche Laser mit wenig Energie sind zum Beispiel in den Lesegeräten von ▶ CD-Playern oder ▶ Scannerkassen. In modernen Telefonnetzen (▶ Telefon) überträgt Laserlicht die Gespräche. Auch in der Medizin wird mit Laser gearbeitet: In kleinen Operationen kann beispielsweise Fehlsichtigkeit mit Lasertechnik behoben werden. Vor allem wegen ihrer Genauigkeit schätzen Ingenieure, Mediziner und Naturwissenschaftler Laser. ■

INFOBOX

Was unterscheidet einen Laser von einer Taschenlampe?

Lichtstrahlen breiten sich wellenförmig aus. Bei einer ▶ Glühlampe schießen diese Wellen in alle Richtungen. Bei einer Taschenlampe bündelt ein Spiegel die Wellen, sodass sie sich alle in ungefähr dieselbe Richtung ausbreiten. Beim Laser sind die Lichtwellen noch stärker gebündelt und außerdem sind die Wellenberge alle gleich weit voneinander entfernt. Im Laser werden bestimmte Stoffe zum Leuchten angeregt, der so entstehende Lichtstrahl wird durch Spiegel und Linsen verstärkt. Diesen dünnen Lichtstrahl kann man normalerweise nicht sehen, er ist nur – wie hier auf dem rechten Bild – sichtbar, wenn Staubteilchen in der Luft im Laserlicht aufleuchten.

Aber Achtung: Man darf niemals direkt in einen Laserstrahl sehen – das kann das Auge zerstören!

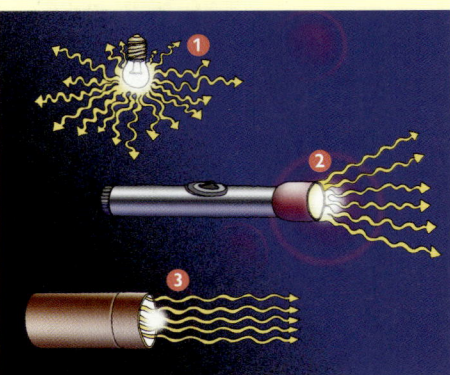

1 Glühlampe   **2** Taschenlampe   **3** Laser

Lebensmittelherstellung

Auch in Lebensmittelfabriken werden heute viele große Maschinen eingesetzt. Bauern und Firmen bringen die einzelnen Zutaten zu den Fabriken. In Lagern oder ▶ Silos werden sie zwischengelagert und von dort in den Verarbeitungsraum gebracht. Vorher untersuchen Experten die Zutaten, damit nur einwandfreie Rohwaren verwendet werden.

In großen Behältern werden nun die Lebensmittel vermischt und erhitzt, gekocht, getrocknet oder tiefgefroren. Fast alle Arbeitsschritte verlaufen vollautomatisch, Facharbeiter überwachen ständig die Abläufe in den Maschinen.

Die fertigen Lebensmittel werden in einer Verpackungsmaschine abgepackt, bevor sie in einem Lager landen. Von dort werden sie mit ▶ Lastkraftwagen zu Geschäften und Händlern transportiert, wo sie dann für die Kunden bereitstehen. ■

Mikrochipfertigung

Die Entwicklung von ▶ Mikrochips war bahnbrechend für die Informations- und Kommunkationstechnik. Die winzigen Chips stecken heute in Computern, Taschenrechnern, ▶ Telefonen, ▶ Geschirrspülern und vielem mehr. Auf ihnen sind elektrische Schaltungen im Miniaturformat untergebracht. Grundmaterial für die Mikrochips ist Silizium; jedes Sandkorn besteht zum Großteil aus diesem Element. Die wichtigste Eigenschaft von Silizium ist, dass es ein Halbleiter ist – man kann es gezielt so verändern, dass es ▶ Elektrizität leitet oder nicht.

Auf einer dünnen Siliziumscheibe, dem Wafer, werden mehrere Chips gleichzeitig hergestellt. Man benötigt dazu Chemikalien und Gase zur Oberflächenbehandlung, Metalle für die Leiterbahnen und ultraviolettes Licht zur Bestrahlung. Die Fertigung eines Chips ist sehr aufwendig und dauert etwa zehn Wochen. ■

In der **Lebensmittelherstellung** ist Sauberkeit sehr wichtig. Wie hier bei der Produktion von Fischstäbchen, Pizzen, Brötchen und Käse tragen die Mitarbeiter meist Kittel und Haarnetze. Besonders schnell geht die Produktion, wenn die Lebensmittel zu den einzelnen Zubereitungsstationen über Förderbänder transportiert werden.

Mikrochips werden in Reinsträumen hergestellt. Die Luft wird dabei so gesäubert, dass weniger als 40 Staubteilchen in einem Kubikmeter sind. In einer normalen Wohnung schwebt mehr als 1000-mal so viel Staub umher.

INTERVIEW

Fragen an einen Lebensmitteldesigner

Welche Aufgaben hat ein Lebensmitteldesigner?

Die Kunden wünschen sich immer wieder neue Lebensmittel oder andere Geschmacksrichtungen, deshalb denken wir uns neue, leckere Rezepturen aus.

Haben wir eine gute Idee, probieren wir sie zuerst in einer Versuchsküche aus. Ist die Rezeptur fertig ausgetüftelt und hat sie den Prüfern geschmeckt, dann testen wir sie auf den großen Maschinen. Wenn alles klappt, kann man das neue Produkt schon bald im Laden kaufen.

Wie lange dauert es, bis ein neues Lebensmittelprodukt entwickelt ist?

Das ist ganz unterschiedlich: Manchmal dauert es nur zwei Monate, manchmal länger als ein halbes Jahr.

Montageband

»Fließbandarbeit« ist in unserem Sprachgebrauch inzwischen ein gängiger Ausdruck für die massenhafte Herstellung von Produkten, aber auch für eintönige Arbeit der Angestellten. In vielen modernen Fabriken geht ohne Fließ-, Förder- oder Montagebänder fast nichts mehr.

Als erster Industrieller erkannte Henry Ford den Vorteil der Arbeit an Montagebändern: Er konnte in kürzerer Zeit mehr ▶ Autos herstellen als seine Konkurrenten. Vor der Einführung des Montagebands wurden die Wagen von wenigen Arbeitern Stück für Stück zusammengebaut. Jeder musste jeden Arbeitsschritt beherrschen. Am Montageband jedoch ist es viel einfacher, ein Auto zu bauen: Die Arbeit ist in viele kleine Aufgaben zerlegt, und jeder Arbeiter ist nur für wenige Teile verantwortlich. So lassen sich Autos viel schneller bauen, denn die Arbeitsgeschwindigkeit gibt das Montageband vor. Dadurch konnte Henry Ford sein »Model T« viel billiger anbieten und die Verkaufszahlen stiegen.

Noch heute sagt man »Autos rollen vom Band«. An den Montagestraßen moderner Werke gleicht der Zusammenbau eines Autos einem riesigen 3-D-Puzzle, denn die Autos sind sehr unterschiedlich. Sie haben verschiedene Farben, Formen und Ausstattungen.

Bei der Arbeit am Montageband erledigen die Arbeiter nur **Teilschritte**. Auf den Zetteln an den Motorhauben ist vermerkt, welche Teile in das jeweilige Auto eingebaut werden müssen.

💡 ERFINDUNG

Wer hat das Montageband erfunden?

Als Erfinder des Montagebands oder Fließbands gilt Henry Ford. Angeblich hatte er diese Idee, als er sah, wie im Schlachthof von Chicago das Fleisch an Hängeschienen transportiert wurde. Er teilte die Produktion eines Autos in Hunderte von Einzelschritten auf und führte ein Fließband in seiner Fabrik ein. Anfang des Jahres 1914 brauchten die Arbeiter in Fords Werk statt wie bisher 12 Stunden nur noch 93 Minuten für die Produktion eines Autofahrgestells. Das Bild zeigt ein Montageband in einem Opel-Werk im Jahr 1924.

Genauso wie der Kunde sein Auto bestellt hat, müssen es die Arbeiter und ▶ Roboter zusammensetzen. Deshalb ist genau festgelegt, welches Teil sie in welches Auto einbauen müssen. Genau zum richtigen Zeitpunkt und in der richtigen Reihenfolge müssen Förderbänder die Teile zum Einbau liefern.

Auf ähnliche Art und Weise nutzt man Montagebänder auch bei der Herstellung vieler anderer Produkte. Wichtig ist dabei, dass sich die Arbeit in viele Einzelschritte zerlegen lässt. Für die Menschen in der Fabrik ist diese Art zu arbeiten durch die immer gleichen Handgriffe ermüdend und nicht besonders abwechslungsreich. Oft wechseln die Arbeiter deshalb nach einigen Stunden den Arbeitsbereich.

Genauso wichtig wie Montagebänder sind in der Industrie Fließbänder. Sie transportieren Waren von einer Maschine zur nächsten. Fast alle Produkte – ob Getränkeflaschen, Kirschen oder Bücher – laufen in Fabriken über solche Förderbänder. Für jede Aufgabe gibt es unterschiedliche Förderanlagen: Sie sind aus Gummi, Metall- oder ▶ Kunststoff-Teilen und können eben oder gewölbt sein.

Bei Montagebändern wird durch die Geschwindigkeit, mit der das Band sich bewegt, das **Arbeitstempo** vorgegeben. So können elektrische Geräte, wie hier DVD-Player, schnell produziert werden.

Die Förderbänder werden durch Rollen bewegt; über Umlenkrollen laufen sie an der Unterseite der Transportbänder wieder zurück. ■

Auch ▶ PCs werden am Montageband zusammengesetzt. Die einzelnen **Arbeitsschritte** wurden so vereinfacht, dass immer nur die gleichen Teile an einer bestimmten Stelle eingesetzt werden müssen.

Am **Montageband** werden ▶ Telefone Stück für Stück zusammengesetzt.

QUIZBOX

Was bedeutet »arbeiten im Akkord«?

1. Statt Stundenlohn bekommt der Arbeiter einen Stücklohn

2. Arbeiten als Musiker mit einem Akkordeon

3. Beim Arbeiten singen oder pfeifen

Antwort 1: Akkord ist zwar auch ein Begriff aus der Musik, aber wenn man im Akkord arbeiten muss, ist das wenig unterhaltsam. Der Lohn des Arbeiters hängt davon ab, wie viele Einzelstücke er in einer Stunde bearbeitet. Akkord-arbeit steht deshalb für die schnelle Fertigung eines Einzelstücks – nicht nur am Fließband.

Roboter

Der **Roboterhund** AIBO enthält eine ausgeklügelte Software und damit ein gewisses Maß an künstlicher Intelligenz. Er entwickelt sich in seinen Bewegungen und will genauso gepflegt und gestreichelt werden wie ein echter Welpe.

Roboter haben unterschiedliche Funktionen und Bauweisen. Manchmal sind sie in ihrer Konstruktion Menschen oder Tieren nachempfunden. Das heißt nicht, dass sie auf zwei Beinen gehen, denken oder sprechen – die meisten Roboter stehen fest an einem Platz und führen bestimmte, für Menschen schwere oder gefährliche Aufgaben aus. Schweißroboter beispielsweise sind in ihrem Aufbau einem menschlichen Arm nachempfunden: Sie haben eine Schulter, einen Ellbogen und am Ende des Arms ein Werkzeug – in diesem Fall ein Schweißgerät. Damit können diese Roboter die Karosserie von ▶ Autos zusammenschweißen. Doch zuerst müssen Techniker die einzelnen Arbeitsschritte in einem Computer, dem Gehirn des Roboters, programmieren. Die Roboter der Zukunft sollen nicht mehr so stark auf Programmierer angewiesen sein. Wie wir Menschen sollen sie lernfähig sein und sich selbst organisieren.

Der bekannteste lernfähige Roboter ist AIBO. Dieser Roboterhund ist ein »intelligentes« Spielzeug. Sein Leben beginnt als Welpe, und je nachdem wie sein Besitzer mit ihm umgeht, entwickelt er sich weiter.

Andere berühmte Roboter kennen wir aus Science-Fiction-Filmen: Zum Beispiel R2D2 aus Star Wars. Und tatsächlich fliegen Roboter bereits zu den Sternen: »Pathfinder« beispielsweise hat die Mars-Oberfläche untersucht. Jede ▶ Sonde, die Menschen ins Weltall schießen, ist im Prinzip ein Roboter.

Erfunden wurden Roboter vor allem zum Arbeiten. Denn der Ursprung ihres Namens ist das slawische Wort Rabota – Arbeit. ■

Roboter setzt man oft für Arbeiten ein, die für Menschen unangenehm, gefährlich oder eintönig sind. Hier sprühen die Funken beim Bau einer Autokarosserie.

Schadstofffilter

In großen Fabriken entsteht bei der Produktion oft auch viel Schmutzwasser. Um Flüssigkeiten oder Gase von Verunreinigungen zu befreien, benötigt man Schadstofffilter.

Die Filter zur Reinigung von Flüssigkeiten sind große Apparate, die mit Sand oder Kies gefüllt sind. Fließt die verunreinigte Flüssigkeit durch sie hindurch, lagert sich der Dreck an dem Gestein ab.

Ein Separator dagegen trennt Flüssigkeit und feste Teilchen durch Drehung. Er nutzt die Zentrifugalkraft, die man auch spürt, wenn man im ▶ Auto schnell durch eine Kurve fährt. Diese Kraft zieht im Separator die schweren Feststoffe stärker nach außen an den Rand des rotierenden Behälters als die Flüssigkeit. So kann man in der Mitte des Separators die saubere Flüssigkeit abschöpfen. Zur Gasreinigung nutzt man oft die Wirkung elektrischer Anziehungskräfte. Eine elektrische Spannung lädt zum Beispiel Ascheteilchen im Abgas einer Verbrennungsanlage auf. Danach strömt das Gas an einer entgegengesetzt geladenen Platte vorbei. Sie zieht die Asche an und reinigt so die Abgase. ■

INFOBOX

Ein Schadstofffilter im Auto: der Katalysator

Der Katalysator im ▶ Auto reinigt die Abgase. Er sortiert giftige Substanzen aber nicht aus wie ein Filter, sondern wandelt sie in ungefährlichere Stoffe um. In der Chemie werden als Katalysatoren Substanzen bezeichnet, die eine Reaktion beschleunigen, aber dabei nicht selbst verbraucht werden. Und genau das passiert im Autoabgaskatalysator. Er besteht hauptsächlich aus einem Keramikkörper. Dieser ist von vielen kleinen, geraden Kanälen durchzogen, sodass eine sehr große Oberfläche entsteht. Auf dieser Fläche befinden sich Edelmetall-Partikel. Sie sorgen dafür, dass die giftigen Abgase größtenteils verbrannt werden. Im ▶ Motor nicht verbrannte Kohlenwasserstoffe sowie bei der Verbrennung entstandenes Kohlenmonoxid verwandeln sie in Kohlendioxid und Wasser. Aus Stickoxid entsteht im Katalysator Stickstoff.
Alle Schadstoffe kann aber auch der Katalysator nicht entfernen, weshalb die Umwelt nach wie vor von Autoabgasen belastet wird.

Schutzanzug

Eine besondere Schutzkleidung brauchen jene Menschen, die mit gefährlichen Stoffen oder in riskanten Umgebungen arbeiten. Oftmals reichen spezielle Handschuhe, manchmal müssen Arbeiter aber auch einen Ganzkörperanzug aus ▶ Kunststoff tragen. Solche Anzüge sind gas-, flüssigkeits- oder staubdicht. Zur Ausrüstung gehört meist auch ein Atemschutzgerät. Diese Anzüge schützen beispielsweise vor giftigen Chemikalien. Andere bieten Schutz vor extremer Hitze oder Flammen. Das ist wichtig für Schweißer oder Arbeiter, die beispielsweise in einer Gießerei mit flüssigem Metall hantieren.

Zur Schutzkleidung gehört auch die Warnkleidung, wie sie zum Beispiel die Müllmänner tragen. Durch ihr Orange sind sie tagsüber gut erkennbar. Bei Dunkelheit ist die Warnkleidung durch reflektierende Streifen – wie man sie auch von Sportkleidung oder Schulranzen kennt – gut sichtbar.

Ganz andere Schutzkleidung soll nicht die Arbeiter schützen, sondern das zu fertigende Produkt. Haare oder Hautschuppen könnten beispielsweise in der ▶ Mikrochipfertigung großen Schaden anrichten. ■

Schutzanzüge haben zwei Funktionen: Manche schützen – wie hier – empfindliche Produkte vor Haaren und Ähnlichem; andere schützen Menschen vor Gefahren wie Feuer oder Chemikalien.

QUIZBOX

Schutzanzüge

Warum sind manche Schutzanzüge aufgebläht?

Antwort: Die aufgeblähten Kunststoffanzüge schützen vor Viren. In ihnen herrscht Überdruck. Weil die Luft durch den Druck ständig vom Körper weggeströmt und durch ein Ventil entweicht, können die Viren den Körper nicht erreichen. Einen solchen Anzug benutzen beispielsweise Wissenschaftler, die gefährliche Krankheitserreger erforschen, oder die Ärzte und Schwestern auf der ▶ Isolierstation.

Beim Fernsehen

Beim Fernsehen

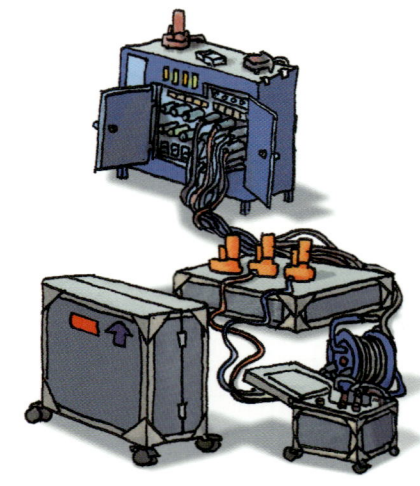

Fernsehen ist das am meisten genutzte Medium unserer Zeit: Wichtige oder interessante Ereignisse können viele Menschen weltweit am Fernsehbildschirm live miterleben. Was Reporter rund um den Erdball recherchieren und Kameraleute mit der Kamera und dem Mikrofon aufnehmen, wird mittels Rundfunktechnik und Radiowellen über Ü-Wagen, TV-Studios, Sendemasten, Satelliten und Parabolantennen rund um die Welt zu den einzelnen Fernsehapparaten gesendet. Neben aktuellen Nachrichten sind das vor allem Fernsehshows, Spiel- und Zeichentrickfilme und natürlich Fernsehserien.

Um eine Stunde Fernsehfilm oder eine Minute Kinofilm zu produzieren, sind viele Menschen, viel Zeit und viel Geld nötig. Dabei arbeiten Redakteure, Techniker, Regisseure, Schauspieler und Moderatoren eng zusammen. Zuerst werden die Inhalte der Filme erarbeitet, die dann von den Kameraleuten aufgenommen werden. Der Redakteur schneidet am Schnittplatz zusammen mit dem technisch versierten Cutter aus dem gedrehten Rohmaterial seinen Beitrag oder Film. Der wird dann mit Musik und Sprache, entweder den Original-Tonaufnahmen oder einem so genannten Off-Text, unterlegt. Im Tonstudio werden auch ausländische Filme synchronisiert – damit die Zuschauer beispielsweise in Deutschland einen Film auf Deutsch sehen können.

Fernsehstudio

Nachrichten, Shows und Galas werden in einem Fernsehstudio aufgenommen. Ausgestrahlt wird die Sendung entweder live, wenige Stunden später – das nennt man live on tape: live auf Band – oder lange nach der Aufzeichnung, als so genannte Konserve. Früher waren Live-Übertragungen die Regel, weil es keine technisch befriedigende Möglichkeit gab, das aufgenommene Material auf Band zu speichern. Heute sind sie eher selten.

Eine Sendung bereiten viele Menschen gemeinsam vor. Bei der Tagesschau beispielsweise liefern Reporter aus der ganzen Welt Beiträge über aktuelle Ereignisse, ein Redakteur schreibt dazu kommentierende Texte, die der Moderator vom Blatt oder vom Teleprompter abliest. Beim Teleprompter projiziert ein Computerbildschirm, der knapp unterhalb der Kamera befestigt ist, die Texte auf einen Spiegel im Kameraobjektiv. Aus Sicht der ▶ Kamera ist der Spiegel durchsichtig, doch der Moderator kann darauf den mitlaufenden Text bequem ablesen. Der Moderator wirkt dann so, als ob er die Texte auswendig könnte.

Bei einer großen Show werden die Auftritte des Moderators, seiner Gäste und aller Stars genauestens geprobt. Dabei müssen

viele Dinge bedacht werden: Der Lichtmeister programmiert die Lampen, um die Stars ins rechte Licht zu setzen. Kameraleute entscheiden, welche Kamera welchen Gast wie groß oder klein filmt. Dafür gibt es einen genauen Ablaufplan. Der Regisseur kontrolliert zusammen mit dem Aufnahmeleiter, ob im Studio alles wie geplant abläuft. Kleine Fehler oder Pannen werden schnell ausgebügelt oder überspielt, sodass der Zuschauer diese meistens gar nicht bemerkt. ▪

In der **Regie** eines Fernsehstudios sieht der Regisseur auf vielen Monitoren die von den verschiedenen Kameras aufgezeichneten Bilder. Er sucht das beste Bild aus, das dann gesendet wird.

In einem **Fernsehstudio** zeichnen mehrere Kameras das Geschehen auf: Die Kameraleute wissen dank eines genauen Ablaufplans und langer Proben, was und wen sie filmen sollen.

Film

Früher waren **Filme** aus leicht entflammbarem Zelluloid. Heute bestehen sie aus schwer entflammbarem Kunststoff. Trotzdem wird meistens noch von »Zelluloid« gesprochen.

Unter einem »Film« versteht man zweierlei: Zum einen ist damit ein zur Rolle aufgewickelter Streifen gemeint, der aus einem mit einer lichtempfindlichen Schicht überzogenen Material besteht. Diese Filme legt man in einen ▶ Fotoapparat ein, dort werden sie belichtet und später entwickelt. Die Papiervergrößerungen dieser Filme sind dann die Fotos, die man in Fotoalben sammeln kann. Zum anderen bezeichnet man als Film aber auch eine mit einer Filmkamera aufgenommene Abfolge von bewegten Bildern. Diese Filme werden im Kino gezeigt oder im Fernsehen ausgestrahlt.

Kino- oder Fernsehfilme werden meist im Format 35 mm gedreht – der Filmstreifen ist 35 mm breit. Nachdem alle Filmaufnahmen gemacht und die Originalfilmrolle am ▶ Schnittplatz geschnitten wurde, werden davon Kopien hergestellt: für jedes Kino, in dem der Film gezeigt wird, eine.

Da jede Sekunde im Film aus 24 Einzelbildern besteht, sind die Filmrollen unglaublich lang. Ein einminütiger Film ist 27 m lang – ein 90 bis 120 Minuten dauernder Spielfilm ungefähr 2,4 bis 3,3 km.

Genau wie für Bücher gibt es auch für Filme große Bibliotheken, in denen Filme gesammelt werden. Hier herrschen konstant 10 °C und eine Luftfeuchtigkeit von 45 %, damit die Filmrollen ihre Qualität behalten. ◾

Im **Filmprojektor** läuft der Film am Objektiv vorbei von der oberen Spule auf die untere.

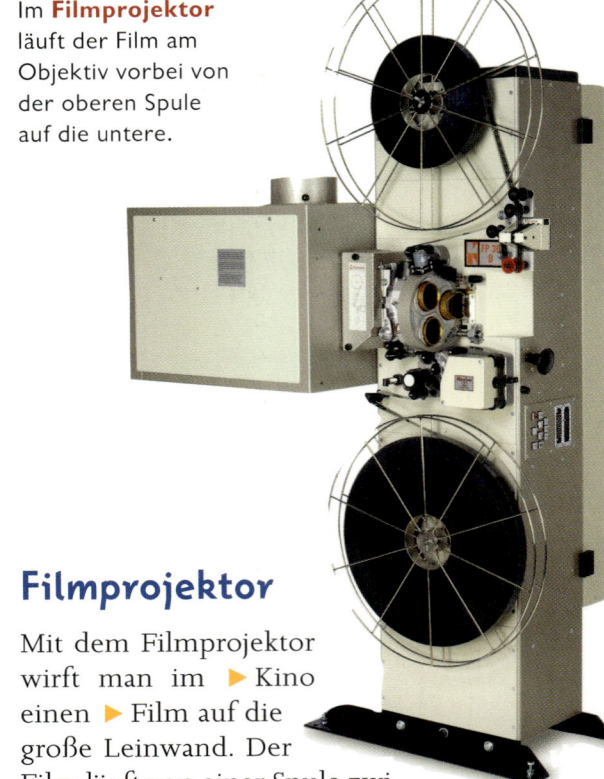

Filmprojektor

Mit dem Filmprojektor wirft man im ▶ Kino einen ▶ Film auf die große Leinwand. Der Film läuft von einer Spule zwischen der Lampe und dem Objektiv auf eine andere. Das Objektiv vergrößert das Bild mithilfe von Projektionslinsen und sorgt gleichzeitig dafür, dass es auf der Leinwand scharf zu sehen ist.

Wenn ein Bild auf die Leinwand geworfen wurde, dreht der Transportgreifer den Film weiter. Pro Sekunde sieht man eigentlich 24 Einzelbilder – nur weil das menschliche Auge so träge ist, werden die Einzelbilder als bewegte Bilder wahrgenommen. Der Film wird mithilfe von Löchern an beiden Seiten des Filmstreifens weitertransportiert. Diese Löcher, die man Perforation nennt, haben auch Filme in ▶ Fotoapparaten. Die Töne hingegen werden an einer Seite des Filmstreifens gespeichert und beim Abspielen von einem speziellen Lesekopf abgetastet.

Bei herkömmlichen Filmen entstehen beim Abspielen mit der Zeit Kratzer und Schlieren und die Farben werden zusehends schlechter. Immer häufiger werden deshalb digitale Filme und Projektoren verwendet, denn die digitalen Daten behalten stets ihre ursprüngliche Qualität. ◾

ERFINDUNG

Filmgeschichte

Der 28. Dezember 1895 gilt als Geburtsstunde des Films: Die Gebrüder Auguste und Louis Lumière zeigten in Paris den ersten Stummfilm. Ein Erklärer und Erzähler ergänzte den Ton. Später wurden Zwischentitel eingeblendet. 1927 konnte mit »The Jazz Singer« der erste lange Tonfilm gezeigt werden. Kurz darauf gelang es, Farbfilme zu produzieren. Anfangs wurden die Filme nur im Kino gezeigt, heute kann man sie im Fernsehen, auf Videokassette oder auf DVD ansehen. Die ersten Filme zeigten Alltagsszenen oder Jahrmarktsattraktionen.

Inzwischen reicht die Palette vom Zeichentrickfilm über Dokumentarfilme bis zu Komödien und Krimis.
Viele Filme werden heute digital bearbeitet: Am Computer werden Personen oder Dinge entworfen und in die gedrehten Filmszenen hineinkopiert, wie zum Beispiel die Dinosaurier in »Jurassic Park«. Diese Spezialeffekte nennt man ▶ Animationen. Die Produktion mancher Filme ist so aufwendig, dass sie über 100 Mio. Euro kostet – dafür könnte man fast 200 Einfamilienhäuser kaufen, so viel wie ein kleines Dorf.

Fotoapparat

Fotoapparate funktionieren nach einem einfachen Prinzip: Vom fotografierten Objekt fällt Licht durch das Objektiv – so wird der in der Kamera liegende ▶ Film belichtet. Es gibt Schwarz-Weiß-Filme mit nur einer lichtempfindlichen Schicht und Farbfilme mit drei farbempfindlichen Schichten, nämlich gelb, rot und blau. Um die fertigen Fotos zu erhalten, müssen die Filme im Labor entwickelt werden. Dabei wird dann der entsprechende Farbstoff im Film freigesetzt.

Es gibt unterschiedliche Arten von Fotoapparaten. In der Spiegelreflexkamera sorgt ein Schwingspiegel dafür, dass man das Bild im Sucher durch das Objektiv sehen kann. Drückt der Fotograf auf den Auslöser, schwingt der Spiegel nach oben und Licht fällt auf den Film. Das Bild wird »geknipst«, der Spiegel schwingt zurück.

Auslöser · Programmwählknopf · CCD-Element · Schwingspiegel · Speicherchip · Batterie

Digitale **Sucherkameras** sind leicht zu bedienen, sehr klein und bequem überallhin mitzunehmen.

Mithilfe der Blende wird die Lichtintensität und mit dem Verschluss die Dauer des Lichteinfalls geregelt. Meist nimmt der Fotograf diese Einstellungen selbst vor, nur Autofokuskameras stellen automatisch scharf.

Auch beim Fotografieren wird die digitale Technik immer beliebter. Bei Digitalkameras fällt das Bild auf einen lichtempfindlichen Chip, meist ein so genanntes CCD-Element. Es verwandelt das Bild mithilfe von Lichtpunkten in elektrische Signale. Dank des CCD-Elements kann man das aufgenommene Bild sofort auf einem kleinen Display sehen. Gefällt es, wird es in der Kamera gespeichert und kann dann in jedem Computer als Bilddatei geöffnet, angesehen und bearbeitet werden.

INFOBOX

Mit welchen Objektiven kann man fotografieren?

In den verschiedenen Objektiven sind Sammel- und Streulinsen so angeordnet, dass sie beeinflussen, wie die fokussierten Gegenstände gesehen werden.

Meistens haben Fotoapparate ein Normalobjektiv. Damit kann man sowohl nahe wie entfernt liegende Objekte fotografieren. Einen größeren Bildausschnitt erfasst man hingegen mit einem Weitwinkelobjektiv. Mit einem Panoramaobjektiv kann man mit einem noch größeren Bildwinkel von über 180° Landschaften oder Stadtpanoramen aufnehmen. Mit einem Teleobjektiv kann man ausgewählte Ausschnitte vergrößern und so weit entfernte Objekte gut fotografieren. Mit Makroobjektiven werden besonders kleine Gegenstände aus nächster Nähe fotografiert. So sind auch winzigste Details erkennbar, beispielsweise bei Aufnahmen von Blumen, Insekten oder Schmuck.

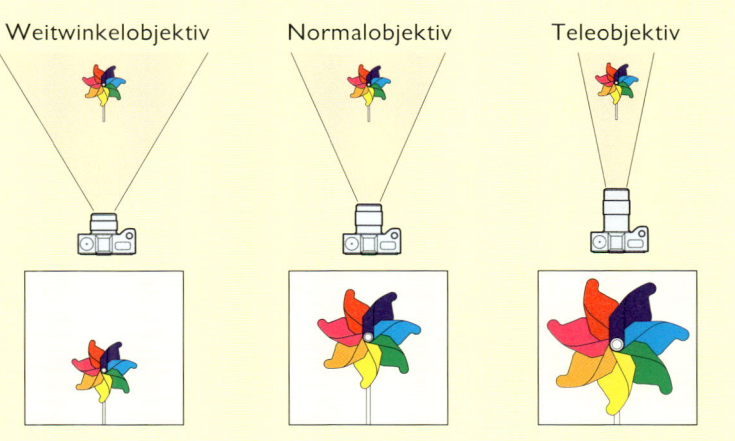

Weitwinkelobjektiv · Normalobjektiv · Teleobjektiv

Kamera

Die Kameraleute bei einem Fernsehsender brauchen für ihre Aufnahmen unterschiedliche Kameras. Die im ▶ Fernsehstudio oder bei Sportübertragungen verwendeten Kameras haben drei Bildröhren: eine für jede der drei Grundfarben rot, gelb und blau. Die Bildröhren tasten das aufgenommene Bild auf Helligkeit und Farbe hin ab. Diese Informationen übersetzt die Kamera in elektrische Signale und überträgt sie in den Regieraum oder den ▶ Ü-Wagen. Hier sucht der Regisseur die passenden Bilder aus. Die Bilder werden auf einem Magnetband aufgezeichnet, direkt zu den einzelnen ▶ Fernsehgeräten übertragen oder zur Sendeantenne geschickt, die sie wiederum zu den einzelnen Fernsehgeräten überträgt. Im Fernseher werden die elektrischen Signale nach dem gleichen Prinzip wieder in Bilder und Töne übersetzt.

Häufiger als herkömmliche Kameras werden jedoch digitale Kameras im Fernsehen sowie im privaten Bereich verwendet. Herzstück der Digitalkamera ist das CCD-Element (Charged Coupled Device). Auf einem Chip sind viele Bildpunkte angeordnet, die so genannten Pixel. Trifft Licht auf diese Pixel, registrieren sie das durch elektrische Ladungen. Diese Ladungen fließen ab. So sorgt das CCD-

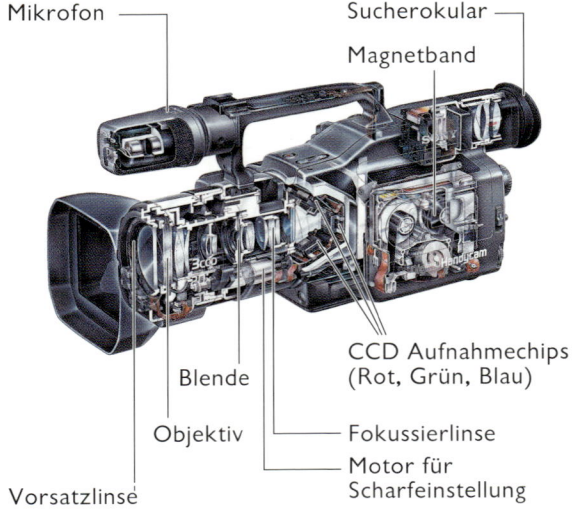

Mikrofon — Sucherokular
Magnetband
3ccd
CCD Aufnahmechips (Rot, Grün, Blau)
Blende
Objektiv — Fokussierlinse
Motor für Scharfeinstellung
Vorsatzlinse

Element dafür, dass die Bilder in elektrische Signale übersetzt werden. Diese Signale werden als Einzelbilder gespeichert, und zwar 24 pro Sekunde. Die verschiedenen Einstellungen können bei Digitalkameras wie bei herkömmlichen Kameras mit einem Objektiv und einer Blende vorgenommen werden. ■

Der **Kameramann** erhält über ▶ Kopfhörer aus der Regie Anweisungen. Durch den Sucher sieht er, welche Bilder die Kamera gerade aufnimmt. Mit der linken Hand und dem Zoom holt er das Geschehen näher heran.

💡 **ERFINDUNG**

Erstes Fernsehen

Das erste regelmäßige Fernsehprogramm startete am 22. März 1935. Der deutsche Reichsrundfunkdienst sendete dreimal pro Woche von 20 bis 22 Uhr für etwa 250 Teilnehmer Ausschnitte aus Spiel- und Kulturfilmen sowie aus Wochenschauen. Ein Jahr später wurde erstmals live übertragen: Vier elektronische Fernsehkameras nahmen bei den Olympischen Spielen Bilder auf. Ein ▶ Ü-Wagen sendete sie direkt in 28 Berliner Fernsehstuben und einen kinoartigen Saal, die »Großbildstelle«.
Auf dem Foto sieht man ein Fernsehstudio aus den 1950er-Jahren.

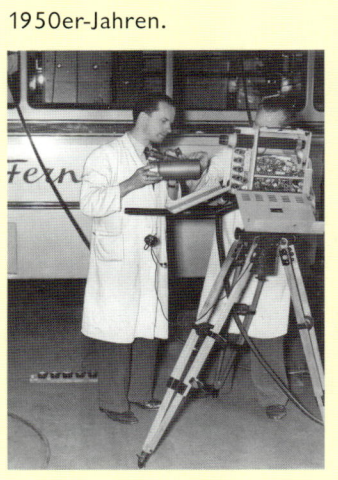

Lautsprecher

Lautsprecher, zum Beispiel Hifi-Boxen, geben Töne in der gewünschten Lautstärke wieder. Die von den Sendern ausgestrahlten elektromagnetischen Wellen werden in der Antenne und dem Receiver in tonfrequenten Strom umgewandelt. Dieser wird im Lautsprecher in Tonschwingungen umgesetzt. Die meisten Lautsprechertypen arbeiten mit einer Spule, die in einem Magneten hängt. Diese Spule setzt, wenn tonfrequenter Strom sie durchfließt, einen Eisenkern in Bewegung, der in der Spule steckt – und dieser wiederum versetzt die Membran des Lautsprechers in Schwingung. Sie besteht aus dünnem Papier oder Kunststoff und ist mit einem Ring am Rahmen befestigt. Die Membran bewegt durch ihre Schwingungen Luftteilchen und erzeugt so Schallwellen. Die Schallwellen transportieren die Töne: Deshalb stimmt es genau, wenn man sagt »Musik liegt in der Luft«.

Ein Lautsprecher besteht in der Regel aus zwei Elementen: einem Hochtöner und einem Tieftöner. Der eine gibt die hohen, der andere die tiefen Töne wieder. ■

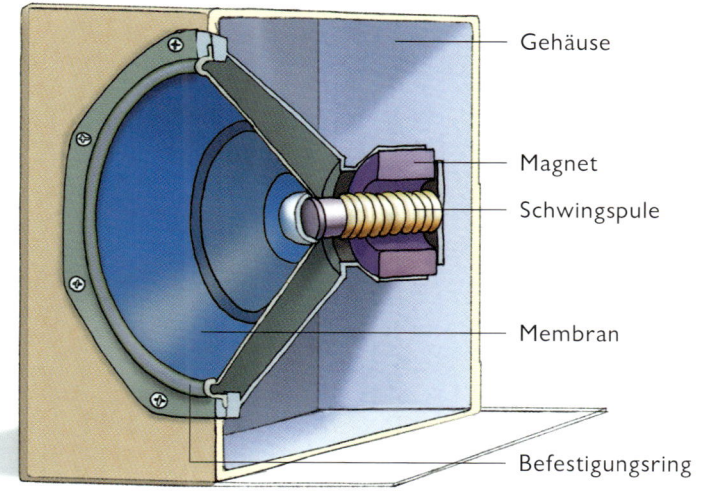

Gehäuse

Magnet

Schwingspule

Membran

Befestigungsring

Mikrofon

Ein Mikrofon nimmt Schallwellen auf und wandelt sie in elektrische Signale um. Das geschieht zum Beispiel, wenn man in ein ▶ Telefon spricht – denn in jedem Telefon ist auch ein Mikrofon.

Die Mikrofone beim Fernsehen arbeiten unterschiedlich. Eines haben sie aber gemeinsam: Wenn die Rap-Band spielt oder der Nachrichtensprecher spricht, erzeugen sie Schallwellen. Diese Schallwellen treffen immer auf eine Membran, die sie dann auf ein elektrisches Bauteil überträgt. Das wird durch den Schalldruck in seiner Form verändert. Dieses Teil kann ein Kristall sein, beim Kondensatormikrofon ist es ein Gebilde mit zwei parallelen Plättchen. Mit der Verformung ändert sich der hindurchfließende Strom. Die Schallwellen werden zu elektrischen Signalen und gelangen über einen ▶ Verstärker in den ▶ Lautsprecher oder werden auf einem ▶ Speichermedium, zum Beispiel einer ▶ CD oder der Tonspur eines Film- oder Videobands, gespeichert. ■

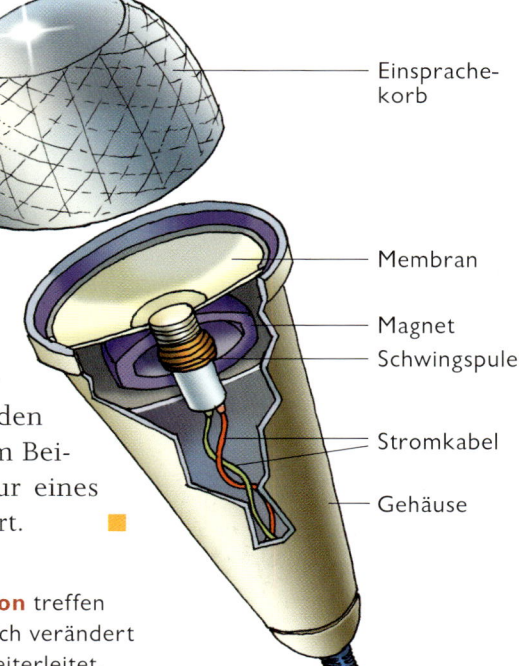

Einsprachekorb

Membran

Magnet

Schwingspule

Stromkabel

Gehäuse

Bei einem **elektrodynamischen Mikrofon** treffen die Schallwellen auf eine Membran, die sich verändert und die Signale als elektrische Impulse weiterleitet.

Parabolantennen, im Volksmund Satellitenschüsseln genannt, gehören heute oft zum Straßenbild. Neben dem Kabelanschluss ist es die beliebteste Art, viele Fernsehprogramme zu empfangen.

Mischpult

Im ▶ Tonstudio werden am Mischpult Töne, also Musik und Sprache, möglichst perfekt aufgenommen. Der Toningenieur pegelt am Pult die ankommenden Signale ein: Er muss einen optimalen Wert finden, damit die Töne laut genug, rauschfrei und nicht verzerrt aufgenommen werden. Die einzelnen Sprecher oder Instrumente werden auf verschiedenen Kanälen aufgezeichnet, in großen Tonstudios können das über 100 Eingangskanäle sein.

Der Toningenieur mischt die Töne dann auf den verschiedenen Kanälen zu einem einheitlichen Klanggebilde. Den Klang und die Lautstärke der einzelnen Töne kann er dabei über Regler einstellen. ◼

Parabolantenne

Über eine Parabolantenne, auch Satellitenschüssel genannt, empfängt der ▶ Fernseher mithilfe von elektromagnetischen Radiowellen über ▶ Satelliten die Programme vieler Fernsehsender. Abhängig von der Stärke der Schüssel können sogar weltweite Sender empfangen werden. Die halbkugelförmige Schüssel wirkt dabei als Reflektor, der die ankommenden Signale bündelt und zu dem kleinen Empfangsgerät in seiner Mitte weiterleitet.

Wie aber gelangen die Radiowellen zu den Parabolantennen? Bei einer Live-Übertragung von einem Fußballspiel beispielsweise nehmen mehrere Kameraleute das Spiel auf und der Regisseur wählt die passenden Bilder aus. Die Signale vom ▶ Ü-Wagen werden entweder mit einer Abstrahlantenne an den Fernsehsender oder, wenn der Ü-Wagen keinen Funkkontakt zum Fernsehsender hat, über einen Satelliten zum Sender geschickt. Um einen optimalen Empfang zu gewährleisten, können die gesendeten Signale verstärkt, in Mikrowellen umgewandelt und gebündelt werden. Vom Sender aus werden die Signale schließlich wieder über einen Satelliten in die einzelnen Haushalte gesendet, dort wiederum per Parabolantenne empfangen und im Fernseher in Bilder und Töne zurückverwandelt. ◼

Der Tonmeister kann am **Mischpult** viele Geräusche und Tonspuren übereinander mischen und aufnehmen. Dabei achtet er auf einen möglichst perfekten Klang der Töne.

Für den Rundfunk gibt es verschiedene **Sendemasten**: Diese 73 m hohen Kurzwellen-Drehantennen in Nauen (Brandenburg) senden für die Deutsche Welle – schon vor 100 Jahren waren ihre Signale im 1300 km entfernten Sankt Petersburg einwandfrei zu empfangen.

Rundfunk

Als »Rundfunk« bezeichnet man die Übertragung von Informationen durch elektromagnetische Wellen, den Radiowellen. Übertragen werden mit ihrer Hilfe Töne oder Bilder; ▶ Mobiltelefone und ▶ Radargeräte senden und empfangen ebenfalls Radiowellen.

Radiowellen sind eigentlich eine Naturerscheinung und strahlen vom Weltraum aus auf die Erde. Erst vor 100 Jahren entdeckte man, wie vielseitig man sie in der Informationstechnik einsetzen kann. Dazu werden sie künstlich erzeugt.

Beim Radiosender verstärkt ein Verstärker die elektrischen Signale des ▶ Mikrofons. Diese werden auf eine Trägerwelle transportiert:

Das nennt man aufmodulieren. Über Sendemasten werden die Signale weitergeleitet und können auf ihrem Weg vom Sender über ▶ Satelliten lange Wege zurücklegen, bis sie schließlich zum Empfänger gelangen. Hier trennt das ▶ Radiogerät die Signale von der Trägerwelle. Die empfangenen Signale werden im ▶ Lautsprecher wieder in Schallwellen umgewandelt und das Radioprogramm ist zu hören. ■

Im **Rundfunkstudio** sitzen Techniker und Sprecher in getrennten Räumen. Durch eine Glasscheibe haben sie Blickkontakt und können so auch per Handzeichen kommunizieren.

Auf **Schnittplätzen** wird entweder durch Umkopieren des Bands vom Player zum Rekorder oder dank moderner Schnittprogramme per Computer geschnitten.

Schnittplatz

Am Schnittplatz werden die aufgenommenen Szenen von ▶ Filmen oder Fernsehbeiträgen in die richtige Reihenfolge gebracht.

Am weitesten verbreitet ist der lineare Schnitt: Dabei werden die ausgewählten Bilder und Sequenzen von einem Band auf ein anderes, das Sendeband, kopiert. Will man später nur eine bestimmte Sequenz aus dem Sendeband senden, muss man diese auf ein neues Band überspielen. Beim nonlinearen Schnitt ist das einfacher: Am Computer kann man digital die einzelnen Sequenzen zusammensetzen und immer wieder verändern. Beim Filmschnitt hingegen werden die betreffenden Sequenzen aus der Filmrolle ausgeschnitten und die Enden neu zusammengeklebt. ■

Synchronstudio

Die meisten Spiel- und Kinofilme sind in fremden Sprachen, vor allem in Englisch, gedreht. Damit die Zuschauer in Deutschland sie gut verstehen, werden ausländische Filme fast immer synchronisiert – im Synchronstudio. Ein Übersetzer überträgt zunächst alle gesprochenen Texte ins Deutsche. Diese Übersetzung sprechen Schauspieler oder spezialisierte Synchronsprecher.

Nur wenn die Texte genau zu den Filmszenen passen, wirkt es so, als würden die Filmschauspieler im Film deutsch sprechen. Die Synchronsprecher müssen aber nicht nur sprechen, sondern mithilfe der Sprache auch schauspielern, damit die Betonung und die Aussprache den Szenen optimal entsprechen. Deshalb kennen die Sprecher den Film, das Drehbuch und das deutsche Textbuch ganz genau. Besonders schwierig wird die Synchronisation, wenn in einer Szene sich mehrere Charaktere unterhalten oder sich gar gegenseitig ins Wort fallen.

Ein Film wird in vielen kleinen Schritten und Sequenzen synchronisiert und vom Tontechniker dabei am ▶ Mischpult aufgenommen und zusammengestellt.

In seltenen Fällen sind Synchronsprecher fast so bekannt wie die berühmten Stars, denen sie ihre Stimme leihen; Christian Brückner, die rauchig-heisere Stimme von Robert de Niro, ist so ein Fall. Oder Hans Clarin als die Urstimme von Pumuckl. ■

INTERVIEW

Fragen an einen Synchronsprecher

Wo liegen die Probleme beim Synchronisieren?

Die meisten Ausdrücke sind im Englischen etwas kürzer. Man muss also versuchen, in einer Übersetzung das Gleiche mit möglichst wenig Worten zu sagen. Um den deutschen Sprach-Rhythmus beizubehalten, darf man also nicht Wort für Wort übersetzen – sondern sinngemäß.

Wie sorgfältig wird in den Synchronstudios gearbeitet?

Sehr – es kommt natürlich auf den Film an und wie viel Geld zur Verfügung steht.

Große Hollywoodregisseure lassen sogar jede Synchronisation in den einzelnen Ländern genauestens prüfen, um ihren Qualitätsstandard zu garantieren.

Werden überall auf der Welt Filme synchronisiert?

Nein, überhaupt nicht – in Frankreich oder den Niederlanden beispielsweise werden die meisten Filme im Original mit Untertiteln gezeigt. In Deutschland will aber keiner lesen, bzw. die Leute haben sich an synchronisierte Filme gewöhnt.

Im **Synchronstudio** sehen die Sprecher den Film auf der Leinwand und sprechen dazu.

Tonstudio

Ein Tonstudio besteht aus zwei meist durch eine Glaswand getrennten Räumen: In dem einem stehen die ▶ Mikrofone – dort wird gesprochen, gesungen oder musiziert –, in dem anderen steht das große ▶ Mischpult. Hier werden einzelne Lieder oder ganze ▶ CDs aufgenommen, aber auch Fernsehsendungen oder ▶ Filme vertont. Ist der O-Ton der Filme gut, wird dieser verwendet, sonst müssen die Schauspieler die Dialoge noch einmal sprechen. Auch Geräusche werden manchmal neu aufgenommen.

Auch bei Tonaufnahmen werden immer öfter digitale Systeme eingesetzt: Wenn man die Aufnahmen im Computer speichert, können unerwünschte Stör- und Nebengeräusche besser unterdrückt werden und die Aufnahmen hören sich besser an.

Viele Musiker, speziell aus der Dance-Szene, arbeiten inzwischen sogar mit transportablen Tonstudios: Sie nehmen ihre Musik mithilfe eines ▶ Laptops und entsprechender Software auf. Mit der Rohversion des Songs gehen sie dann meist nur zur Nachbearbeitung in ein professionelles Tonstudio. ■

Ü-Wagen

Bei Live-Shows, Sportübertragungen oder anderen Ereignissen, die nicht in einem ▶ Fernsehstudio gedreht werden können, kommt ein Übertragungswagen, kurz Ü-Wagen genannt, zum Einsatz. Das ist ein mobiler Regieraum, von dem aus der Regisseur und die Techniker die Übertragung steuern, Bilder und Töne auswählen, mischen und sofort senden.

Die Größe des Ü-Wagens richtet sich nach dem Aufgabengebiet: Für große Fernsehshows ist er oft so groß wie ein ▶ LKW, für kleine Radioübertragungen meist nur wie ein Kleintransporter. In einem so genannten Rüstwagen werden die notwendigen Geräte wie ▶ Kameras, Stative und Kabel an den Einsatzort transportiert. ■

Das vielleicht berühmteste **Tonstudio** der Welt befindet sich in den Abbey Road Studios in London. Hier nahmen die Beatles in den 1960er-Jahren ihre legendären Alben auf. Heute werden dort neben Musik-CDs auch Filmmusiken, zum Beispiel für die Herr-der-Ringe-Trilogie oder die Harry-Potter-Verfilmungen, aufgenommen.

Im **Ü-Wagen** ist geballte Technik: Hunderte von Kabeln müssen richtig gesteckt sein – sonst bleibt am Ende der Bildschirm schwarz.

Bei **Live-Übertragungen** werden im Ü-Wagen die Bilder ausgewählt.

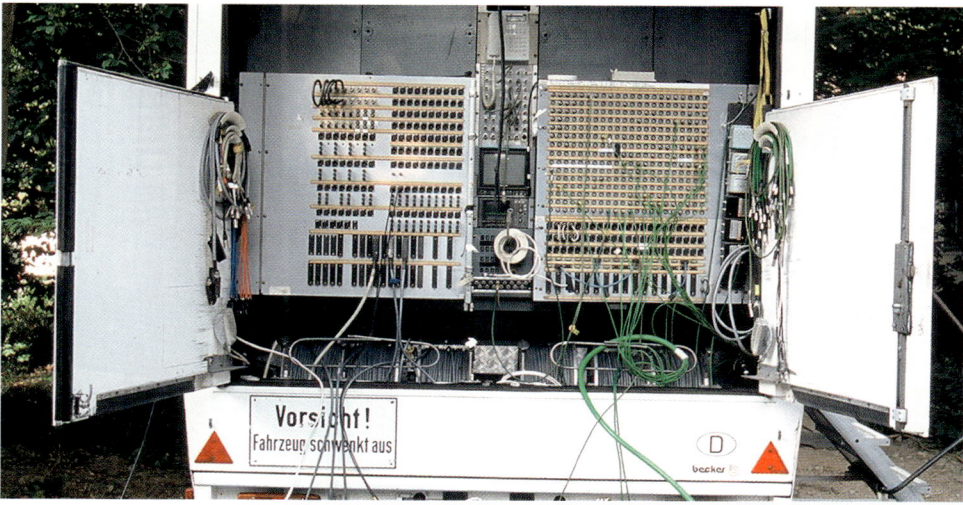

Am Flughafen

Am Flughafen

Flugzeuge sind schnelle und bequeme Transportmittel, wenn man eine weite Reise unternehmen möchte. Ausgangspunkt einer solchen Reise ist der Flughafen. Dort ist immer viel los: Große Maschinen starten und landen, Passagiere kommen an oder wollen abfliegen und Gepäck und Fracht muss aus- oder eingeladen werden.

In dem riesigen Gebäudekomplex des Frankfurter Flughafens beispielsweise sind an manchen Tagen rund 150 000 Passagiere unterwegs. Damit alles reibungslos funktioniert, müssen alle Abläufe genau organisiert sein.

Im Flughafengebäude gibt es getrennte Hallen für Ankunft und Abflug. In der Abflughalle erhalten die Reisenden an den Check-in-Schaltern gegen Vorlage ihrer Flugtickets Bordkarten. Damit dürfen sie später ihr Flugzeug betreten. Hier können sie auch ihr Gepäck aufgeben. Wer »abgefertigt« ist, wie es in der Fachsprache heißt, muss nur noch die Sicherheitskontrolle passieren. In der benachbarten Ankunftshalle warten Reisende auf ihr Gepäck, bevor sie den Zoll passieren und den Flughafen verlassen.

Auf dem Vorfeld parken viele Flugzeuge – neben Passagiermaschinen auch Frachtflugzeuge. Sie werden entladen, gewartet oder tanken neuen Treibstoff aus unter-

irdischen Tankanlagen. In der großen Reparaturhalle, dem Hangar, wird abends kontrolliert, ob im und am Flugzeug alles einwandfrei funktioniert.

Der gesamte Flugverkehr wird von den Fluglotsen im Kontrollturm, dem Tower, oder in besonderen Kontrollräumen per Radar und Funk überwacht. Sie übermitteln die Informationen an die Piloten im Cockpit. Nur so können die Piloten ihre Maschinen sicher landen und die Passagiere rechtzeitig ans Ziel bringen.

Um all diese Aufgaben zu erfüllen, sind viele Arbeitskräfte notwendig. Am Frankfurter Flughafen beispielsweise arbeiten 62 000 Menschen in fast 500 Betrieben: Es gibt sogar eine eigene Flughafen-Klinik, eine Feuerwehr und einen Pfarrer.

Im **Cockpit** (Bild links) ist auch das Kollisionswarngerät TCAS (Bild oben) installiert.
Dieses Gerät sendet Funksignale. Werden diese von einem anderen ► Flugzeug empfangen, antwortet es. Mit den Antwortsignalen bestimmt TCAS die Position des anderen Flugzeugs.
Droht ein Zusammenstoß, warnt das System die Piloten und gibt eine Ausweichempfehlung. In der Regel sorgen aber die Fluglotsen im ► Kontrollturm dafür, dass es zu keiner bedrohlichen Annäherung kommt.

Cockpit

Das Cockpit ist die Steuerzentrale des ► Flugzeugs. Hier sitzen der Pilot und der Kopilot, die mithilfe einer Vielzahl von technischen Geräten das Flugzeug fliegen. Der Pilot kontrolliert alle Bildschirme und Instrumente.

Auf dem Hauptflugmonitor sieht er die Daten der Fluginstrumente. Der Navigationsmonitor (► Navigation) zeigt per ► Radar und Kompass die genaue Position an, ergänzt werden diese Informationen durch die Satellitennavigation (GPS). Wichtig ist auch der Autopilot: Dieser Computer ist mit den Navigationssystemen verbunden. Kompass und Beschleunigungsmesser liefern Informationen darüber, wie schnell, in welcher Höhe und in welche Richtung sich das Flugzeug gerade bewegt. Diese Daten verarbeitet der Autopilot blitzschnell und setzt sie in Befehle um. Damit steuert er automatisch die Ruder und ► Düsentriebwerke. So schnell wie der Autopilot kann ein Mensch auf die zahlreichen, sich ständig ändernden Flugdaten gar nicht reagieren.

Neben verschiedenen automatischen Landesystemen, die im Cockpit installiert sind, ist vor allem der ständige Funkkontakt zu den Fluglotsen im ► Kontrollturm und in den Bodenstationen wichtig.

INFOBOX

Was ist ein Flugsimulator?

In einem Flugsimulator lernen angehende Piloten ohne Absturzgefahr, wie man ein ► Flugzeug fliegt, und erfahrene Piloten lernen neue Flugzeuge und ihre Technik kennen. Sechs hydraulische Zylinder bewegen das nachgebaute Cockpit in verschiedene Richtungen. Der Pilot fühlt sich wie bei einem richtigen Flug. Er spürt die Beschleunigung, hört die ► Düsentriebwerke und sieht ein täuschend echtes Bild – beispielsweise von der Landebahn eines bestimmten Flughafens. Möglich wird dies durch einen besonders schnellen Computer, in dem einige Hundert unterschiedliche Problemsituationen und Bordsystemfehler programmiert sind. Mit ähnlichen Simulatoren trainieren auch Schiffskapitäne, Feuerwehrmänner und Polizisten.

Die **Düsentriebwerke** einer Passagiermaschine wie die des Airbus 318 sind größer als ein Mensch. Ein Triebwerk ist etwa so stark wie 150 bis 200 Automotoren (▶ Motor) und verbraucht in einer Stunde mehrere Tausend Liter Kerosin.
Um möglichst wenig Treibstoff zu verbrauchen, fliegen die Piloten statt mit der Höchst- mit Reisegeschwindigkeit: Sie ist etwas langsamer.

Düsentriebwerk

Die großen und schweren ▶ Flugzeuge brauchen sehr starke Antriebe um zu fliegen: die Düsentriebwerke. Ähnlich wie ▶ Raketen arbeiten auch Triebwerke mit dem Rückstoßprinzip. Das funktioniert ähnlich wie bei einem aufgeblasenen Luftballon: Wird die Luft herausgelassen, pustet der Ballon die Luft nach hinten und fliegt nach vorne. Im Düsentriebwerk strömt die Luft in eine ▶ Turbine, wo sie zusammengepresst und mit Treibstoff vermischt wird. Dieses Gemisch wird gezündet. Durch die Verbrennung entstehen heiße Gase, die nach hinten ausgestoßen werden. Der starke Rückstoß schiebt das Flugzeug mit so hoher Geschwindigkeit nach vorne, dass es abhebt und fliegt. Fachleute sprechen auch von Schub oder Vortrieb. ◼

Wird dieser **Fallschirm**, ein X-38-Flugkörper, in 12 000 m Höhe abgeworfen, öffnet sich nach 40 s der Fallschirm automatisch und schwebt langsam zur Erde.

Fallschirm

Wenn ein Apfel vom Baum fällt, plumpst er schnell auf die Erde hinunter. Anders ein Fallschirm – der schwebt aus großer Höhe langsam herab. Bei jedem Fallschirmsprung gibt es eine kurze Phase des freien Falls. Diese dauert nur wenige Sekunden, dann entfaltet sich der Fallschirm. Das geschieht entweder automatisch oder der Mechanismus wird vom Springer ausgelöst.

Auf den geöffneten Fallschirm wirken nun zwei entgegengesetzte Kräfte: die Erdanziehungskraft und die Bremskraft durch den Luftwiderstand. Wirken beide Kräfte gleich stark, behält der Fallschirm seine Geschwindigkeit bei.

Der erste Entwurf für ein fallschirmartiges Fluggerät geht auf Leonardo da Vinci zurück. Die eigentliche Erfindung des Fallschirms fällt in die Zeit, als die ersten Ballonfahrten starteten. Das war Ende des 18. Jahrhunderts. Heute ist Fallschirmspringen sogar eine Sportart. In Militärflugzeugen dienen Fallschirme in Kombination mit einem Schleudersitz als Notausstieg für den Piloten. ◼

INFOBOX

Düsentriebwerk

Im Düsentriebwerk wird Luft angesaugt, die zum Verbrennen des Treibstoffs in der Brennkammer gebraucht wird.

Mit der Energie, die dort freigesetzt wird, treibt die ▶ Turbine den Propeller an: Das ▶ Flugzeug fliegt!

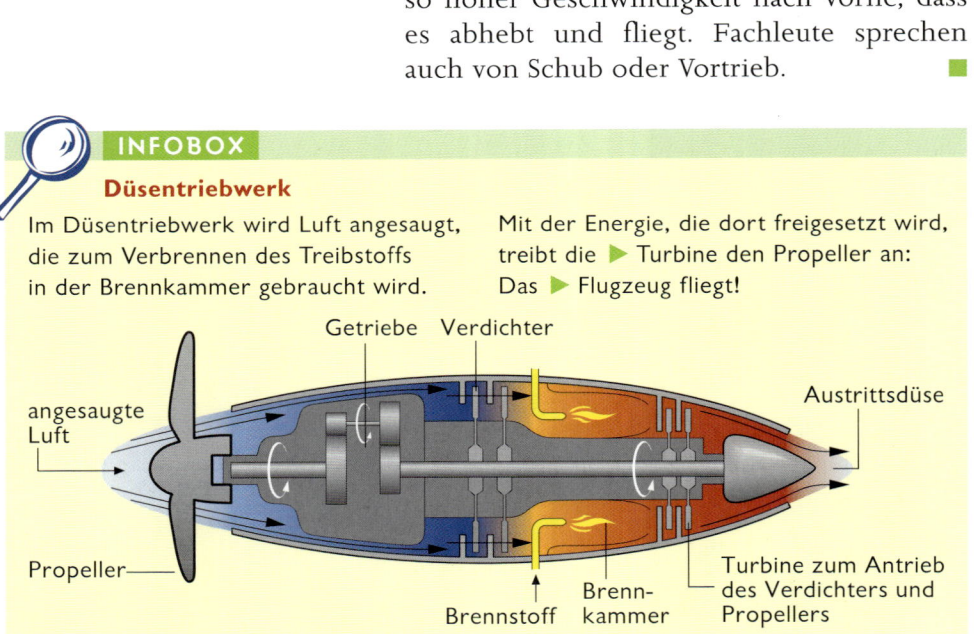

Getriebe   Verdichter
angesaugte Luft
Austrittsdüse
Propeller
Brennstoff   Brennkammer
Turbine zum Antrieb des Verdichters und Propellers

Flughafenfeuerwehr

Wie jede Stadt und jedes Dorf braucht auch ein Flughafen seine eigene Feuerwehr. Sie ist besonders wichtig, denn durch die enormen Mengen Treibstoff, die sich in den Tanks der ▶ Flugzeuge oder in den Lagern befinden, herrscht große Explosionsgefahr. Deshalb müssen die Feuerwehrleute sogar noch schneller sein als ihre Kollegen bei der städtischen oder freiwilligen Feuerwehr: In zwei, höchstens drei Minuten müssen sie jeden Punkt der Start- und Landebahnen erreichen können. Natürlich schützen sie aber auch die Terminals und Parkhäuser.

Der ganze Flughafen ist so gut wie möglich vor Feuer gesichert und überall mit Brandmeldern ausgestattet: In Frankfurt gibt es beispielsweise 50 000 automatische Feuermelder, 8800 Handfeuerlöscher und 2500 Hydranten. Wenn es in einem Gebäude brennt, sprühen ▶ Sprinkleranlagen automatisch Wasser. Ausgelöst werden die Sprinkler durch Rauch, Hitze oder Flammen.

Für den Flughafen fast genauso wichtig wie der Brandschutz ist der Schutz vor

INFOBOX

Hilfe, es brennt!

Ein Brand im Flughafen ist hochgefährlich. Sollte zum Beispiel auf dem Frankfurter Flughafen eine ▶ Turbine oder ein Fahrwerk brennen, eilen die Feuerwehrleute in Sekundenschnelle mit ihrem SIMBA zum Brandherd. Mit diesem Großlöschfahrzeug können sie nicht nur 140 km/h schnell fahren, sondern auch 12 000 l Wasser, zwei Tonnen Löschpulver und 1200 l Schaum mitnehmen. Schon während der Fahrt beginnen die Feuerwehrleute den Brand zu löschen.

Damit diese Einsätze reibungslos klappen, üben die 180 Feuerwehrleute des Frankfurter Flughafens mindestens einmal pro Woche. Dann wird im Trainingscenter mitsamt Brandschutz-Simulationsanlage geprobt. Aus einem mit ▶ Containern nachgestellten »Flugzeug« werden Passagiere gerettet. Die Feuerwehr in Frankfurt hat dafür auch ein riesiges Bergungsgerät. Bei Bedarf verleiht sie dieses, auch damit Kollegen abgestürzte Flugzeuge bis zur Größe einer Boeing 747 bergen können.

Schnee und Eis. Dafür stehen im Winter in Frankfurt 330 Mitarbeiter bereit. Sie sorgen mit Schneefräsen, Kehrblasgeräten und Multi-Enteisern dafür, dass alle Start- und Landebahnen innerhalb von 30 Minuten wieder eis- und schneefrei sind. Außerdem gibt es auf den Start- und Landebahnen Sensoren, die frühzeitig Glatteis melden. So können auch im Winter Flugzeuge gefahrlos starten und landen. ◾

Die **Flughafenfeuerwehr** muss besonders schnell am Einsatzort sein – ein Brand an ▶ Flugzeugen ist wegen der großen Treibstoffmenge in den Tanks sehr gefährlich. Wenn die Feuerwehrleute nicht im Einsatz sind, reparieren und warten sie ihre Fahrzeuge und Ausrüstung – oder sie üben.

Im waagerechten Flug gleicht der **Auftrieb** dieser Lufthansa-Maschine das Gewicht des Flugzeugs aus.

Flugzeug

Flugzeuge sind faszinierende Maschinen: Trotz ihrer Größe und ihres Gewichts können sie vom Erdboden abheben, große Strecken fliegen und präzise gesteuert landen. Dazu benötigen die Maschinen einen starken Antrieb von ▶ Motoren oder ▶ Düsentriebwerken. Unabhängig von ihrer Größe werden alle Flugzeuge nach ähnlichen Prinzipien

 INFOBOX

Auftrieb

Durch die beiden aerodynamischen Prinzipien Auftrieb und Vortrieb können Flugzeuge fliegen. Die Triebwerke erzeugen eine Vorwärtsbewegung, den Vortrieb. Durch diese Bewegung wird das Flugzeug angetrieben und ein Luftstrom an den gekrümmten Tragflächen erzeugt – vergleichbar dem Fahrtwind, der einem beim Fahrradfahren ins Gesicht bläst. Die Luft ist wegen der Krümmung oben am Tragflügel schneller und sorgt damit für einen Unterdruck oder Sog. An der flachen Unterseite dagegen entsteht ein Überdruck. Unter- und Überdruck saugen und drücken das Flugzeug an den Tragflächen nach oben. Das nennt man Auftrieb. Wichtig ist dabei, dass der Auftrieb mindestens so groß wie die Schwerkraft ist – je schwerer also das Flugzeug, desto größer muss auch die

Kraft der ▶ Turbinen sein. Denn diese beschleunigen das Flugzeug und sorgen damit für den Vortrieb. Beim Flug wird der Auftrieb durch Klappen an den Tragflächen unterstützt – so kann das Flugzeug noch schneller hoch aufsteigen.

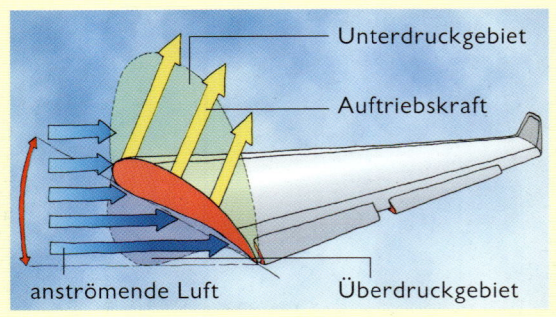

Unterdruckgebiet

Auftriebskraft

anströmende Luft

Überdruckgebiet

gelenkt. Höhe und Flugrichtung steuert der Pilot mithilfe der Höhen-, Seiten- und Querruder. Will der Pilot eine Rechtskurve fliegen, bewegt er das Seitenruder am Heck nach rechts, nach »Steuerbord«. Die Querruder stellt er am rechten Tragflächenrand nach oben. An der linken Tragfläche, an Backbord, bewegt er das Querruder nach unten. Für eine Linkskurve bewegt er die Ruder auf der anderen Seite entsprechend. Die Querruder lenken nicht nur, sondern halten das Flugzeug auch waagerecht. Um das Flugzeug steigen oder sinken zu lassen, wird das Höhenruder angehoben oder abgesenkt.

Die Ruder bedient der Pilot über einen Steuerknüppel. Die Steuerbefehle werden meist mithilfe elektrischer Signale übermittelt. Das nennt man »Fly by Wire« – Fliegen mit einer elektrischen Leitung. In Sportflugzeugen bedienen Piloten die Ruder auch heute noch manchmal über Seilzüge.

Die optimale Form eines Flugzeugs wird durch die Aerodynamik bestimmt. Wissenschaftler untersuchen und berechnen die

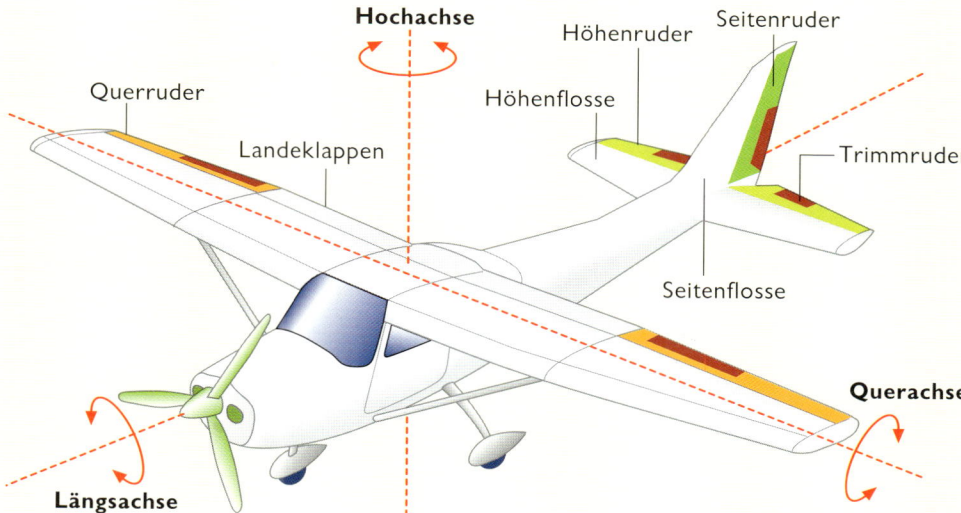

Kräfte und Luftströmungen, die während des Fliegens auf das Flugzeug einwirken. So können sie die Form des Flugzeugs optimal entwickeln und ständig verbessern. Im ersten deutschen Windkanal erforschte Ludwig Prandtl ab 1908 das für die Fliegerei entscheidende Geheimnis des Auftriebs messtechnisch und verbesserte damit maßgeblich die Flugzeugtechnik. ■

Auch beim **Flugzeug** haben jedes Teil und jede Bewegung einen bestimmten Namen. Wenn der Pilot beispielsweise das Höhenruder hebt, dann steigt das Flugzeug nach oben und bewegt sich um die Querachse – das nennt man »nicken«. Und »rollen« heißt die Bewegung des Flugzeugs mithilfe der Querruder um die eigene Längsachse.

Heute sind fast alle **Flugzeuge** nach dem gleichen Prinzip aufgebaut: ein Rumpf, zwei Tragflächen oder Flügel und eine Heckflosse, die aus Höhen- und Seitenflosse besteht. Der große Rumpf eines Jumbojets, wie zum Beispiel des Airbus A 340-600, wird aus drei Teilen zusammengesetzt.

Jedes Flugzeug hat seinen Zweck und seine Zeit:
Der einmotorige **Zweisitzer MY 103** eignet sich
sowohl als Reiseflugzeug als auch für Kunstflüge
und Flugschul-Lehrgänge.
Die Computersimulation des riesigen **Airbus A 380**
zeigt die Zukunft des Flugzeugbaus.
Geschichte dagegen ist die **Concorde**. Sie fliegt
mittlerweile nicht mehr, sondern ist nur noch
beispielsweise im Auto- und Technikmuseum in
Sinsheim zu bestaunen.

Flugzeugtypen

Je nach Zweck, Größe und Einsatz unterscheidet man verschiedene Flugzeugtypen.
Die bekannteste Kategorie sind Passagiermaschinen. Dazu gehört beispielsweise die Boeing B 747: Sie wurde 1969 erstmals eingesetzt
und ist bis heute das bekannteste Großraum-
flugzeug. Sie ist ungefähr 70 m lang und 20 m
hoch, hat 60 m Spannweite und fliegt mit
vier Triebwerken zu je 1283 kW (16 700 PS)
bis zu 975 km/h schnell. Die modernste Maschine ist der neu entwickelte Airbus A 380.
Auf drei Etagen bietet er bis zu 600 Passagie-
ren Sitzplätze, Duschräume, riesige Bars und
großzügige Innentreppen. Er wird ungefähr
280 Mio. Dollar kosten und ab dem Jahr 2006
fliegen.

Neben den großen Jumbojets befördern
noch kleinere Maschinen mit ▶ Düsentriebwerken oder Propellerauftrieb Passagiere. Sie
fliegen meist kleinere Flughäfen an oder auf
weniger gefragten Strecken.

Noch kleiner sind Sportflugzeuge. Diese
kleinen Maschinen nutzen Flugbegeisterte
nicht, um möglichst schnell große Distanzen
zu überwinden, sondern aus Freude am Fliegen. Für jene Piloten ist Fliegen ein Sport,
ähnlich wie für die Flieger von Segelflugzeu-
gen. Diese ▶ Flugzeuge haben keinen ▶ Motor, sondern werden beim Start von einem
Zugfahrzeug in die Luft befördert. Sie haben
bis zu 25 m Spannweite und schaffen ohne
jegliche Motorkraft teilweise Flüge über
mehr als 1500 km! Dabei können sie 15 000 m
hoch in den Himmel steigen.

REKORDE

Was war das schnellste Passagier-
flugzeug?

Die Concorde (französisch »Eintracht«) gehörte
neben der sowjetischen Tupolew zu den schnellsten Passagierflugzeugen der Welt und flog vor
allem von Paris nach New York. Die britisch-fran-
zösische Maschine konnte mit 2,2 Mach fliegen,
das sind ungefähr 2500 km/h. Dabei bot sie
jedoch nur Platz für 128 Passagiere. Die Concorde flog 34 Jahre; nach einem schweren Unfall
und aufgrund des hohen Treibstoffverbrauchs
stellte man den Flugbetrieb im Jahr 2003 ein.

Frachtflugzeug

Mit Frachtflugzeugen werden Güter schnell und sicher überallhin transportiert. Die meisten Frachtflugzeuge landen in Frankfurt: Mit 1,7 Millionen Tonnen umgeschlagener Luftfracht pro Jahr ist er der größte Frachtflughafen der Welt. Mehr als die Hälfte der Fracht nehmen Passagiermaschinen als so genannte Beiladefracht in der unteren Etage mit. Frachtflugzeuge hingegen werden komplett beladen. Weil sie sehr viel Gewicht transportieren, brauchen sie starke ▶ Turbinen.

Die meisten Güter werden auf Paletten geladen, die speziell auf die Form des Flugzeugbauchs zugeschnitten sind – so wird der Frachtraum optimal ausgenutzt.

Manchmal wird mit Flugzeugen auch sehr empfindliche Fracht befördert: von Möbeln, Autos und Kunstwerken bis zu Elefanten oder Bienenvölkern. Für diese Ladungen gibt es spezielle Transportlösungen. Manchmal sorgt auch noch ein extra ausgearbeiteter Flugplan für einen möglichst sanften und ruckelfreien Flug: So dürfen Kurven nur mit einer bestimmten Schräglage geflogen werden oder der Steigungswinkel ist begrenzt.

Per Lufttransport wird auch dafür gesorgt, dass ein Brief (▶ Post) innerhalb Deutschlands am nächsten Tag beim Empfänger ankommt. Hierzu nutzt man oft leere Passagiermaschinen: Auf den Sitzen nehmen dann einfach die Postsäcke Platz. ■

Über einen **Finger** betreten und verlassen Passagiere ▶ Flugzeuge. Nur kleinere Flugzeuge werden über Gangways betreten.

Gangway

Wenn berühmte Politiker, Stars oder Sportler auf dem Flughafen landen, verlassen sie das ▶ Flugzeug fast immer über eine Gangway. So können die Fernseh- und Zeitungsreporter schönere Bilder von ihrer Ankunft machen. Die Gangway ist eine fahrbare Treppe, die auf dem Vorfeld an die Ausgangstür des Flugzeugs herangerollt wird. Ein Bus bringt die Passagiere dann zum Flughafengebäude. Im normalen Flugverkehr werden Gangways oft für kleinere Maschinen, die weiter entfernt auf dem Rollfeld parken, eingesetzt.

Große Passagiermaschinen hingegen kann man meist direkt vom Flughafengebäude aus über einen Finger betreten. Das ist ein starrer Gang mit Gelenken und einem ziehharmonikaartigen Endstück. Dazu muss das Flugzeug allerdings direkt an das Terminal herangefahren werden. ■

Um ein **Frachtflugzeug** zu beladen, wird der Rumpf aufgeklappt. Hier wird die »Beluga«, eines der größten Transportflugzeuge der Welt, mit einem Flügelpaar für einen Jumbojet »gefüttert«.

ERFINDUNG

Wer flog das erste ▶ Flugzeug?

Die Brüder Wilbur und Orville Wright sind berühmt dafür, dass ihnen der angeblich erste kontrollierte Flug mit einem Motorflugzeug gelang. Doch eigentlich gebührt dieser Ruhm dem Deutschamerikaner Gustave Whitehead. Am 14. August 1901 flog er das erste Mal, 1902 gelang ihm mit seinem steuerbaren Modell »Nr. 22« bereits ein sieben Meilen langer Flug. Whitehead hatte das gesamte Flugzeug einschließlich des Benzinmotors (▶ Motor) selbst konstruiert.

Die **Gepäckbeförderung** muss schnell und gut koordiniert verlaufen: Am Check-in-Schalter geben die Passagiere ihr Gepäck ab. In einer Wanne wird es über Rollbänder zum entsprechenden Ausgangspunkt transportiert. Von dort wird es per Hand ins ▶ Flugzeug verladen.

Der **Hangar** ist die Werkstatt des Flughafens. Hier werden ▶ Flugzeuge kontrolliert, repariert und gewartet.

Gepäckbeförderung

Dank moderner Technik dauert es im Idealfall nur sieben Minuten, bis ein Koffer im richtigen ▶ Flugzeug verstaut ist. Dabei hilft ein System von Transportbändern, das beispielsweise am Frankfurter Flughafen mehr als 60 km lang ist.

Am Check-in-Schalter des Flughafens geben die Passagiere ihr Gepäck ab. Hier erhält jeder Koffer einen Anhänger mit allen wichtigen Informationen: Name des Besitzers, Flugnummer, Ziel und eine Nummer. Der Koffer fällt in eine Wanne mit einem ▶ Strichcode. Diese Codierung enthält die Informationen, wohin das Gepäck befördert werden muss. Auf dem Weg zum Flugzeug prüfen ▶ Scanner immer wieder den Code. Die Scanner sind mit dem Computer des Flughafens verbunden, in dem alle Flugpläne gespeichert sind. Sie steuern den Weg des Koffers über die Transportbänder. Letztendlich gelangt der Koffer zu einem Sammelcontainer, in dem alle Gepäckstücke für einen bestimmten Flug gesammelt werden.

Ab hier wird das Gepäck von den Flughafenmitarbeitern weitertransportiert: Die Koffer werden per Hand in Gepäckwagen umgeladen, dann über das Rollfeld zum Flugzeug gefahren, in den Laderaum der Maschine gehoben und mit Netzen festgezurrt. ■

Hangar

Ingenieure und Mechaniker kontrollieren regelmäßig alle ▶ Flugzeuge. Was sie täglich, jede Woche oder nur einmal im Monat prüfen müssen, ist genau festgelegt. Außerdem überprüft der Pilot seine Maschine vor jedem Start. Was ihm auffällt, gibt er in den Wartungs-Computer ein und damit an die Mechaniker im Hangar weiter. Die nötigen Reparaturarbeiten werden in einer großen Halle abseits der Rollfelder, dem Hangar, durchgeführt. Der Hangar ist so groß, dass mehrere Flugzeuge in ihm Platz finden, und mit allem ausgestattet, was man zur Reparatur eines Flugzeugs braucht. Mit ▶ Röntgengeräten können beispielsweise Karosserieteile von Flugzeugen daraufhin überprüft werden, ob das Material im Inneren beschädigt ist.

Alle fünf bis zehn Jahre steht für jedes Flugzeug eine Generalüberholung an. Im Hangar wird es dann von Fachleuten komplett zerlegt und neu aufgebaut. Zählt man alle Kleinteile wie Schrauben und Muttern mit, besteht ein großes Passagierflugzeug aus mehreren Millionen Einzelteilen.

Flugzeuge werden im Hangar auch regelmäßig gewaschen. Dafür gibt es hydraulisch gesteuerte ▶ Kräne mit meterlangen Fellrollen – sozusagen eine Flugzeug-Waschanlage. ■

Kontrollturm

Vom hohen Kontrollturm aus, auch Tower genannt, bietet sich den Fluglotsen freie Sicht in alle Richtungen. Von hier kontrollieren sie den Luftraum bis zu einer Entfernung von 15 km. Unterstützt werden sie von Kollegen, die in den Kontrollräumen auf Monitoren den Flugverkehr verfolgen. Für den reibungslosen Ablauf des Flugverkehrs sind die Lotsen ebenso wichtig wie die Piloten, man könnte sie also auch die Verkehrspolizisten der Luft nennen. Sie regeln, auf welcher Route ein ▶ Flugzeug den Flughafen anfliegen darf und wo und wann es landen kann.

Die Lotsen stehen in ständigem Funkkontakt mit den Piloten. Dabei wird hauptsächlich englisch gesprochen; das ist die internationale Sprache der Flieger.

Auf dem Bildschirm des ▶ Radars sehen die Lotsen die momentane Position, Flughöhe und Geschwindigkeit der Flugzeuge im Umkreis. Diese Daten werden von einem spezieller Sender im Flugzeug, dem Transponder, übermittelt. Sobald das Flugzeug in Reichweite kommt, antwortet der Transponder automatisch auf die Signale des ▶ Radarsenders aus dem Kontrollturm. Diese Informationen sind für die Lotsen sehr wichtig, nur so können sie die einzelnen Maschinen koordinieren.

Die Anflugrouten legen die Lotsen abhängig von der Wetterlage und dem jeweiligen Andrang auf den Flughafen fest. Bei Überlastung lassen sie ein Flugzeug Warteschleifen fliegen, bis eine Anflugmöglichkeit frei geworden ist.

Neben dem Tower gibt es noch eine weitere Verkehrszentrale: Hier beobachten Kontroller, wo und in welchem Zustand die Flugzeuge sich gerade befinden. Mithilfe vieler Sensoren überprüfen sie die Sicherheit zum Beispiel der Triebwerke oder der Fahrwerke. Die Kontroller bitten den Piloten unter Umständen schon mehrere Hundert Kilometer vor dem Zielflughafen, die Geschwindigkeit zu reduzieren: So können Wartezeiten vor der Landung vermieden werden. ◼

Der **Kontrollturm** ist der höchste Punkt des Flughafens, damit die Fluglotsen einen möglichst guten Überblick haben.

Die **Fluglotsen** im Kontrollturm verfolgen über ▶ Radar die Flugrouten und beobachten die Umgebung des Flughafens.

🎙 INTERVIEW

Fragen an einen Fluglotsen

Fliegt jeder Pilot da entlang, wo er will?
Nein – es gibt für jeden Flug bestimmte Routen. Das ist ähnlich, wie wenn man plant, mit dem ▶ Auto über diese oder jene Autobahn zu fahren. Die ▶ Flugzeuge müssen voneinander seitlich 4 bis 9 km Abstand halten, in der Höhe 300 m.

Ist die Arbeit im Tower sehr anstrengend?
Ja, gerade wenn Hochbetrieb herrscht, müssen schnelle Entscheidungen getroffen werden. Weil jeder Fehler schlimme Folgen haben kann, arbeiten wir immer nur zwei bis drei Stunden am Stück – dann gibt es eine 30- bis 60-minütige Pause.

Kann den Flugzeugen der Treibstoff ausgehen, wenn sie vor der Landung lange in der Warteschleife kreisen müssen?
Eigentlich nicht. Alle Flugzeuge haben Treibstoffreserven für mindestens 45 min zusätzliche Flugzeit an Bord.

Die **Radarstationen** der deutschen Flugsicherung senden und empfangen ihre Signale mit großen Radarantennen.

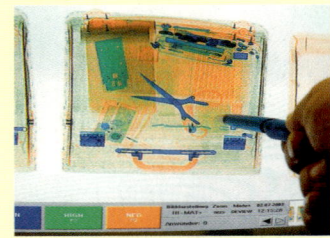

Radar

Wer weiß, was ein Echo ist, kann sich auch gut vorstellen, wie ein Radar funktioniert. Ein Radar sendet elektromagnetische Wellen aus, die von den ▶ Flugzeugen reflektiert werden – sie werden ähnlich wie die Schallwellen bei einem Echo zurückgeworfen. Wenn man die Zeit stoppt, die die reflektierten Wellen brauchen, um zum Sender zurückzukommen, kann man ausrechnen, wie weit das Flugzeug entfernt ist.

Die Geschwindigkeit der Radarwellen beträgt ungefähr 300 000 km/s. Eine Welle, die nach 2 s zum Radargerät zurückkehrt, hat also 600 000 km zurückgelegt: 300 000 auf dem Hinweg und genau so viele Kilometer auf dem Rückweg. Das Flugzeug wäre also 300 000 km weit entfernt. Meist sind die per Radar erfassten Flugzeuge aber nur wenige Kilometer entfernt und entsprechend schnell kehren auch die Radarwellen zurück.

Mithilfe des Radars kann der Pilot auch Hindernisse oder Wolkenbänke frühzeitig wahrnehmen – er erkennt, wie weit sie noch vom Flugzeug entfernt sind, und kann entsprechend reagieren.

Sicherheitskontrolle

In ▶ Flugzeugen ist besonders auf Sicherheit zu achten. Beamte untersuchen deshalb alle Passagiere beim Check-in mit Metalldetektoren. Bei den Kontrollen können sie Pistolen, Messer oder andere gefährliche Gegenstände entdecken und verhindern, dass diese Dinge mit an Bord genommen werden.

Außerdem sorgen die Sicherheitsleute dafür, dass keine leicht entzündlichen Stoffe unbemerkt an Bord gelangen. Ein Feuer im Flugzeug wäre sehr gefährlich, schließlich hat jeder Jumbojet Tausende Liter hochexplosiven Treibstoff an Bord.

Auch alle Gepäckstücke werden mit Röntgenstrahlen kontrolliert. Sowohl die großen Koffer, die im Frachtraum verstaut werden, als auch das Handgepäck, das die Passagiere mit ins Flugzeug nehmen – alles wird durchleuchtet. Die Sicherheitsleute können dabei auf einem Bildschirm erkennen, ob sich verdächtige oder gefährliche Gegenstände in einem Koffer befinden. Nicht nur Scheren oder Taschenmesser, auch Streichhölzer sind beispielsweise verboten. Die Hölzer könnten sich leicht entzünden.

Neben dem Feuerschutz ist ein weiterer Grund für die strengen Kontrollen, dass Entführer oder Terroristen keine Möglichkeit haben sollen, Flugzeuge in ihre Gewalt zu bringen.

Mit **Röntgengeräten** können gefährliche Gegenstände im Fluggepäck entdeckt werden.

Den **Zeppelin** NT nutzt man auch heute noch – für touristische Ausflüge oder für Werbefahrten.

Zeppelin

Zeppeline waren die ersten brauchbaren Luftschiffe. Sie steigen in die Luft auf – so wie Ballons –, weil sie mit einem Gas gefüllt sind, das leichter ist als Luft. Anders als Ballons haben die Zeppeline aber ein festes Gerüst. Darin befinden sich viele Gaszellen. Das Gerüst wiederum ist mit einer leichten Hülle aus Stoff umgeben.

Da man früher die großen Zeppeline nicht zusammenlegen konnte, wurden sie entweder in riesigen Hallen geparkt oder an einem Turm befestigt.

Der erste Zeppelin »LZ 1« war zu Beginn des 20. Jahrhunderts eine echte Sensation. Wenn das imposante Luftschiff in circa 300 m Höhe vorbeifuhr, hatten die Kinder schulfrei – damit sie den Zeppelin sehen konnten!

Weil der Wasserstoff im Zeppelin leicht entzündlich war, gab es viele tragische Unfälle. Beispielsweise explodierte im Mai 1937 der größte Zeppelin bei der Landung: Die »LZ 129 Hindenburg« war 247 m lang, fuhr 125 km/h schnell und transportierte 50 Passagiere. Die heute eingesetzten Luftschiffe werden mit nicht brennbarem Helium gefüllt, sodass Flüge mit ihnen wesentlich ungefährlicher sind. ■

ERFINDUNG

Zeppelin

Ferdinand Graf von Zeppelin baute 1899 das erste einsatzfähige Luftschiff. Es wurde nach ihm »Luftschiff Zeppelin 1« genannt. Der LZ 1 war 128 m lang und dank 16 Gaszellen, 11 300 m³ Wasserstoff mit seinen beiden Benzinmotoren (▶ Motor) und den zwei Gondeln fast 32 km/h schnell. Schon als Kind träumte Graf Zeppelin vom Fliegen. Man spricht allerdings bei allem, was leichter ist als Luft, von »Fahren«: Ballons und Zeppeline fahren also. Was schwerer ist als Luft, »fliegt«, wie beispielsweise ▶ Flugzeuge. 1874 entwarf Graf Zeppelin sein erstes Luftschiff. Doch bis zum Einsatz als Passagiermaschine musste zunächst noch der Benzinmotor zu einer kleinen und leistungsfähigen Maschine weiterentwickelt werden. Und entscheidend war auch, dass der Preis von Aluminium, dem damals leichtesten technisch verwendbaren Metall, auf wenige Reichsmark pro Kilo sank.

Die **Fahrerkabine** moderner Zeppeline ist ein ▶ Cockpit mit vielen Instrumenten.

Auf der Forschungs-station

Auf der Forschungsstation

Seit je interessieren sich die Menschen für die Erde – sie erkunden Ozeane, Berge, Vulkane und selbst den Weltraum. Noch vor einhundert Jahren waren sie dabei auf Werkzeuge angewiesen, die ihnen Schmiede, Feinmechaniker oder Zimmermänner nach eigenen Plänen von Hand fertigten. Viele dieser Instrumente waren klug, manchmal sogar genial erdacht, und dennoch lieferten sie im Vergleich zu den heutigen Hightech-Geräten oft nur grobe, ungenaue und unzureichende Ergebnisse.

Durch die Forschungstätigkeit vieler Jahrzehnte und die rasante Verbesserung des Instrumentariums sind die Forscher inzwischen in allen naturwissenschaftlichen Fachgebieten in Dimensionen vorgedrungen, die ihren Großvätern noch unerreichbar schienen. Mit modernen Erkundungsrobotern können sowohl auf brodelnden Vulkanen als auch auf dem Mars Forschungsdaten gesammelt werden. Meteorologen gewannen entscheidende Erkenntnisse dank der Wettersatelliten, die unablässig die Erde umkreisen. Und auch die einst gefährlichen Expeditionen in das ewige Eis, bei denen viele der ersten Pioniere ihr Leben verloren, werden heute auf hoch technisierten Forschungsschiffen durchgeführt. Diese sind mit Labors, Bordrechnern und modernsten Messinstrumenten ausgestattet. Dabei leisten auch die modernen Rechner unverzichtbare Dienste, mit ihnen kann man schnell Daten erfassen, abgleichen oder analysieren. Unermessliche Fortschritte wurden jedoch nicht nur bei der Erkundung der Erde, sondern auch bei der Erforschung des Lebens gemacht. Mithilfe des neuen Instrumentariums wurden wesentliche neue Erkenntnisse gewonnen. So sind beispielsweise an die Seite der früheren Lichtmikroskope mit zweihundertfacher Vergrößerung nun Elektronenmikroskope und noch fortschrittlichere Geräte getreten, die selbst allerfeinste Mikrostrukturen um das Zweimillionenfache und mehr vergrößert erkennen lassen.

Diese **Drohne** fliegt durch eine Gewitterfront und sammelt dabei wichtige Wetterdaten. Drohnen benötigen neben dem eigentlichen Fluggerät eine Kontrollstation am Boden. Kleine Aufklärungsdrohnen wie die hier abgebildete wiegen unter 3,5 kg und haben eine Spannweite von 1,5 m.

Drohne

Drohnen sind unbemannte, ferngesteuerte ▶ Flugzeuge, die sowohl von Wissenschaftlern als auch vom Militär eingesetzt werden.

Je nach Verwendungszweck gibt es unterschiedliche Maschinen: Aufklärungsdrohnen sind meist so klein wie Modellflugzeuge. Sie werden von Hand gestartet und fliegen nur wenige Kilometer. Ihre Flugbahn wird vor dem Start programmiert, in der Luft orientieren sie sich mit GPS anhand von ▶ Satelliten. Sie werden vorwiegend für wissenschaftliche Zwecke eingesetzt, so übermitteln sie beispielsweise Meteorologen wertvolle Wetterdaten und Luftaufnahmen.

Militärische Drohnen hingegen sind größer, fliegen mehrere Hundert Kilometer weit und können mit Waffen bestückt werden. ■

Erkundungsroboter

Erkundungsroboter werden in Situationen oder an Orten eingesetzt, die für Menschen gefährlich oder unerreichbar sind. Bekannte, selbstständig arbeitende ▶ Roboter der Weltraumforschung sind die ▶ Marsmobile, die die Marsoberfläche untersuchen. Andere Erkundungsroboter leisten bei der Erforschung aktiver Vulkane unersetzliche Dienste, indem sie schwer zugängliche Gesteinsproben oder Daten sammeln.

Durch die Entwicklung des Flugroboters »Marvin« könnten Erkundungsroboter schon bald wichtige Aufgaben im Katastrophenschutz übernehmen: In einem brennenden Gebiet kann »Marvin« selbstständig Überlebende, Opfer und mögliche Gefahrenherde erkennen. ■

QUIZBOX

Schlaue Roboter

Manche Roboter treten regelmäßig an, um gegeneinander Fußball zu spielen. Welchen Zweck erfüllen solche Turniere?

um sich zurechtzufinden.

das muss ein Erkundungsroboter auch können,

sammeln sie ständig Informationen. Und genau

reagieren. Über ▶ Kameras und Messgeräte

halten und auf eine sich ändernde Umgebung

Roboter müssen in Bewegung das Gleichgewicht

Steuerungsprozesse zu programmieren. Die

Ein Fußballspiel ist ein guter Test, um schwierige

Fahrbare **Erkundungsroboter** übernehmen riskante Einsätze für Wissenschaftler, das Militär und den Zivilschutz. Sie werden ferngesteuert, können sich aber selbstständig dem Gelände anpassen.

Auf großen **Forschungsschiffen**, wie der Polarstern (siehe Bild rechts), arbeiten bis zu 50 Forscher aus unterschiedlichen wissenschaftlichen Fachgebieten.

Forschungsschiff

Mit modernen Forschungsschiffen werden Expeditionen in die Polarregionen unternommen, sie dienen aber auch für Erkundungen der Meere, der Beobachtung von Walen oder der Suche nach Erzen oder ▶ Erdöl.

Diese Schiffe sind hinsichtlich ihrer Konstruktion und Ausstattung technische Meisterwerke. So sind beispielsweise die Schiffe für die Polarforschung massiv gebaute Eisbrecher, die das Eis bis zu einer Stärke von 1,5 m mühelos durchfahren. Noch dickere Eisschichten brechen sie mit ▶ Rammen auf. Ihre ▶ Motoren bringen eine ähnliche Leistung wie jene der riesigen ▶ Kreuzfahrtschiffe, nämlich fast 14 700 KW (20 000 PS).

Forschungsschiffe sind auch wichtige **Basisstationen** bei großen Expeditionen.

Zur Ausrüstung gehören hoch spezialisierte Forschungs- und Messinstrumente ebenso wie zahlreiche Kühlräume und Aquarien, die den Transport lebender Meerestiere ermöglichen. In den Labors an Bord können Forscher unter anderem Pflanzen, Tiere, Wasser- und Gesteinsproben untersuchen. Auch die Klima- und Umweltdaten werden ständig von einem Bordrechner erfasst. ◼

INFOBOX

Mit Tauchkapseln in die Tiefe

Bei der Erforschung der Tiefsee setzen Wissenschaftler sowohl bemannte als auch unbemannte Tauchkapseln (siehe Bild) ein. Mithilfe dieser kleinen ▶ Tauchboote konnten sie vor allem in den letzten vierzig Jahren viele neue Erkenntnisse über die Biologie und Geologie der Tiefsee gewinnen. Die von Sensoren und ▶ Kameras gesammelten Daten werden teils direkt an das Mutterschiff übertragen, teils in einem internen Speicher gesammelt.

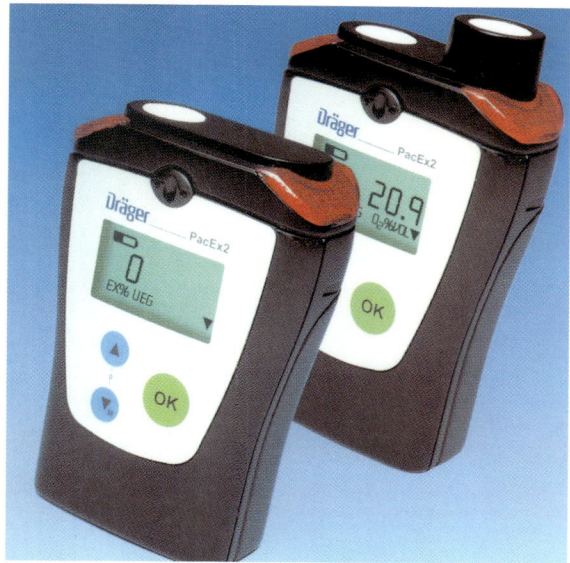

Gasspürgerät

Gasspürgeräte oder Gasschnüffler sind für Forscher, bei Einsätzen im Katastrophenschutz und in den verschiedensten Produktionsbereichen oft lebenswichtig. Denn viele Gase haben gefährliche Eigenschaften: Sie breiten sich schnell aus, sind nicht selten giftig, außerdem manchmal leicht entzündlich und häufig kaum am Geruch wahrzunehmen.

Gasspürgeräte verfügen über Messsensoren, die gefährliche Gase wahrnehmen und erkennen können. Sobald die Geräte ein brennbares oder giftiges Gas in bestimmter Konzentration bemerken, schlagen sie an und signalisieren die Gasgefahr mit einem Alarmton und einer Signalleuchte. So warnen sie beispielsweise Vulkanologen, Feuerwehrleute oder Industriearbeiter vor gefährlichen austretenden Gasen.

Gasschnüffler gibt es als tragbare Geräte, die oft kaum größer sind als eine Zigarettenschachtel. Diese werden bei Forschungsarbeiten an Vulkanen sowie bei Brandeinsätzen der Feuerwehr verwendet. Außerdem gibt es große, fest montierte Anlagen. Letztere werden unter anderem in den verschiedenen Bereichen der Kunststoff- und Computerindustrie, in denen giftige Gase verarbeitet werden oder entstehen können, eingesetzt, sind aber auch in Gastankern, auf ▶ Förderplattformen oder in Biogas-Anlagen zu finden. ▪

Gasspürgeräte zeigen ganz exakt die Konzentration von Gasen an.

Geigerzähler

Radioaktive Strahlung in hohen Dosen ist extrem gesundheitsschädigend. Man kann sie weder hören, riechen, schmecken noch ertasten und nur ausnahmsweise sehen. Um Radioaktivität nachzuweisen, braucht man deshalb ein Gerät, das die Spuren radioaktiver Verstrahlung im Erdboden, an Geräten oder Lebewesen misst. Ein solches Instrument ist zum Beispiel der Geigerzähler, der 1928 von zwei deutschen Physikern erfunden wurde.

Die Funktionsweise des Geigerzählers ist relativ einfach: Im Prinzip besteht er aus einem Behälter, der nur Luft und zwei elektrische Stromleiter, die Elektroden, enthält. Sie sind über einen Spannungsmesser mit einer Stromquelle verbunden. Das ist meist eine ▶ Batterie. Wenn das Gerät im Boden auf radioaktive Strahlung stößt, wird die Luft in dem Behälter ionisiert, das heißt elektrisch leitfähig. So wird ein geringer, aber messbarer Stromfluss zwischen den Elektroden hergestellt. Die Stärke dieses Stromflusses entspricht der Strahlungsintensität. ▪

INFOBOX

Was ist Radioaktivität?

Als Radioaktivität bezeichnet man das Verhalten mancher Atome, deren Kerne spontan einzelne Teilchen abgeben. Das klappt aber nur, wenn der Atomkern instabil ist. Der Grund dafür kann ein Überschuss an Protonen oder Neutronen sein. Dieser Überschuss wird beseitigt, indem einzelne Teilchen abgestrahlt werden. Dabei kann manchmal sogar der ganze Atomkern in zwei oder mehr kleinere Kerne zerfallen. So entstehen neue Atomarten. Bei diesem Zerfall wird auch radioaktive Strahlung abgegeben. Diese ist sehr gefährlich, da sie andere Stoffe leicht durchdringen und im Körper großen Schaden anrichten kann. Die Abbildung zeigt ein Warnschild, welches Gebiete mit solcher Strahlung markiert.

Mit **Geigerzählern** kann man die Umgebung auf eine mögliche radioaktive Belastung hin untersuchen.

Forschungsstation

Fragen an einen Vulkanologen

Was erforschen Vulkanologen?
Wir untersuchen Vulkane, sowohl aktive als auch schlummernde oder schon erloschene.

Welche Ausrüstung braucht ein Vulkanologe?
Wenn es keine Hinweise auf Aktivitäten im Vulkan gibt, ist die Ausrüstung einfach: Geologenhammer, Tüten für Gesteinsproben und Kartenmaterial, um die Fundorte einzuzeichnen. Bei aktiven Vulkanen benötigen wir zusätzlich Hitzeschutzanzüge, Atemschutz- und ▶ Gasspürgeräte sowie einen mobilen ▶ Seismografen, um die Aktivitäten zu beobachten. Bei Ausbrüchen werden ▶ Hubschrauber eingesetzt.

Wozu brauchen sie die?
Um aus der Luft den Krater und eventuelle Lavaströme zu beobachten. Nur so können wir erkennen, ob Anwohner in Gefahr sind.

Hitzeschutz

Hitzeschutz-Bekleidung schützt die Träger vor Feuer oder unerträglich großer Hitze. Es gibt sie in verschiedenen Ausführungen, von Schutzschilden, Handschuhen und schützenden Helmen bis zu Vollkörperanzügen. Diese ▶ Schutzanzüge bestehen aus einem Overall, einer Kopfhaube mit Sichtfenster aus Glas, Handschuhen und Überstiefeln. Die Anzüge sind außen mit einer speziellen Aluminium-Folie beschichtet, die die Hitzestrahlung reflektiert.

Diese Art Schutzkleidung tragen beispielsweise Feuerwehrleute. Auch bei der Erforschung aktiver Vulkane tragen Vulkanologen häufig Hitzeschutzanzüge. In der Nähe offener Lavaströme und -seen sind die Temperaturen so hoch, dass die Wissenschaftler ohne Schutzkleidung dort nicht arbeiten könnten. ∎

Zusätzlich zum **Hitzeschutz-Anzug** wird meist auch ein Atemschutz getragen.

Kompass

Ein Kompass ist ein Instrument zur Bestimmung der Himmelsrichtung. Er dient bei der ▶ Navigation als wichtige Orientierungshilfe.

Die Funktionsweise des Kompasses basiert darauf, dass die Kompassnadel immer in Richtung der Erdpole ausschlägt. Dabei wird das natürliche Magnetfeld der Erde ausgenutzt. Die mehr oder weniger starken magnetischen Missweisungen können durch Berechnungen leicht ausgeglichen werden.

In der einfachsten Form sieht der Kompass aus wie eine ▶ Uhr, nur dass in der Windrose statt der Stunden und Minuten die Gradeinteilungen für die Himmelsrichtungen aufgezeichnet sind. Anstelle der Zeiger befindet sich in der Mitte ein dünner, leicht beweglicher Stabmagnet. Er richtet sich am Magnetfeld aus und zeigt so die Nord-Süd-Richtung an. Komplizierter gebaut ist der so genannte Kreiselkompass, der vorwiegend auf Schiffen verwendet wird. Bei diesem Gerät lässt der Steuerstrich auch die aktuelle Fahrtrichtung des Schiffes erkennen.

Erfunden wurde der Kompass lange vor Beginn unserer Zeitrechnung in China. Im Mittelalter nutzten ihn vor allem die Wikinger bei ihren Kaperfahrten. ∎

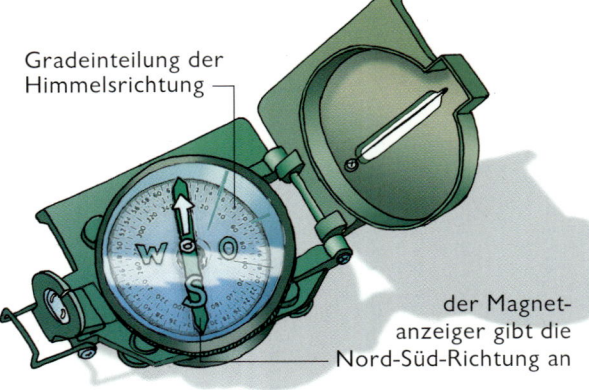

Gradeinteilung der Himmelsrichtung

der Magnetanzeiger gibt die Nord-Süd-Richtung an

Metalldetektor

Mit Metalldetektoren können verborgene Metalle gesucht werden. Man kann mit ihnen nicht nur am Strand verlorene Münzen finden, sondern Forscher setzen sie auch bei Grabungsarbeiten ein, zum Beispiel um antike Werkzeuge und Waffen oder sogar Gold- und Silberschätze aufzuspüren.

Metalldetektoren nutzen die Wechselwirkung zwischen Elektromagnetismus und elektrischem Stromfluss aus. Ihr flacher Detektorkopf erzeugt mittels einer ▶ Batterie ein Magnetfeld unterschiedlicher Stärke. Gelangt Metall in dieses Feld, entstehen Wirbelströme. Dadurch wird die Stromstärke in der Spule abgeschwächt. Ein Messgerät misst den Spulenstrom und zeigt das Ergebnis akustisch oder optisch an. Im Detektor ertönt dann ein Signal oder es leuchtet eine Lampe auf.

Metalldetektoren findet man auch bei den ▶ Sicherheitskontrollen an Flughäfen und an den Eingängen von Sportstadien oder Konzerthallen: Führen Besucher metallische Gegenstände, beispielsweise Waffen, bei sich, zeigen die Detektoren dies an. Handwerker wiederum nutzen sie, um Wände auf Rohr- und Stromleitungen zu überprüfen, damit sie diese beim Bohren nicht beschädigen. ◾

Diese **Messstation** hängt an einem Fesselballon und sammelt in 1000 m Höhe verschiedene Wetterdaten.

Meteorologische Instrumente

Meteorologen verfügen über viele, sehr unterschiedliche Messinstrumente, mit denen sie die Wetterdaten messen, aufzeichnen und Wetterprognosen erstellen.

Besonders wichtig sind die ▶ Satelliten, die eine Fülle von Wetterdaten vom Weltraum aus an die Wetterstationen funken. Daneben gibt es aber auch Wetterballons, die mit Messgeräten in die Atmosphäre aufsteigen und die dort gewonnenen Daten an die Bodenstation senden.

Zu den Bodengeräten zählen das ▶ Thermometer, mit dem die Temperatur gemessen wird, und das Hygrometer, mit dem man die Luftfeuchtigkeit misst. Mit Niederschlagsmessern und Niederschlagsschreibern werden die Regenmenge sowie die Niederschlagsdauer und -häufigkeit registriert. Mit einem Verdunstungsmesser wird an einer offenen Wasserfläche der Wasserverlust ermittelt. Das Anemometer misst die Windgeschwindigkeit, die Windfahne zeigt die Windrichtung an. Und selbst der Sonnenschein wird mithilfe des Sonnenscheinautografen erfasst. ◾

Ein ehemaliges Kriegsgebiet wird von Einsatzkräften in Schutzkleidung mit **Metalldetektoren** auf verborgene Landminen untersucht.

 **INFOBOX**

Wettermessungen aus dem All

Wettersatelliten (▶ Satelliten) führen selbstständig Messungen in der Atmosphäre durch und registrieren die Temperaturen von Meer und Festland. In regelmäßigen Zeitabständen fotografieren sie die Wolken über der Erde. So erhalten die Meteorologen über Funk verschiedenste Daten. Anhand dieser Bilder und Messungen lassen sich beispielsweise Unwetter vorhersagen.

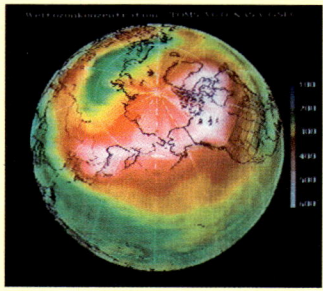

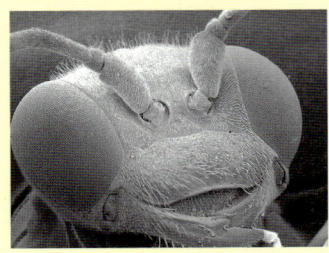

Forscher überwachen alle aktiven Vulkane mithilfe von **Seismografen**.

Mikroskop

Das menschliche Auge ist ein erstaunliches Organ, aber es hat seine Grenzen. Sehr feine Strukturen, wie die Schuppen auf den Flügeln eines Schmetterlings oder Bakterien, kann man mit bloßem Auge nicht sehen. Um von diesen Dingen ein vergrößertes Abbild zu erhalten, benutzen Forscher Mikroskope.

Ähnlich wie Lupe und Fernglas funktionieren Mikroskope durch Lichtbrechung. Die einfallenden Lichtstrahlen werden durch speziell geschliffene Gläser so gelenkt, dass sie den Gegenstand größer erscheinen lassen. Neben konkaven Linsen, die in der Mitte dünner sind und die Lichtstrahlen streuen, gibt es konvexe Linsen, die gewölbt sind und sie wieder bündeln.

Gewöhnliche Mikroskope bestehen aus zwei optischen Einheiten, Objektiv und Okular, einem Objekttisch und einer Lichtquelle am Fuß. Das Objektiv, das sich direkt über dem Untersuchungsobjekt befindet, erzeugt das vergrößerte Bild. Das Okular, durch das der Forscher schaut, wirkt wie eine zusätzliche Lupe, durch die er dieses Bild betrachtet. Durch austauschbare Objektive und Okulare können verschiedene Vergrößerungen gewählt werden.

Es gibt diverse Spezialmikroskope für Forschung und Industrie. Sehr leistungsstark sind zum Beispiel die Elektronenmikroskope oder Feldionenemissionsmikroskope. ■

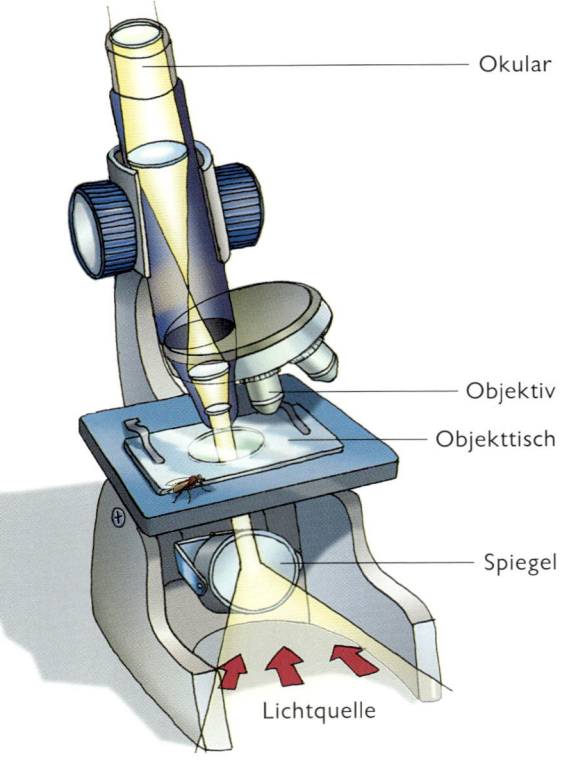

Okular

Objektiv

Objekttisch

Spiegel

Lichtquelle

Seismograf

Die Seismologie ist die Wissenschaft von Erdbeben, und der Seismograf ist eines der wichtigsten Instrumente um Beben zu messen. Er registriert schon leichteste Erschütterungen, wodurch sich Erdbeben und Vulkanausbrüche vorhersagen lassen.

Die Funktionsweise des Seismografen ist relativ einfach und seit der Erfindung des ersten Seismoskopen im Jahr 132 n. Chr. im Wesentlichen unverändert.

Im Inneren des Seismografen hängt ein schweres Pendel, welches mit Schreibern oder Sensoren versehen ist. Wenn es zu einem Beben kommt, bleibt das hängende Pendel im Vergleich zur Umgebung ruhig. Deshalb kann es mit dem Schreiber die Bewegung der Umgebung aufzeichnen.

Moderne Seismografen bestehen aus einem Messgerät, dem Seismometer, und einer Registriereinheit, welche die Daten aufzeichnet. Um Fehlausschläge etwa durch Züge oder ▶ Autos zu vermeiden, werden die Seismometer oft in tiefen Bohrlöchern oder stillgelegten ▶ Bergwerken aufgestellt, während sich die Registriereinheit im Forschungszentrum befindet. ■

Theodolit

Ein Theodolit ist ein sehr genauer Winkelmesser. Mit ihm kann ein Gebiet ganz genau ausgemessen werden, zum Beispiel bei Grabungen in Bergwerken oder beim Tunnelbau. Auch Landvermesser im Straßenbau arbeiten mit diesem Instrument.

Theodolite werden auf einem dreibeinigen Stativ montiert. Mithilfe der eingebauten Wasserwaage können sie selbst in unebenem Gelände waagerecht ausgerichtet werden. Bei den Messungsarbeiten werden sie auf eine Vermessungsstange oder ein bestimmtes Objekt im Gelände gerichtet. Mit dem Hauptfernrohr wird eine zuvor ausgewählte Markierung angepeilt, während man das zweite Fernrohr auf einen anderen Markierungspunkt richtet. Mithilfe der so gewonnenen Daten können die Vermesser sowohl Entfernungen als auch Höhen und andere Winkel errechnen.

Ältere Geräte verfügen über sehr genaue Ablesemikroskope. Moderne Theodolite sind inzwischen sogar mit einer elektronischen Winkelmessung ausgestattet.

Eine neuere Erfindung sind die Tachymeter. Das sind Theodolite mit einem integrierten elektro-optischen Entfernungsmesser. Das Gerät sendet ein Signal aus, welches von einem Reflektor zurückgeworfen wird. Aus der Laufzeit des Signals errechnet der eingebaute Computer die Distanz. ■

Thermometer

Thermometer sind ein unverzichtbarer Bestandteil jeder Wetterstation. Und viele Menschen haben auch Thermometer zu Hause, sei es zur Temperaturmessung am Fenster oder in der Hausapotheke.

Fast alle Thermometer basieren auf der physikalischen Tatsache, dass sich Stoffe bei Wärme ausdehnen und bei Kälte zusammenziehen. Ein gewöhnliches Thermometer besteht aus einer dünnen Glassäule, in der sich eine Flüssigkeit befindet. Früher war das meist Quecksilber, heute ist es in der Regel Alkohol. Wenn sich die Umgebung erwärmt, dehnt sich die Flüssigkeit aus. Der Grad der Ausdehnung wird als Temperatur auf einer Skala angezeigt. Die bei uns übliche Maßeinheit Celsius geht auf den schwedischen Physiker Anders Celsius zurück. Bei Fieber-Thermometern ist die Skalierung sehr genau, reicht aber nur etwa von 36 bis 42°C. Bei Wetter-Thermometern reicht sie hingegen von zweistelligen Minusgraden bis zu sommerlichen Hitzewerten.

Neben den zumeist im Haushalt verwendeten Flüssigkeits-Thermometern gibt es diverse Spezialinstrumente. Bei Gasthermometern wird die Temperatur aus Druck und Volumen einer Gasmenge errechnet, bei Bimetallthermometern aus der Krümmung zweier Metallstreifen und bei Pyrometern aus der Farbe glühender Körper. ■

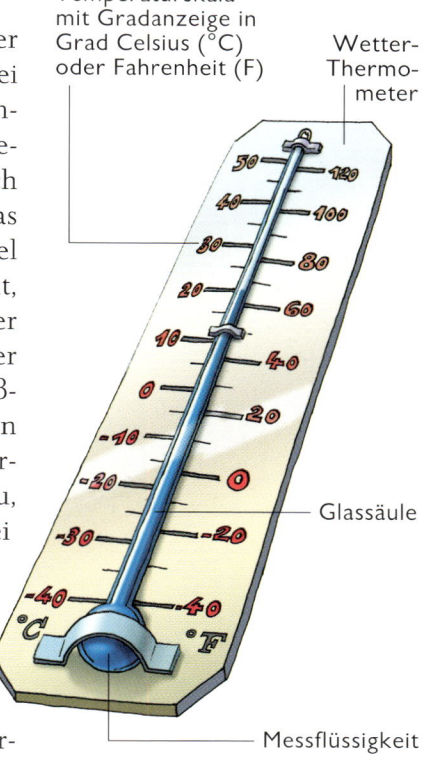

Temperaturskala mit Gradanzeige in Grad Celsius (°C) oder Fahrenheit (F)

Wetter-Thermometer

Glassäule

Messflüssigkeit

INFOBOX

Expeditionen zum Südpol

In den südpolaren Wintern sind Schneestürme und Temperaturen von minus 50°C keine Seltenheit. Selbst im Sommer ist es eisig kalt. Daher ist es für Forscher lebenswichtig, entsprechende Vorkehrungen gegen die Kälte zu treffen. Wichtige Bestandteile der Ausrüstung sind deshalb ▶ Schutzanzüge, Windmesser und Thermometer, Satelliten-Navigationsgerät und ▶ Kompass, alle Vorräte und Gerätschaften für den Aufbau eines Camps sowie eine Funkverbindung zu Rettungsstationen. Auch Theodolite für die Vermessung der Pole gehören zur Ausrüstung. Diese Aufnahme von 1912 zeigt einen Polarforscher bei Vermessungsarbeiten.

Mit **Theodoliten** vermisst man ▶ Bergwerke.

Im Hafen

Im Hafen

Wenn ein Schiff nicht gerade auf dem Meer, einem See oder Fluss unterwegs ist, liegt es meist im Hafen, wo es vor Sturm, Brandung und Eisgang geschützt ist.

Besonders wichtig sind jene Häfen, die dem Güterverkehr dienen. Der Hamburger Hafen beispielsweise gehört zu den bedeutendsten Containerhäfen der Erde. Hier sind rund 140 000 Menschen beschäftigt: Tagtäglich be- und entladen die Hafenarbeiter große Frachtschiffe mit Containern. Fähren bringen Menschen und Autos von einer Küste zur anderen. Aber auch Fischereiboote laufen von hier aus und oft verkaufen die Fischer nach ihrer Rückkehr ihren Fang auch gleich im Hafen.

Wenn ein großes Schiff in die Nähe des Hafens kommt, fährt ihm ein Hafenlotse entgegen. Zusammen mit dem Kapitän dirigiert der Lotse von der Schiffsbrücke aus das Schiff sicher in den Hafen. Zuvor müssen sie aber per Funk die Genehmigung der Hafenstation erhalten, in den Hafen einlaufen zu dürfen. So lange liegt das Schiff vor dem Hafen »auf Reede«. Große Schiffe laufen in so genannten Fahrrinnen in den Hafen ein. Das sind Vertiefungen im Boden der Hafenzufahrten, die es den Schiffen ermöglichen, auch die seichteren Küstengewässer problemlos zu befahren. In kalten Gebieten halten kräftige Spezialschiffe, die Eisbrecher, die Fahrrinnen von Eis frei.

Leuchttürme markieren die Hafeneinfahrt oder warnen den Kapitän vor Hindernissen. Um den richtigen Kurs beizubehalten, benutzt der Kapitän verschiedene Navigationsgeräte wie Kompass oder Sonar. Gelegentlich findet man am Hafen auch eine Art Baustelle. Schwimmbagger heben den Gewässerboden aus und tragen so viel Sand und Schlamm vom Boden ab, bis das Gewässer tief genug ist, damit Schiffe wieder gefahrlos einlaufen können. Größere Häfen haben oft auch eine Werft. Das ist eine Werkstatt zum Bauen neuer Schiffe oder um ältere Schiffe zu reparieren und zu warten.

Container

Früher war es oft sehr mühselig, Waren per Schiff zu transportieren. Besonders schwierig war es, die verschiedenen Waren optimal und sicher im Laderaum zu verstauen. Das Einladen, Seeleute sagen Verstauen dazu, und das Ausladen, auch Löschen genannt, dauerten deswegen oft sehr lange.

Heute werden die meisten Güter in Containern transportiert. Diese Boxen können sehr platzsparend auf- und nebeneinander gestapelt werden. Die rechteckigen Behälter aus Stahl gibt es in zwei Größen, die auf der ganzen Welt einheitlich sind. Ganz gleich aus welchem Land sie kommen, können Container zusammen gestapelt und transportiert werden. Ein kleiner Container ist dabei ungefähr so groß, dass ein Mittelklasse-Auto gut hineinpasst.

Die Container werden bereits an Land mit Waren beladen. Ein ▶ Kran hebt die Container im Hafen einfach und schnell auf das Schiff. Damit sie dort nicht verrutschen, werden sie von Schienen gehalten. Im Zielhafen verladen Hafenkräne die Container dann auf Eisenbahnwaggons oder ▶ LKWs. ■

Ein **Container** ist ungefähr 2,40 m breit, 2,40 m hoch und entweder 6 oder 12 m lang.

Fähre

Das gebräuchlichste Passagierschiff ist heute die Fähre. Mit ihr werden Menschen, aber auch ▶ Autos und Güter über kurze Meeresstrecken oder über Flüsse und Seen befördert. Auf großen, modernen Fähren gibt es in den unteren Etagen Autodecks und darüber mehrere Passagierdecks. Ein Fährschiff kann oft mehrere Hundert Passagiere und rund hundert Autos an Bord nehmen. Wenn die Fähre am Zielhafen angelegt hat, öffnet sich vorn oder hinten, am Bug oder am Heck des Schiffs, ein großes Tor. Die Fahrzeuge können so bequem über eine Rampe von Bord fahren. ■

Weil ▶ Autos auf einer **Fähre** das größte Gewicht haben, parken sie in den unteren Decks. So liegt die Fähre stabiler im Wasser. Über dem Zwischendeck sind die Kabinen und Aufenthaltsräume der Passagiere. Von der Kommandobrücke steuert der Kapitän das Schiff.

1 Heckruder
2 Schiffsschrauben
3 Maschinenraum mit Dieselmotoren
4 Zwischendeck
5 Stabilisationsflügel
6 Bugstrahlruder
7 Bugruder für Rückwärtsfahrt
8 Rettungsboote
9 Kommandobrücke

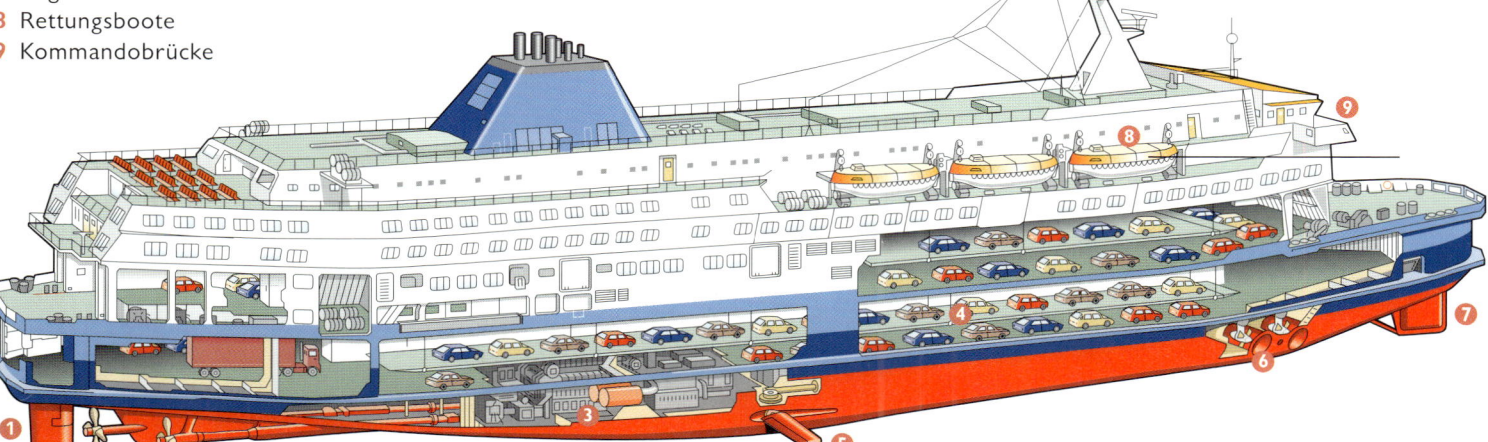

Fischfang

Früher reichten den Fischern oft Schnüre und Angelhaken, um genügend Fische zu fangen. Im Laufe der Zeit verbesserten sich die Fangmethoden und ab dem 17. Jahrhundert entwickelten sich Fischfang und Fischverarbeitung zu einem der wichtigsten Industriezweige. Denn Fisch ist nicht nur ein wichtiges Nahrungsmittel, sondern er wird auch vielseitig verarbeitet. Aus Fischöl kann man beispielsweise Seife, Kosmetika, Gerbe- oder Schmiermittel herstellen.

Mit Kuttern, das sind kleinere Fischereifahrzeuge, werden vor allem am Boden lebende Arten, wie Kabeljau, Seezunge oder Schalentiere, gefangen. Die Fischer ziehen dabei trichterförmige Bodenschleppnetze über den Meeresboden.

In der fischreichen Küstennähe benutzen die Fischer Treibnetze. Diese stehen wie eine Wand senkrecht bis zum Meeresboden. Auf hoher See hingegen spüren sie große Fischschwärme mithilfe von Sonargeräten auf. In mittleren Tiefen fangen sie die Fischschwärme mit runden Schwimmschleppnetzen.

Im Hafen wird der **Fang** oft direkt vom Trawler aus verkauft.

An der Wasseroberfläche lebende Fische, wie Heringe, Lachse oder Tunfische, werden mit vorhangartigen Netzen gefangen, die an Bojen hängen. Oder die Fischer werfen lange Fangleinen aus, die mit Hunderten von kleinen Haken versehen sind, an denen die Fische anbeißen.

Da Fisch leicht verderblich ist, wird er auf den Trawlern, den schwimmenden Fischfabriken, sofort verarbeitet. Die Fischer fangen, entschuppen und verarbeiten täglich bis zu 600 t Fisch. ∎

Während die Hochseefischer im Winter eine Pause vom Fischfang einlegen, liegen ihre Schiffe, die **Trawler**, oft monatelang im Hafen.

Der **Hafenlotse** zeigt mit seinem wendigen Lotsenboot den Weg in den Hafen.

Frachtschiff

Frachtschiffe sind die »Lastesel« der Meere. Mit ihnen werden die unterschiedlichsten Güter von Hafen zu Hafen transportiert.

Ungefähr ein Drittel aller Frachtschiffe sind Stückgutfrachter. Sie transportieren verschiedene Arten von Waren, die meist unterschiedlich groß sind. Mit dem in der Mitte des Schiffes stehenden ▶ Kran, dem so genannten Ladebaum, werden die Frachter mit unterschiedlichen den Gütern be- und entladen. Das Laden und Sortieren ist aufwendig und dauert lange. Aber bei weitem nicht alle Frachtschiffe verfügen über einen eigenen Ladebaum. Sie sind dann auf die Ladekräne im Hafen angewiesen.

Eine andere Art von Frachtschiffen sind die Containerschiffe. Auf ihnen finden viele ▶ Container nebeneinander Platz, denn sie lassen sich platzsparend in mehreren Lagen übereinander stapeln. Auf einem Schiff werden oft mehrere Tausend Container mit verschiedensten Ladungen transportiert!

Schüttgutfrachter wiederum befördern Güter, die sich über Rohre oder Förderbänder an Bord des Frachters schütten lassen, beispielsweise Getreide oder Kohle. Die Laderäume eines Schüttgutfrachters sind in Kammern unterteilt, damit die Ladung bei starkem Seegang nicht verrutscht. ■

Hafenlotse

Wenn ein großes Schiff in einen Hafen einfährt, wird der Kapitän meistens von einem Hafenlotsen unterstützt. Das ist ein Seemann, der seinen Hafen und die Fahrrinnen für die Schiffe genau kennt. Er weiß über die Winde Bescheid, die um den Hafen wehen, und kennt die Strömungen vor der Hafeneinfahrt.

Zuerst informiert sich der Lotse, wo das Schiff im Hafen Platz finden soll, welche Eigenschaften das Schiff hat und wie die Wetterlage gerade ist. Dann fährt er mit einem Boot zum Schiff, das einige Kilometer vor der Küste wartet. Über eine Strickleiter klettert er an Bord. Auf der Schiffsbrücke, der Kommandozentrale des Schiffes, berät er den Kapitän, wie er in den Hafen einfahren kann. Oft übernimmt der Lotse sogar selbst die Steuerung. Zusammen mit dem Kapitän entscheidet der Lotse auch, wie viele Schlepper das Schiff braucht. Das sind kleine, besonders kräftige Schiffe, die das große Schiff die letzten Meter in das Hafenbecken ziehen. Per Funk steht der Lotse in ständigem Kontakt mit der Hafenstation. ■

INFOBOX

Seit wann gibt es Kühlschiffe?

Vor ungefähr 150 Jahren wurde in Europa durch den großen Bevölkerungszuwachs das Fleisch aus der eigenen Landwirtschaft knapp. In Südamerika und Australien hingegen hatten die Bauern riesige Rinderherden. Diese konnten die Menschen in Europa miternähren. Damit das Fleisch während des langen Transportes über den Ozean frisch blieb, benötigte man Maschinen, die den Laderaum der Schiffe kühlten.
So entwickelte man die Kühlschiffe. Um die Jahrhundertwende wurden mit ihnen auch die ersten Bananen aus Mittelamerika nach Europa transportiert.

Die größten **Frachtschiffe** pendeln zwischen Europa und Ostasien. Sie können bis zu 350 m lang sein und 7500 ▶ Container transportieren.

Kreuzfahrtschiff

Auf einem Kreuzfahrtschiff kann man eine mehrtägige oder sogar einige Wochen dauernde Vergnügungsreise auf dem Meer unternehmen. Die Kreuzfahrtschiffe verkehren auf festgelegten Meeresrouten. Bei den gelegentlichen Zwischenstopps können die Passagiere Ausflüge an Land machen.

Kreuzfahrtschiffe sind oft riesig groß: Sie können bis zu 300 m lang sein und auf mehreren Decks über tausend Personen Platz bieten. Auf der Queen Mary II, dem größten, längsten und höchsten Passagierschiff, das jemals gebaut wurde, können sich 2600 Passagiere auf 15 Decks von 600 m Länge aufhalten!

Die Kabinen von Kreuzfahrtschiffen sind meist so luxuriös wie die Zimmer eines erstklassigen Hotels eingerichtet. Die Passagiere können während der Reise zwischen mehreren Restaurants und Aufenthaltsräumen wählen. Wenn es heiß ist, baden die Urlauber im Swimmingpool oder sonnen sich an Deck. Nicht einmal auf den Einkaufsbummel müssen sie verzichten, denn auch Geschäfte gibt es an Bord. Manchmal haben große Kreuzfahrtschiffe sogar mehrere Fitnesssäle. Am Abend können die Schiffsgäste Theateraufführungen und Kinos besuchen oder sich in Bars und auf Tanzflächen vergnügen. ■

Der italienische Luxusliner »Carnival Glory« nimmt bis zu 2700 Passagiere auf. Das **Kreuzfahrtschiff** hat 1487 Kabinen, 22 Aufenthaltsräume und Bars, ein Theater für 1400 Zuschauer und 4 Schwimmbäder.

Die Titanic

Der Untergang der Titanic zählt zu den größten Tragödien der Seefahrt. Als das Schiff 1912 in See stach, war es das größte und luxuriöseste Passagierschiff der damaligen Zeit. Die Titanic war rund 270 m lang, 28 m breit und 28 m hoch. Die Fachleute waren überzeugt, dass die Titanic wegen ihres robusten Baus und ihrer ausgefeilten Technik nicht untergehen kann – trotzdem sank sie bei ihrer ersten Fahrt. Als der Kapitän das Schiff auf einen Eisberg zufahren sah, versuchte er umzulenken. Doch das gelang ihm nicht mehr vollständig: Das Schiff stieß auf den Eisberg und wurde seitlich aufgeschlitzt. Dabei drang so viel Wasser in die Titanic, dass sie schließlich auseinander brach und unterging. 705 Passagiere konnten gerettet werden, aber für mehr als 1500 Menschen kam jede Hilfe zu spät. 1985 fanden Wissenschaftler das Wrack.
Im Bild unten ist eine Speisekarte zu sehen, die eine überlebende Passagierin der 3. Klasse mitgenommen hatte.

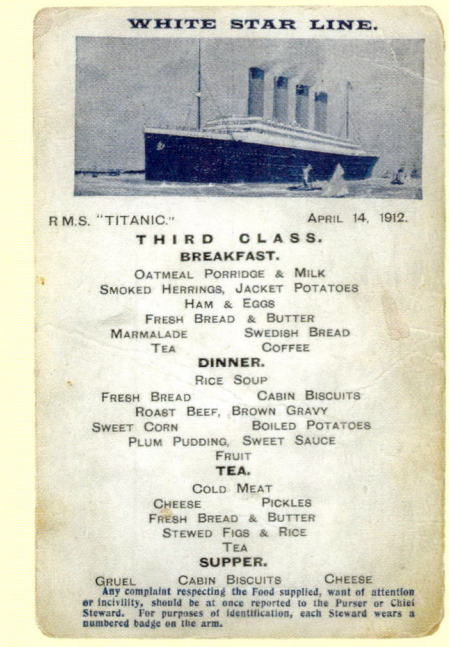

Leuchtturm

Seit Seefahrer die großen Meere befahren, sorgen die Menschen mit Leuchttürmen für die Sicherheit der Schiffe. Ein Leuchtfeuer an der Spitze der hohen Türme sendet weithin sichtbare Lichtsignale. Früher zündete ein Leuchtturmwärter das Feuer auf dem Turm an, das ständig überwacht werden musste. Die modernen Türme leuchten durch elektrisches Licht, das von der Hafenstation aus gesteuert wird.

Damit man die Leuchttürme zuordnen kann, leuchtet das Licht unterschiedlich lang und in mehreren Farben auf. So werden den Schiffen verschiedene Signale gesendet. Der Schiffskapitän hat ein Verzeichnis an Bord, in dem er nachlesen kann, was die Lichtsignale bedeuten. Am bekanntesten sind Leuchttürme, die schon aus weiter Entfernung eine Küste ankündigen. Sie sind besonders hoch und leuchten sehr hell. In küstennahen Gewässern weisen sie dem Kapitän oft auch die Fahrrinnen in den Hafen. Andere Leuchttürme markieren jene Bereiche, die der Kapitän umschiffen muss, weil sich darunter ein Riff oder eine Sandbank verbergen. Neben den hohen Leuchttürmen aus Beton oder Stahl, die an Land stehen, gibt es auch schwimmende Leuchtbojen und Feuerschiffe. ■

Luftkissenboot

1959 erfand der Amerikaner Christopher Cockerell ein Fortbewegungsmittel, das sowohl auf dem Land als auch auf Wasser fahren kann – das Luftkissenboot. Durchgesetzt hat es sich allerdings nur als Transportmittel auf dem Wasser. Dabei hat das Luftkissenboot mit einem Schiff recht wenig zu tun: Es schwimmt nämlich nicht, sondern gleitet über die Wasseroberfläche.

Rund um den flachen Boden des Luftkissenfahrzeugs ist eine Gummischürze angebracht. Ein Ventilator presst große Mengen Luft unter die Schürze in Richtung Wasseroberfläche. So entsteht ein stabiles Kissen aus Luft, welches das Fahrzeug in der Schwebe hält. Wie beim ▶ Flugzeug sorgen nun Propeller dafür, dass sich das Fahrzeug nach vorne bewegt. Das Luftkissenboot erreicht Geschwindigkeiten bis zu 130 km/h – damit ist es dreimal so schnell wie ein durchschnittliches Schiff!

Luftkissenboote werden als ▶ Fähren für Passagiere und ▶ Autos eingesetzt. Außerdem nutzt die Küstenwache sie wegen ihrer Schnelligkeit für Rettungseinsätze. Wenn die Luftkissenboote anlegen, fahren sie nicht an einen Pier im Hafen, sondern über eine flache Betonrampe bis auf das feste Land. ■

Große, hell leuchtende Lampen auf einem **Leuchtturm** sorgen dafür, dass das Licht noch in einer Entfernung von 22 Seemeilen, das sind ungefähr 40 km, sichtbar ist. Spezielle Spiegel, die wie Sammellinsen arbeiten, bündeln dabei das Licht und verstärken so den Strahl.

Luftkissenboote erzeugen durch ihr starkes Gebläse und die Propeller einen ähnlichen Lärm wie ▶ Flugzeuge. Vor allem wegen ihrer hohen Geschwindigkeit sind sie sehr beliebt.

Navigation

Längere Reiserouten werden meist vorher geplant, und unterwegs überprüft man anhand von Orientierungspunkten oder anhand einer Karte, ob man noch auf dem richtigen Weg ist. Dieses Zurechtfinden nennt man Navigation. Auf hoher See oder in der Luft ist das schwierig, denn oft fehlen Landpunkte, an denen man sich orientieren kann. Deswegen entwickelten die Menschen Methoden, mit denen sich die Position eines Schiffs oder eines ▶ Flugzeugs genau bestimmen lässt.

Bereits um das Jahr 1200 waren die meisten europäischen Schiffe mit einem ▶ Kompass ausgerüstet. Die Nadel des Kompasses zeigt mit der Spitze immer nach Norden. Damit kann der Schiffskapitän feststellen, in welche Himmelsrichtung sich das Schiff bewegt. Die genaue Position des Schiffes lässt sich so allerdings nicht bestimmen. Dazu gibt es Navigationshilfen, die die geographische Lage eines Ortes angeben können. Sehr früh haben die Menschen die Erdoberfläche auf Karten dargestellt und diese mit Markierungslinien überzogen. Die äquatorparallelen Breitenlinien und die von Pol zu Pol verlaufenden Längenlinien dienen dazu, die Lage eines Ortes oder den eigenen Standpunkt anzugeben.

Der Kapitän ermittelte auf See die Lage des Schiffes nach dem Stand der Sonne zu Mittag oder des Polarsterns bei Nacht. Am Gestirn konnte man sich auch mithilfe des Sextanten orientieren. Dabei maß man den Winkel zwischen dem Horizont und der Sonne oder dem Mond. Aus diesem Wert und dem Wissen, auf welchem Längengrad man war, ließ sich die eigene Position ermitteln.

Heute gibt ein Bordcomputer dem Kapitän mithilfe von ▶ Satelliten die Position eines Schiffes auf wenige Meter genau an. Ein solches Navigationssystem heißt »GPS«, was aus dem Englischen kommt und eine Abkürzung ist für »Global Positioning System«. Außerdem verfolgt der Steuermann den Kurs per ▶ Radar und Sonar. ■

INFOBOX

Wie funktioniert ein Sonar?

Um die Tiefe des Wassers zu messen und um Hindernisse unter Wasser aufzuspüren, verwenden moderne Schiffe Sonargeräte. Eine Anlage an der Unterseite des Schiffs sendet Ultraschall aus. Das ist ein Ton, der so hoch ist, dass er für menschliche Ohren nicht hörbar ist. Der Ultraschall prallt an allen Gegenständen ab, die seinen Weg kreuzen. Die reflektierten Wellen werden am Schiff wieder empfangen. Das ist ungefähr so, wie wenn wir von einem Berg ins Tal rufen und den Ruf als Echo hören. Das Sonargerät misst, wie lange es dauert, bis der Schall das Schiff erreicht. Daraus lässt sich die Tiefe des Meeresbodens oder die Entfernung eines Hindernisses zum Schiff errechnen.

Der Kapitän kann das Echo des Schalls als leuchtende Punkte auf einem Bildschirm verfolgen. Fischer orten beispielsweise Fischschwärme mithilfe von Sonar. So können sie das Schleppnetz direkt zum Schwarm führen. Auch Meereskundler verwenden Sonar. Auf Vermessungsschiffen zeichnen sie mittels der Sonaranlage die Konturen des Meeresgrunds auf. So können sie Seekarten erstellen und den Meeresboden erforschen. Bevor das Sonar erfunden wurde, war das einzige Instrument zur Wassertiefenmessung das Senklot: ein Gewicht an einer Schnur.

Unterwasserboot
mit Sonaranlage

vom Boden oder
einem Fischschwarm
zurückgeworfene
Schallwellen

ausgesendete
Schallwellen

Schiffsbrücke

Die Brücke ist die Kommandozentrale, von der aus ein Schiff geführt wird. Sie liegt meist auf dem obersten Deck im vorderen Teil des Schiffes. Damit der Kapitän eine gute Sicht hat, ist der Raum rundum von großen Fenstern umgeben.

Auf der Brücke befinden sich alle Anlagen und Geräte, die Kapitän und Steuermann brauchen, um das Schiff zu steuern und zu navigieren (▶ Navigation). Das sind vor allem das Steuerrad, der ▶ Kompass und die ▶ Radaranlage. Mit einem Hebel regelt der Kapitän die Geschwindigkeit des Schiffes. Per Radar und Sonar wird gemessen, wo andere Schiffe sind und wie tief das Wasser unter dem Schiff bis zum Grund ist. Außerdem wird erfasst, mit welcher Geschwindigkeit und aus welcher Richtung der Wind gerade weht. Auf einem großen Tisch ist Platz für die Seekarten, auf einem Monitor kann der Kapitän außerdem elektronische Seekarten abrufen.

Sollte es auf dem Schiff brennen, kann der Kapitän von der Brücke aus die Feuerschutztüren schließen. Sie schotten einzelne Bereiche ab, damit das Feuer nicht auf das gesamte

INFOBOX

Was ist ein Schiffsimulator?

Bevor ein ▶ Hafenlotse zum ersten Mal ein großes Schiff in den Hafen dirigieren darf, lernt er an einem Schiffsimulator. Das ist eine Brücke, die genau wie jene auf einem Schiff aussieht. Sie befindet sich aber nicht auf einem Schiff, sondern ist auf einer beweglichen Maschine angebracht. So kann die Brücke wie ein echtes Schiff zum Schaukeln gebracht werden. Auf einem Bildschirm sieht der Lotse das Meer oder eine Hafeneinfahrt. Der Schiffsimulator spielt auch eine bestimmte Wettersituation nach. Der lernende Lotse muss das künstliche Schiff nun per Funkanweisung und Bedienung der Brücke sicher in den Hafen bringen.

Schiff übergreift. Von der Schiffsbrücke aus schaltet die Besatzung auch die Beleuchtung des Schiffes ein, genau wie die Scheinwerfer auf dem Dach, die man benötigt, um bei schlechter Sicht eine Hafeneinfahrt besser erkennen zu können. Über ▶ Telefon und Funk kann der Kapitän mit der Hafenstation Kontakt aufnehmen. Mit seiner Besatzung kommuniziert er über Bordfunk. ■

Der Kapitän oder der Steuermann steuern das Schiff von der **Schiffsbrücke** aus über Hebel, Schalter und Knöpfe.

In Bremerhaven gelangen Fischerboote über eine **Schleuse** in den Hafen.

Mit **Schwimmbaggern** wird der Boden von zu seichten Gewässern ausgehoben. Dadurch wird die Fahrrinne immer wieder freigehalten.

Schleuse

Flüsse und Kanäle haben oft kleinere Stufen im Gewässerboden, die so genannten Staustufen, oder Wasserfälle. Diese Hindernisse können Schiffe mithilfe von Schleusen gut überwinden.

Eine Schleuse liegt dicht neben dem Flusslauf und besteht aus einem Becken mit Toren am Anfang und am Ende. Sind die Tore geschlossen, unterbrechen sie den Wasserfluss. So entsteht eine Kammer mit einer ebenen Wasseroberfläche.

Soll ein Schiff die Stufe hinabfahren, öffnet sich das obere Tor und der Kapitän fährt in die mit Wasser gefüllte Kammer. Das Tor hinter dem Schiff schließt sich. Jetzt wird langsam Wasser in den unteren Wasserlauf abgelassen. Das Wasser in der Kammer und damit das Schiff sinken. Wenn die Höhe des unteren Wasserlaufs erreicht ist, öffnet sich das untere Tor und das Schiff kann weiterfahren. Wenn das Schiff den Wasserfall hinaufwill, fährt es in die fast leere Kammer. Das Tor hinter ihm schließt sich, das andere öffnet sich ein wenig und die Kammer füllt sich mit Wasser. Der Wasserpegel steigt und das Schiff wird so langsam emporgehoben. Hat das Schiff die Höhe des oberen Wasserlaufs erreicht, wird das Tor geöffnet und das Schiff kann weiterfahren. ■

Schwimmbagger

Je größer und schwerer ein Schiff ist, desto tiefer liegt es im Wasser. Damit ein Schiff einen Hafen, einen Fluss oder einen Kanal sicher befahren kann, ist also eine ausreichend tiefe Fahrrinne nötig. Durch Strömungen oder Versandungen kann in dieser aber das Wasser immer wieder zu seicht werden. Und manche Flüsse, wie beispielsweise die Elbe, sind von Natur aus nicht besonders tief. Vor allem in den trockenen Sommermonaten müssen sie deshalb regelmäßig ausgebaggert werden.

Ein Schwimmbagger ist ein ▶ Bagger, der auf der Wasseroberfläche schwimmt, während seine Schaufeln unter Wasser arbeiten können. So können die Fahrrinne ausgehoben oder das Hafenbecken vertieft werden. Eine Eimerkette schürft das Schwemmgut vom Boden und entlädt es auf ein Förderband. Auf Arbeitskähnen wird es in den Hafen transportiert und dort abgeladen.

Eine besondere Art des Schwimmbaggers ist der Saugbagger. Er saugt Schlamm und Sand über ein Rohr auf, bis die nötige Tiefe erreicht ist. Dieser Sand wird zur Herstellung von Beton oder Glas weiterverwendet. ■

INFOBOX

Schiffshebewerk

Wenn die Stufen im Wasser so groß sind, dass sie nicht mehr über Schleusen überwunden werden können, wird ein Schiffshebewerk benötigt. Hier fährt das Schiff in einen riesigen mit Wasser gefüllten Behälter. Dieser wird wie ein Lift gehoben oder gesenkt. Das momentan größte Schiffshebewerk der Welt am belgischen Canal du Centre hievt riesige Schiffe 73 m hinauf oder hinunter. Das dauert ungefähr eine halbe Stunde; dann können die Schiffe weiterfahren.

Werft

In einer Werft werden Schiffe gebaut, ausgerüstet oder repariert. Werften sind große Anlagen mit ► Kränen, Werkstätten und Hallen, in denen die Bauteile der Schiffe lagern. Werften liegen immer am Wasser: entweder direkt an der Küste, das sind die Seewerften, oder an einem Fluss, dann spricht man von Binnenwerften.

Am Bau eines Schiffes sind Hunderte von Handwerkern beteiligt. Zuerst planen die Schiffsbauer, wie das künftige Schiff aussehen soll, und fertigen Pläne und Zeichnungen. Dann bauen Handwerker den Schiffskörper: zuerst den Kiel, dann den Rumpf. Ähnlich wie beim Bau eines Fertighauses werden große Bauteile zum Schiffsrumpf zusammengesetzt. Kräne heben die schweren, oft haushohen Teile in den Bauplatz. Das geschieht entweder auf einem Bauplatz im Freien, der Helling, oder in einem Baudock, einer riesigen Betongrube. Dann heben Kräne die oft haushohen Schiffsteile in das Baudock. Ist der Schiffsrumpf fertig gestellt, wird er ins Wasser gelassen. Nun bekommt das Schiff noch seine Aufbauten wie Decks, Masten und Brücke. Erst dann ist das Schiff zu seiner Jungfernfahrt, dem ersten Auslaufen, bereit. ■

Werften sind riesige Anlagen zum Bauen, Warten und Reparieren von Schiffen.

INFOBOX

Was ist ein Stapellauf?

Ein Stapellauf, so nennt man das Ins-Wasser-Gleiten des Schiffs, ist oft sehr feierlich, denn dabei wird das Schiff meist auch getauft. Die Taufpatin, Schiffe werden fast immer von Frauen getauft, lässt eine Flasche Sekt am Bug zerschellen. Dann wird das Schiff von der Helling über Schrägen langsam ins Wasser hinabgelassen. Während des Baus stoppen Stapel aus Holzbalken das Schiff und sorgen dafür, dass es nicht zu früh ins Wasser rutscht. Erst wenn der Rumpf fertig ist, entfernt eine Maschine die Balken und das Schiff bewegt sich in Richtung Wasser. Früher war das ein sehr gefährlicher Moment, denn die Stopper wurden mit einem Hammer von Hand weggehauen. Der Mann, der den letzten Balken wegschlug, musste sofort schnell weglaufen, damit das Schiff ihn nicht überrollte. Aus dem Baudock gelangt ein Schiff ins Wasser, indem die Arbeiter Wasser in das Dock pumpen. Das Wasser hebt das Schiff empor und das Schiff gleitet ins Meer.

Noch befindet sich diese ► Fähre mit offener Bugklappe im **Baudock.** Wenn sie fertig ist, wird das Dock geflutet und das Schiff kann in See stechen.

Im Haus

Im Haus

Im Haus werden zahlreiche elektrische Geräte benutzt. Besonders in der Küche erleichtern viele der kleinen und großen Helfer das Leben: Lebensmittel bleiben zum Beispiel im Kühlschrank länger frisch. Aufgetaut oder aufgewärmt werden sie dann in der Mikrowelle; in ihr kann man sogar Kuchen backen. Ein richtiges Festmahl jedoch kann man mit Herd und Backofen zubereiten: Auf Knopfdruck werden die Kochplatten oder das Glaskeramikfeld warm und erhitzen so die Töpfe mit dem Essen.

Auch Spülen und Abtrocknen muss man heute nicht mehr selbst: Nach dem Kochen stellt man die schmutzigen Töpfe und das benutzte Geschirr einfach in die Geschirrspülmaschine – dort wird es dann gereinigt und kurze Zeit später ist es wieder sauber.

Aber nicht nur in der Küche sorgt Technik für Komfort. Mit der Zentralheizung wird das Haus geheizt und heißes Wasser zum Duschen bereitgestellt. Wenn es im Sommer zu heiß wird, ist die Klimaanlage sehr nützlich. Wie der Kühlschrank transportiert sie die Wärme aus dem Raum hinaus und schafft so eine angenehme Kühle.

Damit keine Unbefugten ins Haus eindringen, wird die Eingangstür mit einem Sicherheitsschloss geschlossen. Zusätzlich helfen verschiedene Systeme zur Einbruchsicherung, wie zum Beispiel der Tresor oder die Alarmanlage, wertvolle Gegenstände vor Dieben zu schützen.

Die meisten Haushaltsgeräte werden mit Elektrizität betrieben: In ihrem Inneren ist ein kleiner Elektromotor eingebaut, der über eine Steckdose oder Batterien mit Strom versorgt wird.

Immer mehr Geräte sind sogar mit kleinen Computern ausgestattet: Moderne elektronische Waschmaschinen erkennen zum Beispiel, wie schmutzig die Wäsche ist, und wählen das passende Programm selbst aus. Und der Lichtsensor ermöglicht, dass die Außenbeleuchtung dank der eingebauten Photozelle zur richtigen Zeit von selbst angeht.

Überwachungsanlage mit Video-Bewegungssensor: Jeder Besucher ist auf dem Monitor zu sehen.

Einbruchsicherung

Damit niemand ohne Erlaubnis in ein Haus eindringt oder gar etwas stiehlt, braucht man eine gute Einbruchsicherung: Dazu gehören beispielsweise Gitter vor Fenstern und Türen, Sicherheitsschlösser oder Verriegelungen. Wertvolle Gegenstände wie z.B. Bargeld, Schmuck oder Edelsteine können in einem Tresor gelagert werden. Ein Tresor ist ein Schrank oder ein sicheres Fach aus Stahl, welches meist durch ein Zahlenschloss gesichert ist. Nur wer die richtige Zahlenkombination kennt, kann ihn öffnen. Einige Häuser sind zusätzlich von außen mit besonderen Video-Systemen gesichert. Diese Systeme registrieren sofort, wenn jemand das Grundstück betritt. ▶ Kameras filmen den Eindringling und das Bild erscheint auf einem Monitor. ■

INFOBOX

Energieversorgung

Zahlreiche elektrische Geräte erleichtern die Hausarbeit, wie zum Beispiel die ▶ Geschirrspülmaschine, der ▶ Toaster und der ▶ Kühlschrank. Damit sie jedoch funktionieren, benötigen sie elektrischen Strom. Viele kleinere Geräte wie die elektronische ▶ Küchenwaage erhalten ihn über ▶ Batterien. Bei größeren Geräten reichen Batterien aber nicht aus. Sie müssen an die Stromversorgung des Hauses angeschlossen werden. Da jedes Zimmer im Haus mit mehreren ▶ Steckdosen ausgestattet ist, ist das ganz einfach. Denn über die Steckdose gelangt der Strom aus dem ▶ Kraftwerk direkt zu den Geräten und sorgt so dafür, dass Kühlschrank, Geschirrspülmaschine und Toaster eingesetzt werden können.

Garagentor

Viele Häuser haben eine Garage. Dort parken die ▶ Autos geschützt vor Schmutz, Regen und Schnee. An der Vorderseite ist stets ein großes Tor, das Garagentor. Garagentore gibt es in verschiedenen Ausführungen: Große Flügeltüren lassen sich wie eine Haustüre öffnen. Lamellengaragentore können wie ein Rollladen am Fenster mithilfe eines Seiles oder einer Kette aufgerollt werden.

Die meisten Garagentore lassen sich jedoch nach oben aufschieben: An den oberen Ecken des Tores sind Rollen befestigt. Diese beiden Rollen laufen in zwei Schienen, die an der Decke oder den Innenwänden der Garage verankert sind. Beim Öffnen wird das Tor nach oben gedrückt – dabei laufen die Rollen in den Schienen nach hinten und ziehen das Tor so unter die Garagendecke.

Alle diese Tore lassen sich entweder von Hand oder elektrisch öffnen. Zum Öffnen mit der Hand haben die Garagentore an der Innenseite ein Seil und einen Griff an der Vorderseite; beim elektrischen Garagentor befindet sich ein kleiner Elektromotor (▶ Motor) unter der Decke. Auf Knopfdruck zieht er das Garagentor automatisch nach oben. ■

Ein **elektrisches Garagentor** ist mit einem kleinen Elektromotor ausgestattet. Anschalten lässt sich der ▶ Motor mithilfe eines Schalters oder einer Fernbedienung. So kann man das Tor auch vom ▶ Auto aus öffnen.

Moderne **Herde** haben meist einen Umluftbackofen, in dem auf mehreren Backblechen gleichzeitig Nahrungsmittel erhitzt und Backwaren zubereitet werden können. Ein Ventilator sorgt für die optimale Verteilung der Hitze im Ofeninnenraum.

Geschirrspülmaschine

Geschirrspülmaschinen erleichtern die Küchenarbeit, denn Geschirr muss nicht mehr per Hand gespült werden, sondern wird in zwei ausziehbare Körbe einsortiert; für Gabeln, Messer und Löffel gibt es spezielle Besteckschubladen oder -körbe. Vor jedem Spülvorgang müssen Reinigungsmittel und Klarspüler in die Einspülkammer, ein kleines Fach in der Spülmaschinentür, gefüllt werden. Im Innenraum drehen sich mehrere gebogene »Sprüharme« während des Spülens und spritzen dabei Wasser aus den Düsen auf der Oberseite. Der Spülvorgang besteht aus mehreren Stufen: Beim Vorspülen wird der grobe Schmutz auf dem Geschirr mit kaltem Wasser beseitigt. Für den Hauptspülgang wird das Wasser erhitzt und mit dem Spülmittel vermischt aus den Düsen gesprüht. Die Spülmittelreste auf dem Geschirr werden anschließend mit warmem Wasser abgespült. Ein Klarspüler sorgt dafür, dass am Ende keine Wasserflecken auf dem Porzellan zurückbleiben. Zum Schluss wird das Geschirr mit heißer Luft getrocknet.

Die erste Geschirrspülmaschine stellte die amerikanische Erfinderin Josephine Cochran 1893 auf der Weltausstellung vor. Sie fand beim Publikum begeisterten Anklang.

Herd

Auf der Oberseite eines Elektroherds befindet sich das Kochfeld mit meist vier Kochplatten. In den gusseisernen Kochplatten verlaufen die Heizleiter. Das sind Drähte, die sich erwärmen, sobald elektrischer Strom durch sie hindurchfließt. Über Drehknöpfe an der Vorderseite des Herdes lässt sich regulieren, wie heiß die Platten erwärmt werden.

Moderne Herde sind meist mit einem Glaskeramikfeld ausgestattet. Auf dieser gläsernen Herdoberfläche sind die »Platten« nur noch aufgemalt. Diese ebenen Glaskeramikfelder erhitzen sich schneller und lassen sich besser reinigen als die herkömmlichen Kochplatten.

Der Backofen befindet sich meist unter dem Kochfeld. In ihm können Nahrungsmittel mithilfe von heißer Luft zubereitet werden. Heizstäbe im Boden und der Decke des Backofens erwärmen die Luft im Ofen und damit auch das Essen in seinem Inneren. Im Umluftbackofen ist ein Ventilator eingebaut, der die heiße Luft gleichmäßig im Ofenraum verteilt. Deshalb können im Umluftbackofen auch mehrere Dinge auf einmal gebacken werden.

In der **Geschirrspülmaschine** wird schmutziges Geschirr automatisch gereinigt und getrocknet.

Klimaanlage

Trotz brütender Hitze im Hochsommer ist es oft in Wohnhäusern, Hotelzimmern oder Kaufhäusern angenehm kühl: dank Klimaanlagen. Doch Klimaanlagen verändern nicht nur die Temperatur im Haus, mit ihnen wird die Luft auch gereinigt, gefiltert und in den Räumen eine angenehme Luftfeuchtigkeit erzeugt. Mithilfe eines kleinen eingebauten Computers werden diese Vorgänge gesteuert und überwacht.

Klimaanlagen funktionieren nach dem gleichen Prinzip wie ▶ Kühlschränke: Auch hier transportiert eine Flüssigkeit, das so genannte Kältemittel, die Wärme aus dem Raum und gibt sie nach außen ab. Ein Ventilator saugt die warme Luft aus dem Raum und leitet sie in den »Verdampfer«. In den Rohren des Verdampfers befindet sich das Kältemittel. Es verdampft bereits bei Zimmertemperatur und entzieht dabei der Luft die Wärme. Die auf diese Weise abgekühlte Luft strömt wieder zurück ins Zimmer.

Der Kältemittel-Dampf wird durch die Rohre weitergeleitet und so lange zusammengedrückt, bis er wieder flüssig wird. Das passiert im so genannten »Verflüssiger«. Dort gibt das Kältemittel die aufgenommene Wärme nach außen ab, und der Kühlvorgang kann von vorne beginnen.

Doch Klimaanlagen können die Temperatur in einem Raum oder Gebäude nicht nur abkühlen, sondern auch erwärmen. Das ist zum Beispiel in Forschungslabors oder Fabriken wichtig, wenn in den Innenräumen unabhängig vom Wetter draußen immer die gleichen Temperaturen herrschen sollen. ◼

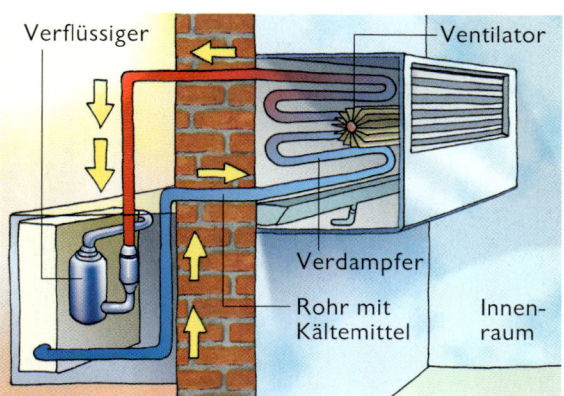

Verflüssiger — Ventilator — Verdampfer — Rohr mit Kältemittel — Innenraum

Küchenwaage

Oft ist es beim Kochen oder Backen nach komplizierten Rezepten notwendig, die Zutaten exakt abzuwiegen. Am besten geht das mit einer Küchenwaage.

Alle Gegenstände auf der Erde werden von der Schwerkraft angezogen. Deshalb fällt alles nach unten, statt in der Luft zu schweben wie im Weltraum. Je schwerer ein Gegenstand ist, um so stärker wird er von der Erde angezogen. Mit einer Waage kann man die Kraft messen, mit der Gegenstände nach unten gezogen werden.

Küchenwaagen arbeiten mit einer Feder. Der zu wiegende Gegenstand wird auf die Waagschale gelegt, die sich nach unten senkt und dabei die Feder zusammendrückt. Je größer das Gewicht, desto stärker wird die Feder zusammengedrückt. Die Feder ist mit einem Zeiger verbunden, der das Gewicht auf einer Skala anzeigt. Bei einigen Waagen sieht diese Skala aus wie das Ziffernblatt einer ▶ Uhr, bei anderen ähnelt sie einem kleinen Lineal.

Moderne Küchenwaagen arbeiten elektronisch. In ihrem Inneren bestimmt ein kleiner Computer mithilfe eines besonderen Sensors das Gewicht und zeigt es dann auf einem Display an. ▶ Batterien versorgen die elektronische Küchenwaage mit Strom. ◼

Elektronische **Küchenwaagen** zeigen das gemessene Gewicht auf einem kleinen Display an. Damit sie funktionieren, benötigen sie Strom aus ▶ Batterien.

INFOBOX

Waagen

Die Balkenwaage funktioniert ähnlich wie eine Wippe auf dem Spielplatz: Ein langer Balken mit zwei Waagschalen an den Enden liegt in der Mitte auf einem festen Pfeiler auf. Um einen Gegenstand zu wiegen, legt man ihn auf eine der Schalen; die andere wird mit Gewichten gefüllt, bis sich der Balken im Gleichgewicht befindet.

Die Federwaage hat nur eine Waagschale, die an einer dehnbaren Feder hängt. Je schwerer der in der Waagschale liegende Gegenstand ist, um so stärker wird die Feder in die Länge gezogen. An der Feder ist ein Zeiger befestigt, der auf der nebenstehenden Skala das Gewicht des Gegenstandes anzeigt.

Balkenwaage

Waagschalen

Federwaage

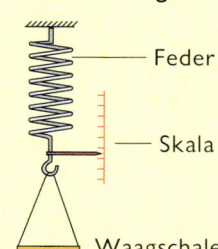

Feder — Skala — Waagschale

Kühlschrank

Frische oder unverarbeitete Lebensmittel sind meist leicht verderblich. Doch in einer kühlen Umgebung können sie länger aufbewahrt werden. Der Kühlschrank mit seiner Innentemperatur von 0 bis 8 °C ist deshalb hervorragend zur Vorratshaltung geeignet.

Eigentlich ist der Kühlschrank eine »Wärmetransportiermaschine«: Er leitet die Wärme aus dem Inneren des Kühlschranks nach außen in die Küche. Das »Wärmetransportmittel« ist eine besondere Flüssigkeit, das so genannte Kältemittel. Es fließt durch ein dünnes Rohr, das in Schlangenlinien an der Rückwand des Kühlschranks angebracht ist. Dieses Kältemittel verdampft bereits bei Zimmertemperatur vollständig. Beim Verdampfen nimmt das Kältemittel die im Kühlschrank enthaltene Wärme auf. Der Kältemittel-Dampf – und folglich auch die Wärme aus dem Kühlschrank – wird durch die Rohre weitergeleitet und dann in einem elektrischen Kompressor zusammengedrückt. Dabei wird der Dampf wieder flüssig und gibt die Wärme nach außen ab. Deshalb strömt hinter dem Kühlschrank meist warme Luft nach oben. Das nun wieder flüssige Kältemittel gelangt zum Anfang des Kreislaufs und der Kühlprozess kann von vorne beginnen. ■

Moderne **Kühlschränke** sind mit speziellen Fächern für Eier, Gemüse und Flaschen versehen. Einige haben zusätzlich ein Eisfach, in dem Tiefkühlprodukte aufbewahrt werden können.

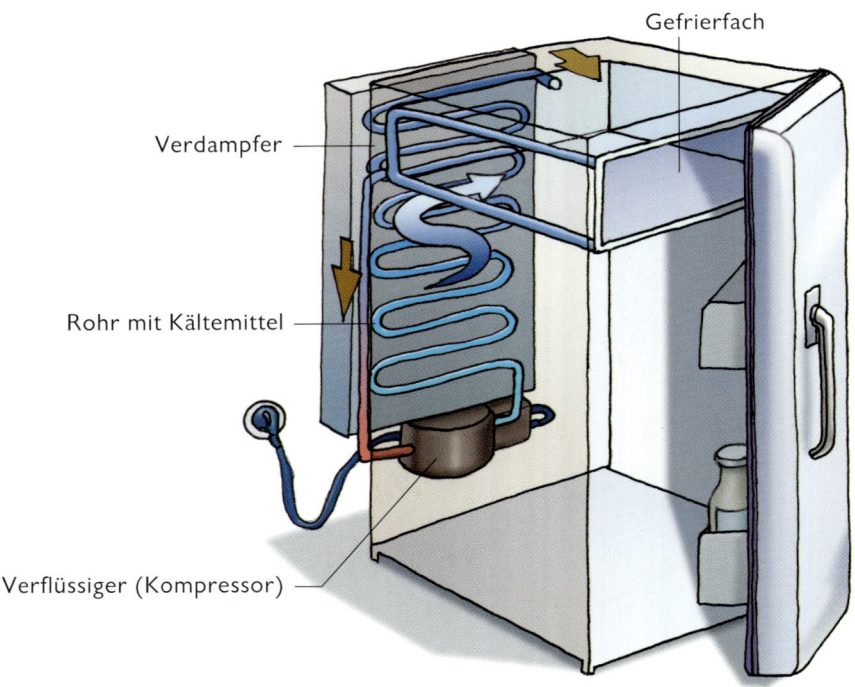

Gefrierfach

Verdampfer

Rohr mit Kältemittel

Verflüssiger (Kompressor)

Lichtsensor

Sobald die Sonne untergeht und es dunkelt, werden viele Häuser auch von außen beleuchtet. Damit man die Lampen nicht jeden Abend von Hand einschalten muss, kann man einen Lichtsensor einbauen: Dieser Sensor erkennt, wenn es dunkel wird, und aktiviert die Beleuchtung selbstständig.

Strom fließt nur dann durch einen Stromkreis, wenn ein elektrischer Schalter, zum Beispiel der Lichtschalter, betätigt wurde. So wird ein elektrisches Gerät oder eine Lampe eingeschaltet. Der Lichtsensor ist ein besonderer elektrischer Schalter, hier steuert den Schalter die so genannte »Photozelle«. Die Photozelle ist lichtempfindlich – das heißt, sie misst die Helligkeit in ihrer Umgebung. Am Lichtsensor lässt sich einstellen, bei welcher Helligkeit er reagiert: In der Dämmerung wird so beispielsweise die Außenbeleuchtung eingeschaltet. Dann lässt der Lichtsensor Strom fließen und die Lampen gehen an.

Lichtsensoren eignen sich für alle Anwendungen, die von der Helligkeit oder Dunkelheit der Umgebung abhängig sind. ■

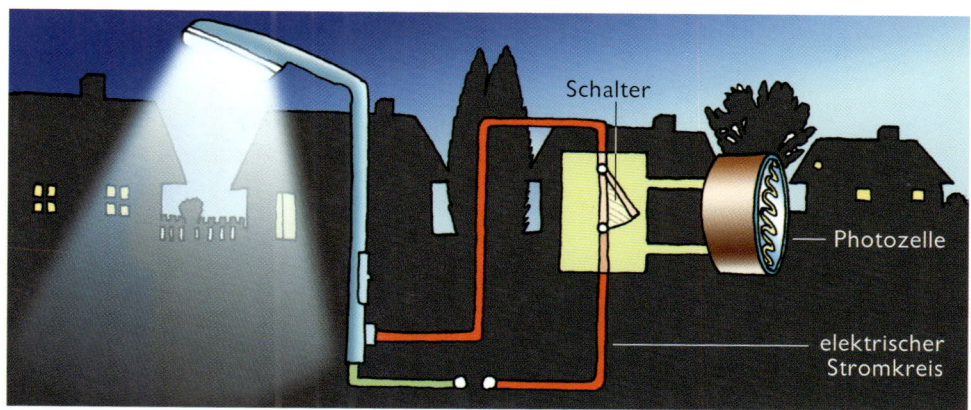

Schalter
Photozelle
elektrischer Stromkreis

Mikrowellenherd

Im Mikrowellenherd lassen sich Nahrungsmittel sehr viel schneller erhitzen als im Backofen. Das Essen wird dabei nicht durch heiße Luft wie im Backofen, sondern mithilfe von so genannten Mikrowellen erwärmt.

Die Mikrowellen werden in einem besonderen Bauteil des Mikrowellenherdes, im so genannten Magnetron, erzeugt. Anschließend werden sie in den Innenraum geleitet und dort vom »Wellenrührer« gleichmäßig verteilt. Weil die Wände aus Metall sind und die Wellen diese nicht durchdringen können, werden sie immer wieder zurückgeworfen und erreichen so jeden Winkel des Innenraumes.

Im Innenraum der Mikrowelle befindet sich ein Teller, auf den das Essen gestellt wird. Meist ist er drehbar, damit das Essen gleichmäßig erhitzt wird. Ist das Essen entsprechend der eingestellten Temperatur erwärmt, piepst die Mikrowelle laut. ■

🔍 **INFOBOX**

Wie Mikrowellen das Essen erwärmen

Mikrowellen sind unsichtbare Strahlen – so ähnlich wie Sonnenstrahlen. Bei diesen Strahlen handelt es sich um elektromagnetische Wellen, die sehr viel Energie transportieren.
In Nahrungsmitteln sind immer kleine Mengen an Wasser enthalten. Das kann man zum Beispiel an einer Tomate erkennen: Wenn sie aufgeschnitten wird, tritt dabei viel Wasser aus. Treffen die Mikrowellen auf die kleinen Wasserteilchen im Essen, geben sie ihre Energie an diese Teilchen ab. Dabei nehmen die Speisen schneller elektrische Energie auf, als sie diese in Form von elektrischem Strom ableiten können. Die elektrische Energie wird deshalb in Wärme umgewandelt. Dabei wird nur das Essen, nicht aber das Mikrowellengeschirr warm.
Damit die Wellen im Inneren des Gerätes bleiben, ist der Mikrowellenherd innen mit Metall ausgekleidet. Das können die Wellen nicht durchdringen.

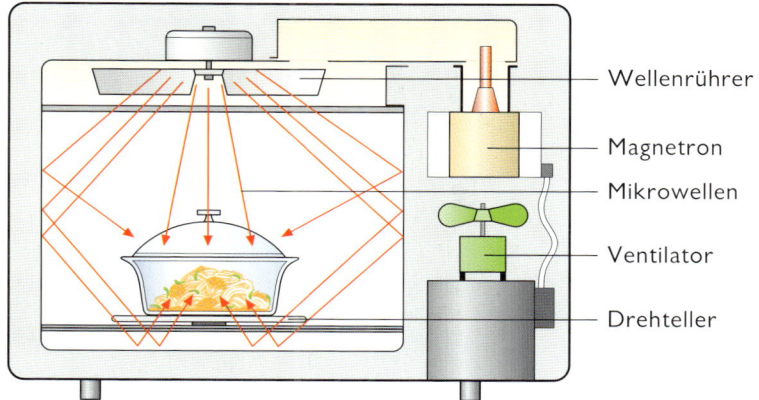

Wellenrührer
Magnetron
Mikrowellen
Ventilator
Drehteller

Nähmaschine

Auf den meisten Nähmaschinen wird mit zwei Fäden genäht – dem Unter- und dem Oberfaden. Der Oberfaden wird durch das Öhr an der Spitze der Nadel gezogen; der Unterfaden befindet sich in einem kleinen Schiffchen im unteren Teil der Maschine.

Der Stoff wird unter dem Nähfuß platziert und nach jedem Stich vom so genannten Stofftransporteur weitergeschoben. Dies ist eine gezackte Schiene, die im Boden unter dem Nähfuß verläuft. Der Stoff wird durch kleine Bewegungen vorwärts geschoben.

Bei jedem Stich durchstößt die Nadel mit dem Oberfaden von oben den Stoff und trifft auf das Schiffchen mit dem Unterfaden. Wird die Nadel wieder hochgezogen, bildet sie mit dem Oberfaden eine Schlinge um den Unterfaden und zieht beide Fäden zu einem Stich zusammen.

Mit dem Stofftransporteur wird der Stoff weitergeschoben und die Nadel bewegt sich für den nächsten Stich wieder nach unten. ■

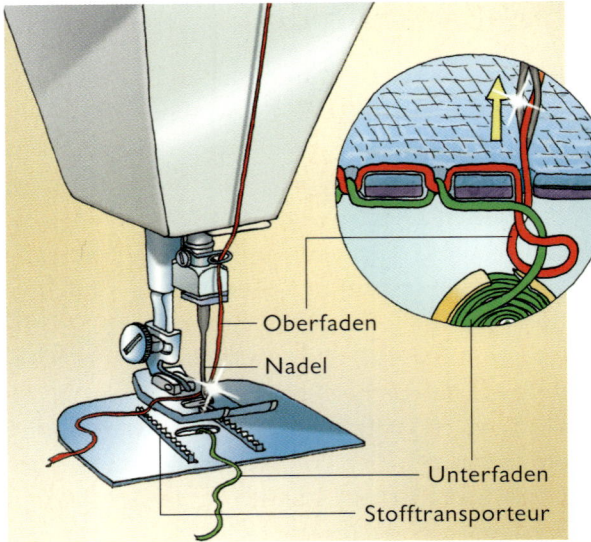

Oberfaden
Nadel
Unterfaden
Stofftransporteur

Wird die Nadel der **Nähmaschine** nach oben gezogen, zieht sich die Schlinge des roten Oberfadens um den grünen Unterfaden zu einem Stich zusammen.

Rasenmäher

Der Rasenmäher besteht aus einem nach unten offenen Gehäuse. Im Inneren ist eine Art Propeller mit scharfen Klingen waagerecht befestigt. Ein ▶ Motor sorgt dafür, dass sich die Klingen des Propellers sehr schnell drehen. Durch den entstehenden Luftzug werden die einzelnen Grashalme aufgerichtet. So kann das Gras mit den scharfen »Propellerklingen« gleichmäßig abgeschnitten werden. Die durch den Luftzug aufgewirbelten Grashalmstücke werden dabei durch eine Öffnung im Gehäuse des Mähers hinausgepustet. Bei vielen Rasenmähern lassen sich inzwischen an der Öffnung spezielle Auffangkörbe befestigen. So wird der Grasschnitt gleich gesammelt und die Wiese muss anschließend nicht mehr geharkt werden.

Die meisten Rasenmäher sind mit einem Elektromotor ausgestattet. Über ein langes Kabel, das in eine ▶ Steckdose eingesteckt werden muss, wird der Mäher mit Energie versorgt.

Rasenmäher mit einem Benzinmotor müssen genau wie ▶ Autos regelmäßig betankt werden. Sie sind zwar unabhängig von der Stromversorgung, machen dafür aber viel mehr Lärm als Elektro-Mäher. ■

Anlasser
Bremsbügel
Elektrokabel
entnehmbarer Auffangkorb für das gemähte Gras
Elektromotor
Schneidwerk

Sicherheitsschloss

Es gibt mechanische und elektronische Sicherheitsschlösser. Die meisten Türen werden mit mechanischen Sicherheitsschlössern verschlossen. Hauptbestandteil dieser Schlösser ist ein drehbarer Zylinder – deshalb nennt man sie auch »Zylinderschloss«.

Ist die Tür geschlossen, drückt eine Feder den Riegel der Tür in eine Kerbe im Türrahmen. So kann sie nicht geöffnet werden. Mit dem passenden Schlüssel lässt sich der Zylinder im Gehäuse drehen. Dadurch werden Feder und Riegel zurückgezogen – die Tür lässt sich öffnen. Elektronische Schlösser werden mithilfe einer Chipkarte geöffnet, in deren Magnetstreifen ein Geheimcode verschlüsselt ist. Solche »Schlüssel-Karten« werden oft in Hotels verwendet. Es gibt aber auch elektronische Sicherheitsschlösser, die sich mit einer bestimmten Zahlenkombination öffnen lassen: Diese wird in eine kleine Tastatur an der Tür eingegeben. ■

INFOBOX

Schlüssel

Jeder Schlüssel hat auf der Schmalseite kleine Zacken – auch »Schlüsselbart« genannt. Diese Zacken sind stets anders ausgeprägt und immer genau an das zugehörige Schloss angepasst. Steckt man den Schlüssel ins Schloss, sitzen die Zacken genau unter den kleinen Metallstiften des Schlosses und drücken sie beiseite. Die Zacken des richtigen Schlüssels heben die untere Hälften der Metallstifte so an, dass sie alle nebeneinander eine gerade Linie ergeben und kein Stift mehr hervorragt. Erst jetzt lässt sich der Schlüssel drehen und das Schloss öffnet sich.

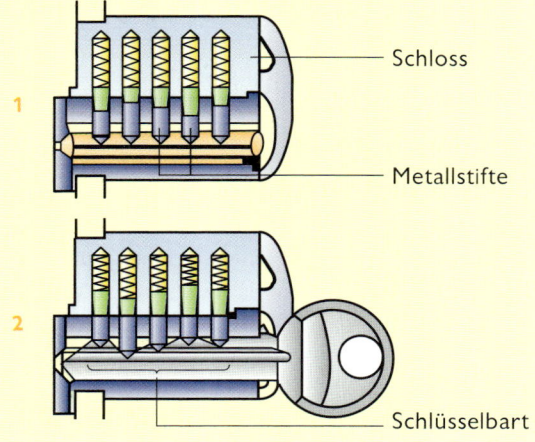

Schloss

Metallstifte

Schlüsselbart

Staubsauger

Mit einem Staubsauger lassen sich Teppiche und Fußböden mühelos reinigen. Bodenstaubsauger bestehen aus einem Gehäuse, in dem sich der ▶ Motor und der Staubbeutel befinden. Unter dem Gehäuse sind kleine Rollen angebracht, mit denen der Staubsauger bequem über den Fussboden gezogen werden kann.

Gesaugt wird mit einem Saugrohr, das mit einem beweglichen Schlauch am Gehäuse befestigt ist. Am unteren Ende des Rohres lassen sich verschiedene Bürsten befestigen: Es gibt spezielle Ausführungen für das Saugen von Teppichen, glatten Fußböden, Polstermöbeln und sogar für Gardinen.

Staubsauger haben in ihrem Inneren ein Gebläse. Angetrieben wird es durch einen Elektromotor. Durch das Gebläse wird vorne am Saugrohr Luft – und mit ihr die Schmutzteilchen – angesaugt und in das Innere des Saugers geleitet. Die Schmutz- und Staubteilchen werden im Staubbeutel gesammelt. Er hat kleine Löcher, durch die die angesaugte Luft entweichen kann; nur der Schmutz bleibt zurück. Diese Luft wird hinten am Sauger wieder herausgepustet. Damit auch wirklich jedes kleine Schmutzteilchen im Staubsauger bleibt, haben moderne Geräte zusätzliche Filter.

Ist der Staubbeutel voll, muss er über eine Klappe im Gehäuse entfernt und durch einen neuen ersetzt werden. ■

ERFINDUNG

Der erste Staubsauger

Die ersten Staubsauger aus dem Jahr 1901 erinnerten eher an Dampflokomotiven als an die kleinen Sauger von heute. Sie waren so riesig, dass sie vor dem Haus auf der Straße betrieben werden mussten. Lange Schläuche wurden durch die Fenster ins Innere gelegt. Weil diese Prozedur sehr umständlich war, konnten sich nur reiche Menschen das Saugen mit der Maschine leisten.
Die »Entstäubungspumpe« aus dem Jahr 1906 war schon etwas handlicher (siehe Foto).

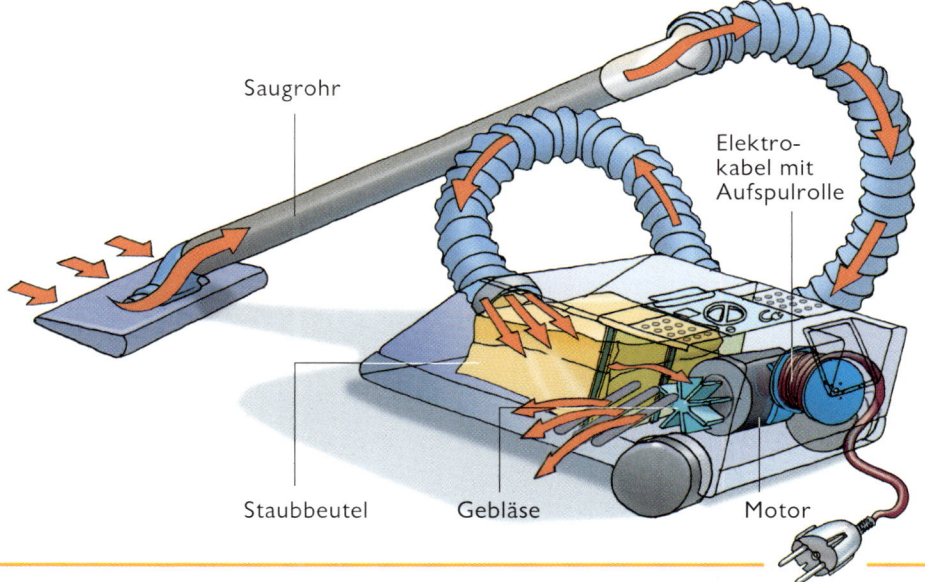

Saugrohr

Elektrokabel mit Aufspulrolle

Staubbeutel

Gebläse

Motor

Vor etwa 200 Jahren erfand Sarah Guppy eine »Frühstücks-Maschine«: Mit ihr konnte man Kaffee, Tee und Eier kochen und sogar Toast warm halten. Leider hat sich diese Maschine nicht durchgesetzt. Moderne **Toaster**, mit denen man mehrere Brotscheiben auf einmal knusprig braun rösten kann, finden sich jedoch inzwischen in sehr vielen Haushalten.

Toaster

Zum Frühstück schmeckt eine Scheibe Toastbrot besonders gut. Geröstet wird das Brot im Toaster. In die Schlitze auf der Oberseite passt meist genau eine Brotscheibe hinein. Über einen Hebel an der Seite werden die Brotscheiben in das Innere des Gerätes versenkt. Sobald der Hebel nach unten gedrückt worden ist, wird die Heizung im Toaster eingeschaltet. Diese Heizung besteht aus Drähten in den Seitenwänden und der Mittelwand des Gehäuses. Durch die Drähte fließt elektrischer Strom, der sie sehr heiß werden lässt. Die erhitzten Drähte geben ihre Wärme ab und rösten so die Brotscheiben.

Über einen Drehknopf an der Vorderseite des Gerätes lässt sich einstellen, wie stark die Brotscheiben getoastet werden sollen. Je knuspriger man die Toasts möchte, desto länger müssen sie von den heißen Drähten gebräunt werden. Ein Temperatursensor sorgt dafür, dass das Brot zum gewünschten Zeitpunkt aus den Schlitzen des Gerätes herausgedrückt wird.

Die meisten Toaster haben zusätzlich ein Gestell, auf dem über den Schlitzen Brötchen aufgebacken werden können.

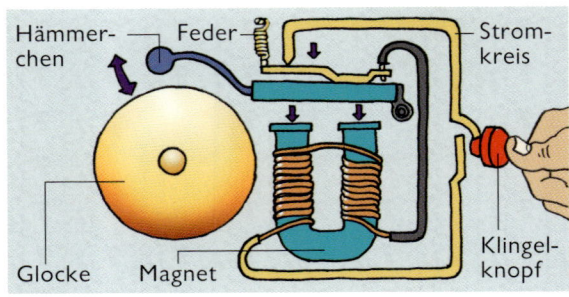

Türklingel

Drückt jemand an der Haustür auf die elektrische Türklingel, so läutet im Haus eine Glocke. Meist ist die Glocke nahe an der Eingangstür befestigt. Türklingel und Glocke sind über einen Stromkreis miteinander verbunden. Nur wenn der Klingelknopf heruntergedrückt wird, ist der Stromkreislauf geschlossen und es kann Strom fließen. Der elektrische Strom setzt einen besonderen Magneten in Gang. Der Magnet zieht ein kleines Eisenhämmerchen in Richtung Glocke und löst so das Klingelgeräusch aus. Durch eine Feder wird das kleine Hämmerchen in seine Ausgangsposition zurückbewegt. Der Prozess beginnt dann wieder von vorne: Der Magnet zieht das Hämmerchen zur Glocke; die Feder zieht es wieder zurück. Das wiederholt sich so lange, wie der Klingelknopf gedrückt gehalten wird.

 ERFINDUNG

Der erste Toaster

Auch früher schon war geröstetes Brot sehr beliebt. Die Brotscheiben wurden einfach mithilfe von Gabeln oder Stöcken im offenen Feuer gegrillt. Ende des 19. Jahrhunderts wurde auf einer Ausstellung in den USA die erste elektrische Küche der Welt vorgestellt. Eine elektrische »Brot-Röst-Maschine« gab es allerdings noch nicht. Das Problem lag bei den dünnen Heizdrähten, die ihre Wärme gleichmäßig an die Brotscheiben abgeben sollten: Noch war kein Material bekannt, das mehrfach nacheinander erhitzt werden konnte, ohne dabei selbst zu verglühen. Erst Anfang des 20. Jahrhunderts entwickelte der Ingenieur Albert Marsh den passenden Draht – damit stand dem Bau des ersten Toasters nichts mehr im Wege. 1909 wurde der Brotröster in den USA in Serie produziert und setzte sich bald auch in deutschen Haushalten durch.

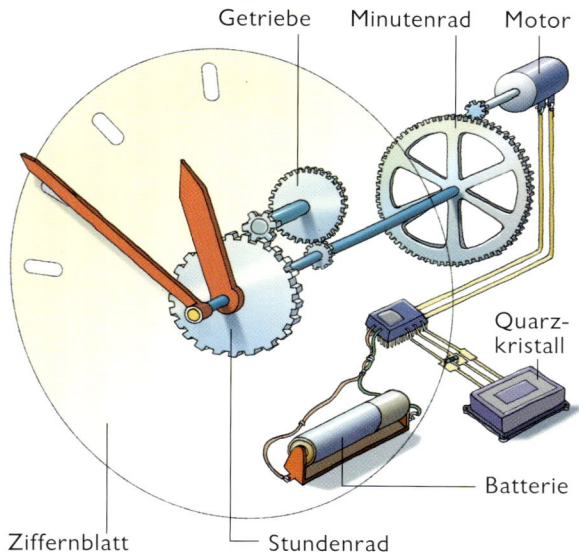

Getriebe   Minutenrad   Motor

Quarz-kristall

Batterie

Ziffernblatt   Stundenrad

Uhr

Früher orientierten sich die Menschen am Stand der Sonne, um zu wissen, wie spät es ist. Erst im Mittelalter bauten Mönche die ersten mechanischen Uhren.

Mechanische Uhren arbeiten mit einem Uhrwerk: Das sind viele kleine Zahnräder, die ineinander greifen. Die Zahnräder sind mit dem Minuten- und dem Stunden-Zeiger der Uhr verbunden und sorgen für deren Bewegung. Eine Feder, die regelmäßig mit einem kleinen Rädchen aufgezogen werden muss, bewegt die Zahnräder des Uhrwerks. Wie schnell sich die Zahnräder drehen, bestimmt ein Taktgeber, die so genannte »Unruh«. Das ist ein Drehpendel, das mit stets gleich bleibender Geschwindigkeit hin- und herschwingt. Mit diesem »Takt« sorgt es dafür, dass sich die Zahnräder immer gleichmäßig bewegen. Da die Größe der Zahnräder jeweils unterschiedlich ist, dreht sich jedes mit einer anderen Geschwindigkeit: Das ist wichtig, denn der Minutenzeiger bewegt sich ja schneller als der Stundenzeiger. Auf dem Ziffernblatt kann man am Stand der Zeiger die genaue Uhrzeit ablesen.

In modernen Quarzuhren sorgt ein Kristall aus Quarz für den richtigen Takt: Eine kleine ▶ Batterie versorgt ihn mit Strom und versetzt ihn so in Schwingung. Seine regelmäßige Bewegung wird als Takt an das Uhrwerk weitergegeben. ■

Waschmaschine

Früher war das Waschen von schmutziger Wäsche anstrengend und nahm sehr viel Zeit in Anspruch. Mühsam wurde sie von Hand gereinigt, ausgespült und anschließend ausgewrungen. Heute erleichtern Waschmaschinen diese Arbeit.

Die meisten Waschmaschinen haben eine runde Öffnung an der Vorderseite, die mit einer durchsichtigen Tür verschlossen wird. Damit dort kein Wasser auslaufen kann, ist sie mit einer dicken Gummifalz abgedichtet.

Die Trommel im Innenraum der Maschine ist mit Löchern versehen, über die das Wasser mit dem Waschmittel hineingelangen kann. Ein Elektromotor (▶ Motor) sorgt dafür, dass sich die Waschtrommel während des Waschvorgangs dreht. Auf diese Weise wird die schmutzige Wäsche permanent durch das Wasser und das darin aufgelöste Waschmittel gewirbelt. Anschließend folgt der Spülgang: Die Reste des Waschmittels werden mit viel Wasser entfernt. Beim Schleudern dreht sich die Trommel über 1000-mal in der Minute. Das Wasser, das sich noch in der Wäsche befindet, wird dabei aus ihr herausgeschleudert. So dauert es später nicht so lange, bis die Wäsche trocken ist. ■

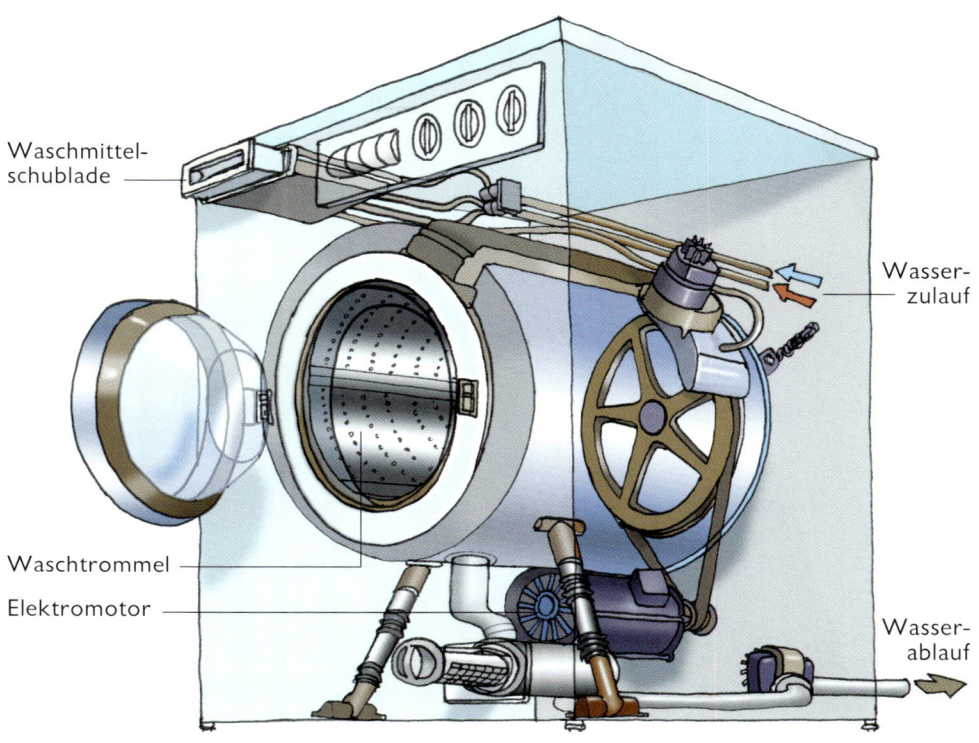

Waschmittel-schublade

Wasser-zulauf

Waschtrommel

Elektromotor

Wasser-ablauf

Zentralheizung

QUIZBOX

Womit lässt sich eine Zentralheizung noch betreiben?

1. Mit Strom

2. Mit Meersalz

3. Mit Zuckerkristallen

Antwort 1: Es gibt auch elektrische Zentralheizungen. Sobald Strom durch die Heizdrähte fließt, erwärmen sich diese. Die Drähte geben dann ihre Hitze an den Wärmeträger ab.

Früher heizten die Menschen ihre Häuser mit Holzfeuern. Das war recht umständlich. Oft konnte nur ein Raum erwärmt werden und meist wurde an der Feuerstelle dann auch gekocht. Dabei musste das Feuer überwacht und ständig mit neuen Holzscheiten bestückt werden. Auch der Qualm des Feuers konnte oft nur schwer abziehen.

Heute kann man ein ganzes Haus problemlos mit Wärme versorgen. Einige Häuser erhalten sie von besonderen Kraftwerken über gut isolierte Leitungen. Doch die meisten Häuser verfügen über eine Zentralheizung: Hier wird an einem zentralen Punkt die Wärme für das komplette Haus erzeugt.

Herzstück der Zentralheizung ist der Heizkessel. Dieser ist fast immer in einem extra Raum im Keller des Hauses untergebracht, im Heizraum. Im Heizkessel findet eine Verbrennung statt – ähnlich wie früher in den Feuerstellen. Aber statt Holz werden heute meist Heizöl, Erdgas oder Kohle verbrannt.

Um die bei der Verbrennung entstehende Wärme in die einzelnen Räume zu leiten, be-nötigt man einen so genannten »Wärmeträger« – also etwas, was die Wärme aufnimmt, sie transportiert und in jedem Raum wieder abgibt. Als Wärmeträger wird meistens Wasser verwendet, aber auch Luft und Dampf eignen sich dafür.

Im Heizkessel wird der Wärmeträger, also meist das Wasser, erhitzt. Der Heizkessel ist an einen Kreislauf aus Rohren angeschlossen, der durch das ganze Haus führt. Über diesen Kreislauf werden die Heizkörper in den Zimmern oder auch die Fußbodenheizung mit dem heißen Wasser aus dem Heizkessel versorgt. Die Rohre müssen gut isoliert sein, damit auf dem Weg durch das Haus keine Wärme verloren geht. Erst in den Heizkörpern und den Rohren der Fußbodenheizung wird sie abgegeben und erwärmt so die Luft in den Räumen. Dadurch kühlt sich das Wasser in den Rohren wieder ab.

Das Wasser fließt weiter durch den Rohrkreislauf, bis es wieder im Keller beim Heizkessel angekommen ist. Dort wird es erneut erhitzt und der Prozess beginnt von vorne. ■

Über die gelben Leitungen werden die drei **Heizkessel** mit Gas vesorgt, das in ihrem Inneren verbrannt wird. Dabei entstehen Abgase, die durch die dicken weißen Rohre in den Kamin geleitet werden. Jeder der Heizkessel verfügt an der Oberseite über eine eigene Steuerung, mit der zum Beispiel die gewünschte Heizleistung eingestellt werden kann.

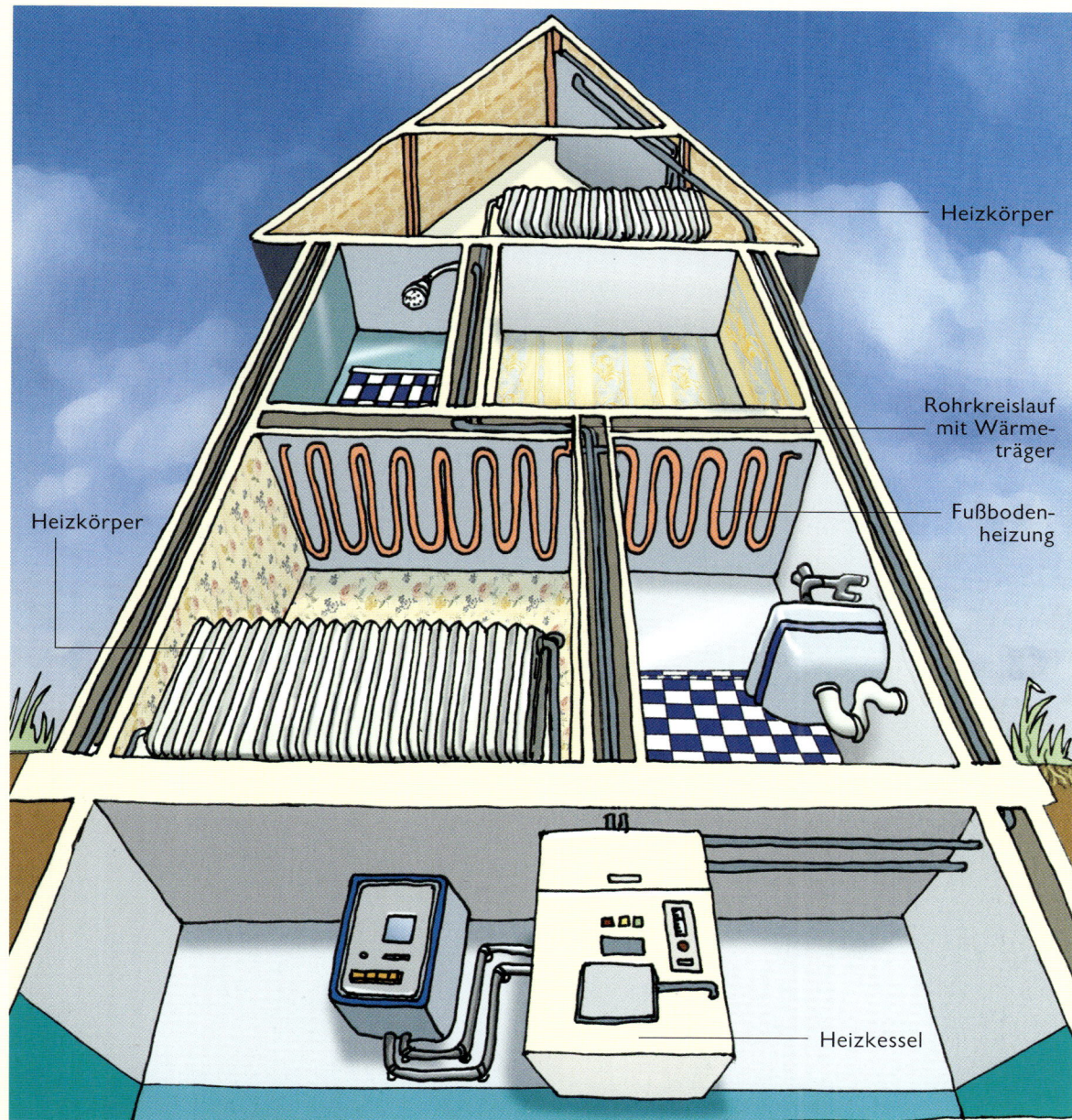

Heizkörper

Rohrkreislauf mit Wärme- träger

Fußboden- heizung

Heizkörper

Heizkessel

Die **Zentralheizung** versorgt nicht nur die Zimmer im Haus mit Wärme, sondern auch Küche und Bad mit heißem Wasser. Denn der Heizkessel im Keller erwärmt zusätzlich noch das Wasser, das zum Duschen und Putzen benötigt wird. Über ein zweites Rohrleitungssystem wird es nach oben befördert und sprudelt dort bei Bedarf heiß aus der Leitung.

INFOBOX

Was war ein Hypocaustum?

Bereits vor über 2000 Jahren sorgten die Römer in ihren Häusern mit einem ausgeklügelten Heizungssystem für angenehme Temperaturen. Diese Heizung nannte man »Hypocaustum«. Der Name stammt ursprünglich aus dem Griechischen und bedeutet so viel wie »von unten geheizt«. Unter dem Fußboden, der von kleinen gemauerten Ziegelpfeilern getragen wurde, befand sich ein großer Hohlraum. In einem besonderen Ofen, dem »Vorofen«, entzündeten die Römer ein Feuer und leiteten die warme Luft über Röhren in den Hohlraum unter dem Fußboden, der sich dadurch erwärmte. Angeblich wurden die Fußböden durch die Hypocaustum-Heizung manchmal sogar so heiß, dass die Menschen nicht mehr barfuß darüber laufen konnten. Auch in den Wänden waren hohle Ziegelsäulen eingebaut. Die warme Luft stieg nach oben und sorgte so für eine behagliche Temperatur im ganzen Raum. Der Qualm des Feuers zog über spezielle Kamine nach draußen ab.
In Italien wurde die Hypocaustum-Heizung meist in Thermen – das waren die Badehäuser – eingesetzt. Weiter nördlich, wo es im Winter viel kälter wird, baute man sie auch in Wohnhäuser ein.

Im Kaufhaus

Im Kaufhaus

Auf den ersten Blick sieht man in Kaufhäusern vor allem die vielen bunten Waren, Verpackungen, Werbeschilder und leuchtenden Neon-Reklamen. Das ist auch so beabsichtigt, denn schließlich sollen sich die Kunden für die Angebote und nicht für die Technik interessieren. Doch wenn man genauer hinschaut, ist in einem Kaufhaus auch jede Menge Technik zu entdecken. Das beginnt schon an den Eingangstüren: Oft sind das elektrische Schiebetüren, die sich automatisch öffnen, sobald sich jemand nähert. Direkt dahinter stehen die Detektoren, die Diebe beim Rausgehen entlarven sollen. Wurde an einer Ware ein Sicherheitsetikett nicht entfernt, schlagen sie Alarm. Zur Abschreckung und zum Entdecken von Dieben dienen auch die Videokameras an der Decke. Nachts werden die Waren durch Alarmanlagen geschützt. Manche schlagen an, wenn eine Fensterscheibe zerspringt. Andere erkennen Menschen sogar bei Dunkelheit. Von einem Stockwerk zum anderen gelangen Kunden in den meisten Kaufhäusern mit Rolltreppen oder Aufzügen.

Ohne diese wichtigen Erfindungen wären große Kaufhäuser heutzutage gar nicht denkbar.

Fast alle Waren in einem Kaufhaus haben inzwischen Aufdrucke, in denen sich auch Technik verbirgt: die schwarz-weißen Strichcodes. An der Kasse wird der Code dann gescannt und der Preis erscheint auf dem Display.

In modernen Geschäften können nicht nur Strichcodes, sondern sogar die Kunden eingescannt werden. Ein Laserstrahl tastet ihren Körper ab. Nur Sekunden später erscheint das erfasste Bild auf einem Computermonitor. So kann man problemlos verschiedene Kleider ausprobieren, ohne die Kleidung selbst anziehen zu müssen.

Alarmanlage

Alarmanlagen sind eine besondere Form der ▶ Einbruchsicherung. Sie schützen nicht nur vor Diebstahl, auch bei Feuer oder Betriebsstörungen können sie einen Alarm auslösen. Dieser Alarm ist manchmal ein Blinken oder lautes Aufheulen der Anlage, manche arbeiten aber auch mit »stillem Alarm«: Die Anlage ruft dann von selbst die Polizei an und meldet den Vorfall mit einer aufgezeichneten Ansage. Ausgelöst wird der Alarm meist dadurch, dass ein elektrischer Stromkreis unterbrochen wird. Das kann beispielsweise durch Photozellen geschehen: Bei einer Lichtschranke läuft der Einbrecher durch einen Lichtstrahl (▶ Laser) und unterbricht diesen. Dadurch reagiert ein Sensor und löst die Alarmanlage aus. Die zum Alarm führende Unterbrechung kann auch durch auf Wärme reagierende Infrarotdetektoren ausgelöst werden. Sie erkennen Menschen an der abgestrahlten Körperwärme. Auch die Beeinflussung eines Funkfeldes kann Alarm auslösen. So funktionieren beispielsweise die in ▶ Schiebetüren eingebauten Radarsensoren. ∎

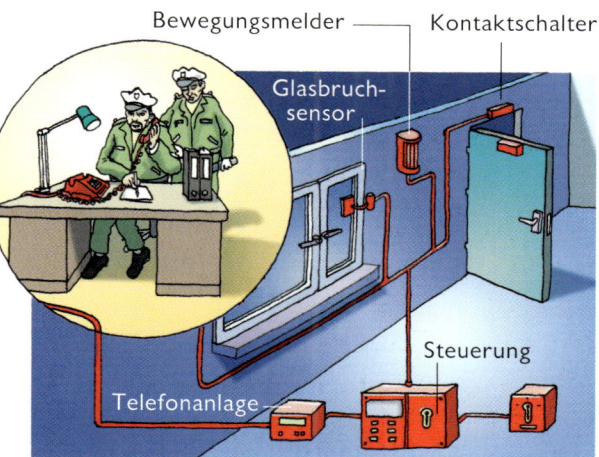

Bewegungsmelder — Kontaktschalter
Glasbruch-sensor
Steuerung
Telefonanlage

INFOBOX

Wo werden Alarmanlagen eingesetzt?

Nicht nur in Wohnhäusern und Geschäften nutzt man Alarmanlagen, sie sollen auch anderswo den Diebstahl kostbarer Gegenstände verhindern. Doch Dieben gelingt es immer wieder, die Systeme zu überlisten und beispielsweise Kunstwerke aus Museen zu stehlen. Auch ▶ Laptops, ▶ Motorräder oder ▶ Autos lassen sich mit Alarmanlagen schützen. Diese ist besonders spektakulär: Der Autobesitzer wird per ▶ Mobiltelefon alarmiert und kann dann zur Abschreckung Rauch aus dem Auto aufsteigen lassen.

Aufzug

Statt Treppen zu steigen, kann man in vielen hohen Gebäuden Aufzüge oder Fahrstühle benutzen; mit ihnen werden aber auch schwere Lasten nach oben oder unten transportiert.

Es gibt verschiedene Arten von Aufzügen. Am häufigsten werden Seilaufzüge verwendet. Diese funktionieren im Prinzip wie eine Wippe: Stahlseile werden oben im Maschinenraum über eine Rolle gelenkt. An einem Ende hängt die Kabine mit den Personen oder Lasten, am anderen hängt ein Gegengewicht, das ungefähr so schwer ist wie der halb volle Aufzug. Die ganze Anlage ist also ausbalanciert wie eine Wippe, auf der zwei gleich schwere Kinder sitzen. Der ▶ Motor des Aufzugs muss jetzt je nach Fahrgastzahl nur die Überschusspersonen oder den Überschuss des Gegengewichtes heben oder senken. Der Aufzug bewegt sich nach oben oder unten – und das Gegengewicht in die andere Richtung. Ein genialer Energiespartrick!

Vor ungefähr hundert Jahren entstand eine frühe Form von Aufzügen – die Paternoster. Das waren umlaufende Personenaufzüge, die ähnlich wie ein Riesenrad funktionierten: An mehreren dicken Ketten waren hintereinander die Fahrgastkabinen befestigt, sodass man immer in die Kabine einsteigen konnte, die gerade vorbeifuhr. ∎

ERFINDUNG

Der erste Aufzug

Schon der römische Kaiser Nero soll vor knapp 2000 Jahren die Vorzüge von Fahrstühlen genossen haben. Die ersten modernen Aufzüge wurden vor 150 Jahren von Dampf angetrieben. Werner von Siemens präsentierte 1880 den ersten elektrisch angetriebenen Fahrstuhl (siehe Bild).

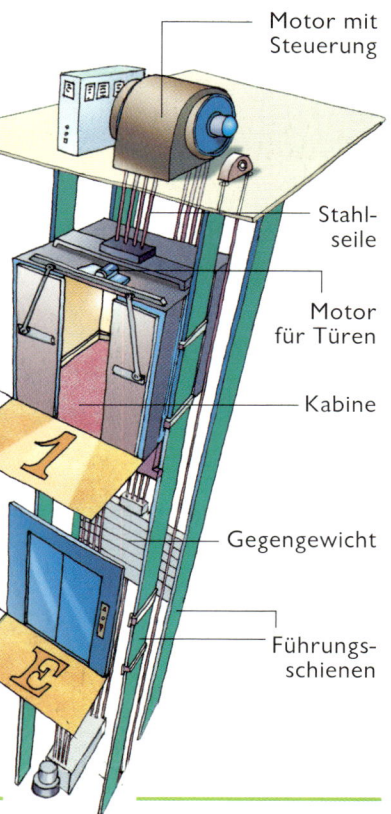

Motor mit Steuerung
Stahl-seile
Motor für Türen
Kabine
Gegengewicht
Führungs-schienen

Bankautomat

An einem Bankautomaten oder Geldautomaten lassen sich viele Bankgeschäfte erledigen – auch dann, wenn die Angestellten der Bank bereits Feierabend haben und die Schalter geschlossen sind.

In erster Linie nutzt man Geldautomaten, um Bargeld von seinem Konto abzuheben. Das geht an fast jedem Geldautomaten – nicht nur an denen der eigenen Bank. Dafür muss man die Kontokarte mit dem Magnetstreifen in den vorgesehenen Schlitz im Automaten stecken. Danach muss eine vierstellige Zahl, die Persönliche Identifikations-Nummer – kurz: PIN genannt – eingegeben werden. Die PIN kennt nur der Besitzer der Karte; sie ist streng geheim. Sie ist auch nicht auf der Karte gespeichert, sondern nur verschlüsselt in einem Computer der Bank. Wird die Nummer richtig eingegeben, kann der Benutzer nun zwischen verschiedenen Funktionen wählen. Möchte er Geld abheben, nimmt der Automat über eine Art Internetverbindung (▶ Internet) Kontakt mit der Bank des Benutzers auf. Es wird überprüft, ob genügend Geld auf dem Konto ist, und der Bank mitgeteilt, wie viel Geld abgehoben werden soll. Dieses Geld wird dann an die Bank überwiesen, der der Geldautomat

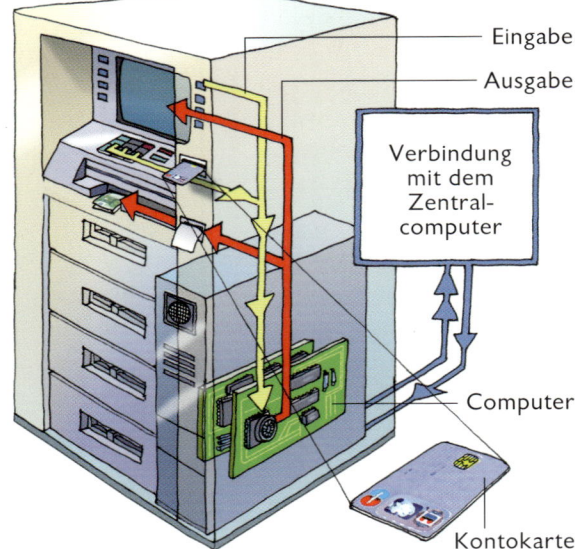

Eingabe
Ausgabe
Verbindung mit dem Zentralcomputer
Computer
Kontokarte

gehört. Das alles geschieht in Sekundenschnelle – und der Geldautomat gibt die gewünschten Scheine aus.

An modernen Bankautomaten können die Kunden nicht nur Geld abheben, sondern auch Überweisungen in Auftrag geben, Aktien kaufen, den Kontostand abfragen oder Kontoauszüge drucken. ▪

Ein Plastikkärtchen und eine geheime Nummer – mehr braucht man nicht, um an einem **Bankautomaten** Bargeld abzuheben oder Überweisungen in Auftrag zu geben.

 INFOBOX

Magnetstreifen und EMV-Chip

Ältere Bankkarten haben einen Magnetstreifen auf der Rückseite. Er enthält viele wichtige Informationen, die in den winzigen magnetischen Teilchen gespeichert sind. Entscheidend ist dabei, wie Nord- und Südpol der Magneten ausgerichtet sind. Im Grunde ähneln Magnetstreifen den Bändern von Musikkassetten.

Der Magnetstreifen einer Bankkarte enthält drei Spuren: Die erste ist leer, in der zweiten stehen die Nummer und Gültigkeitsdauer der Karte, und in der dritten Spur werden beispielsweise die Kontonummer und die Nummer der Bank, die so genannte Bankleitzahl, gespeichert.

Neuere Karten haben statt des Magnetstreifens einen ▶ Mikrochip. Dieser so genannte EMV-Chip soll die Karten sicherer machen. Außerdem können auf ihm mehr Informationen gespeichert werden: bis zu 15 DIN-A4-Seiten Text. So könnte man mit der Karte zum Beispiel Eintrittskarten bezahlen und diese auf der Karte speichern. Tickets aus Papier wären dann überflüssig.

Körperscanner

Neue Kleidung zu besitzen ist schön – nur das lästige Anprobieren ist oft anstrengend! In ganz modernen Kaufhäusern gibt es dafür eine bequeme Alternative: In weniger als zehn Sekunden kann ein Körperscanner einen Menschen berührungslos mit ▶ Laserstrahlen abtasten. So wird man in der Umkleidekabine der Zukunft von Kopf bis Fuß vermessen. Per ▶ Scanner werden dabei die genaue Körpergröße, Hüftumfang, Schulterbreite und Schuhgröße ermittelt.

Aus den millimetergenauen Maßen errechnet der Computer ein Bild und zeigt es auf dem Monitor. Dieser elektronische Zwilling heißt »Avatar«. Und dieser Figur kann man nun per Mausklick am Bildschirm alle Kleidungsstücke anziehen, die man ausprobieren möchte. Außerdem können die Firmen mit den Informationen der Körperscanner Kleidung anfertigen, die perfekt passt.

In Zukunft könnten die Maße auch auf einer Chipkarte gespeichert werden. Beim Einkaufen muss man dann nur noch die Karte zeigen und die passende Kleidung wird automatisch herausgesucht. ■

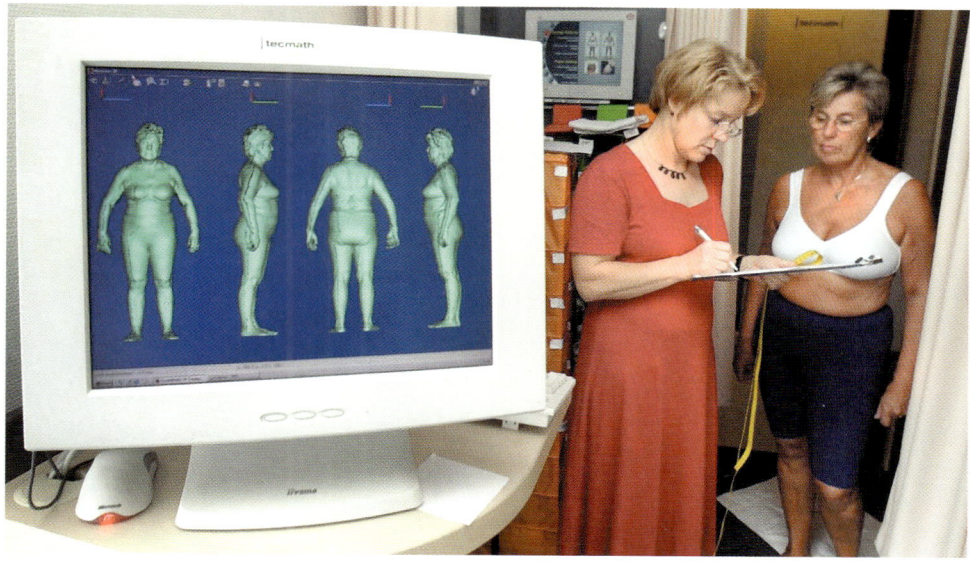

INFOBOX

Iris-Scanner

Die Iris – das ist das farbige Gewebe, das die Pupille im Auge umgibt – ist bei jedem Menschen einzigartig. Sogar Zwillinge lassen sich anhand der Iris unterscheiden. Das wird bei einem Iris-Scanner genutzt. Er vergleicht die Iris mit einem gespeicherten, in Zahlen übersetzten Bild. Erkennt er die Muster, lässt er die Person passieren – zum Beispiel bei einer ▶ Sicherheitskontrolle am Flughafen. Eine Ausweiskontrolle wäre dann nicht mehr nötig.

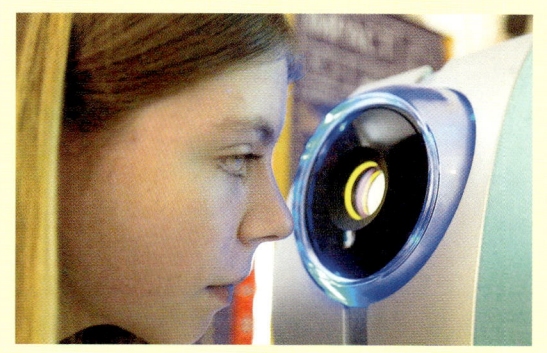

Kreditkarte

Beim Einkaufen bezahlen viele Leute an der Kasse inzwischen nicht mehr mit Bargeld, sondern mit kleinen Plastikkärtchen. Das kann die normale Kontokarte von einer Bank sein – immer häufiger werden aber Kreditkarten benutzt. Das ist praktisch, denn so wird das Geld erst etwas später vom Konto abgebucht: Einmal pro Monat bekommt der Kreditkartenbesitzer die Rechnung und muss erst dann alle Einkäufe bezahlen. Auf allen Kreditkarten ist auf der Vorderseite eine lange Nummer aufgedruckt. Diese Kreditkarten-Nummer ist jeweils nur einmal vergeben, deshalb reicht eigentlich diese Nummer zum Einkaufen. Aber es ist auch gefährlich: Denn wenn jemand die Nummer erfährt, kann er damit einkaufen, und die Rechnung geht an den Besitzer der Karte. Deshalb muss man bei Einkäufen per ▶ Internet sehr vorsichtig sein. ■

Ein **Körperscanner** erfasst alle Körpermaße genauestens. Per Computer kann man nun die Kleidung prüfen – der Blick in den Spiegel wird überflüssig. So könnte man auch im ▶ Internet bequem passende Kleidung kaufen.

Kreditkarten sind auch im Urlaub praktisch, denn fast überall wird das »Plastikgeld« akzeptiert. An Bankautomaten erhält man mit einer Kreditkarte auch Bargeld in der jeweiligen Landeswährung.

Leuchtstoffröhren und Neonlicht am Picadilly Circus in London.

Leuchtstoffröhre

Leuchtstoffröhren haben im Vergleich zu
▶ Glühlampen mehrere Vorteile: Sie werden
nicht so heiß, brauchen weniger Energie und
sind länger haltbar.

Im Inneren der Leuchtstoffröhren ragt an
jedem Ende ein kleiner Metallstift in die
Röhre. Diese so genannten Elektroden sind
mit dem Stromnetz verbunden. Außerdem
ist die Röhre mit Gas gefüllt. Wird nun also
in der Röhre zwischen den Elektroden eine
Spannung aufgebaut, leitet das Gas den Strom
und fängt an zu leuchten. Allerdings ist das
Licht zunächst unsichtbar – deshalb nennt
man es Schwarzlicht. Erst eine Leuchtschicht
auf der Innenwand der Glasröhre verwandelt
es in sichtbares Licht. ■

Bis zu 10 000 Menschen befördert eine **Rolltreppe**
pro Stunde. Sie fährt zwischen 30 und 60 m/min.

Rolltreppe

Um 1900 wurde eine Treppe mit beweglichen, auf Rollen gelagerten Stufen entwickelt. Mit diesem vor allem in Kaufhäusern
eingesetzten Beförderungsmittel können zur
gleichen Zeit wesentlich mehr Menschen als
in einem ▶ Aufzug befördert werden.

Rolltreppen arbeiten ähnlich wie Aufzüge
mit einem Gegengewicht. Die Stufen, die im
Innern der Rolltreppe wieder zurückfahren,
wirken dabei als Gegengewicht. Der ▶ Motor
muss so nur wenig mehr Kraft aufwenden,
als er braucht um die Menschen zu bewegen.
Mit dem Motor wird eine Kette angetrieben,
die die Stufen zieht. Die Stufen selbst haben
an der Vorder- und an der Hinterkante Rollen. Damit gleiten sie auf zwei verschiedenen
Schienen. Durch den Abstand der Schienen
wird die Stufenhöhe festgelegt. Über große
Umlenkrollen werden die Stufen wieder zurück zum Anfang geschickt. Dabei hängen sie
kopfüber an Schienen unter dem sichtbaren
Teil der Rolltreppe. ■

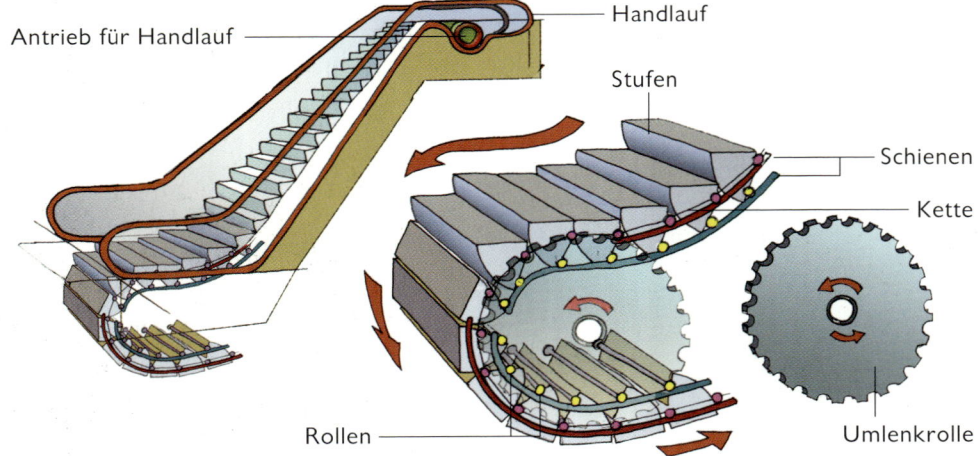

Antrieb für Handlauf

Handlauf

Stufen

Schienen

Kette

Rollen

Umlenkrolle

Scannerkasse

Fast alle Waren im Supermarkt sind mit einem Strichcode versehen. Von der Kassiererin wird dieser Code an der Scannerkasse eingelesen – meist mithilfe eines ▶ Lasers. Mehrere teils bewegliche Spiegel lenken den Laserstrahl um. So tastet er 200- bis 1000-mal pro Sekunde das Scanfenster nach Strichcodes ab. Manche Kassen nutzen mehrere Laserstrahlen gleichzeitig. Diese sind so über Kreuz angeordnet, dass sie den Strichcode in verschiedenen Lagen ablesen können.

Andere Scannerkassen nutzen statt eines Lasers einen CCD-Chip, wie er auch in modernen ▶ Kameras oder ▶ Scannern für Computer eingebaut ist.

Gemeinsam ist allen Strichcode-Scannern, dass sie am reflektierten Licht den Strichcode als Hell-Dunkel-Muster erkennen. Daraus

Mit einem **Handscanner** liest der Paketbote den Transportcode eines Pakets ein.

wird die Produktnummer errechnet. Aus einer Datenbank rufen sie dann den aktuellen Preis für das Produkt ab.

Nicht nur im Supermarkt werden Strichcodes und Scanner benutzt. Mithilfe von Strichcodes werden Postpakete (▶ Post) sortiert, und wer genau hinguckt, kann auch auf Briefen einen aufgedruckten Strichcode entdecken. Sowohl Bücher und Benutzerausweise in Bibliotheken als auch Skipässe sind oft mit Strichcodes ausgestattet, und selbst im Krankenhaus nutzt man sie. ◼

ERFINDUNG

Die Registrierkasse

Der Amerikaner James Ritty muss ein misstrauischer Mensch gewesen sein. Den Angestellten in seiner Bar schien er jedenfalls nicht zu trauen. Deshalb entwickelte er im Jahr 1879 gemeinsam mit seinem Bruder eine Registrierkasse. Sie verhinderte, dass sich jemand Geld in die eigene Tasche steckte, denn die Kasse vermerkte alle Einnahmen. In Deutschland fertigte ab 1900 die Firma Anker solche Kassen (siehe Bild).

INFOBOX

Strichcode

Jede Zahl lässt sich auch als Strichcode ausdrücken. Zunächst kann man Zahlen als Folge von Einsen und Nullen schreiben. Die Zahl 13 sieht als so genannte Binärzahl so aus: 1101. In einem Strichcode wird diese Binärzahl in helle und dunkle Streifen übersetzt. Meist steht die ursprüngliche Zahl als normal lesbare Ziffernfolge unter dem Strichcode.

Oft ist in die **Scannerkasse** eine Waage integriert. Obst und Gemüse kann die Kassiererin so nach Gewicht abrechnen.

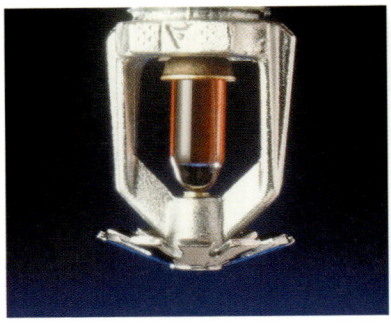   

Das rote Glasröhrchen im **Sprinklerkopf** zerspringt bei hohen Temperaturen. Erst dann fließt Wasser.

Schiebetür

Sich automatisch öffnende Schiebetüren haben viele zum ersten Mal in der Fernsehserie »Star Trek« gesehen. Was damals noch unvorstellbar schien, wird heute in fast jedem Geschäft genutzt.

Viele Schiebetüren nutzen ▶ Radar: Von einem kleinen Kästchen werden Radarstrahlen ausgesandt, die vom Boden, den Wänden und Gegenständen reflektiert werden. Das Muster, das die reflektierten Strahlen bilden, ist im Gerät gespeichert. Wenn es sich verändert, zum Beispiel weil jemand den Bereich vor der Tür betritt, wird ein Elektromotor (▶ Motor) aktiviert. Dieser ist oberhalb der Tür befestigt und öffnet diese. Automatisch werden die Türflügel zur Seite geschoben. Manche Türen funktionieren auch mit Lichtschranken, ähnlich denen in ▶ Alarmanlagen, oder es werden Kartenleser genutzt. Dann öffnet sich die Tür nur für Inhaber einer bestimmten Chipkarte. ■

Sprinkleranlage

Sprinkleranlagen dienen dem Schutz vor Feuer. Im Gegensatz zur Feuerwehr, die erst gerufen werden muss, sind sie fest im Gebäude installiert und sofort einsatzfähig. Sie bestehen meist aus einem sichtbaren und einem versteckten Teil. Nicht sichtbar sind größtenteils die Wasserleitungen, die wie ein Netz in der Stockwerksdecke verlegt sind. An den Leitungen sind viele Sprinklerköpfe angebracht. Übersteigt die Temperatur in ihrer Nähe einen bestimmten Wert, platzt am Sprinklerkopf ein kleines Glasröhrchen. Dadurch wird ein Kontakt aktiviert und das Pumpsystem angeschaltet. Das Wasser strömt in großen Mengen aus dem Rohr und trifft am Kopf des Sprinklers auf ein Metallplättchen. So wird das Wasser im Raum verspritzt. Fließt plötzlich so viel Wasser durch die Leitungen, wird das von einem Sensor registriert und automatisch die Feuerwehr alarmiert. Sprinkleranlagen haben den Vorteil, dass sie bei Gefahr sekundenschnell eingeschaltet werden und sofort dort löschen, wo es brennt. ■

Automatische **Schiebetüren** sind besonders beim Einkaufen hilfreich: Wer einen Einkaufswagen vor sich herschiebt, hat schließlich keine Hand für die Türklinke frei.

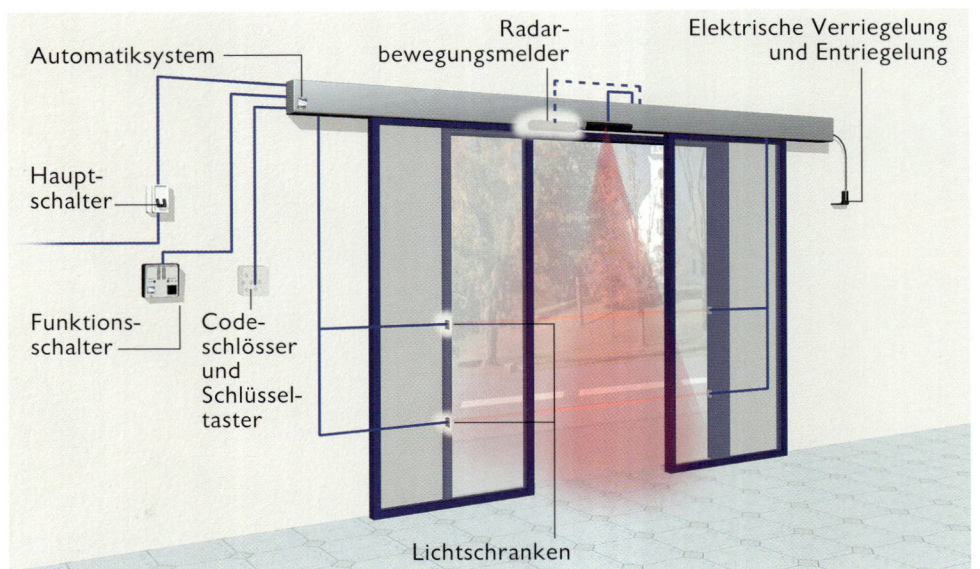

Automatiksystem — Radar-bewegungsmelder — Elektrische Verriegelung und Entriegelung

Haupt-schalter

Funktions-schalter — Code-schlösser und Schlüssel-taster

Lichtschranken

QUIZBOX

Wie viel Wasser strömt pro Minute aus einem Sprinklerkopf?

1. Etwa die Menge eines Kastens Mineralwasser
2. Genau so viel wie aus einem dicken Feuerwehrschlauch
3. Ungefähr so viel wie in eine Badewanne passt

Antwort 3: Aus einem typischen Sprinklerkopf kommen etwa 140 l Wasser pro Minute. Damit könnte man eine große Badewanne in einer Minute füllen. Aus einem dicken Feuerwehrschlauch (B-Rohr) spritzt mehr als doppelt so viel Wasser.

Wareneingang

Eine gute Planung ist für ein großes Kaufhaus oder einen Supermarkt sehr wichtig, um immer ausreichend und vor allem frische Waren im Angebot zu haben. Denn der Transport von Waren ist teuer, eine überflüssige Lagerung aber auch. Die Transportwege sollten deshalb möglichst kurz und die Lagerzeiten gering sein. Außerdem schont ein gut geplanter Transport die Umwelt, weil dann weniger leere ▶ LKWs durch die Gegend fahren. Um die Lagerzeiten zu verringern, verfügen viele Geschäfte über kein eigenes Lager mehr, sondern beziehen ihre Ware von einer Zentrale. Von hier aus werden bei Bedarf mehrere Filialen beliefert. In diesen Zentrallagern kommen Tausende verschiedene Waren per LKW oder Zug an und werden dann an die Geschäfte weitergeschickt. Dies bedarf einer ausgeklügelten Planung, damit alles reibungslos abläuft, jeder LKW optimal beladen wird und alles pünktlich am richtigen Ort ist. ▪

Solche **Hochregallager** werden mithilfe von ▶ Robotern und per Computer bedient und verwaltet.

Warensicherung

Es gibt verschiedene Möglichkeiten, um Waren vor Diebstahl zu schützen. Am häufigsten sieht man die Diebstahl-Detektoren, die in fast jedem größeren Geschäft neben dem Ausgang stehen. Sie registrieren die Sicherheits-Etiketten an den Waren. Läuft man mit einem solchen Etikett durch die Detektoren, lösen diese Alarm (▶ Alarmanlage) aus.

Die Sicherheits-Etiketten funktionieren ähnlich wie ein ▶ Radio, das fest auf einen bestimmten Sender eingestellt ist. Dieser Sender ist in einem Teil der Schleuse am Ausgang des Geschäfts eingebaut. Dort ist auch ein Empfänger installiert. Wenn ein Ladendieb mit dem Sicherheits-Clip durch die Schleuse läuft, empfängt der Clip den Sender. Das registriert der Empfänger, weil er nun den Sender nicht mehr so stark empfangen kann. Das Ergebnis: Diebstahl-Alarm!

Es gibt aber auch kleinere und unauffälligere Etiketten zum Schutz vor Ladendiebstahl. Die winzige Technik kann sogar in Preisschildern versteckt sein und muss nicht einmal an der Kasse entfernt werden: Beim Einscannen des Preises werden die Etiketten so »umprogrammiert«, dass sie keinen Alarm mehr auslösen. ▪

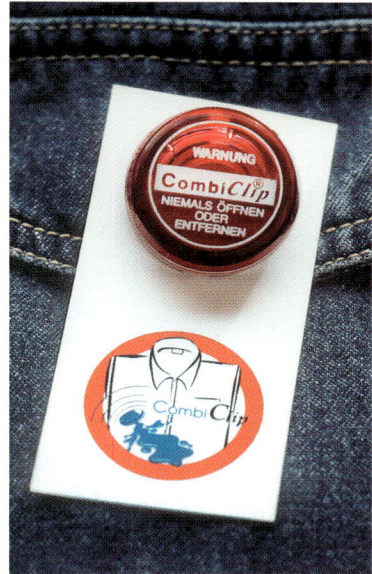
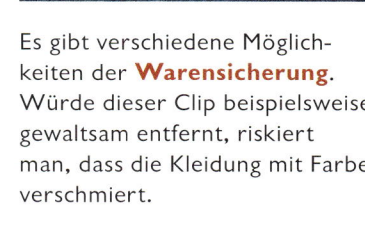

Es gibt verschiedene Möglichkeiten der **Warensicherung**. Würde dieser Clip beispielsweise gewaltsam entfernt, riskiert man, dass die Kleidung mit Farbe verschmiert.

INFOBOX

Chips und Antennen statt Strichcodes und Sicherheitsetiketten

Ob bei der Herstellung, im Lager, beim Wareneingang im Geschäft oder an der Kasse – ein Produkt wird meist anhand seines Strichcodes erfasst. So wird in einem Supermarkt beispielsweise per Computer erfasst, wie viele Saftflaschen noch im Lager sind, wie viele schon verkauft wurden und wann nachbestellt werden muss.

Noch besser nachvollziehen lässt sich der Weg eines Produktes von der Herstellung bis zur Entsorgung mit der neuen RFID-Technik. RFID bedeutet »Radio Frequency Identification«, also Radio-Frequenz-Identifikation. Ein so genannter RFID-Transponder besteht aus einem programmierbaren ▶ Mikrochip und einer kleinen Antenne. Auf dem Chip können beispielsweise Produktnummer, Hersteller und der Preis gespeichert sein. Ein weiterer Vorteil gegenüber Strichcodes ist, dass die RFID-Lesegeräte keinen Sichtkontakt zu dem Transponder brauchen, um die Informationen auszulesen oder sogar zu verändern. So kann man immer genau nachvollziehen, wo ein bestimmtes Produkt gerade ist. Strichcodes und Warensicherung könnten so in Zukunft überflüssig werden.

Kommuni-
kation
im Alltag

Kommunikation im Alltag

Miteinander plaudern, Geheimnisse austauschen oder Informationen mitteilen – die Kommunikation mit anderen Menschen ist wichtig für uns. Dabei können wir nicht nur von Angesicht zu Angesicht miteinander kommunizieren, es gibt auch zahlreiche technische Hilfsmittel, die den Informationsaustausch über größere Distanzen ermöglichen. In der Vergangenheit war es umständlich, Menschen etwas mitzuteilen, die weit entfernt wohnten: Wenn man sich nicht selbst auf die Reise machen wollte, blieb nur die Post. Kutschen transportierten damals die Briefe quer durch das Land bis zum Empfänger. Das dauerte jedoch mehrere Tage oder sogar Wochen. Heute benötigt die Post meist nur einen Tag, um einen Brief innerhalb Deutschlands zum richtigen Empfänger zu befördern.

Ein großer Fortschritt war die Erfindung des Telegrafen und des Morsealphabets, mit deren Hilfe man Botschaften über die so genannten Telegrafenleitungen verschicken konnte. Das war aber immer noch ziemlich mühselig, denn man brauchte stets Leute, die den Telegrafen bedienen und die Morse-Nachrichten übersetzen konnten.

Mit der Erfindung des Telefons wurde die Kommunikation erheblich erleichtert: Nun wurde es möglich, Gespräche sogar mit Menschen am anderen Ende der Erde zu führen.

Heute gibt es zahlreiche Möglichkeiten der Kommunikation: Mit dem Faxgerät können sekundenschnell ganze Briefe über die Telefonleitungen verschickt werden. Und mit einem Mobiltelefon ist man stets überall erreichbar. Außerdem kann man damit nicht nur telefonieren, sondern auch kurze Text- oder Multimedia-Botschaften, die so genannten SMS und MMS, verschicken.

Auch per Computer und Internet kann man kommunizieren: Über das weltumspannende Computernetz lassen sich elektronische Briefe, die E-Mails, versenden.

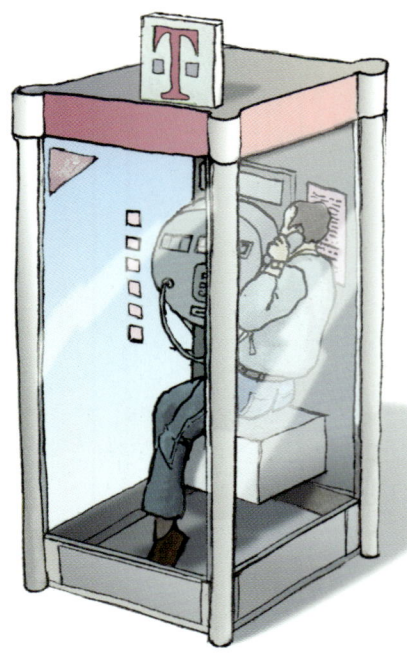

E-Mails lassen sich weltweit empfangen und verschicken.

Anrufbeantworter

Ein Anrufbeantworter nimmt Telefongespräche entgegen, wenn man selbst nicht ans Telefon gehen kann. Dann wird eine automatische Ansage abgespielt und wer möchte, hinterlässt eine Mitteilung mit der Bitte um Rückruf.

Oft ist der Anrufbeantworter in das Gehäuse des ▶ Telefons eingebaut; es gibt aber auch separate Geräte, die extra angeschlossen werden müssen.

Anrufbeantworter nutzen ein ▶ Speichermedium, auf dem die persönliche Ansage hinterlegt werden kann. Auch die Mitteilungen der Anrufer werden hier gespeichert. Früher diente eine kleine Kassette als Speicher, ähnlich wie sie im Kassettenrekorder verwendet wird. Heute gibt es auch Anrufbeantworter mit digitalen Speichern. ▪

Moderne **Anrufbeantworter** zeigen die Zahl der verpassten Anrufe sowie die Telefonnummer des Anrufers, Datum und Uhrzeit auf einem Display an.

E-Mail

E-Mail ist das Kurzwort für »Electronic Mail« – auf Deutsch heißt das so viel wie elektronische ▶ Post. Im Unterschied zur herkömmlichen Post werden die Briefe direkt am Computer geschrieben und über das ▶ Internet verschickt. Das geht so schnell, dass selbst eine E-Mail von Deutschland nach Südafrika meist nur wenige Sekunden unterwegs ist. Um eine E-Mail verschicken zu können, braucht man eine E-Mail-Adresse, die mit einem Postfach im Internet verknüpft ist, und einen Internetzugang.

Es gibt besondere Programme für das Erstellen und Empfangen von E-Mails, die auf dem eigenen Computer installiert werden. Auch spezielle Internetseiten bieten Postfächer an, mit denen man E-Mails empfangen und schreiben kann. So kann man seine Mails überall abrufen.

Ist der E-Mail-Text fertig gestellt, wird der elektronische Brief nicht als Ganzes versendet, sondern in viele kleine Blöcke zerlegt und getrennt. Jede Daten-Portion ist dabei mit der Empfänger-Adresse versehen. Im Postfach angekommen, werden die Daten wieder zur ursprünglichen E-Mail zusammengesetzt. Per E-Mail kann man neben Texten auch Computerdateien, eingescannte Fotos oder Bilder verschicken. ▪

INFOBOX

Was ist ein Computer-Virus?

Wie der menschliche Körper können auch Computer »krank« werden: Gelangen so genannte Viren auf den ▶ PC, können sie dort großen Schaden anrichten. Manche löschen Daten, andere zerstören Programme oder sogar das ganze Betriebssystem.

Viren sind kleine Computerprogramme, die sich ohne das Wissen des Nutzers installieren. Besonders rasch verbreiten sie sich über das ▶ Internet: Einige, die so genannten Würmer, nutzen zum Beispiel das Adressbuch von E-Mail-Programmen und verschicken sich selbst an alle darin enthaltenen Adressen. Auch beim Herunterladen von Dateien aus dem Internet kann ein Virus auf den eigenen Rechner gelangen. Deshalb sollte auf dem Computer immer eine aktuelle Anti-Viren-Software installiert sein – diese Programme können Viren auf dem Computer aufspüren und vernichten.

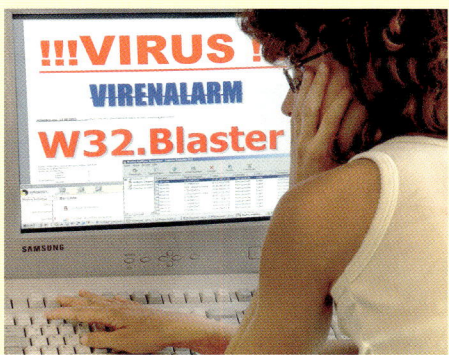

Faxgerät

Mit einem Faxgerät kann man Kopien von Briefen, Grafiken oder Bildern über die Telefonleitungen an ein anderes Faxgerät schicken. Dabei wird nicht das Schriftstück an sich übertragen, sondern lediglich ein Abbild der Informationen, die es enthält.

Im Faxgerät gibt es ein lichtempfindliches Element. Der Brief wird langsam an ihm vorbeigeschoben. Zeile für Zeile tastet es das Schriftstück ab und erkennt, welche Stellen einer Zeile dunkel sind, also beispielsweise zu einem Buchstaben gehören, und welche hell sind. Diese Helligkeitsschwankungen werden in elektrische Signale umgewandelt und über die Telefonleitungen verschickt. Damit die Informationen beim richtigen Empfänger ankommen, hat jedes Faxgerät eine eigene Telefonnummer – die so genannte Faxnummer.

Das Faxgerät des Empfängers formt die Signale wieder in die Helligkeitsinformationen des Schriftstücks um. Mit dem im Faxgerät integrierten Drucker wird nun eine Kopie des Briefes ausgedruckt. ■

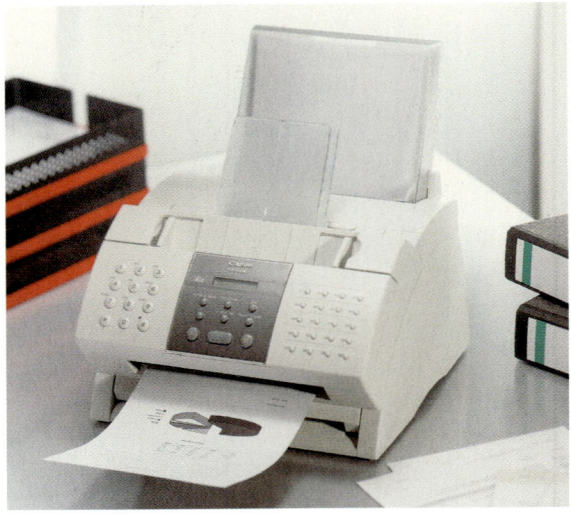

Der Brief wird in den Schlitz an der Oberseite des **Faxgerätes** hineingeschoben. Ein lichtempfindliches Element tastet ihn Zeile für Zeile ab.

Gegensprechanlage

Besonders in Mehrfamilien- oder Hochhäusern ist eine Gegensprechanlage sinnvoll. Auf diese Weise kann man leicht erfragen, wer gerade auf die ▶ Türklingel gedrückt hat und hereingelassen werden möchte.

Die Gegensprechanlage funktioniert nach dem gleichen Prinzip wie ein ▶ Telefon: An der Eingangstür und im Hausinneren befinden sich jeweils ein ▶ Mikrofon und ein ▶ Lautsprecher. Beide sind über eine Leitung miteinander verbunden. Spricht an der Tür jemand ins Mikrofon, kann man das oben hören und auch antworten – natürlich nur, wenn der Hörer oben abgenommen worden ist. Wie beim Telefon wird das Gesagte – also die Schallwellen der eigenen Stimme – in elektrische Signale umgewandelt und über die Leitung ans andere Ende transportiert. Dort werden diese Signale wieder in Schallwellen – also Töne – zurückverwandelt. ■

Auch der Bundeskanzler lässt nicht jeden zur Tür herein: Dank der **Gegensprechanlage** kann er sich vor dem Öffnen der Tür mit dem Besucher unterhalten.

INFOBOX

Blindenschrift

Blinde können nicht mit den Augen lesen, sondern müssen die Buchstaben eines Textes erfühlen. Deshalb bestehen die Buchstaben der Blindenschrift aus kleinen Erhebungen. Jeweils sechs Punkte bilden ein Zeichen. Jedem Buchstaben und jeder Zahl entspricht eine Kombination aus erhabenen, im Bild rot dargestellten, und glatten, hier blauen, Punkten. Um auch alle Computerzeichen darstellen zu können, wurde die Blindenschrift auf acht Punkte erweitert. Besondere Tastaturen ermöglichen das Schreiben von Texten am Computer; spezielle Programme können Computertexte erkennen und sie dem Nutzer vorlesen.

Alphabet:

A B C D E F ST
G H I J K L ß
M N O P Q R
S T U V W X
Y Z Ä Ö Ü AU
ÄU EU EI CH SCH IE

Satzzeichen:

, ; : . ? !
( ) „ " * – '

Zahlen:

Zahlenzeichen 1 2 3 4 5
6 7 8 9 0

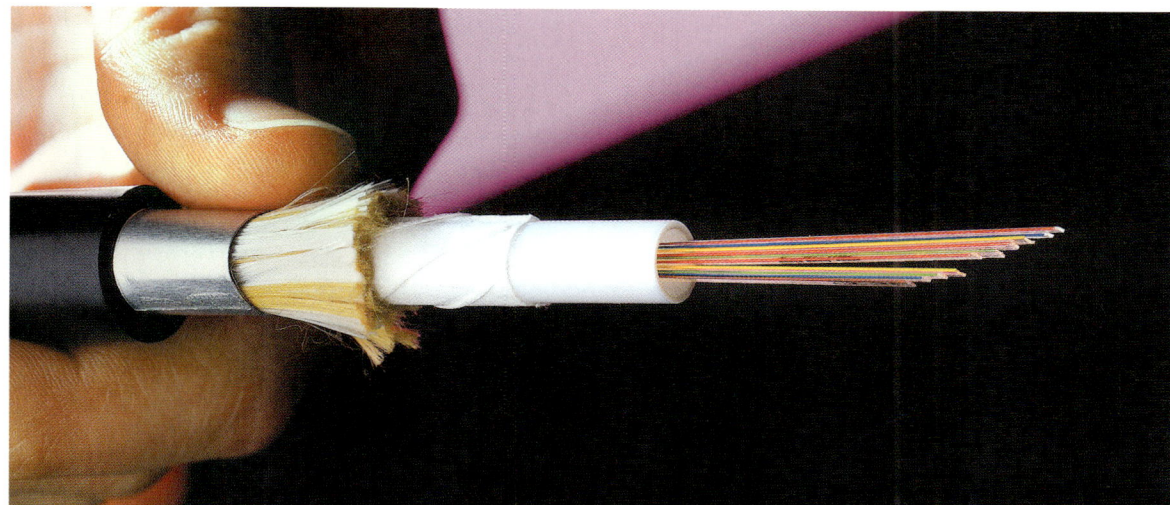

Die dünnen **Glasfasern** sind durch Ummantelungen geschützt.

Glasfaserkabel

Als Telefon- und Datenleitungen dienen oft Glasfaserkabel. Sie bestehen aus vielen feinen Glasfäden, die von einer ▶ Kunststoff-Schutzschicht umhüllt sind. Das Besondere an ihnen ist, dass sie sehr viele Daten unglaublich schnell – nämlich mit Lichtgeschwindigkeit – transportieren können.

Anders als bei herkömmlichen Kabeln werden die Informationen nicht als elektrische Signale weitergeleitet, sondern mithilfe von Licht. Ein spezieller Sender wandelt die Daten, zum Beispiel die Buchstaben auf einer Internetseite (▶ Internet) oder die Schallwellen eines Telefongesprächs, in Lichtsignale um. Das funktioniert ähnlich wie beim Morsen: Jedem Buchstaben, jeder Zahl und jedem Ton entspricht eine Kombination. Diese Lichtsignale werden über die Glasfaserkabel verschickt und im Empfänger wieder in ihre ursprüngliche Form umgewandelt. ◼

Infrarotschnittstelle

Informationen können nicht nur wir Menschen, sondern auch einige elektronische Geräte miteinander austauschen. Meist werden sie dafür per Kabel miteinander verbunden. Über eine so genannte Infrarotschnittstelle funktioniert das aber auch ohne Kabelverbindung. Auf diese Weise lassen sich zum Beispiel bequem gespeicherte Telefonnummern von einem ▶ Mobiltelefon zu einem anderen übertragen.

Die digitalen Informationen werden für die Übertragung in Lichtsignale aus infrarotem, für das menschliche Auge unsichtbarem Licht umgewandelt, die das Gerät über die Infrarotschnittstelle aussendet. An der anderen Schnittstelle werden die Lichtsignale empfangen und wieder in die ursprüngliche Datenform umgewandelt. ◼

Moderne, kleine Computer senden Daten über eine **Infrarotschnittstelle** an den Mini-Drucker.

Internet

Das Internet ist ein weltweites Netzwerk von Rechnern. Die Computer sind über Telefonleitungen und Funkverbindungen vernetzt. So kann man leicht Informationen austauschen. Im Internet werden verschiedene Dienste angeboten. Der beliebteste ist die elektronische Post, also das Verschicken und Empfangen von ▶ E-Mails. Auch das World Wide Web (abgekürzt WWW) ist ein Internet-Dienst. Das Besondere am World Wide Web ist seine grafische Benutzeroberfläche: Das WWW setzt sich aus vielen einzelnen Seiten zusammen, vergleichbar denen einer Zeitschrift. Gezeigt werden Texte, Fotos, Bilder und Grafiken. Verbunden sind die einzelnen Seiten über so genannte »Hyperlinks« (abgekürzt »Links«). Meist sind das unterstrichene Wörter oder kleine Symbole. Sobald man mit der Maus auf den Link klickt, gelangt man zur nächsten Seite.

Um eine bestimmte Seite im Internet zu betrachten, muss man sich zuerst über einen Internetanbieter, den Provider, ins Internet einwählen. Dann gibt man die Internetadresse der entsprechenden Seite in die Adresszeile

des Browsers, eines Programms zum Betrachten von Seiten im WWW, ein. Diese Anfrage wird über die Telefonleitungen zu dem Computer geschickt, auf dem die betreffende Seite gespeichert ist. Dieser schickt die Daten der Seite dann zurück. Beim Versenden werden sie in kleine Portionen aufgeteilt. Diese Daten-Päckchen nehmen nicht alle den gleichen Weg – sie werden immer über die am wenigsten genutzten Leitungen versandt, damit die Übertragung möglichst schnell geht. Am Ende werden sie wieder zur vollständigen Internetseite zusammengesetzt. ■

INFOBOX

Modem

Über das Modem wählt man sich mit dem Computer über die Telefonleitungen in das Internet ein. Das Modem wandelt die PC-Daten um, »es moduliert« sie, um sie über die Leitungen zu verschicken. Auch die aus dem Internet empfangenen Informationen werden vom Modem erst »demoduliert«, bevor der Computer sie lesen kann.

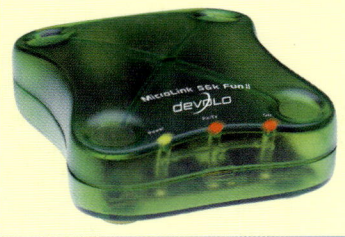

ERFINDUNG

Geschichte des Internets

Im Jahr 1969 wurden die Computer von vier amerikanischen Universitäten miteinander verbunden und konnten so Informationen austauschen – dieses Computer-Netzwerk nannte man »Arpanet«. Im Laufe der Zeit wurden mehr und mehr Computer – meist von Wissenschaftlern und Forschungseinrichtungen – an das Netzwerk angeschlossen. Aber erst seit den 1990er-Jahren, mit der Entwicklung der grafischen Benutzeroberfläche des World Wide Webs, nutzen auch private Anwender das Internet.

Im Internet surfen kann man nicht nur vom eigenen Computer aus: Auch **Internet-Cafés** ermöglichen den Besuch im Web.

QUIZBOX

.de, .at, .ch

Was bedeuten in der Internetadresse die Buchstaben hinter dem Punkt?

1. Abkürzung für das Herkunftsland der Seite

2. Zeigen an, wer die Seite erstellt hat

3. Geben Aufschluss über das Thema der Internetseite

Antwort 1: Jedes Land hat seine eigene Endung. »de« ist die Abkürzung für Deutschland, »at« für Österreich und »ch« steht hinter schweizer Seiten.

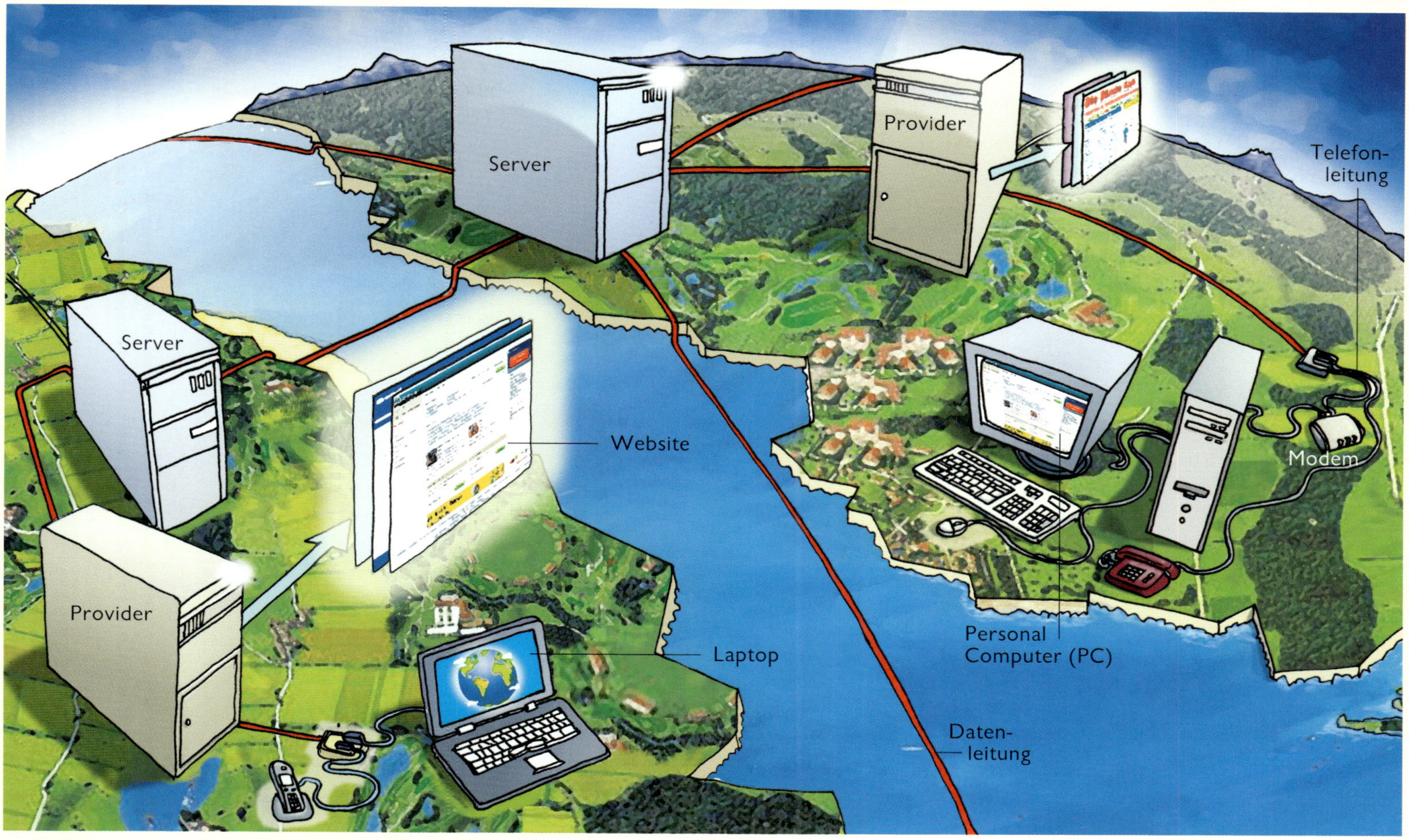
Server
Provider
Server
Provider
Telefon-
leitung
Website
Modem
Laptop
Personal
Computer (PC)
Daten-
leitung

INFOBOX

Wichtige Begriffe rund ums Internet

Browser: bedeutet auf Deutsch »Blätterer«. Es ist ein Programm, wie zum Beispiel der Internet Explorer, mit dem man wie in einem Buch durch die Seiten des WWW blättern kann.

Domain: gibt den Namen des Speicherorts von einem Webangebot oder einem virtuellen Postfach im Internet an.

Internetadresse: Jede Seite im Internet hat eine eigene Adresse (auch URL genannt), zum Beispiel www.brockhaus.de: Meist steht am Anfang »www«, dann folgen der Name der Domain (also brockhaus) und die Endung des Landes, aus dem die Seite kommt (hier Deutschland).
Endungen wie .edu, .org oder .com beziehen sich allerdings nicht auf ein Land, sondern auf die Organisationen, auf deren Servern die Seiten gespeichert sind.

Link: Abkürzung für »Hyperlink«. Links verbinden die einzelnen Seiten im WWW miteinander.

Provider: Firmen, die Zugang zum Internet bieten. Die bekanntesten Provider in Deutschland sind T-Online und AOL.

Website: Eine Website umfasst mehr als eine Seite, sie umfasst die gesamte Internetpräsenz eines Anbieters. Die Einstiegsseite der Website ist die Homepage.
In der Praxis werden allerdings auch oft die einzelnen Seiten als Website bezeichnet.

WWW: Abkürzung für »World Wide Web«, auf Deutsch »weltweites Netz«. Das Besondere am WWW ist seine grafische Benutzeroberfläche.

KAMBA
DER KINDER BROCKHAUS
Willkommen im Club

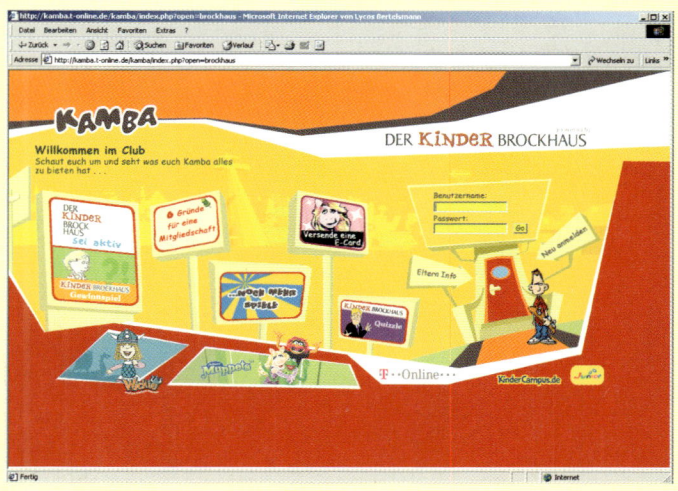

Handygespräche werden vom Mobiltelefon zum **Sendemast** geschickt und von dort über ▶ Satelliten und über das Telefonnetz zum Empfänger geleitet.

Mittlerweile gibt es auch **Mobiltelefone** mit eingebautem Spiele-Terminal.

Mobiltelefon

Mit einem Mobiltelefon ist man immer und überall erreichbar, deshalb nutzen schon über 63 Millionen Menschen in Deutschland die Vorteile dieser Technik. Weil diese Telefone so klein und handlich sind, werden sie auch »Handys« genannt.

Mittlerweile kann man aber nicht nur mit ihnen telefonieren, sondern sie haben sich zu winzigen »Alleskönnern« entwickelt: Viele verfügen über eine kleine ▶ Kamera, einen ▶ MP3-Player oder sogar ein eingebautes Spiele-Terminal. Man kann sich auch ins ▶ Internet einwählen und ▶ E-Mails verschicken.

Beim Telefonieren wandelt das Handy im ▶ Mikrofon die Schallwellen der Stimme in elektromagnetische Wellen um. Diese Signale gelangen über die Mobilfunknetze von Handy zu Handy. In Deutschland gibt es in regelmäßigen Abständen Sendeanlagen, die so genannten Basisstationen. Sie empfangen und senden die »Gesprächswellen« aller Mobiltelefone in diesem Gebiet. Die Basisstationen sind mit dem normalen Telefonnetz verbunden und schicken die Signale darüber weiter an jene Basisstation, in deren Nähe sich der andere Telefonpartner befindet. Von hier wird das Gespräch in Form elektromagnetischer Wellen weiter an das angerufene Handy gesendet. Auf diese Weise werden nicht nur die Schallwellen der Telefonate, sondern auch die Informationen von ▶ SMS und MMS versandt. ▪

Moderne **Mobiltelefone** haben meist ein farbiges Display. Man kann mit ihnen nicht nur telefonieren, sondern noch viele weitere Funktionen nutzen.

 INFOBOX

Morsealphabet

Vor der Erfindung des Telefons war die schnelle Übermittlung von rein sprachlichen Informationen nicht möglich. Erstmals ließen sich Buchstaben mithilfe des Telegrafen, der 1833 erfunden wurde, über besondere elektrische Leitungen, die Telegrafenleitungen, übertragen. Dafür wurde ein eigenes Alphabet entwickelt – jedem Buchstaben wurde eine eigene Kombination von kurzen und langen elektrischen Signalen zugeordnet.

a	·—	h	····	q	——·—	1	·————
ae	·—·—	i	··	r	·—·	2	··———
à, å	·——·—	j	·———	s	···	3	···——
b	—···	k	—·—	t	—	4	····—
c	—·—·	l	·—··	u	··—	5	·····
ch	————	m	——	ue	··——	6	—····
d	—··	n	—·	v	···—	7	——···
e	·	ñ	——·——	w	·——	8	———··
é	··—··	o	———	x	—··—	9	————·
f	··—·	oe	———·	y	—·——	0	—————
g	——·	p	·——·	z	——··		

Punkt	·—·—·—	Fragezeichen	··——··
Komma	——··——	Notruf: SOS	···———···
Doppelpunkt	———···	Irrung	········
Bindestrich	—····—	verstanden	···—·
Apostroph	·————·	Schluss-	·—·—·
Klammer	—·——·—	zeichen	

In einer Stunde sortiert diese **Sortiermaschine** bis zu 15 000 Großbriefe.

Post

Ein Liebesbrief von der Freundin, eine Einladung oder Omis Päckchen mit Weihnachtsgeschenken – über 70 Millionen Briefe befördert die Post jeden Tag. Bis die Briefe und Pakete im richtigen Briefkasten ankommen, ist oft ein langer und gut organisierter Transport nötig.

Die Reise eines Briefes beginnt meist in einem der gelben Briefkästen, die regelmäßig geleert werden. Mitarbeiter der Post bringen die Briefe zum nächstgelegenen Briefzentrum. Dort werden die Briefmarken abgestempelt. Maschinen lesen die Adressen auf den Briefen automatisch und drucken sie anschließend in Form eines Strichcodes auf die Vorderseite. Wichtig ist dieser Code für die Sortiermaschinen, die daran das Ziel der Briefe ablesen und sie entsprechend sortieren. Die Sendungen werden in ▶ LKWs, ▶ Flugzeuge oder Schiffe verladen und los geht die Reise. Am Zielort angekommen, werden die Briefe nach Straße und Hausnummer sortiert. Briefträger tragen die Sendungen aus und werfen sie in die Briefkästen. So erreichen Briefe innerhalb Deutschlands meist am nächsten Tag den Empfänger. ▪

Eine Mitarbeiterin der **Post** legt die Briefe in die Sortiermaschine.

SMS

SMS ist die Abkürzung des Begriffs »Short Message Service«, auf Deutsch »Kurznachrichten-Dienst«. SMS sind Nachrichten, die von ▶ Mobiltelefonen verschickt und empfangen werden können. Standardmäßig dürfen diese Kurznachrichten nicht länger sein als 160 Zeichen – bei vielen Handys können aber mehrere SMS zusammengefasst werden.

Geschrieben werden Kurznachrichten mithilfe der Zahlentasten des Handys – je nachdem wie oft eine der Tasten gedrückt wird, erscheint ein bestimmter Buchstabe auf dem Display. Übertragen werden die Nachrichten ähnlich wie die Telefongespräche.

Ist das Handy des SMS-Empfängers ausgeschaltet, wird die Nachricht bis zu einer Woche aufbewahrt und zugestellt, sobald das Handy wieder eingeschaltet ist. ▪

INFOBOX

Emoticons

»Emoticon« setzt sich aus den englischen Begriffen Emotion und Icon zusammen. Übersetzt bedeutet das so viel wie »Gefühlszeichen«. Mit ihnen kann man in Texten Gefühle ausdrücken. Die Gesichter der Emoticons lassen sich am besten erkennen, wenn man den Kopf auf die linke Schulter legt.

:-)	Lächeln
:-D	etwas mit einem Lächeln sagen
:D	herzhaftes Lachen
;-)	Augenzwinkern
:*)	Herumalbern
%-)	Blödsinn
:-x	Kuss
:-X	dicker Kuss
II*(	Entschuldigung
II*)	Entschuldigung angenommen
@>-->--	Rose

INFOBOX

MMS

Mit dem Multimedia Messaging Service (MMS) können mit Handys mehr als nur Kurznachrichtentexte versendet werden: zum Beispiel Töne, kurze Musikstücke, Textpassagen oder bewegte Bilder. Diese können beliebig miteinander zu einer individuellen Postkarte kombiniert und wie eine SMS über das Mobilfunknetz verschickt werden. Da in vielen Handys inzwischen eine Kamera eingebaut ist, können aus den selbst gemachten Ferienfotos so schnell persönliche Urlaubsbotschaften werden.

In einer **Telefonzentrale** kontrolliert die Deutsche Telekom auf einem riesigen Leinwandsystem ihre Telefon- und Datenleitungen.

Schnurlose **Telefone** übertragen das Gespräch mittels einer Funkverbindung an das Basisgerät.

INFOBOX

Das erste Telefon

Der Lehrer Johann Philipp Reis arbeitete in seiner Freizeit an einer Möglichkeit zur Übertragung von Schallwellen. 1861 stellte er einen Apparat vor, der gesprochene Worte über eine große Entfernung transportieren und hörbar machen konnte. Dieses Gerät nannte er Telefon, was so viel wie »Fernhörer« bedeutet. Der Amerikaner Graham Bell verbesserte 1876 das Reis'sche Telefon.

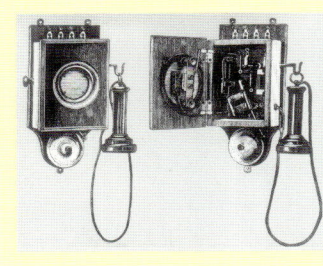

Telefon

Früher war es umständlich, längere Nachrichten über weite Strecken zu übermitteln. Dies ging lange Zeit nur per ▶ Post und dauerte meist einige Tage. Heute können wir dank der Entwicklung des »Fernhörers« und eines weltweiten Telefonnetzes sogar mit Menschen in anderen Erdteilen sprechen.

Im Hörer des Telefons sind ein ▶ Mikrofon und ein ▶ Lautsprecher eingebaut. Beim Telefonieren werden die Schallwellen der Stimme im Mikrofon in elektrische Signale umgewandelt und über die Telefonleitungen zum angerufenen Telefon weitergeleitet. Dort wandelt der Lautsprecher die ankommenden Signale wieder in Schallwellen um.

Früher gab es noch keine Telefone mit Wählscheibe oder Tasten. Wollte man jemanden anrufen, teilte man zunächst einem Mitarbeiter der Vermittlungsstelle mit, mit wem man gerne sprechen wollte. Der Mitarbeiter musste die beiden Gesprächspartner dann von Hand verbinden. Heute wird die Verbindung in den Vermittlungsstellen automatisch über besondere Computer hergestellt. ■

Das »Fräulein vom Amt« hat früher die Gespräche von Hand verbunden. Heute geht das in der **Vermittlungsstelle** automatisch.

Telefonsatellit

Mithilfe moderner Telefonnetze sind heute sehr viele Gespräche gleichzeitig auf dem ganzen Kontinent möglich. Doch was geschieht, wenn die Entfernungen noch größer werden und zum Beispiel Menschen aus Europa und den USA miteinander telefonieren möchten?

Zur Überbrückung solch großer Distanzen werden neben Tiefseekabeln vor allem Telefonsatelliten eingesetzt. Sie schweben meist auf einer geostationären ▶ Umlaufbahn und umspannen die Erde wie ein großes Netz. Beim Wählen einer ausländischen Telefonnummer wird zuerst eine Verbindung zwischen dem ▶ Telefon und der nächsten Erdfunkstelle hergestellt. Von hier wird das Telefongespräch über große Antennenschüsseln an den ▶ Satelliten weitergesendet. Um die Gesprächssignale bis in den Weltraum schicken zu können, müssen sie in besondere elektromagnetische Wellen, in Mikrowellen, umgewandelt werden. Der Telefonsatellit empfängt sie und sendet sie zurück zur Erde. Eine ▶ Parabolantenne auf der anderen Seite der Erde empfängt die Mikrowellen. Nun werden sie wieder in elektrische Telefonsignale umgewandelt und über die Telefonleitungen weitergeleitet. ■

Walkie-Talkie

Tragbare Funkgeräte nennt man auch »Walkie-Talkies«: »Walk« heißt auf Deutsch gehen und »talk« sprechen. Sie werden vor allem von Polizisten und Feuerwehrleuten eingesetzt.

Im Walkie-Talkie werden die Töne in Funkwellen umgewandelt und dann kugelförmig ausgesendet. Jeder, der sein Walkie-Talkie auf die gleiche Frequenz eingestellt hat, kann die gesendete Botschaft empfangen und antworten. Das ist ähnlich wie beim ▶ Radio, auch da hat jeder Sender eine eigene Frequenz, auf der er sein Programm ausstrahlt. ■

Auch beim Ausbruch großer Brände sind **Walkie-Talkies** sehr nützlich: So kann dieser Feuerwehrmann direkt Bescheid geben, falls sich das Feuer ausweitet.

ERFINDUNG

Wo werden mobile Funkgeräte eingesetzt?

Funkgeräte sind besonders bei der Polizei und der Feuerwehr wichtig. Mithilfe des mobilen Sprechfunks können sich die Einsatzkräfte gegenseitig schnell über den Stand der Dinge informieren. Auch das Militär nutzt die Vorteile von tragbaren Funkgeräten zur Informationsvermittlung. Diese Übermittlung kann mit verschiedenen Methoden geschützt werden, damit nicht jeder mit seinem Handfunkgerät den Gesprächen von Polizei, Feuerwehr oder Militär lauschen kann.

Die **Erdfunkstellen** senden und empfangen Telefongespräche über Antennenschüsseln, die in den Weltraum gerichtet sind. Die großen Schüsseln schicken die Telefonate in Form von Mikrowellen zum Telefonsatelliten.

Im Kraftwerk

Im Kraftwerk

För viele Tätigkeiten wird Energie benötigt: Man kocht und heizt damit, beleuchtet Wohnungen, Geschäfte und Straßen, braucht sie zum Fernsehen und Spielen. Meistens nutzen wir Energie in Form von Elektrizität. In Deutschland werden pro Kopf im Jahr rund 6000 Kilowattstunden Strom verbraucht. Das entspricht der Energie, die man aus gut 740 kg Steinkohle gewinnen kann. Es wäre allerdings unglaublich umständlich, wenn jeder Verbraucher selbst aus so viel Kohle Strom gewinnen müsste. Stattdessen zapfen wir den Strom aus Steckdosen. Aber wo wird er erzeugt und wie kommt er zu uns?

Der größte Teil des Stroms kommt aus so genannten Wärmekraftwerken. Das sind Stromfabriken, in denen Kohle, Gas oder Öl verbrannt werden. Sie sind oft schon von weitem an den dampfenden Kühltürmen und den hohen Schornsteinen erkennbar. Die Brennstoffe werden in Bergwerken und Ölförderanlagen gewonnen und mit Zügen, Schiffen oder Rohrleitungen zum Kraftwerk transportiert. Dort werden sie verfeuert und

die Hitze wird genutzt, um Dampf zu erzeugen und damit Turbinen anzutreiben. Die Turbinen sind wiederum mit Generatoren verbunden, in denen schließlich der Strom erzeugt wird. Eine andere Form der Kraftwerke sind die Kernkraftwerke. In ihnen wird der Brennstoff Uran allerdings nicht verbrannt, sondern die benötigte Hitze entsteht bei der Spaltung der Uranatome.

Damit die Verbraucher den Strom aus den Kraftwerken nutzen können, wurde ein landesweites Netz von Überlandleitungen und Erdkabeln aufgebaut.

Seit einiger Zeit versucht man, einen Teil des Stroms aus anderen Quellen zu gewinnen. Besonders die Windenergie spielt eine wichtige Rolle, ebenso die Möglichkeit, die Strahlungsenergie der Sonne zu nutzen. Forscher denken, dass die Energien von Wind und Sonne eines Tages unseren Strombedarf decken könnten.

Batterie

Batterien speichern Energie in chemischer Form. Sie enthalten zwei Stoffe, die chemisch miteinander reagieren. In einer Taschenlampenbatterie sind das zumeist Zink und Mangandioxid. Das Metall Zink gibt elektrisch negativ geladene Teilchen, die Elektronen, ab, das Mangandioxid nimmt diese auf. Der Austausch wird jedoch erst möglich, wenn die Taschenlampe eingeschaltet wird. Nun sind die beiden Kontakte über einen Stromkreis verbunden, in dem die Elektronen fließen können. Im Gegensatz zu einem ▶ Generator erzeugen Batterien Gleichstrom: Die Elektronen fließen vom Minuspol (Zink) zum Pluspol (Mangandioxid). ■

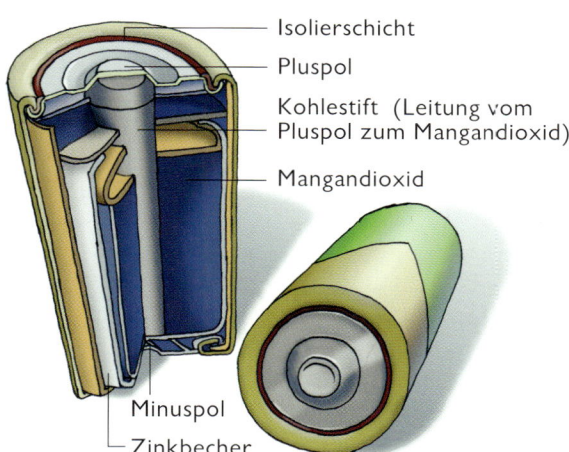

- Isolierschicht
- Pluspol
- Kohlestift (Leitung vom Pluspol zum Mangandioxid)
- Mangandioxid
- Minuspol
- Zinkbecher

Bergwerk

In der Erde verborgen liegt das »schwarze Gold«, die pechschwarze Steinkohle, die in Bergwerken gefördert und in ▶ Kraftwerken verfeuert wird. Um sie abzubauen, graben Bergleute tiefe Schächte und Stollen. Diese können über 1500 m tief unter der Erdoberfläche liegen.

Früher mussten die Bergarbeiter die Kohle mühevoll mit Schaufeln und Hacken freilegen. Heute werden dafür große Maschinen eingesetzt: Mit großen Hobeln, Schrappern und Schrämmmaschinen fräsen sie die Kohle aus dem Gestein. Lange Förderbänder transportieren sie zum Förderturm. Von dort wird die Kohle an die Oberfläche gehoben.

Aber nicht alle Kohlelager liegen so tief unter der Erde. Häufiger wird in Deutschland Kohle in offenen Bergwerken abgebaut. Vor allem Braunkohle kann im Tagebau gewonnen werden. Ein Tagebau ist eine große Grube – oft mehrere Kilometer lang und bis zu 400 m tief. Mit riesigen Schaufelradbaggern (▶ Bagger) wird hier die Kohle abgetragen.

In Bergwerken werden aber nicht nur Braun- oder Steinkohle gefördert, sondern auch Salze, Mineralien, Sande, Erze und sogar Edelmetalle wie Silber oder Gold und das für die Stromerzeugung in ▶ Kernkraftwerken wichtige Urangestein. ■

Batterie

Der Vorläufer der ersten Batterien wurde um 1800 von dem Italiener Alessandro Volta entwickelt. Die »Volta'sche Säule« bestand aus mehreren Schichten von Kupfer, Zink und Pappe oder Leder, die mit Salzsäure durchtränkt waren. Zu Ehren von Alessandro Volta wurde die Einheit für die elektrische Spannung später »Volt« genannt.

1859 baute der französische Physiker Gaston Planté erste wieder aufladbare Batterien, die man heute Akkumulatoren oder kurz Akku nennt. Die chemische Reaktion, die sonst für die Spannung sorgt, kehrt sich beim Aufladen um. Deshalb kann man diese Batterien besonders lange verwenden. Ein solcher Akku ist beispielsweise die Starterbatterie eines ▶ Autos.

In manchen **Bergwerken** werden die Förderbänder auch zum Personentransport genutzt.

Die größten **Schaufelradbagger** (▶ Bagger) sind über 100 m hoch und wiegen 13 000 t.

Elektrizität

Elektrizität ist eine unsichtbare, doch sehr mächtige Naturkraft. Sie kann Blitze erzeugen oder in Form von elektrischem Strom Geräte, zum Beispiel ▶ Motoren, antreiben. Dabei sind die Hauptakteure winzig klein: In jedem Stoff sind unzählige, kleine elektrische Ladungen – die Elektronen. Besonders in Metallen können sie sich frei bewegen. Strömen sie gemeinsam in eine Richtung, spricht man von einem elektrischen Strom. Je mehr Elektronen fließen, desto größer ist die Stromstärke. Bei dieser Bewegung entsteht Wärme; manchmal sogar so viel, dass Metall zu glühen beginnt, wie beispielsweise in einer ▶ Glühlampe.

Um die Elektronen in Bewegung zu setzen, braucht man eine Spannungsquelle, beispielsweise eine ▶ Batterie. Die elektrische Spannung erzeugt eine Art Druck auf die Elektronen. Je höher die Spannung, desto stärker der Druck. Eine Batterie erzeugt eine Gleichspannung, d. h. die Elektronen fließen immer in die gleiche Richtung. Der hingegen mit ▶ Generatoren erzeugte Strom hat eine Wechselspannung. ■

Diese **Generatoren** im Dreischluchtenstaudamm in China gehören zu den größten der Welt.

Generator

Der Generator ist das Herzstück eines Kraftwerks – in ihm wird der Strom erzeugt. Im Prinzip funktioniert er wie ein Fahrraddynamo: Ein Magnet dreht sich in einer Spule aus aufgewickeltem Draht. Während der Fahrraddynamo durch den Fahrradreifen angetrieben wird, werden Generatoren über ▶ Turbinen mithilfe von Wasser, Dampf, Wind oder Verbrennungsmotoren (▶ Motor) betrieben. Bei dieser Art der Stromerzeugung wird mechanische, nämlich Bewegungsenergie, in elektrische Energie umgewandelt.

Der Magnet im Generator ist ein starker Elektromagnet. Außerdem stecken in einem Generator nicht nur eine Drahtspule, sondern drei. Der Fachausdruck heißt Dreiphasen-Wechselstrom oder auch Drehstrom. Die Drehung wird dabei im Generator so geregelt, dass der Strom 50-mal pro Sekunde in die eine und 50-mal in die andere Richtung fließt. Der Strom hat damit eine Frequenz von 50 Hertz. ■

INFOBOX

Wie kann man Strom erzeugen?

Mit Generatoren oder Dynamos wird elektrischer Strom nach dem Prinzip der Induktion erzeugt: Ein Magnet dreht sich in der Nähe einer Drahtspule, und so werden die Elektronen im Draht hin und her geschubst. Durch die Drehung des Magneten ändert das magnetische Feld ständig die Richtung. Die Elektronen in der Drahtspule werden erst in die eine, dann in die andere Richtung geschoben. Es entsteht Wechselstrom. Der Magnet in einem Fahrraddynamo (siehe Abbildung) ist ein Permanentmagnet – er besteht aus einem dauerhaft magnetischen Material. In einem Kraftwerksgenerator werden meist Elektromagneten eingesetzt. Sie können ein- und ausgeschaltet werden.

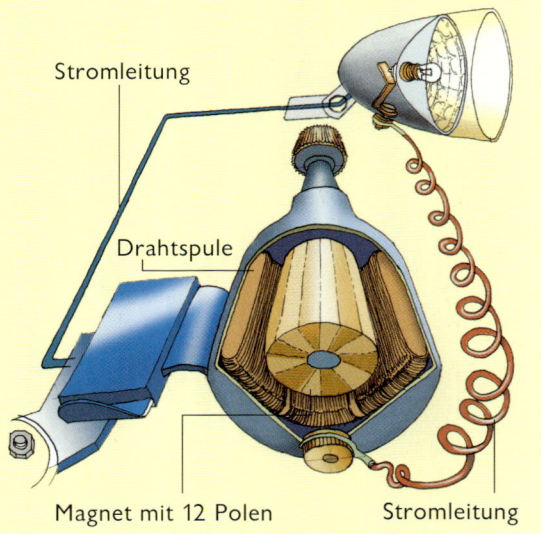

Stromleitung

Drahtspule

Magnet mit 12 Polen

Stromleitung

Die Glühwendel der **Glühlampe** leuchten; damit es nicht blendet, ist der Kolben oft aus mattem Glas.

Glühlampe

Der Glühfaden der ersten Glühlampe war aus einem ungewöhnlichen Material – aus verkohltem Bambusholz. Der deutsche Uhrmacher Heinrich Goebel kam als Erster auf die Idee, so mit Strom Licht zu erzeugen. Heute ist der Glühfaden meist aus dem Metall Wolfram. Eine Glühlampe funktioniert aber immer noch nach dem gleichen Prinzip: Strom fließt durch den Faden, der sich stark erhitzt und leuchtet. Einfache Glühlampen werden rund 2500°C heiß. Dabei geben sie nur einen kleinen Teil der Energie als Licht ab; der Rest wird in Wärme umgewandelt und geht so verloren. Damit der Glühfaden nicht verbrennt, pumpt man bei der Herstellung die Luft aus dem Glaskolben und ersetzt sie durch die Edelgase Argon und Stickstoff.

Halogenlampen sind spezielle Glühlampen. Mit Halogen-Gasen gefüllt werden sie bis zu 3300°C heiß und leuchten besonders hell. Sie sind meist auch länger haltbar als herkömmliche Glühlampen. ■

Kernkraftwerk

Auch Kernkraftwerke sind Wärmekraftwerke, doch wird hier nichts verbrannt. Die Wärme wird durch Spaltung erzeugt. Spaltstoff ist meist das Metall Uran. Die Atomkerne des Urans lassen sich zerbrechen, wenn man sie mit Neutronen beschießt. Dabei wird viel Energie frei.

Die Spaltung findet im Reaktorbehälter statt. Das ist ein mit Wasser gefüllter stählerner Druckbehälter, in dem sich die Brennstäbe aus Uran befinden. Um die Reaktionen zu steuern, gibt es zusätzlich Regelstäbe aus Grafit. Dieses Reaktordruckgefäß wird außerdem zur Sicherheit von rund zwei Meter dicken Betonwänden umgeben. Das Wasser um die Brennstäbe erhitzt sich durch die Kernspaltung und wird unter hohem Druck in den Dampferzeuger gepumpt. Dort gibt es die Hitze an das Wasser des Kühlkreislaufs ab, welches verdampft und zur ▶ Turbine strömt. Diese ist mit einem ▶ Generator verbunden, der Wechselstrom erzeugt. In manchen Kernkraftwerken wird der heiße Dampf auch direkt in die Turbine geleitet.

Kernkraftwerke sind umstritten, da es noch keine allgemein akzeptierte Entsorgung der radioaktiven Abfälle gibt. Außerdem können Unfälle verheerende Folgen haben. ■

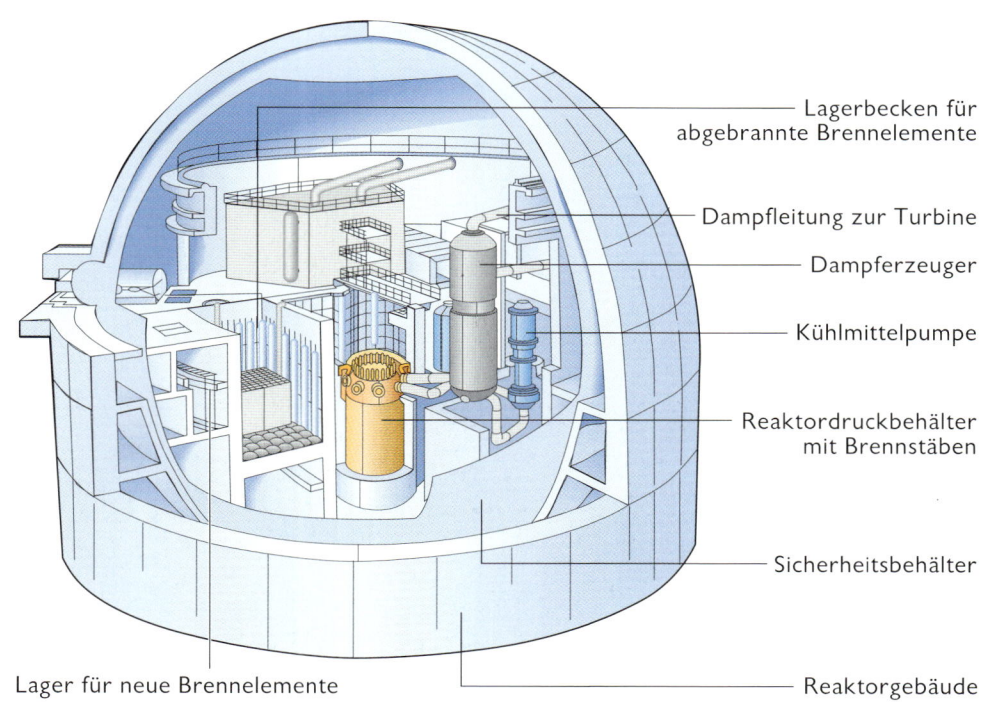

Lagerbecken für abgebrannte Brennelemente

Dampfleitung zur Turbine

Dampferzeuger

Kühlmittelpumpe

Reaktordruckbehälter mit Brennstäben

Sicherheitsbehälter

Lager für neue Brennelemente

Reaktorgebäude

Kraftwerk

In Kraftwerken wird jene ▶ Elektrizität produziert, die täglich in Wohnungen, im Verkehr und in Fabriken verbraucht wird. Die einzelnen Kraftwerke unterscheiden sich sehr voneinander, denn Strom lässt sich aus verschiedenen Quellen gewinnen.

Am häufigsten sind Verfahren, bei denen bestimmte Materialien verbrannt werden. Der Strom wird durch Wärmeerzeugung gewonnen, weshalb man sie auch Wärmekraftwerke nennt. Dazu zählen ebenso die ▶ Kernkraftwerke – auch wenn das verwendete Grundmaterial nicht verbrannt, sondern gespalten wird. Der größte Teil des in Deutschland verbrauchten Stromes wird in Wärmekraftwerken erzeugt. Eine andere Form sind die Wasserkraftwerke. Hier nutzt man die Kraft des Wassers, um Strom zu erzeugen. Auch Wind und Sonne sind Energiequellen. Meist werden sie jedoch nur in kleineren Anlagen genutzt.

In Wärmekraftwerken werden durch die Verbrennung von Kohle, Gas oder ▶ Erdöl oder durch Kernspaltung in einem geschlossenen Kessel große Mengen Wasser verdampft. Der Dampf wird in mehreren Stufen weiter erhitzt, bis er rund 550 °C heiß ist. Er hat dann einen Druck, der etwa 100-mal so stark ist wie in einem Autoreifen. Mit diesem heißen Dampf werden ▶ Turbinen angetrieben. Die Turbine ist direkt mit einem ▶ Generator verbunden. Dieser wandelt die Bewegungsenergie der Turbine nun in elektrische Energie um – er produziert Wechselstrom.

In diesem **Kohlekraftwerk** in Herne werden jedes Jahr drei Millionen Tonnen Steinkohle verbrannt. Es werden sowohl Strom als auch Fernwärme erzeugt.

Jetzt muss die Elektrizität noch zum Endverbraucher geschickt werden. Dazu wandelt ein ▶ Transformator den gewonnenen Strom um. Die Spannung wird in Europa von 10 000 Volt auf bis zu 380 000 Volt erhöht. So kann der Strom in ▶ Überlandleitungen ohne allzu große Verluste über lange Strecken fließen. Am anderen Ende wird mithilfe von Transformatoren wieder dafür gesorgt, dass in den ▶ Steckdosen die Haushaltsspannung von 230 Volt ankommt.

In den Wärmekraftwerken wird der heiße Dampf noch weiterverwendet, nachdem er die Turbine durchlaufen hat. Beispielsweise

In der **Maschinenhalle** eines Kraftwerks wird der elektrische Strom erzeugt. Im Bild sind vier Einheiten aus je einer Dampfturbine (▶ Turbine) und einem ▶ Generator zu sehen.

wird der Wasserdampf wieder verflüssigt und noch warm in den Kessel zurückgeleitet. Manchmal nutzt man die restliche Wärme des Dampfes aber auch, um über Fernwärmeleitungen Wohnhäuser zu heizen. Auch die bei der Verbrennung im Rauch entstehenden Reste werden noch genutzt. Moderne Kraftwerke haben aufwendige Anlagen zur Reinigung des Rauchs, damit er die Luft nicht verschmutzt. In diesen Rauchfilteranlagen werden große Mengen an Gips und Schwefel für die chemische Industrie gewonnen.

In einem Wasserkraftwerk müssen nicht extra Wärme und Dampf erzeugt werden, denn das Wasser strömt durch eine Fallleitung direkt auf die Schaufeln einer Turbine. Auch hier treibt diese dann einen Generator an, der Strom erzeugt. ■

INFOBOX

Wie nutzt man Wasserkraft?

Es gibt drei Arten von Wasserkraftwerken: In Laufwasserkraftwerken wird die Energie von der Strömung des Flusswassers genutzt. In Speicherkraftwerken wird mithilfe einer Talsperre Wasser in hoch gelegenen Seen gespeichert und durch eine Fallleitung zur ▶ Turbine geleitet. Pumpspeicherkraftwerke pumpen zu Tageszeiten, in denen andere Kraftwerke mehr Strom als gebraucht wird produzieren, mit dieser Überschussenergie Wasser in höher gelegene Speicherseen. Wird später wieder mehr Strom gebraucht, lässt man das Wasser aus dem See ab und treibt damit eine Turbine an.

Insgesamt gibt es in Deutschland 677 öffentliche Wasserkraftwerke. Hinzu kommen rund 4800 private Kleinanlagen.

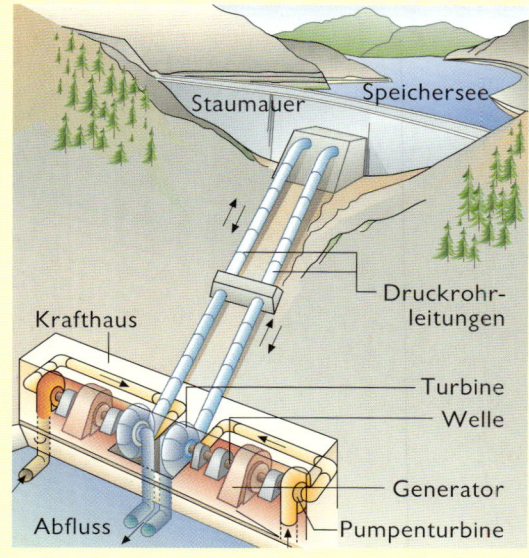

Staumauer Speichersee

Druckrohrleitungen

Krafthaus

Turbine
Welle

Generator
Abfluss Pumpenturbine

Die Rohrleitungen des **Pumpspeicher-Kraftwerkes** Wendefurth sind so groß, dass ein ▶ Auto hindurchpassen würde. Die kleine Kabinenbahn wird für Wartungs- und Kontrollfahrten benutzt.

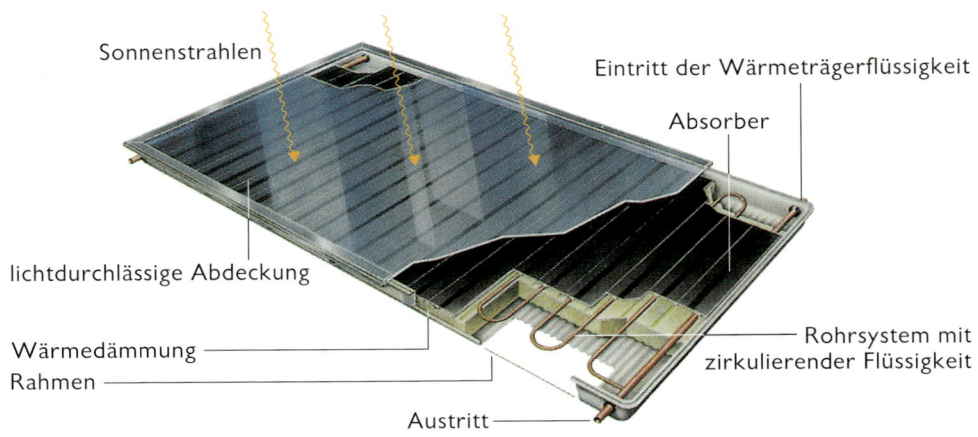

Sonnenstrahlen

Eintritt der Wärmeträgerflüssigkeit

Absorber

lichtdurchlässige Abdeckung

Wärmedämmung

Rahmen

Rohrsystem mit zirkulierender Flüssigkeit

Austritt

Moderne **Solarkollektoren** nutzen die Sonnenstrahlung, um Wasser zu erwärmen.

Solarenergie

Die Sonne sendet mit ihren Strahlen jeden Tag 40-mal so viel Energie auf die Erde, wie die Menschheit in einem Jahr verbraucht. Es gibt mehrere Möglichkeiten, diese Energie zu nutzen: Die einfachste Methode ist die Erwärmung von Wasser in einem Solarkollektor. Das ist meist nur ein flacher Kasten, in dem schwarze Wasserrohre unter einer Glasscheibe entlanglaufen. Die Sonnenstrahlung erhitzt das Wasser, das so zum Waschen oder Heizen genutzt werden kann. Am besten wird die Sonnenwärme genutzt, wenn die Sonnenstrahlen senkrecht auf den Kollektor fallen.

In sonnenreichen Gebieten der Erde werden mit der Sonnenenergie sogar ▶ Kraftwerke betrieben. In Turmkraftwerken bündeln viele große Spiegel das Sonnenlicht in der Spitze des Kraftwerkturms. So entstehen Temperaturen bis zu 1000 °C – und damit lässt sich heißer Wasserdampf erzeugen, mit dem die ▶ Turbinen angetrieben werden. In Rinnenkraftwerken stehen viele rinnenförmige, gekrümmte Spiegel nebeneinander. Dort, wo jeder dieser Spiegel das Licht bündelt, verläuft ein mit einem Spezialöl gefülltes Rohr. Die Sonnenstrahlen erhitzen das Öl, bevor es in einen Wärmetauscher fließt. So wird wiederum heißer Wasserdampf erzeugt.

Eine weitere Möglichkeit der Nutzung der Sonnenenergie ist die Fotovoltaik, die direkte Umwandlung des Lichts in Strom. Moderne Solarzellen können einen Teil der Strahlungsenergie in Strom umsetzen – das ist besonders praktisch abseits des Stromnetzes.

Sonnenenergie ist sehr umweltfreundlich und auch in Zukunft fast unbegrenzt vorhanden. Bis jetzt ist der Strom aus Solarkraftwerken allerdings noch relativ teuer. Deshalb wird heute nur ein kleiner Teil unserer Energie so gewonnen. ◼

Große Solarkraftwerke wandeln die Energie der Sonnenstrahlung in Strom um. Das Foto zeigt eine **Solarenergie-Forschungsanlage** in Spanien.

Steckdose

Zu Hause zapft man den Strom aus Steckdosen. Diese sehen in Deutschland fast immer gleich aus: zwei Löcher für die beiden Kontaktstifte des Steckers und zwei kleine Metallschienen ober- und unterhalb. In den beiden Löchern sitzt jeweils ein elektrischer Kontakt. Den einen nennt man Phase, den anderen Nullleiter. Die Phase erhält über das Leitungsnetz den Strom aus dem ▶ Kraftwerk. Der Nullleiter ist die Rückleitung zum Kraftwerk.

Die beiden Metallschienen in der Steckdose heißen Schutzkontakte oder Erdung. Sie führen über ein Kabel in die Erde unterhalb des Hauses und verhindern, dass man beim Berühren des Metallgehäuses eines Geräts einen Schlag erhält. ■

INFOBOX

Warum sind Steckdosen gefährlich?

Auch der menschliche Körper kann Strom leiten. Schon ab einer Spannung von etwa 10 Volt kann man beim direkten Kontakt mit ▶ Elektrizität einen »Schlag« bekommen. Bei geringen Spannungen empfindet man diesen als kleines Kitzeln, bei hoher Spannung kann er tödlich sein. Deshalb ist beim Umgang mit dem Strom aus Steckdosen höchste Vorsicht geboten!

Transformator

Kleinere Transformatoren arbeiten in vielen Haushaltsgeräten; die größten hingegen können so groß sein wie ein ▶ LKW und werden in ▶ Kraftwerken eingesetzt. Mit Transformatoren wird die Höhe der elektrischen Spannung eines Wechselstroms verändert. Hohe Spannungen haben den Nachteil, dass elektrische Funken überspringen können. Das ist gefährlich! Andererseits lässt sich ▶ Elektrizität so mit weniger Verlusten über ▶ Überlandleitungen transportieren. Deshalb verändern Transformatoren die Spannung vor und nach dem Transport in mehreren Stufen.

Unabhängig von der Größe ist der Aufbau eines Transformators immer ähnlich: Auf der Seite mit der niedrigeren Spannung ist ein kurzer Kupferdraht zu einer Drahtspule gewunden. Auf der anderen Seite ist ein langer Draht aufgewickelt. Sobald auf der einen Seite Wechselstrom fließt, wird auch in der anderen Spule eine Spannung erzeugt. Diese »Fernwirkung« geschieht durch ein Magnetfeld, das jeden elektrischen Wechselstrom begleitet. Je mehr sich die Anzahl der Wicklungen auf den Spulen unterscheidet, desto stärker wird die Spannung transformiert, also verändert. ■

INFOBOX

Sind Steckdosen überall gleich?

Nein, Steckdosen sehen in den verschiedenen Ländern unterschiedlich aus. In Großbritannien und den USA haben sie zum Beispiel drei Löcher. Der dritte Kontakt hat hier die Funktion, die bei uns die seitlichen Metallstreifen haben. Es ist ein geerdeter Schutzkontakt. In manchen Ländern sind die Kontaktstifte des Steckers flach. Deshalb braucht man für die eigenen Elektrogeräte im Ausland einen Adapter.

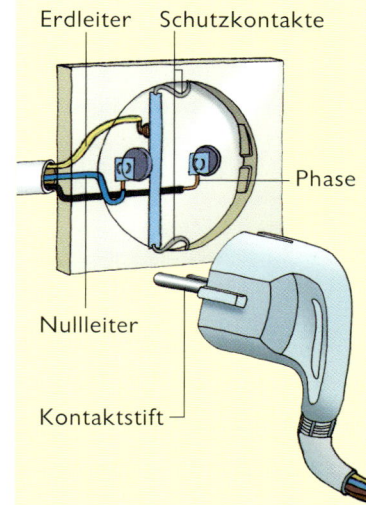

Erdleiter   Schutzkontakte

Phase

Nullleiter

Kontaktstift

Die **Transformatoren** eines ▶ Kraftwerks sind so groß wie Eisenbahnwaggons. Sie müssen extreme Stromstärken und Spannungen aushalten. Damit sie nicht überhitzen, werden sie ständig gekühlt.

Kraftwerk

In vielen Dampfkraftwerken arbeiten zweiflutige Turbinen. Der Dampf strömt in der Mitte der **Turbine** ein und breitet sich nach beiden Seiten aus. Da sich der Dampf dabei ausdehnt, werden Schaufeln verwendet, die nach außen größer werden.

Turbine

Die Bezeichnung Turbine stammt vom lateinischen Wort »turbo«, das »Wirbel«, »Sturm« oder »Kreisel« bedeutet.

Der heiße Dampf, der im Kessel des ▶ Kraftwerks erzeugt wurde, strömt in der Dampfturbine auf die Schaufeln beweglicher Laufräder. Dadurch drehen sich diese Schaufelräder – wie ein Windrad. Mit dieser Drehung treibt die Turbine über eine Verbindung einen ▶ Generator an.

Der heiße Dampf überträgt in der Turbine seine Energie auf die Schaufelräder. Er dehnt sich dabei aus und kühlt deshalb ab. Die Schaufeln der Laufräder werden aus diesem Grund zum Ausgang der Turbine hin immer größer. So kann der Dampf die größtmögliche Kraft auf die Schaufelräder ausüben. In Gasturbinen hingegen treiben heiße Verbrennungsabgase die Schaufelräder und damit die Antriebswellen an. ■

In **Überlandleitungen** wird Strom mehr als 100 km weit transportiert.

Überlandleitung

Bei Fahrten über Land kann man oft die hohen Strommasten mit den Überlandleitungen sehen, durch die der Strom vom ▶ Kraftwerk zu den Verteilern fließt. Damit nicht allzu viel Strom verloren geht, wandeln ▶ Transformatoren die Spannung auf Stärken bis zu 380 000 Volt um. Manchmal überbrücken die Überlandleitungen so Hunderte Kilometer. An den Endpunkten wird die Spannung dann in mehreren Stufen gesenkt. Für Wohnungen und kleinere Betriebe wird die Spannung bis auf 230 Volt heruntertransformiert.

Meist sieht man auf den großen Strommasten genau drei oder sechs Leitungen, denn der Strom verlässt das Kraftwerk als Dreiphasen-Wechselstrom. Jeweils drei Leitungen gehören zusammen; ihr Strom stammt aus dem gleichen ▶ Generator. Manchmal gibt es noch ein zusätzliches Kabel, das als Blitzableiter die Stromleitungen schützt. In die Wohnungen wird der Strom durch ein Verteilernetz über Erdkabel geleitet. ■

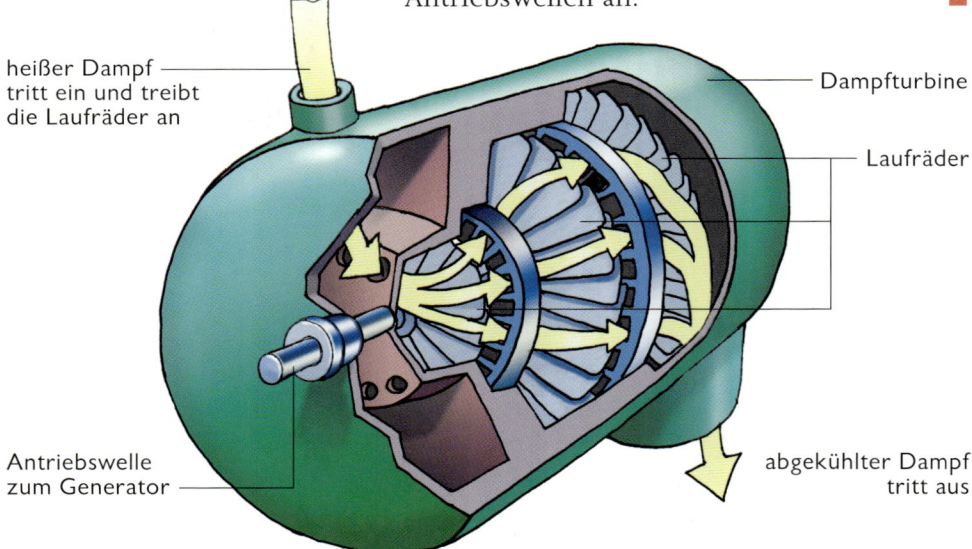

heißer Dampf tritt ein und treibt die Laufräder an

Dampfturbine

Laufräder

Antriebswelle zum Generator

abgekühlter Dampf tritt aus

Windenergie

Menschen nutzen die Windkraft schon seit mehr als zweitausend Jahren – zuerst für Segelboote, später in Windmühlen und heute zur Stromerzeugung.

Windkraftanlagen funktionieren im Prinzip wie ▶Turbinen: Der Wind dreht das Windrad, das mit einem ▶Generator verbunden ist, der wiederum Strom erzeugt. Unter günstigen Bedingungen liefern 400 Windkraftanlagen so viel Energie wie der Reaktor eines ▶Kernkraftwerks. Nicht überall weht der Wind aber oft und stark genug, um Windräder anzutreiben. Darum findet man sie in Deutschland vor allem auf Bergen und an der Küste. In Zukunft ist es denkbar, dass auch große Windparks mit vielen hundert Windkraftanlagen mitten im Meer entstehen.

INFOBOX

Wie funktioniert ein Windrad?

Je nach Bauart der Windkraftanlage reicht schon eine Windgeschwindigkeit von 10 km/h, um Strom zu gewinnen. Die maximale Leistung wird bei etwa 40 km/h erreicht. Wenn der Wind zu stark weht, können viele Windräder ihre Rotorblätter verstellen und so die Drehgeschwindigkeit senken. Ein Getriebe und ein aufwendiges elektrisches Regelungssystem sorgen dafür, dass der Strom möglichst gleichmäßig ins Netz fließt.

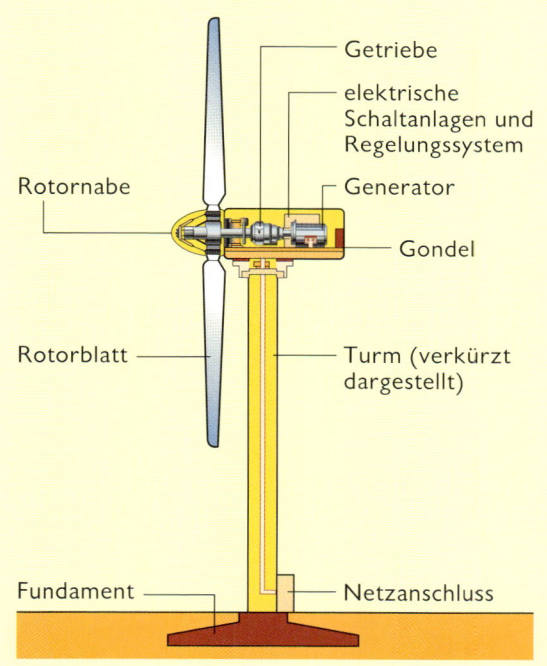

Getriebe

elektrische Schaltanlagen und Regelungssystem

Rotornabe

Generator

Gondel

Rotorblatt

Turm (verkürzt dargestellt)

Fundament

Netzanschluss

Im Allgemeinen gilt Windkraft als relativ umweltfreundlich, da sie keine Abgase produziert und auch in Zukunft unbegrenzt zur Verfügung steht. Aber es gibt auch ernste Kritik von Umweltschützern gegen die Windrotoren. Und da an manchen Tagen gar kein Wind weht, kann die Windenergie nur zusammen mit anderen Quellen unseren Energiebedarf decken.

Besonders in den flachen und windreichen Gebieten in Norddeutschland nutzt man **Windenergie**.

Im Krankenhaus

ROBERT KOCH HOSPI...

OP-BERE...

AMBULANZ

Im Krankenhaus

Bei kleineren und größeren Unfällen, bei Operationen oder umfangreichen Untersuchungen sind die Patienten in einem Krankenhaus gut aufgehoben. Dort gibt es verschiedene Fachärzte: Chirurgen, Kinderärzte, Röntgenspezialisten und viele mehr. Sie kümmern sich um die Patienten auf Krankenstationen, Intensivstationen und in speziellen Behandlungsräumen, in denen Röntgen-, Ultraschall- und Dialysegeräte untergebracht sind. Dort unterstützen viele Pflegekräfte die Ärzte. Sie nehmen den Patienten für die verschiedenen Untersuchungen Blut ab, versorgen sie mit Medikamenten und Essen oder überwachen die Aufnahme eines Elektrokardiogramms.

Neben der medizinischen Versorgung der Patienten müssen aber auch viele organisatorische Aufgaben in einem Krankenhaus erledigt werden: Es wird gekocht und geputzt, es werden riesige Berge Bettwäsche gewaschen, Medikamente eingekauft und gelagert sowie technische Geräte gewartet und neue gekauft.

Ein beträchtlicher Anteil der Krankenhausgebäude wird deshalb für Wäschereien, Wäschekammern, Küchen, Kantinen, Heizkeller und Vorratsräume benötigt. Für die medizinischen Versorgung gibt es eine Apotheke, Labors, eine Notaufnahme, Operationssäle sowie Kreißsäle für Geburten. Meist kommen dazu noch Isolierstationen, eine Leichenhalle und Räume für verschiedene Behandlungen wie Reha-, Physio- und Beschäftigungstherapie. Krankenhäuser können unterschiedlich groß sein: Ein medizinisches Zentrum in einer Großstadt hat oft tausend oder mehr Betten, es gibt aber auch kleine Krankenhäuser, in denen nur 10 bis 20 Patienten behandelt werden können. Erst seit ungefähr 150 Jahren unterteilt man die Krankenstationen, sodass einige nun auf bestimmte Krankheiten spezialisiert sind, wie beispielsweise Zahn- und Unfallkliniken.

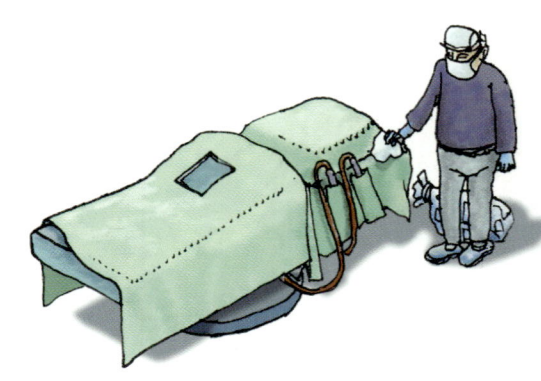

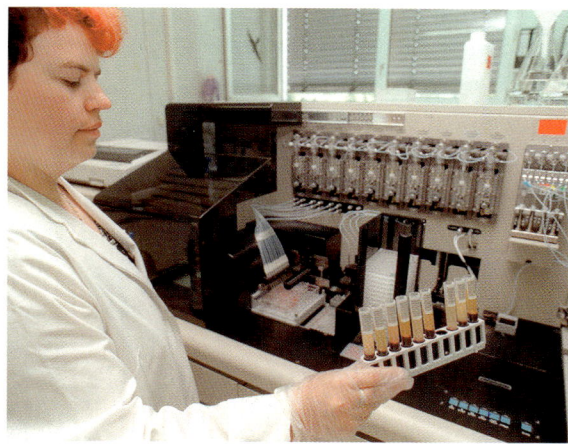

Mit einem **Blutanalysator** kann man mehrere Blutproben gleichzeitig analysieren.

Blutanalysator

Wenn jemand mit Beschwerden zum Arzt kommt, wird meist auch sein Blut untersucht. Schon kleinste Veränderungen der Blutwerte können Krankheiten anzeigen.

Im Körper eines erwachsenen Menschen fließen etwa fünf Liter Blut, für eine Analyse reichen jedoch wenige Tropfen Blut. Früher musste das abgenommene Blut vom Arzt unter dem ▶ Mikroskop untersucht werden. Das war eine langwierige und mühsame Aufgabe. Heute erledigen dies Blutanalysatoren. Innerhalb weniger Minuten bestimmen sie automatisch die Bestandteile des Blutes. Unter anderem wird die Anzahl der roten und weißen Blutkörperchen ausgezählt. Weicht diese von den Normalwerten ab, kann der Arzt daraus Rückschlüsse auf die Krankheit des Patienten ziehen. ■

INFOBOX

Organtransplantation

Organtransplantationen zählen zu den schwierigsten Operationen. Sie werden nötig, wenn Leber, Herz, Lunge oder Niere so geschädigt sind, dass keine Chance auf Heilung besteht. Dann entnehmen die Ärzte einem frisch verstorbenen Spender das benötigte Organ und verpflanzen es in den Körper des Empfängers. Eine solche Operation ist kompliziert und dauert oft mehrere Stunden. Wichtig ist, dass Spender und Empfänger die gleiche Blutgruppe haben, da der Körper das Organ sonst abstößt.

Chirurgie

Manche Krankheiten lassen sich nicht allein mit Medikamenten heilen, sondern müssen operiert werden. Chirurgen operieren Knochen, Augen, den Bauch, das Herz und sogar das Gehirn.

Zunächst machen sie sich mit ▶ Ultraschall, ▶ Röntgen- und anderen Geräten ein Bild von der Krankheit. Im ▶ Operationssaal öffnen sie dann den Körper, entfernen krankes Gewebe oder fügen gebrochene Knochen wieder zusammen. Sogar Gewebe kann so verpflanzt werden. Chirurgen sind oftmals Spezialisten, die nur ein bestimmtes Körperteil operieren.

Einer der am häufigsten durchgeführten chirurgischen Eingriffe ist die Blinddarmoperation. Dabei schneidet der Arzt mit dem Skalpell, einem scharfen Spezialmesser, eine kleine Öffnung in die Bauchdecke. So kann er den entzündeten Teil des Blinddarms, den so genannten Wurmfortsatz, erreichen und ihn herausschneiden. Anschließend vernäht er den Darm und schließt die Wunde in der Bauchdecke, damit diese gut verheilen kann.

Vor dieser Operation wird der Patient von einem Anästhesisten in Narkose versetzt, er verliert für die Dauer der Operation das Bewusstsein und spürt so keine Schmerzen. ■

INTERVIEW

Fragen an einen Chirurgen

Sind Operationen anstrengend?
Eine große Operation dauert manchmal mehrere Stunden. Während dieser Zeit muss ich mich voll auf den Patienten konzentrieren. Zum Glück arbeiten wir in großen Teams und können uns die Belastung so teilen.

Wie wird man eigentlich Chirurg?
Zuerst einmal muss man ein allgemeines Medizinstudium absolvieren. Das dauert mindestens sieben bis acht Jahre. Die zusätzliche Ausbildung zum Facharzt für Chirurgie dauert noch weitere sechs Jahre.

Bei der endoskopischen **Chirurgie** führt der Arzt eine kleine ▶ Kamera in den Körper ein. Auf Monitoren kann er den Weg der Instrumente verfolgen.

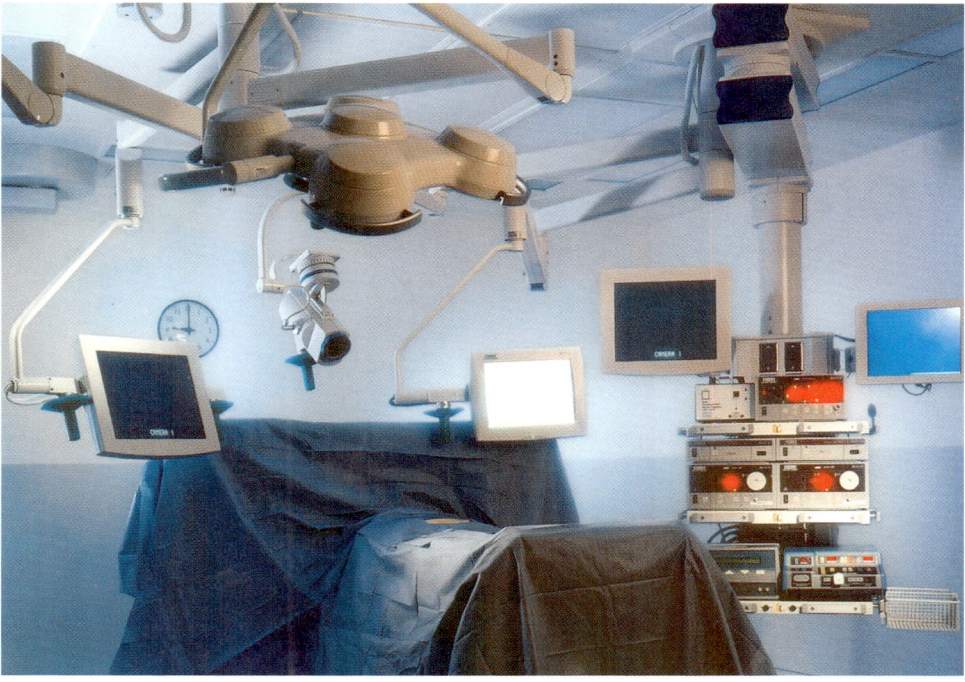

QUIZBOX

Computertomograf

Was kann mit einem Computertomograf untersucht werden?

1. Das Blut

2. Alle inneren Organe

3. Ein Knochenbruch

Antwort 2: Mit einem Computertomografen können alle inneren Organe untersucht werden. So können auch Knochenbrüche festgestellt werden – meistens untersucht man diese jedoch in einem ▶ Röntgengerät.

Computertomograf

Viele Röntgenärzte benutzen die Abkürzung CT, wenn sie von Computertomografen sprechen. CTs sind spezielle ▶ Röntgengeräte. Im Unterschied zu einem herkömmlichen Röntgenapparat ist der CT ein dicker Ring oder eine kurze Röhre, in die der Patient auf einer Liege hineingeschoben wird. Manche Patienten empfinden es als unangenehm, für mehrere Minuten völlig ruhig zu liegen, vor allem, da es in dieser Röhre ziemlich laut und eng ist. Das kommt daher, dass die Röntgenquelle im Gerät im Kreis um den Patienten herum gedreht wird. Auf der entgegengesetzten Seite des Rings läuft ein Messgerät, das die den Körper durchdringenden Röntgenstrahlen auffängt. So können Aufnahmen von allen Seiten gemacht werden. Ein Computer verarbeitet diese Messdaten und setzt sie zu einem Bild zusammen. Das Röntgenbild zeigt einen Querschnitt durch den Körper. Der Arzt sieht die inneren Organe und Knochen so, als wenn der Körper an dieser Stelle durchschnitten wäre. Diese Aufnahmen sind völlig schmerzlos und der Patient wird dabei nicht verletzt. ■

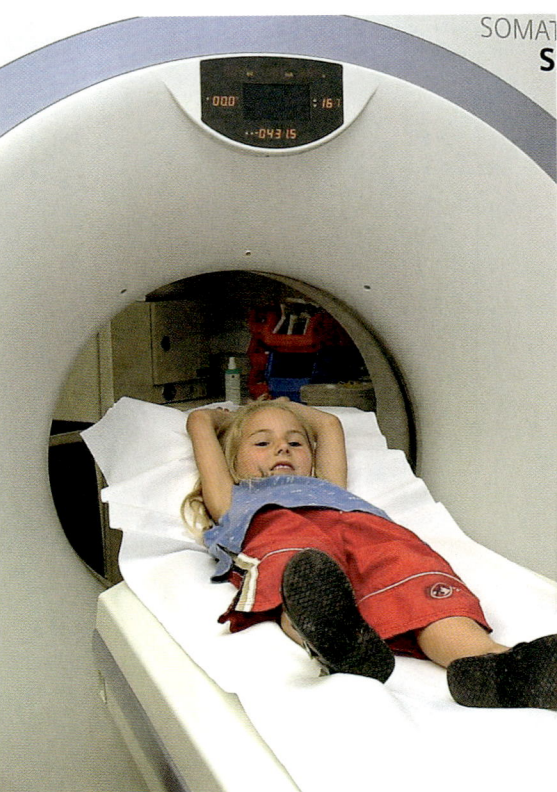

Für die Röntgenaufnahme in einem **Computertomografen** muss man kurz stillhalten.

Dialysegerät

In einem gesunden Körper reinigen die Nieren das Blut. Sie filtern die Harnsäure und andere giftige Stoffe aus dem Blut heraus. Zusammen mit dem ausgeschiedenen Wasser entsteht so der Urin. Erkranken die Nieren schwer, können sie diese Aufgabe nicht mehr erfüllen und der Patient droht, von innen vergiftet zu werden.

In einem solchen Fall können Maschinen die Funktion der Nieren übernehmen. Dabei leitet eine Pumpe das Blut vom Patienten in das Dialysegerät. Über eine dünne Filterwand werden die Giftstoffe mithilfe einer Reinigungsflüssigkeit aus dem Blut herausgefiltert. Gleichzeitig wird dem Blut ein Teil des Wassers entzogen, bevor es zurück in den Körper des Patienten geleitet wird.

Eine solche Blutwäsche muss drei- bis viermal in der Woche wiederholt werden und dauert rund vier Stunden. In dieser Zeit fließt das gesamte Blut des Patienten etwa sechsmal durch das Gerät. ■

Der Filter rechts oben am **Dialysegerät** reinigt das Blut von giftigen Stoffen.

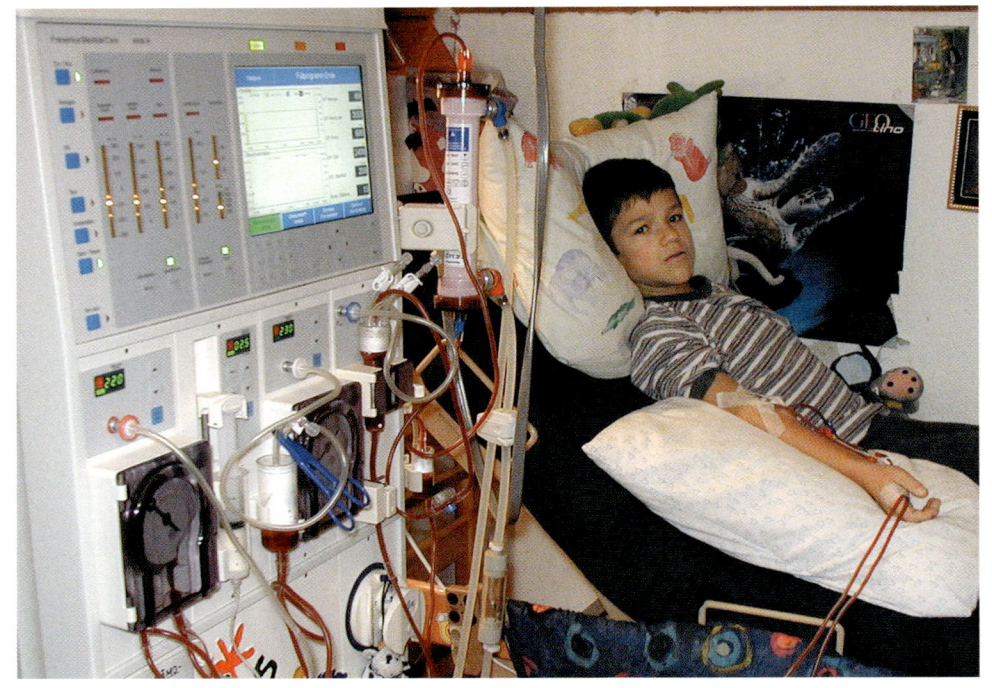

Elektrokardiogramm

Anhand eines Elektrokardiogramms (EKG) kann man erkennen, ob das Herz eines Patienten normal schlägt. Dabei wird eine grundlegende Eigenschaft des Herzens, die es mit allen anderen Muskeln teilt, ausgenutzt: Elektrische Spannungsimpulse steuern das Zusammenziehen und Entspannen der Herzmuskeln.

Will man beispielsweise einen Arm bewegen, sendet das Gehirn elektrische Signale über die Nervenbahnen an die Armmuskeln und diese ziehen sich zusammen. Der Schlag des Herzens lässt sich dagegen nicht steuern. Die Herzmuskeln haben ihren eigenen Taktgeber, der regelmäßige Spannungssignale gibt. Der Verlauf dieser Signale wird in einem EKG aufgezeichnet. Dazu setzt der Arzt kleine, runde Messfühler auf die Brust des Patienten. Diese nehmen die winzigen Spannungsstöße auf, die rund 50 000-mal so schwach sind wie die Spannung der ▶ Batterie einer Taschenlampe. Bei einem gesunden Herzen haben diese Signale eine typische, gezackte Form. Bei einem kranken Herz ist diese Kurvenform verändert. ■

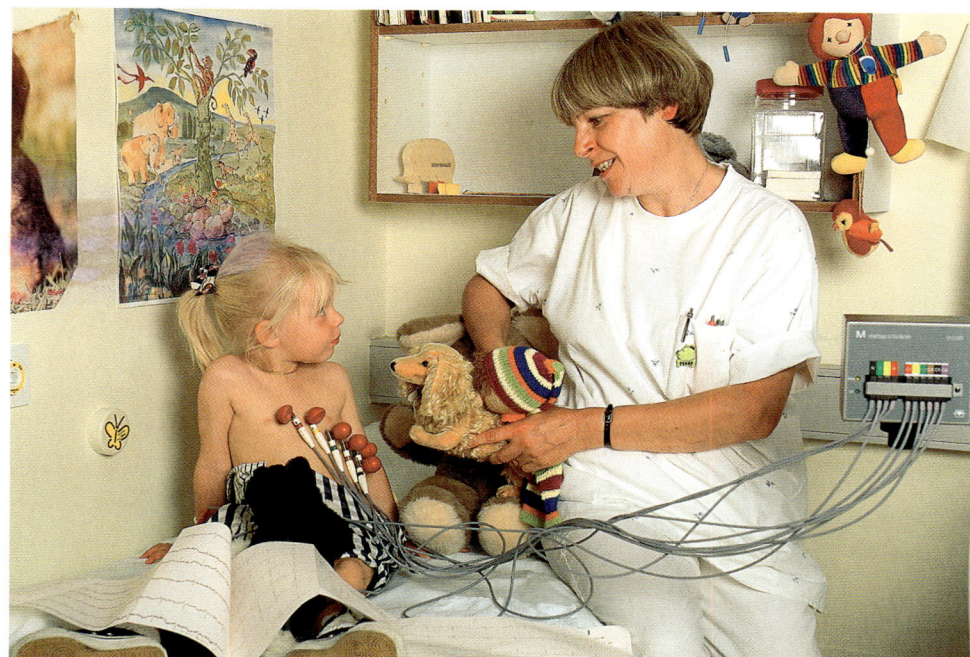

Mit einem **Elektrokardiogramm** (EKG) kann man die Herzfunktionen auch bei Kindern messen.

Gentest

Bei einem Gentest wird das Erbgut untersucht. Jede Körperzelle enthält unzählige Informationen – fast wie eine Bibliothek. Diese Informationen sind im Zellkern in den Bausteinen des Erbgutes, den Genen, gespeichert. Zusammen ergeben die Gene einen vollständigen Bauplan des Körpers. Dieser Plan ist komplett in jeder Haarzelle, jeder Blutzelle und jeder Hautzelle gespeichert. Die Gene enthalten außerdem Anweisungen, wie beispielsweise die Haare wachsen, das Gehirn arbeitet oder das Herz schlägt. Wir erben diese Gen-Informationen von unseren Eltern, und leider können sich dabei auch Fehler einschleichen. Die meisten haben keine schwerwiegenden Folgen. Manchmal können Gen-Fehler jedoch dazu führen, dass der Mensch krank wird. In einem Gentest sucht der Arzt deshalb gezielt nach diesen Fehlern. So können Krankheiten erkannt und später vielleicht einmal ihr Ausbruch verhindert werden. Umstritten ist, ob Ärzte einen Gentest schon bei Babys im Mutterleib durchführen sollten. ■

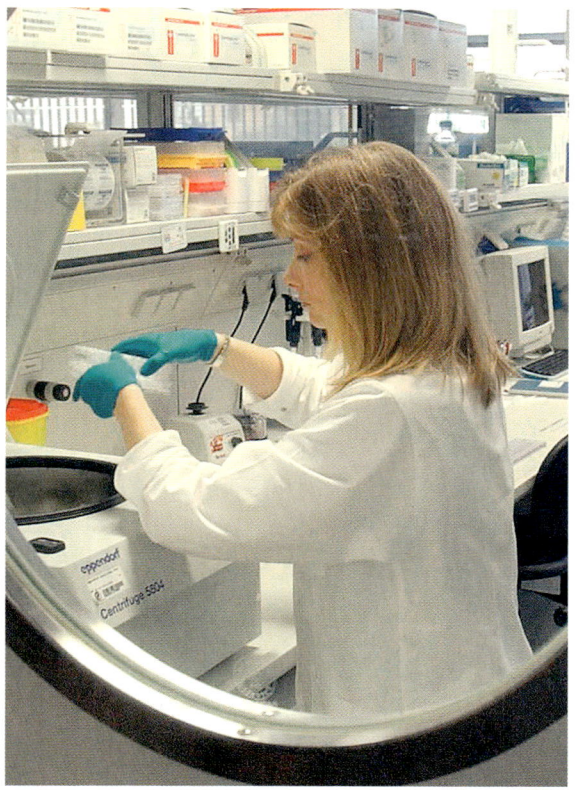

Ein **Gentest** dauert heute in einem Labor oft nur noch wenige Minuten.

INFOBOX

HUGO

Dass die Erbinformationen, also der vollständige Bau- und Betriebsplan unseres Körpers, in jeder Zelle gespeichert ist, wissen die Wissenschaftler der ▶ Gentechnik schon seit über fünfzig Jahren. Aber erst im Jahr 2000 gelang es der **H**uman **G**enom **O**rganisation, alle Buchstaben des Gencodes zu entziffern. Von den meisten Genen ist allerdings noch nicht bekannt, welche Funktionen sie in unserem Körper übernehmen.

Intensivstation

Auf Intensivstationen konnte schon vielen Menschen das Leben gerettet werden. Dort versorgt man Patienten, deren Körper so angegriffen ist, dass selbst kleine Veränderungen den Tod bedeuten könnten – nach schweren Unfällen, großen Operationen, Organtransplantationen oder Organversagen.

In einer aufwendigen Rund-um-die-Uhr-Betreuung und mit vielen technischen Geräten werden die Körperfunktionen der Patienten überwacht und unterstützt. Deshalb ist jeder Patient auf der Intensivstation an ein Überwachungsgerät angeschlossen. Ähnlich wie bei einem ▶ EKG kleben Messfühler auf dem Oberkörper des Patienten. So werden die Funktion des Herzens, der Puls und meist auch Atem und Blutwerte automatisch kontrolliert. Auf einem Bildschirm werden die Werte ständig in Form von Zahlen und Kurven angezeigt. Sie können auch ausgedruckt und gespeichert werden. All diese Geräte schlagen bei kleinsten Veränderungen Alarm. Das bedeutet nicht unbedingt, dass der Patient unmittelbar in Gefahr schwebt, sondern nur, dass Ärzte und Pfleger rasch nach ihm sehen müssen. Diese sind ständig auf der Station und meist kümmert sich ein Pfleger auch nur um zwei Patienten. Denn eine intensive Betreuung durch Ärzte und Krankenpfleger ist für den Patienten ebenso wichtig wie eine gute technische Versorgung. Wichtig ist auch die regelmäßige Einnahme von Medikamenten. Diese werden mit Infusionspumpen gleichmäßig und in genau errechneten Einheiten verabreicht.

Ist der Patient so krank, dass einige Organe ausgefallen sind, können auf der Intensivstation Maschinen diese ersetzen. Dazu gehört beispielsweise ein Gerät, das für einige Zeit die Funktion des Herzens übernehmen kann. Wenn die Nieren nicht funktionieren,

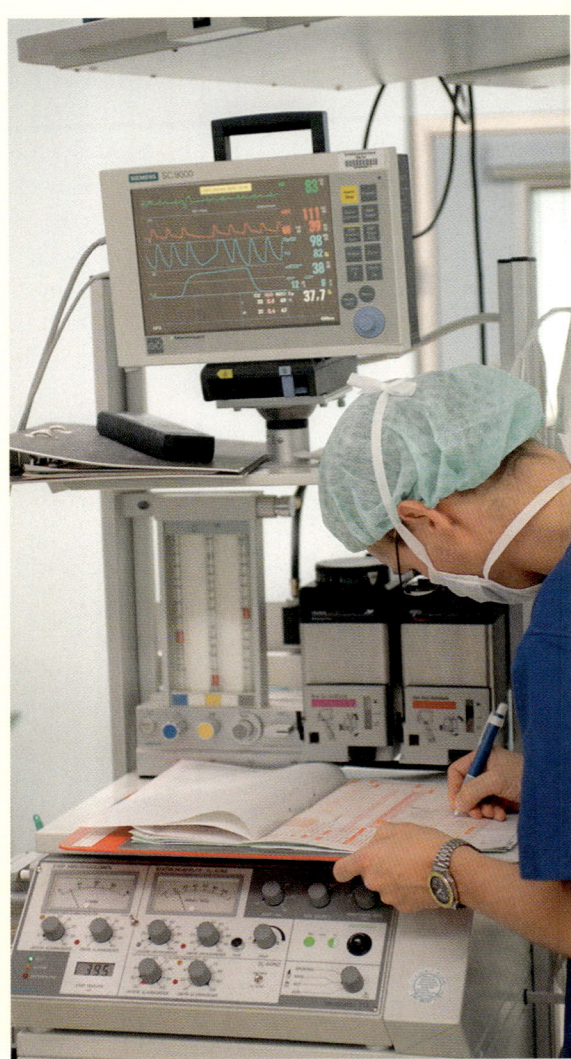

Diese **Überwachungsgeräte** messen Herzfunktion, Puls, Atmung und andere Körperfunktionen.

Auf einer **Intensivstation** werden nur schwer kranke Patienten betreut.

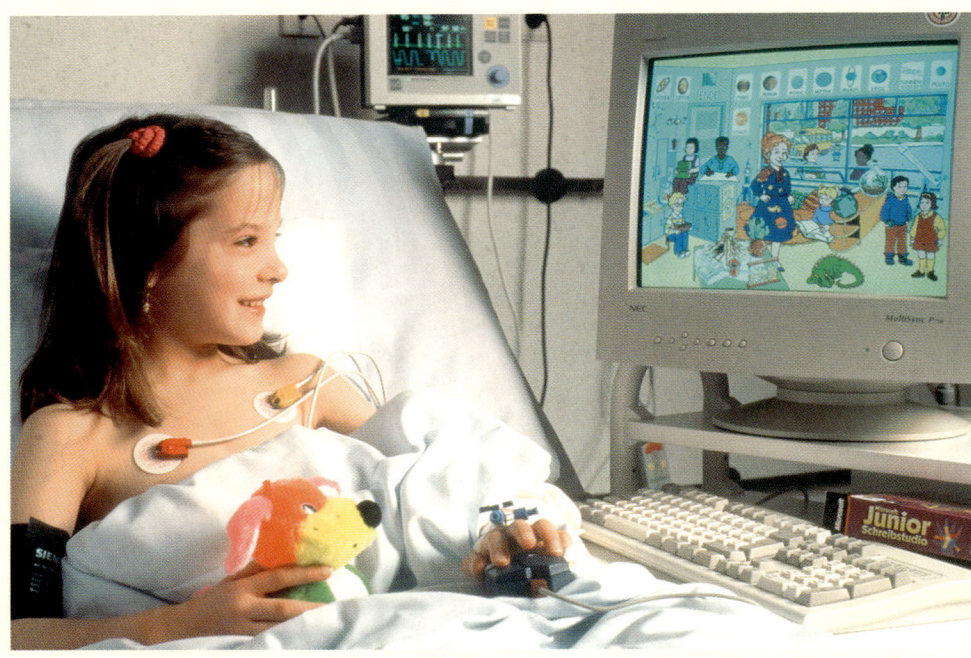

setzen die Ärzte ein ▶ Dialysegerät ein. Bei vielen Patienten muss die Atmung unterstützt werden. Dazu führt ein dünner Schlauch vom Beatmungsgerät über Mund oder Nase in die Luftröhre. Manchmal sind Patienten, die mit einem Beatmungsgerät verbunden sind, auch bei Bewusstsein. Dann empfinden sie den Schlauch als unangenehm; er schmerzt jedoch nicht.

Noch zu Beginn des 19. Jahrhunderts wurden in den Krankenhäusern alle Patienten, unabhängig von ihrer Krankheit, zusammen gepflegt. Erst nach und nach gab es Ärzte, die sich auf die Versorgung der schwersten Fälle spezialisierten. Durch diese Intensivmedizin konnten sie das Leben vieler Menschen verlängern. Und im Zuge dieser Veränderungen entstanden auch Intensivstationen. Die meisten Patienten im Krankenhaus sind jedoch in einfacher ausgestatteten Krankenzimmern untergebracht. Dorthin werden auch Intensivpatienten verlegt, sobald es ihnen wieder besser geht. ◼

INFOBOX

Ein Unfall – was nun?

Bei einem schweren Unfall muss der Verletzte schnellstmöglich ins Krankenhaus gebracht und medizinisch versorgt werden. Oft ist sogar sofort eine Operation nötig, um innere Blutungen zu stillen und verletzte Organe zu retten. Im Prinzip kann jedes Allgemeinkrankenhaus solche Notfallpatienten versorgen – besonders gut darauf eingerichtet sind jedoch Unfallkliniken. Dort arbeiten meist viele Chirurgen, es gibt mehrere ▶ Operationssäle, die sofort einsatzbereit sind, und die großen Intensivstationen sind besonders gut auf die Unfallopfer vorbereitet. Meistens sind Unfallkliniken auch darauf spezialisiert, Menschen mit schweren Verbrennungen zu versorgen, und fast immer gehört zum Krankenhaus ein großer ▶ Reha-Bereich.

Bei vielen Unfallkliniken ist auch mindestens ein ▶ Hubschrauber der Rettungswacht stationiert. Er ist ähnlich ausgerüstet wie ein ▶ Rettungswagen und kann Verletzte umgehend in die Klinik fliegen.

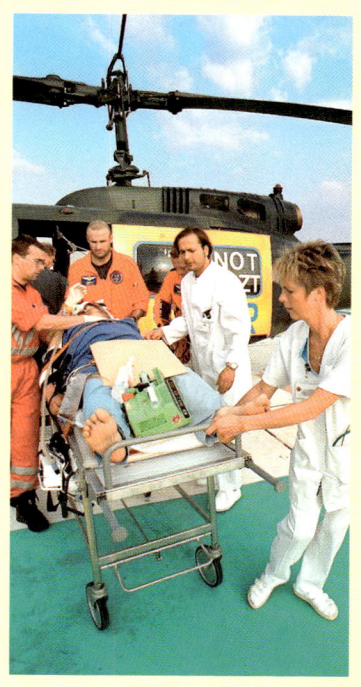

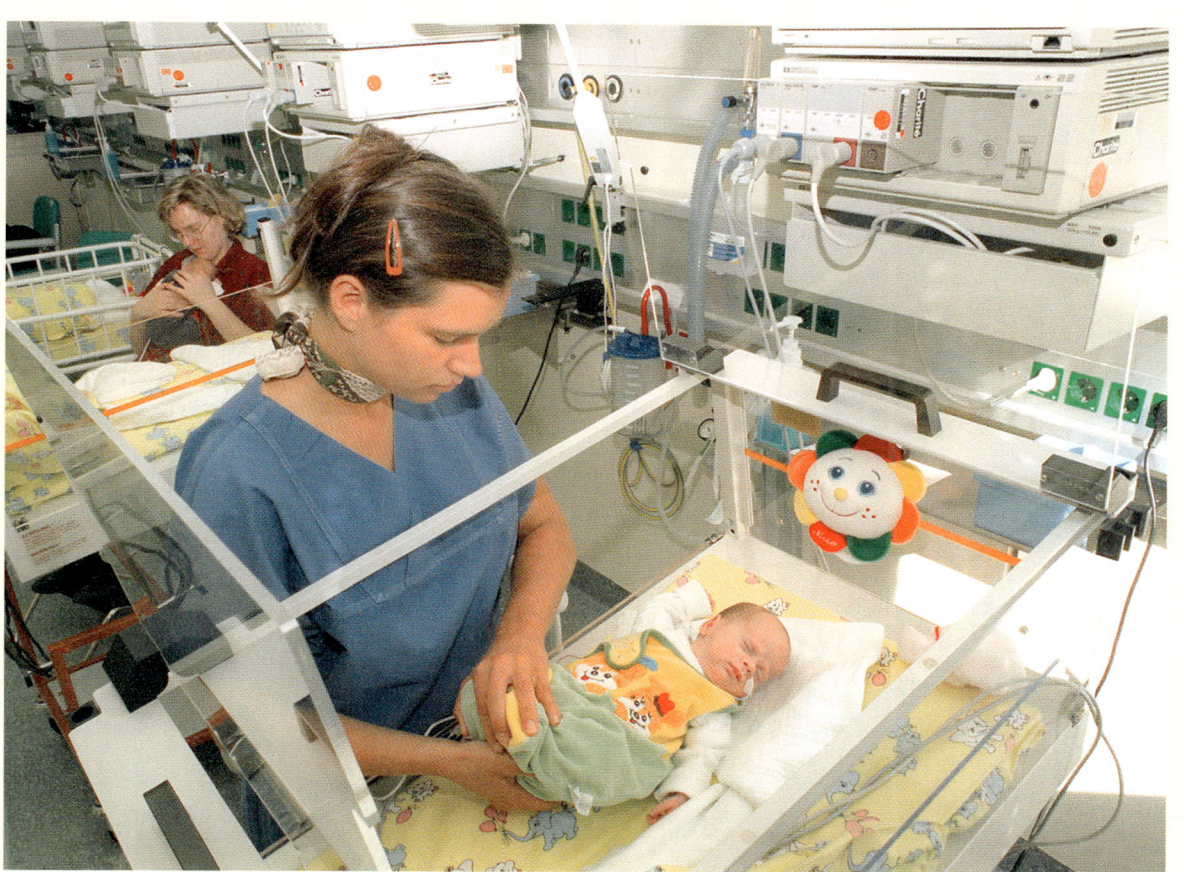

Für Babys, die viel zu früh geboren werden, gibt es eine eigene Intensivstation. Hier können sich die **Frühgeborenen** in einem warmen, geschützten Brutkasten weiterentwickeln, bis sie kräftig genug sind.

Isolierstation

Wenn Patienten so schwer krank sind, dass sie schon der kleinste Infekt sehr schwächen würde, müssen sie vor Krankheitserregern geschützt in einem besonderen Raum gepflegt werden. Und auch Patienten, die an so ansteckenden Krankheiten leiden, dass sie andere infizieren könnten, müssen in separaten Räumen liegen. In beiden Fällen werden die Patienten auf geschützten Isolierstationen untergebracht.

Das sind entweder spezielle Zimmer oder ein Plastikzelt, in denen die Patienten von der Umwelt abgeschirmt sind und trotzdem behandelt werden können. Diese Räume müssen desinfiziert und möglichst frei von Bakterien, Viren und Keimen sein. ■

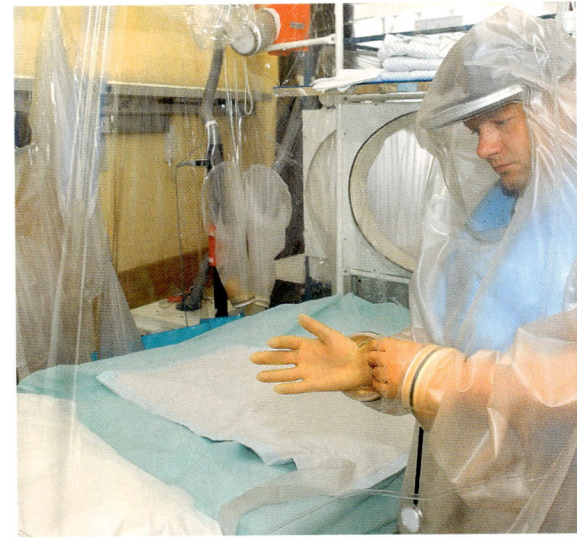

Auf der **Isolierstation** schützen ▶ Schutzanzüge und Handschuhe die Krankenpfleger.

Operationssaal

In einem Operationssaal nehmen Chirurgen Eingriffe im Körper der Kranken vor.

Da sie dabei an offenen Wunden arbeiten, muss der Operationssaal ausgesprochen sauber sein. Alle benötigten Geräte, Instrumente und Stoffe werden desinfiziert. So sind sie möglichst keimfrei – also ohne Bakterien, Keime oder Viren. Die Chirurgen müssen vor jeder Operation Kittel, Handschuhe, Haube und Mundschutz anlegen und dürfen nichts außer den desinfizierten Instrumenten anfassen. Selbst den Schweiß muss ihnen ein anderer von der Stirn tupfen!

Jede Operation ist eine Teamarbeit. Ein Narkosearzt ist dafür zuständig, den Patienten zu betäuben und seinen Herz- und Pulsschlag sowie den Atem zu überwachen. Bei großen Operationen arbeiten mehrere Chirurgen zusammen am Patienten. Assistenten helfen bei der Operation und reichen dem operierenden Arzt die gewünschten Instrumente. ■

Im **Operationssaal** liegen die keimfreien Instrumente auf einem Tablett. Ein Assistent reicht sie dem operierenden Arzt. Das helle Licht sorgt für eine optimale Beleuchtung der Operationswunde.

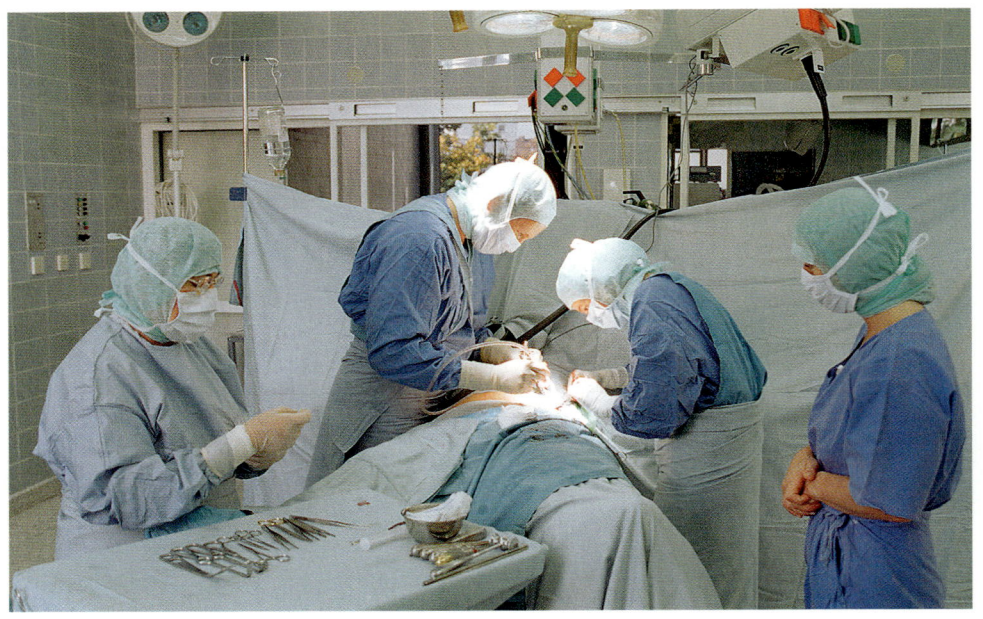

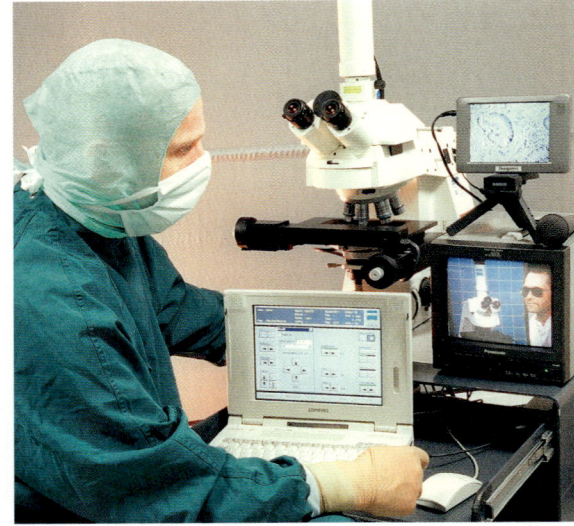

In modernen OPs können sich Ärzte per **Videokonferenz** abstimmen.

Beinprothesen können so gut sein, dass Sportler damit auch an Wettkämpfen teilnehmen.

Prothetik

Jeder kennt Seeräuber mit einem Holzbein aus Piratenfilmen und -geschichten. Ein solches Holzbein ist eine Prothese – ein Ersatz für ein fehlendes Körperteil. Heute sind die meisten Prothesen nicht mehr aus Holz, sondern aus modernen ▶ Kunststoffen, Leichtmetallen und Gummi. Beinprothesen sind inzwischen so gut, dass der Träger damit fast problemlos gehen kann. Modernste Beinprothesen sind sogar mit kleinen ▶ Motoren und einem Mini-Computer ausgestattet, um sich optimal an die Bewegungen des Trägers anzupassen. Wesentlich schwieriger sind jedoch Handprothesen zu fertigen, denn Hände sind so feingliedrig, dass sie nur schwer nachzuahmen sind.

Aber nicht nur Beine und Hände, sondern auch andere Körperteile oder Organe können durch Prothesen ersetzt werden. Viele Menschen leben mittlerweile mit einem künstlichen Hüft- oder Kniegelenk oder einer künstlichen Niere. Es gibt sogar Versuche, das menschliche Herz mit einer Maschine nachzuahmen.

INFOBOX

Kann man im Labor Organe züchten?

Seit einiger Zeit ist es möglich, bestimmte Körperzellen im Labor zu züchten und als Ersatz für geschädigtes Gewebe einzupflanzen. Besonders Hautzellen wachsen so schon gut. Das hilft vor allem Menschen mit schweren Brandverletzungen. Der große Vorteil dieses künstlichen Gewebes ist, dass der Körper des Kranken es gut verträgt. Viele Ärzte träumen davon, in einigen Jahren ganze Organe wie Herz, Leber oder Niere zu züchten. Im Gegensatz zu einer Transplantation gäbe es dann keine Probleme mit der Abstoßung des Organs. Bis diese Behandlungsmethoden möglich sind, ist aber noch viel Forschungsarbeit nötig.

Rehazentrum

Das Wort »Reha« ist eine Abkürzung für »Rehabilitation«, was wörtlich »wieder tauglich werden« bedeutet. Und darum geht es auch in einem Rehazentrum: Patienten, die nach einem Unfall, einer Operation oder einer schweren Krankheit genesen, sind meist noch nicht so gesund und beweglich wie zuvor. Sie müssen in jeder Form – also körperlich, geistig und auch seelisch – wieder auf den Alltag vorbereitet werden. Im Rehazentrum stärken und trainieren die Patienten mit Ärzten und Therapeuten ihre Muskeln und Gelenke. Außerdem lernen diejenigen, die durch ihre Krankheit eingeschränkt bleiben, wie sie im Alltag damit zurechtkommen können. Daneben werden hier Kranke behandelt, die an einer dauerhaften Krankheit, wie beispielsweise Rheuma, leiden. ◾

In einem **Rehazentrum** trainieren die Patienten an Geräten wie beispielsweise diesem »Spacecurl« ihren Gleichgewichtssinn und ihre Koordination.

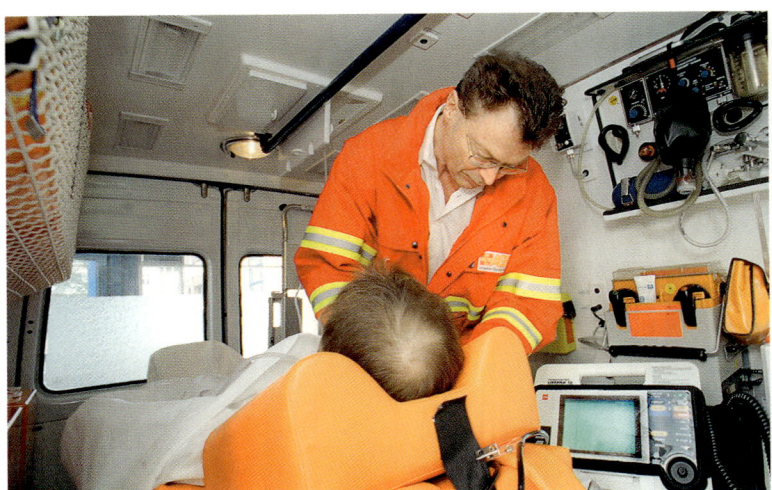

In einem **Rettungswagen** kann der Notarzt sogar ein ▶ EKG anfertigen und so einen Herzinfarkt erkennen.

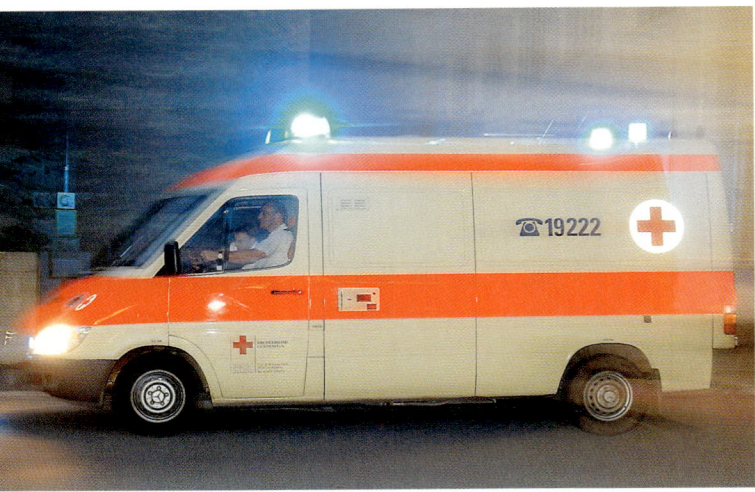

Rettungswagen im Einsatz sind an **Blaulicht und Sirene** erkennbar. Ihnen müssen alle Verkehrsteilnehmer Platz machen.

Rettungswagen

Man unterscheidet Kranken- und Rettungswagen: Krankenwagen dienen vorwiegend dem Krankentransport. Die Patienten können darin sitzen oder liegen. Diese Wagen sind mit einer Krankentrage, einem Sauerstoffgerät und auch einer Infusionseinrichtung ausgestattet.

Rettungswagen hingegen werden für Notfalleinsätze genutzt. Sie haben zusätzliche Geräte an Bord, wie beispielsweise eine von drei Seiten zugängliche höhenverstellbare Krankentrage, Arzneimittel, Notfallarztkoffer, Babynotfallkoffer, ▶ EKG-Gerät, ein Defibrillator zur Wiederbelebung und ein Notamputationsbesteck. Ein Rettungswagen ist also ein kleiner, mobiler Behandlungsraum. Hier werden alle Geräte und Materialien bereitgehalten, um den Notärzten und Sanitätern eine optimale Erstversorgung zu ermöglichen. Dabei können alle Arten von Notfällen behandelt werden. Sogar ein so genanntes Notgeburtbesteck haben die Retter dabei, falls das Fahrzeug mal zum »Kreißsaal« wird.

Koordiniert werden die Notfalleinsätze über die zuständige Rettungsleitstelle, die in Deutschland überall unter der Notrufnummer 112 erreichbar ist. ■

Moderne **Röntgengeräte** zeichnen die Bilder nicht mehr auf einem ▶ Film auf, sondern lesen die Informationen direkt in einen Computer ein.

Röntgengerät

Röntgenstrahlen sind gewöhnlichem Licht sehr ähnlich, haben aber zwei besondere Eigenschaften: Sie sind für unsere Augen unsichtbar und dringen durch unseren Körper hindurch wie Licht durch ein dünnes Blatt Papier.

Bei einer Röntgenaufnahme liegt ein spezieller ▶ Film unter dem Körperteil, das der Arzt untersucht. Wird beispielsweise ein Bein geröntgt, so dringen die Röntgenstrahlen durch es hindurch und schwärzen den Film. Ein Teil der Strahlen wird dabei vom Bein geschluckt – besonders viel vom dichten Knochengewebe. Der Knochen wirft also einen Röntgenschatten auf den Film. Seine Umrisse und ein möglicher Bruch sind deshalb deutlich zu erkennen. ■

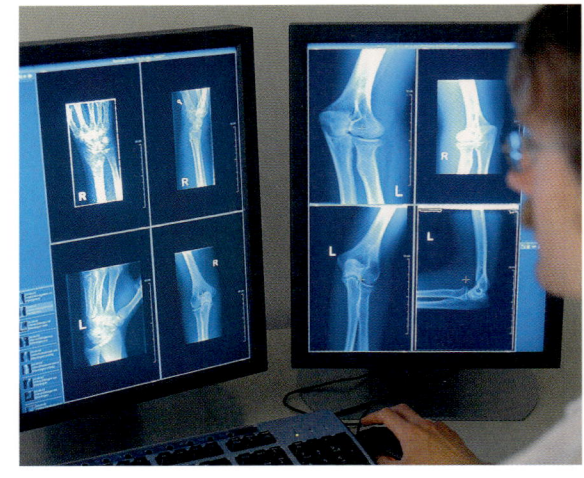

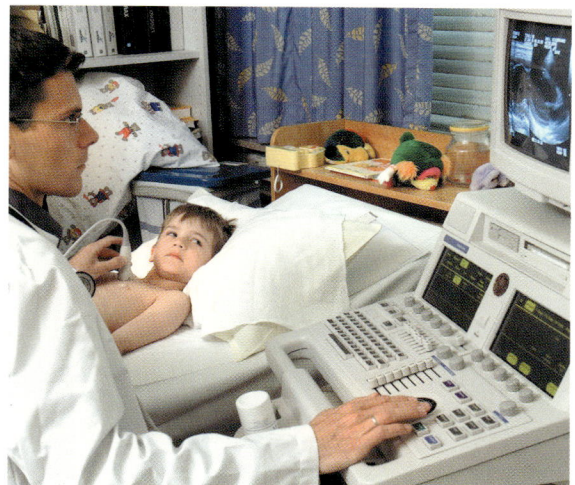

Eine Untersuchung mit **Ultraschall** ist schnell und schmerzlos.

Ultraschallgerät

Mit einem Ultraschallgerät werden Töne erzeugt, die rund tausendmal so hoch sind wie der höchste Ton, den unser Ohr noch wahrnimmt. So wie hörbarer Schall durch Wände dringen kann, dringt Ultraschall durch den Körper. Dabei entsteht wie bei den hörbaren Tönen ein Echo. »Gehört« wird dieses Ultraschall-Echo von demselben Teil des Ultraschallgeräts, das auch den Schall aussendet. Diesen Sender und Empfänger setzt der Arzt direkt auf die Haut. Meist trägt er vorher noch ein besonderes Gel auf, das den Schall besser an die Haut weiterleitet. Die Töne des Ultraschalls breiten sich durch den Körper aus, und jedes Mal, wenn sie auf die Oberfläche eines Muskels, auf ein Organ oder ein Blutgefäß treffen, wird ein Teil von ihnen zurückgeworfen und von dem Ultraschallgerät »abgehorcht«.

Ein Computer berechnet in Sekundenschnelle aus den Schallsignalen ein Bild der inneren Organe, welches dann auf dem Monitor angezeigt wird. So kann man besonders gut Blutgefäße, das Herz, die Bauchhöhle, die Bauchspeicheldrüse oder das Gehirn untersuchen. Am bekanntesten sind die Ultraschalluntersuchungen vom Bauch einer Frau während der Schwangerschaft. ■

Die Behandlungen in einer **Zahnklinik** sind dank guter Betäubungsmittel meist schmerzfrei.

Zahnklinik

Es gibt Krankenhäuser, in denen ausschließlich für die Pflege und Heilung der Zähne, des Zahnfleisches und des Kiefers gesorgt wird. In diesen Zahnkliniken sind die Ärzte besonders auf schwierige Fälle der Zahnmedizin spezialisiert. Hier werden Operationen am Kiefer durchgeführt oder den Patienten wird ein dauerhafter Zahnersatz, so genannte Zahnimplantate, eingepflanzt. Auch Patienten, die nach einer Operation noch einige Tage zahnärztlich versorgt werden müssen, werden hier eingewiesen.

Die Versorgung in einer Zahnklinik ist zumeist wesentlich umfangreicher als die in einer normalen Zahnarztpraxis durchgeführte Behandlung.

Die meisten Zahnerkrankungen können jedoch Zahnärzte in Zahnarztpraxen versorgen. Die Zahnärzte füllen Löcher, versorgen erkranktes Zahnfleisch oder entfernen Zahnstein. Auch Zähne werden in einer Praxis gezogen und der Zahnersatz angepasst.

Praktizierende Zahnärzte arbeiten in der Regel mit einem Zahnlabor zusammen. Dort werden nach den Angaben des Arztes Kronen, Brücken, künstliche Gebisse und ähnliche ▶ Prothesen angefertigt. ■

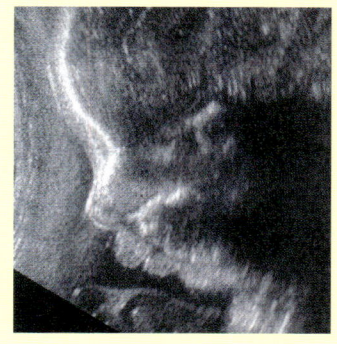

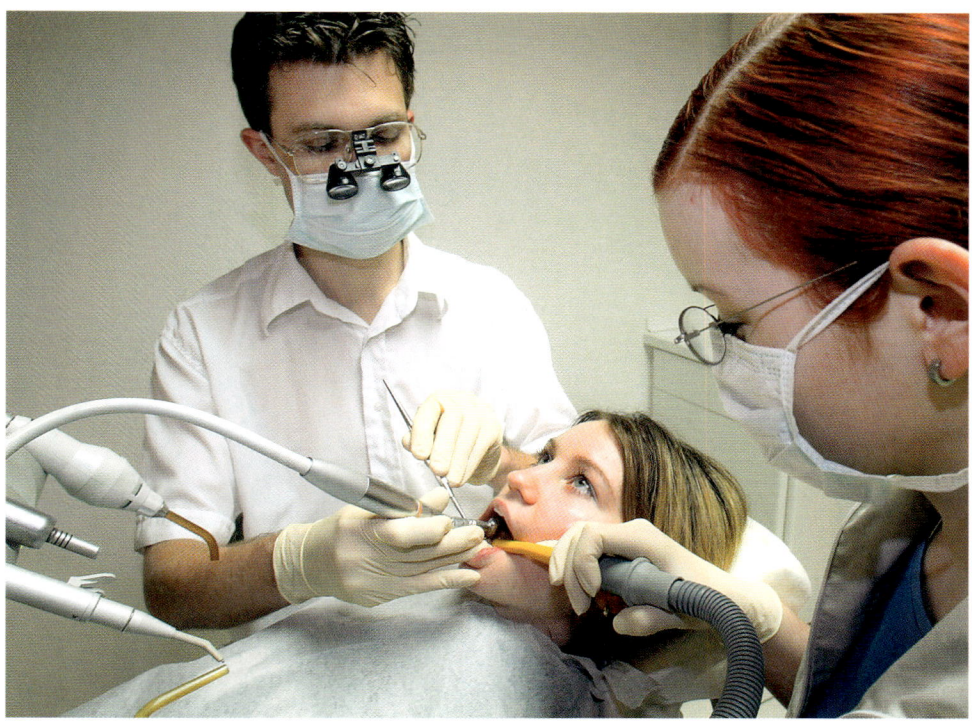

Bei der Müllabfuhr

Bei der Müllabfuhr

Fast jeden Tag kann man die orange-farbenen Müllfahrzeuge durch die Straßen fahren sehen. In Fußgängerzonen sind meist Mini-Müllautos unterwegs, den Hausmüll dagegen holen große LKWs ab. Zusammen mit dem Abfall werden auch viele Dinge gesammelt, aus denen man wieder neue Sachen machen kann. Doch dazu muss man den Müll erst sortieren, und das ist bei großen Mengen Abfall sehr mühselig. Deshalb versucht man, den Müll bereits nach Materialien getrennt zu sammeln: Es gibt spezielle Tonnen für Glas, Papier und Verpackungsmaterial. In den »Sortieranlagen« trennen Maschinen mit großen Sieben, Magneten und vielen Luftdüsen die Materialien später noch genauer.

Die getrennten Abfälle können als Wertstoffe wieder verwendet werden. So werden zum Beispiel Konservendosen in einer Fabrik geschmolzen und zu neuen Dosen verarbeitet.

Die Menschen werfen aber nicht nur Dinge weg, sie produzieren auch flüssigen Abfall: das Abwasser. Durch den Abfluss in der Küche oder im Bad fließt das Abwasser durch Rohre und unterirdische Kanäle zu einer Kläranlage. In einer Kläranlage wird das schmutzige Wasser so gereinigt, dass es zurück in Bäche und Flüsse fließen kann. Trinken kann man dieses Wasser aber noch nicht. Als Trinkwasser wird in Deutschland nur Wasser benutzt, das in speziellen Wasseraufbereitungsanlagen gesäubert wurde.

Obwohl die Müllabfuhr für die Menschen sehr bequem geworden ist, birgt sie doch viele Probleme: Denn immer mehr Müll, der zum Beispiel durch die Verpackungsindustrie und die tägliche Flut von Postwurfsendungen ensteht, wird einfach in die Tonne »entsorgt«.

Abwasser

Jeder von uns spült täglich mehr als hundert Liter Wasser in die Kanalisation: Wasser aus der Spüle, aus der Toilette, aus der Waschmaschine. All das ist Abwasser und wird durch Rohre und Kanäle unter der Erde abgeleitet. Viele kleine Abwasserkanäle vereinigen sich zu größeren »Straßenkanälen« und schließlich fließt das Wasser durch wenige Hauptkanäle zu den ▶ Kläranlagen. Oftmals fließen auch die Abwässer aus Betrieben wie Metzgereien und Limonadenfabriken zusammen mit dem Abwasser aus den Wohnhäusern in die Kanäle.

Nur wenn das Abwasser aus einer Fabrik sehr schmutzig ist, darf es nicht in die normale Kanalisation. Dann braucht die Fabrik eine eigene Kläranlage. ■

Das **Abwasser** wird in unterirdischen Kanälen gesammelt. Ratten fühlen sich in den Kanälen besonders wohl.

Energiegewinnung aus Müll

In Müll steckt noch jede Menge Energie. Das wird deutlich, wenn man ihn verbrennt. In ▶ Verbrennungsanlagen wird es sehr, sehr heiß: Es wird Wärmeenergie freigesetzt. Und Wärme kann man auch in ▶ Elektrizität, also elektrische Energie, umwandeln.

Aber leider kann man die Energie aus Müll nicht überall nutzen. Zum Beispiel kann man alte Jogurtbecher nicht einfach in einen ▶ Motor stecken, um damit ein ▶ Auto anzutreiben. Mit dem ▶ Erdöl, aus dem man den Becher irgendwann einmal gemacht hat, würde das schon eher gehen. Deshalb versuchen einige Firmen aus Abfällen wieder Öl herzustellen. Aber diese Verfahren sind noch nicht ausgereift. Außerdem geht ein großer Teil der Energie verloren, wenn man aus dem Jogurtbecher wieder Öl gewinnen möchte, denn fast jede Energieumwandlung ist auch mit Energieverlusten verbunden.

Manche Wissenschaftler überlegen auch, wie man in Müllkraftwerken Wasserstoff aus Wasser gewinnen kann. Wasserstoff ist ein Gas, mit dem auch Autos angetrieben werden können. Aber diese Verfahren sind kompliziert und bei ihrer Umsetzung gibt es noch viele Probleme.

In anderen Fabriken nutzt man die Energie aus dem Müll dagegen schon lange, zum Beispiel in Zementwerken. Mit Zement kann man Häuser oder Straßen bauen. Bei seiner Herstellung werden oft Autoreifen mit verbrannt. Bei diesem Verfahren muss man aber aufpassen, dass später nicht zu viele Gifte aus dem Müll im Zement enthalten sind. ■

Für die **Energiegewinnung aus Müll** wurden riesige Anlagen gebaut. Die durch die Müllverbrennung gewonnene Energie wird zur Wasserstoffgewinnung verwendet. So lässt sie sich speichern.

INFOBOX

Toiletten ohne Wasser

Wenn die Klospülung rauscht, fließen viele Liter Trinkwasser in die Kanalisation. In Deutschland werden dafür etwa 40 l Wasser pro Kopf am Tag verbraucht. Das ist ziemlich viel und auch teuer, deshalb bauen sich manche Leute lieber Komposttoiletten. Bei einer Komposttoilette fällt alles durch einen Schacht in einen großen Behälter, wo es wie anderer Kompost langsam zersetzt wird. Wenn der Behälter voll ist, kann man ihn austauschen und den Inhalt als Dünger verwenden.

All diese Becken und Türme gehören zu einer **Kläranlage**. Dort wird Wasser gereinigt, der Schmutz bleibt als Schlamm zurück. Diesen Klärschlamm sammelt man in großen Türmen, wo er fault. Dabei entsteht Gas, das man als Brennstoff benutzen kann.

Kläranlage

In einer Kläranlage wird schmutziges Wasser aus den Wasserkanälen gereinigt. Holzstücke, Sandkörner, Fett oder Waschmittel werden aus dem Wasser herausgefiltert. Dazu läuft das Abwasser in der Kläranlage durch verschiedene Stationen.

In der ersten Station bleiben große Teile wie Pappe, Holz oder Metallstücke an einem Gitter hängen. Das Wasser fließt weiter in ein großes Becken, in dem es sich kaum bewegt. Langsam sinken so die Sandkörner nach unten, denn sie sind schwerer als das Wasser. Sie bleiben als Schlammschicht zurück. Der Klärschlamm kann weiter genutzt werden: Entweder man sammelt ihn in großen Türmen. Dort verfault er, wobei Gase entstehen, die man als Brennstoff nutzt. Oder er wird getrocknet als Düngemittel verwendet.

Waschmittel kann man so aber nicht herausfiltern, denn es hat sich im Wasser aufgelöst. In der nächsten Station der Kläranlage reinigen Bakterien und kleine Tierchen das Wasser von solchen gelösten Stoffen. Dazu brauchen sie viel Luft, und deshalb wird in dieses Becken Druckluft hineingepustet. Die Bakterien und Tierchen wandeln die gelösten Stoffe um, zum Beispiel in Gas, oder sie machen wieder Teilchen daraus, die nach unten sinken. Diese Stoffe werden zusammen mit den Bakterien in der letzten Station der Kläranlage, dem Nachklärbecken, aus dem Wasser entfernt. Danach fließt das gereinigte Wasser wieder in Bäche oder Flüsse.

Im **Komposthaufen** verrottet der Biomüll.

Komposthaufen

Man muss nur abwarten und für frische Luft sorgen, dann verwandeln sich faule Äpfel oder Salatblätter in Kompost. Dieser Kompost kann gut als Dünger verwendet werden. Viele Leute werfen deshalb ihren Biomüll, zum Beispiel die Küchenabfälle, nicht in die Mülltonne, sondern sammeln ihn auf einem großen Haufen in ihrem Garten, dem Komposthaufen. Dort wandeln Würmer und andere kleine Lebewesen den Biomüll in Kompost um. Wer keinen eigenen Garten hat, kann biologische Abfälle in vielen Orten in eine besondere Mülltonne werfen. Dieser Biomüll wird gesammelt und zu großen Kompostieranlagen gebracht. Damit das Verrotten schneller geht und nichts schimmelt, wird der Biomüll immer wieder zerkleinert, aufgelockert, befeuchtet und mit Druckluft belüftet.

In den großen **Kompostieranlagen** muss der Biomüll regelmäßig bewässert und belüftet werden.

Mülldeponie

Auf der Mülldeponie kommen jeden Tag viele ▶ Müllfahrzeuge an und laden den angefallenen Hausmüll ab – alte Pflaster, zerbrochene Blumentöpfe oder durchgelaufene Turnschuhe. Damit der Müll nicht so viel Platz auf der Deponie verbraucht, wird er mit Maschinen zusammengepresst.

Früher war eine solche Deponie oft ein kleines Tal, das einfach mit Müll zugeschüttet wurde. Aber das sah nicht nur hässlich aus, es konnte auch gefährlich sein. Denn der entsorgte Müll enthält viele Stoffe, die Menschen, Tieren und Pflanzen schaden können: Die Sohle vom Turnschuh ist beispielsweise mit giftigem Kleber befestigt und auch viele andere weggeworfene Dinge können giftige Stoffe freisetzen. Auf der Mülldeponie vermischen sich diese Gifte mit dem Regenwasser, bei chemischen Reaktionen können sich außerdem neue gefährliche Stoffe bilden. Damit die Gifte nicht in Bäche und auf Felder fließen, sind moderne Deponien am Boden mit Folien abgedichtet. Das Wasser von der Deponie fließt durch Rohre in eine ▶ Kläranlage und wird dort gereinigt. Außerdem entstehen auch besondere Gase, wenn sich die Abfälle zersetzen. Diese Gase werden auf modernen Deponien aufgefangen. Man kann sie in ▶ Kraftwerken verbrennen und daraus Energie gewinnen. ■

Solche orangefarbenen **Müllfahrzeuge**, die den Hausmüll abholen, kennt jeder. Es gibt aber auch andere Fahrzeuge, die Industriemüll transportieren.

Müllfahrzeug

Müllautos haben eine große Klappe und einen riesigen Ladecontainer, damit sie möglichst viel Müll schlucken können. Unter der Klappe sind große Saugnäpfe angebracht. Wenn der Müllwerker eine Tonne nah an die Saugnäpfe heranstellt und auf einen Knopf drückt, wird die Tonne fest angesaugt, hochgehoben und ausgekippt – fertig! Für große Müllcontainer sind die Saugnäpfe aber zu schwach; diese werden mit Ketten oder Metallhaken befestigt. Die Stangen, mit denen die Container hochgehoben werden, funktionieren hydraulisch; die Kraft für die Bewegung wird von einem ▶ Motor über ölgefüllte Schläuche auf die Hebel übertragen. Per Hydraulik werden auch die Hebemechanismen in ▶ Baggern oder die große Presse im Müllfahrzeug bewegt. Mit der Presse wird der Abfall zusammengedrückt, damit möglichst viel Müll in die Lastwagen passt.

Heute werden die Müllcontainer mit den unterschiedlichen Abfällen von verschiedenen Müllfahrzeugen abgeholt. Ein Lastwagen holt Gelbe Säcke ab, ein anderer Papier oder Biomüll. Jene Abfälle, die man noch wiederverwerten kann, bringen sie in ▶ Sortieranlagen. Der Restmüll kommt auf ▶ Mülldeponien oder in die ▶ Müllverbrennungsanlagen. ■

Die Müllfahrzeuge laden auch Essensreste auf der **Mülldeponie** ab. Obwohl diese Abfälle schrecklich stinken, locken sie Scharen von Vögeln an. Besonders Möwen suchen hier nach Futter.

 REKORDE

Ein rauchender Müllberg

In ärmeren Ländern gibt es vor allem in der Nähe der Millionenstädte riesige Mülldeponien. Eine besonders große liegt auf den Philippinen in der Nähe der Stadt Manila und wird »Smoky Mountain«, also »Rauchender Berg«, genannt. Sie trägt diesen Namen, weil es dort oft brennt. Im Abfall bilden sich Gase, die sich leicht entzünden.

Trotz der Feuer sammeln viele Menschen auf dem Müllberg Metall oder andere Stoffe. Sie versuchen, diese zu benutzen oder zu verkaufen.

Müllverbrennung

Früher haben die Menschen oft Sachen, die sie nicht mehr brauchten, im Ofen verbrannt. Das war praktisch: Vom Abfall blieb nur ein bisschen Asche zurück und außerdem konnten sie sich an dem Feuer wärmen.

Heute hat fast niemand mehr einen Ofen, aber wir verbrennen trotzdem Müll. In vielen Städten gibt es große Müllverbrennungsanlagen. Dort wird der Müll meistens auf ein großes Drahtgitter gelegt und darauf zuerst getrocknet. Dann wird er über einem Feuer verbrannt. Dieses Feuer ist sehr heiß, es kann bis zu 2000 °C warm werden. Nach dem Verbrennen bleibt viel weniger Asche übrig, als man vorher Müll hatte. So spart man viel Platz auf der ▶ Mülldeponie und gute Verbrennungsanlagen erzeugen außerdem Strom.

Aber die Müllverbrennung hat auch Nachteile: Beim Verbrennen entstehen Rauch und Rückstände, die winzige, ungesunde Staubteilchen enthalten. Deshalb werden die Reste aus den Verbrennungsanlagen mithilfe großer ▶ Schadstofffilter gesäubert. Es gibt Gesetze, die genau vorgeben, wie viele Rauchteilchen diese Filter höchstens durchlassen dürfen. Ist der Filter voller Schmutz, muss er ausgewechselt werden. Der Filter mit den giftigen Restteilchen wird zu ▶ Sondermüll, der dann getrennt entsorgt werden muss. ■

Riesige **Müllberge** werden in Verbrennungsanlagen zusammengepresst und entsorgt.

Von außen sehen viele **Müllverbrennungsanlagen** aus wie große Fabriken. Doch an den vielen ▶ Müllfahrzeugen vor den Toren und dem Rauch aus den hohen Schornsteinen kann man erkennen, dass hier Abfälle verbrannt werden.

Schrottplatz

»Hier billige Ersatzteile« steht oft auf einem Schild am Eingang des Schrottplatzes. Auf dem Hof sind viele ▶ Autos übereinander gestapelt: Limousinen, Sportwagen oder Kleinwagen. Aber alle haben eins gemeinsam: Sie haben keine Reifen mehr. Wenn ein Auto auf dem Schrottplatz ankommt, werden erst einmal alle noch brauchbaren Teile ausgebaut. Mit den Reifen kann man zwar meistens nicht mehr fahren, sie liefern aber in ▶ Müllverbrennungsanlagen oder anderen Fabriken wertvolle Energie. Außerdem kann man Reifen auch wieder verwerten, zum Beispiel für Fußmatten. Manchmal sind bei einem verrosteten Auto der ▶ Motor oder die Lichtmaschine noch in Ordnung. Alle noch verwendbaren Teile, dazu gehören auch die vielen Kunststoffteile, werden an Leute verkauft, die sie noch gebrauchen können. Die Metallkarosse, die am Ende übrig bleibt, wird schließlich in einem Schredder zerkleinert. Metall eignet sich besonders gut zur Wiederverwertung, denn man kann es wieder einschmelzen und neu formen.

Seit dem Jahr 2002 gibt es das »Altfahrzeug-Gesetz«, nachdem zukünftig fast alle Teile von alten Autos wieder verwertet wer-

den sollen. Doch für viele alte Autos gilt dieses Gesetz nicht, weil sie nicht in Deutschland oder Europa zum Schrottplatz gebracht werden. Die alten Autos werden oft von Händlern in weit entfernte Länder verkauft und dort so lange wie möglich gefahren. ■

Als Schrott bezeichnet man unbrauchbar gewordene Metallgegenstände. Auf einem **Schrottplatz** werden diese gesammelt, geschreddert und gepresst. In Gießereien kann man die Metalle wieder aufbereiten.

Sondermüll

Wohin mit den leeren ▶ Batterien aus dem Kassettenrekorder oder aus dem Spielzeugauto? Einfach in den Müll? Das geht nicht, denn die meisten Batterien enthalten Stoffe, die für die Natur und den Menschen sehr schädlich sind. Sie gehören wie Farben, Altöl aus dem ▶ Auto und manche Abfälle aus Fabriken zum Sondermüll. Für diese besonders giftigen Abfälle gibt es spezielle »Sondermülldeponien«. Die sind meistens dort, wo die Gifte möglichst wenig Schaden anrichten können: zum Beispiel tief unter der Erde in alten Bergwerksstollen. Damit die Schadstoffe nicht miteinander reagieren oder zu brennen beginnen, wird der Abfall nach verschiedenen Schadstoffarten sortiert und in Fässer verpackt gelagert. ■

 INFOBOX

Kunst aus Müll?

Wie baut man einen ▶ Roboter? Klar, eine Erbsendose als Körper, den Deckel von einem Marmeladenglas als Kopf, ein bisschen Draht dazwischen und fertig ist die Blechfigur.

Nicht nur Kinder bauen Figuren aus Müll, sondern auch Künstler. Manche Künstler wollen damit erreichen, dass die Menschen besser nachdenken, bevor sie etwas wegwerfen. Andere finden einfach schönes, lustiges oder ungewöhnliches Material im Müll. Und daraus kann man nicht nur Kunstwerke machen: Manche Architekten bauen Möbel aus Müll. Andere entwerfen sogar ganze Häuser aus Abfallstoffen. Aus alten Reifen oder Betonresten werden dabei zum Beispiel stabile Hauswände, wärmedämmende Backsteine oder rutschfeste Platten für Gartenwege.

Sortieranlage

In einer Sortieranlage muss man gut aufpassen. Ständig fahren Lastwagen in die große Halle hinein. Beim Abladen fallen die Abfälle von der Ladefläche und fliegen durch die Halle – deshalb müssen die Arbeiter hier auch Schutzhelme tragen.

Die ▶ Müllfahrzeuge bringen die Gelben Säcke, Altpapier oder Glas in die Sortieranlagen. Aus diesen Abfällen kann man wieder neue Dinge machen – wiederverwerten oder recyceln nennt man das. Dazu müssen die Sachen jedoch zuerst gut sortiert werden. Will man aus alten Dosen neue machen, kann man nämlich mit Margarinebechern oder Bonbonpapieren nichts anfangen. Also wühlen sich Radlader in die riesigen Abfallberge und laden den Müll auf Fließbänder. Dort wird er manuell oder mithilfe von Maschinen sortiert.

Stahlblechdosen aus dem Abfall herauszufiltern, ist ziemlich einfach: Sie sind aus Metall und können deshalb mit Magneten herausgezogen werden.

Papier von Pappkartons zu trennen ist schon schwieriger: Dazu lässt man die Papierabfälle unter anderem über große Siebe laufen. Die kleineren Papierblätter fallen durch die Lücken und die großen, schweren Pappen bleiben oben auf dem Sieb liegen. Wenn alle Abfälle sortiert sind, werden sie zu großen Ballen zusammengepresst. So werden aus Abfall wieder Wertstoffe, denn sortiert können andere Fabriken neue Dinge aus dem Müll herstellen. ■

Auch Glas wird in **Sortieranlagen** gesammelt.

Riesige **Förderbänder** bringen den Müll zu den verschiedenen Stationen einer Sortieranlage.

INFOBOX

Vorsicht, Kamera!

Kaum zu glauben, aber mit einer Kamera kann man Müll sortieren. Das geht aber nur mit einer ganz besonderen Kamera. In modernen Sortieranlagen hängen solche Apparate über den Fließbändern mit dem Müll. Sie können verschiedene Abfälle erkennen. Wenn beispielsweise eine Plastiktüte zwischen dem Papier aus einem Altpapiercontainer liegt, nimmt die Kamera das auf. Die Kamera ist an einen Computer angeschlossen.

Dieser rechnet blitzschnell aus, wo sich die Tüte befindet. Dann aktiviert der Computer Luftdüsen, die die Plastiktüte aus dem Papierstrom herausblasen. Sie funktionieren ähnlich wie ein sehr starker und präziser Fön. Diese Technik funktioniert schon ziemlich gut, aber noch nicht gut genug. Deshalb stehen am Ende vieler Sortierbänder immer noch Menschen, die die letzten falschen Stoffe aussortieren.

Eine **Wasseraufbereitungs-anlage** ist voller riesiger Rohre. Manche sind so groß, dass Kinder darin herumlaufen könnten. Durch einige Rohre fließt schmutziges Wasser ins Werk, durch andere das saubere Wasser zu den Verbrauchern.

Wasseraufbereitung

In modernen Wohnhäusern läuft klares, sauberes Wasser aus dem Wasserhahn. Weil man dieses Wasser problemlos trinken kann, heißt es auch »Trinkwasser«. Aber wie wird das Wasser so sauber? Schließlich ist es einmal als Regen auf die Erde gefallen, sammelte sich in Pfützen und vermischte sich mit Laub und Dreck.

Ein Teil des Regenwassers versickert immer in der Erde. Durch viele Meter Sand hindurch läuft das Wasser tief in den Boden hinein. Der Sand filtert dabei den Schmutz aus dem Wasser heraus, denn die Sandkörner halten Schmutzteilchen zurück. Wird dieses Grundwasser wieder nach oben gepumpt, ist es also bereits ziemlich sauber.

Einige andere Wassersorten hingegen sind schwieriger zu reinigen. So schwimmen beispielsweise in dem aus Bächen und Flüssen gewonnenen Wasser wesentlich mehr Schmutzteilchen: Schlamm, Blätter, kleine Tiere oder sogar Entenfedern können darin noch enthalten sein. Wie das Grundwasser wird auch dieses Wasser ins Wasserwerk gepumpt. Dort gibt es große Becken mit Sandfiltern, die den Schmutz herausfiltern. Doch manche Schmutzpartikel sind im Wasser so gut aufgelöst wie der Zucker im Tee. Diese Teilchen kann man erst aus dem Wasser herausfiltern, wenn sie nicht mehr im Wasser

gelöst sind, sondern sich zu großen Flocken zusammengeballt haben. Deshalb gibt man vor dem Filtern eine spezielle Chemikalie, das »Flockungsmittel«, ins Wasser.

Und auch Kohlensäure, die im Mineralwasser so schön sprudelt, hat im Trinkwasser nichts zu suchen: Sie beschädigt die Wasserleitungen. Deshalb wird das Wasser so lange gerührt und durchmischt, bis alle Kohlensäure daraus verschwunden ist. ◼

Unter diesen großen **Wasserbecken** liegen dicke Schichten aus Sand und Kies. Das Wasser sickert durch den Sand und Schmutzteilchen bleiben dabei zwischen den Sandkörnern hängen.

Multimedia

Multimedia

Mit dem Begriff Multimedia bezeichnet man die immer stärker werdende Vernetzung des Computers mit einer großen Anzahl von Zusatzgeräten. Durch die Verknüpfung von Unterhaltungsmedien und Kommunikationsgeräten mit dem Internet und vor allem durch ständig verbesserte Speichermedien können unvorstellbar große Datenmengen vom Schreibtisch aus aufgerufen, bearbeitet, verschickt und archiviert werden.

Auf Multimedia-CD-ROMs finden sich Programme, die nicht allein Textpassagen enthalten, sondern in denen sich über bestimmte Symbole unter anderem Bilder, Videos, Musikstücke und mündliche Vorträge aufrufen lassen.

Eine Voraussetzung für die multimediale Vernetzung sind die immer leistungsstärker werdenden Computer mit ihrer verbesserten Verarbeitungs- und Speicherkapazität. Noch zu Beginn der 1980er-Jahre zeigten die meisten Rechner auf den Monitoren nur grüne oder orangefarbene Text- und Zahlenkolonnen. Heute dienen die Rechner als Schaltzentrale und Abspielgerät verschiedenster elektronischer Medien. Sie können mühelos dreidimensionale Spiele oder Videos in Stereoqualität wiedergeben.

Mithilfe vieler neuer Bearbeitungsprogramme lassen sich nicht nur Texte, sondern auch bewegte und unbewegte Bilder fast unbegrenzt verändern. Deshalb werden Computer auch immer mehr in der Filmproduktion verwendet. Viele Spielfilme werden heute durch Animationen und computergenerierte Spezialeffekte bereichert, es gibt sogar schon Animationsfilme, die ausschließlich am Rechner erzeugt werden.

Technisch immer ausgeklügelter sind auch die per Computer erzeugten virtuellen Welten. Sie werden in der Forschung, Ausbildung und Produktion eingesetzt und auch spielerisch vielfältig genutzt.

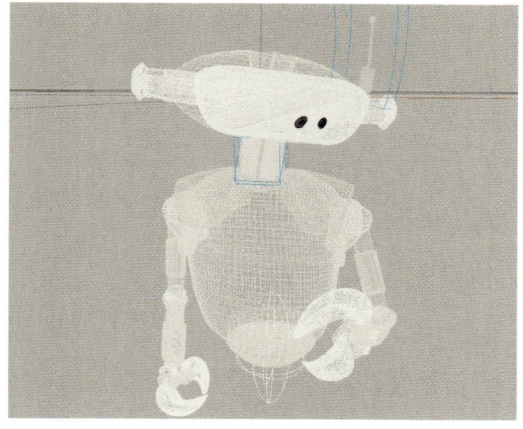  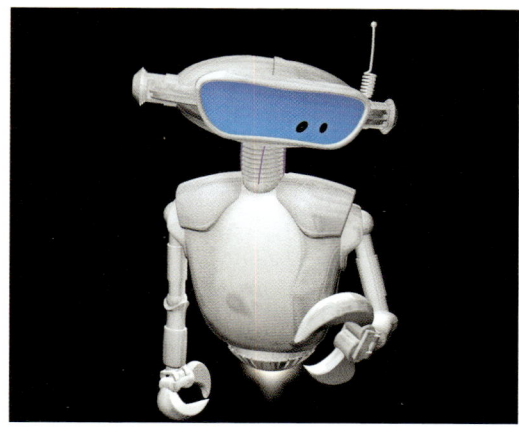

Animation

Von Animation spricht man, wenn die einzelnen Szenen eines ▶ Films nicht real gespielt und mit einer ▶ Kamera aufgenommen, sondern durch bestimmte Techniken nachgestellt werden. Auch so kann man den Anschein erzeugen, als würden sich die Figuren in einem bestimmten Umfeld bewegen. Im weiteren Sinne waren also schon die älteren Zeichentrickfilme Animationsfilme. Die neueren Animationsfilme werden hingegen per Computer erzeugt. In der Fachsprache nennt man sie deshalb »CGI«, was »Computer Generated Imagery« oder »im Computer erzeugte Bilder« bedeutet.

Animationsfilme bestehen aus zahllosen einzelnen Bildern. Um den Anschein der Bewegung zu erzeugen, werden diese Sequenzen – ganz nach dem Prinzip der älteren Zeichentrickfilme – sehr schnell hintereinander abgespielt. Je schneller man mit einem Rechner die geringfügigen Veränderungen darstellen kann, umso fließender wirkt der Bewegungsablauf. Dass die Figuren in neuen Animationsfilmen so echt aussehen, liegt auch daran, dass sie dreidimensional konzipiert sind. Eine solche Figur zu erschaffen ist ähnlich wie das Basteln mit Pappmaschee: Per Computer erstellt der Animations-Designer zunächst ein Drahtgittermodell. Dieses überzieht er am Bildschirm mit einer Oberfläche. Zum Schluss ergänzt er noch Lichtreflexionen, Farben und Strukturen.

Computeranimationen werden nicht nur bei Trickfilmen, sondern auch als ▶ Spezialeffekte in Spielfilmen und in Werbespots verwendet.

So entsteht eine dreidimensionale **Computer-Animation**: Zuerst wird das Drahtgittermodell erstellt, dieses bekommt anschließend eine Oberfläche – darauf sind schon die Lichtreflexionen zu erkennen. Mit Farben und Strukturen versehen sieht dann zum Beispiel dieser Roboter aus dem 3-D-Computerspiel »Sternenschiff Catan« richtig echt aus.

Animationen werden in Trickfilmen ...

... und in Spielfilmen verwendet.

🎤 **INTERVIEW**

Fragen an einen Animations-Designer

Was muss ein Animations-Designer können?
Er sollte vor allem ein gutes räumliches Vorstellungsvermögen und eine solide Ausbildung als Zeichner haben. Beides ist nötig, weil die Objekte bei der Computeranimation zunächst als Drahtgittermodelle erstellt werden. Wichtig ist außerdem, dass er diverse Programme zur ▶ Bildbearbeitung souverän beherrscht. Und schließlich sollte er über Talent zum Geschichtenerzählen verfügen.

Gibt es Animationen nur in Trick- und Werbefilmen?
Nein. Auch viele Actionszenen in Spielfilmen und Computerspiele werden von Animationsdesignern entworfen.

Per **Bildbearbeitung** werden in großen Fotolabors eingesandte Fotos auf Postergröße gebracht, ohne dass sich dabei die Bildqualität verschlechtert.

Was ist eine Blue Box?

Das Blue-Box-Verfahren wird vor allem bei der Produktion von Spielfilmen und Nachrichtensendungen angewandt. Dabei agieren die Schauspieler vor einer blauen Wand. Mittels optischer und digitaler Verfahren wird der blaue Hintergrund später durch Bilder von dem gewünschten Schauplatz ersetzt. Blue-Box-Aufnahmen haben den Vorteil, dass Szenen vor großen Natur- oder Katastrophenkulissen ganz gefahrlos im Studio produziert werden können. Die Bewegungen der Darsteller müssen allerdings sehr genau abgestimmt werden.

Bildbearbeitung

Immer mehr Bilder werden heutzutage nachträglich am Computer bearbeitet, denn die Bildbearbeitung ist in den letzten Jahren technisch sehr verbessert worden und die Programme sind bequem zu bedienen.

Bilder, die digital gespeichert werden, setzen sich aus einer großen Anzahl von Bildpunkten, den Pixeln, zusammen. Die Anzahl der Bildpunkte einer bestimmten Fläche kann dabei variieren – je mehr Bildpunkte jedoch gespeichert werden, desto besser ist die Qualität der Bilder. Mit entsprechender Software können diese Bildpunkte verändert und den jeweiligen Vorstellungen angepasst werden. So ist es beispielsweise möglich, die leuchtend roten Augen zu kaschieren, die manchmal durch Blitzlicht entstehen. Mithilfe von Bildbearbeitungsprogrammen können auch Helligkeit und Farben eines Bildes im Nachhinein verändert werden. Die einzelnen Bildelemente lassen sich so ausschneiden oder Ausschnitte anderer Aufnahmen sowie Textzeilen oder ▶ Spezialeffekte einfügen. Viele Programme können sogar ganze Bildershows erzeugen und nach Wunsch sogar mit Musik unterlegen. ■

Brenner gibt es sowohl als separate Geräte als auch als fest in einem Rechner montierte Einheiten.

Brenner

Der Brenner ist ein CD-Laufwerk, in dem man mit der entsprechenden Software Rohlinge beschreiben kann.

Die Daten auf einer gebrannten ▶ CD oder DVD sind in der dünnen Oberflächenschicht gespeichert. Beim Rohling ist diese Oberfläche vollkommen gleichmäßig. Erst beim Brennvorgang werden bestimmte Bereiche dieser Schicht durch einen ▶ Laserstrahl erhitzt. Dadurch verändert sich die Zusammensetzung und bestimmte Stellen reflektieren kein Licht mehr, wenn sie beim Abspielen gelesen werden.

Die auf dieser Weise gespeicherten Dateneinheiten werden Bits genannt. Beim Abspielen übersetzt der Rechner die gespeicherten Daten wieder in Texte, Bilder oder Töne. ■

Die kleinsten **Laptops** sind trotz ihrer hochwertigen Ausstattung mit DVD-Laufwerk und diversen Anschlüssen kaum größer als ein DIN-A4-Blatt.

Laptop

Ein Laptop, auch Notebook genannt, ist ein transportabler Computer, der ungefähr die Größe dieses Buchs hat und etwa 2 kg wiegt. Da er über ▶ Batterien oder Akkus betrieben wird, kann man ihn mühelos überall mit hinnehmen und sogar auf Reisen im ▶ Auto oder Zug bedienen.

Der Bildschirm des Laptops befindet sich im Klappdeckel, die Tastatur im unteren Bereich. Neuere Geräte erfüllen trotz ihrer geringen Größe die gleichen Funktionen wie die üblichen ▶ PCs auf dem Schreibtisch – sie sind genauso leistungsstark und schnell. Über Schnittstellen lassen sich auch mühelos weitere Zubehörteile wie eine Maus oder ein größerer Monitor anschließen. In Laptops können auch CD- oder Diskettenlaufwerke integriert sein sowie Sound- oder Spielekarten. Eine ganz neue Entwicklung ist der schnurlose Zugriff auf ▶ Internet und Mailserver. ◼

Mikrochip

Mikrochips, die oft auch als Chips bezeichnet werden, bilden das »Gehirn« des Computers. Die Chips sind sehr kleine, oft nur millimeter- oder zentimetergroße Scheibchen aus Silizium, einem verbreiteten chemischen Element. Zum Schutz liegen sie in einem Gehäuse aus Plastik oder Keramik.

Ein Mikrochip kann auf einigen Quadratmillimetern Tausende elektronischer Bauelemente, die zu klein sind, um sie einzeln zu bauen, enthalten. Auf Trägerscheiben, den Wafern, sind winzige elektronische Schaltungen aufgebracht. Diese Schaltungen werden bei der ▶ Mikrochipfertigung in einem komplizierten, mehrmaligen Vorgang aus Beschichtung und Ätzung aufgetragen.

Einige Mikrochips haben reine Speicherfunktionen (Speicherchips), andere beherbergen eine ganze Zentraleinheit, bestehend aus Rechenwerk, Steuerwerk und Hauptspeicher. Diese komplex aufgebauten Chips nennt man auch Mikroprozessoren. Trotz ihrer winzigen Größe entscheiden die Chips über Rechengeschwindigkeit, Speicherkapazitäten und die allgemeine Leistungsstärke eines Computers. Deshalb werden viele Rechner nach ihren Mikroprozessoren benannt. ◼

Die kleinen **Mikrochips** bilden das Herz nicht nur des Computers, sondern auch zahlreicher Haushaltsgeräte.

Pocket-PCs sind Computer im Taschenformat. Die kleinen Geräte haben eine Vielzahl von Spiel- und Arbeitsfunktionen.

Personal Computer

Der Personal Computer, kurz PC, ist der am meisten verbreitete Computertyp. Man findet ihn sowohl in Privathaushalten als auch in Büros. Als »persönlicher Computer« wird er deshalb bezeichnet, weil immer nur eine Person an ihm arbeiten kann.

Im Regelfall besteht er aus einem Rechner mit den Programmen, also der Software, und Speichern (▶ Speichermedien), einem Bildschirm, einer Tastatur für die Dateneingabe sowie einer Maus, mit welcher der Cursor oder Zeiger auf dem Monitor gesteuert wird. Häufig ist der PC mit einer Reihe von Zusatzgeräten verbunden. Dazu zählen vor allem der Drucker, aber auch ▶ Scanner, externe Laufwerke und ▶ Lautsprecher. Fachleute bezeichnen diese Geräte als Peripherie.

Die wichtigsten Bauteile eines PCs befinden sich im Rechner, der zumeist von einem Gehäuse aus dünnem Metall und Kunststoff

umgeben ist. Sein Herzstück ist ein ▶ Mikrochip, der als CPU (»central processing unit«), Zentraleinheit oder Mikroprozessor bezeichnet wird. Er hat ungefähr die Größe einer Streichholzschachtel und steuert die gesamten Abläufe im Computer. Modernste Zentraleinheiten können in einer Sekunde mehr als eine Milliarde Befehle ausführen.

Die Zentraleinheit steckt auf einer Platte, auf der sich ein dichtes Netz dünner Leiterbahnen befindet. Diese Platte ist die Hauptplatine. Alle Komponenten des Computers sind entweder unmittelbar auf dieser Platine befestigt oder durch Kabel und Drähte mit ihr verbunden. Auf ihr liegen sowohl die Festspeicherchips, die die grundlegenden Startbefehle enthalten, als auch die Arbeitsspeicher. Diese speichern die aktuellen Daten und Programme vorübergehend. Alle wichtigen Datensätze werden auf der zentralen

ERFINDUNG

ENIAC

Der erste vollautomatische Rechenautomat war ENIAC. Er wurde zwischen 1943 und 1946 im Auftrag des amerikanischen Militärs entwickelt. ENIAC war 5,5 m hoch und 24 m lang und hatte annähernd das Gewicht von sechs afrikanischen Elefanten. Er arbeitete mit rund 18 000 Elektronenröhren, die für die elektrischen Ströme als Ein- und Aus-Schalter dienten. Die Programmierung erfolgte noch von Hand, nämlich durch das Umstecken von Kabeln.
ENIAC war zwar sehr störanfällig, aber dennoch eine bahnbrechende Erfindung. Mit ihm war es erstmals möglich, in Sekundenschnelle Tausende von Additionen durchzuführen.

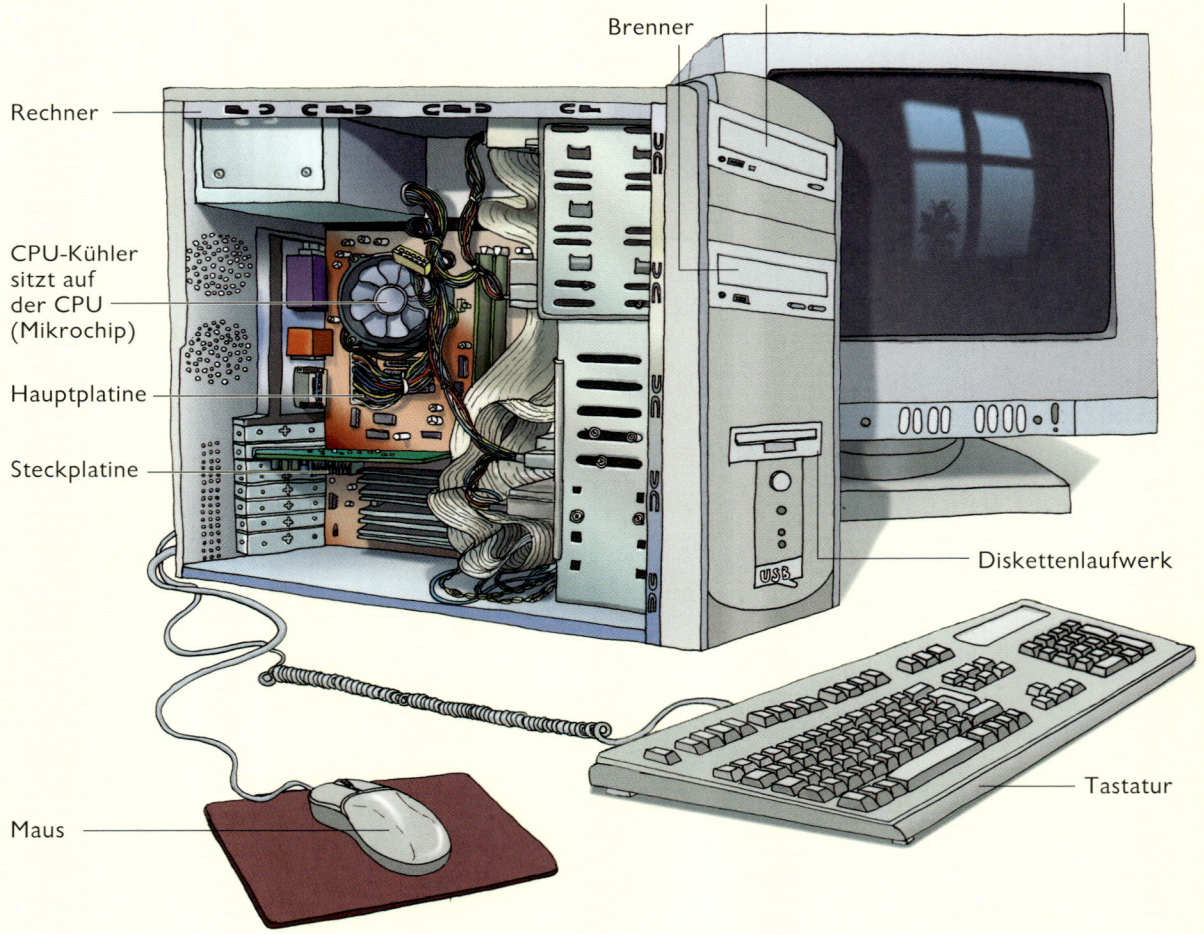

Rechner

CPU-Kühler sitzt auf der CPU (Mikrochip)

Hauptplatine

Steckplatine

Maus

DVD-ROM-Laufwerk

Brenner

Monitor

Diskettenlaufwerk

Tastatur

und größten Speichereinheit des Rechners, der Festplatte, archiviert.

Im Gehäuse können verschiedene Steckkarten eingesteckt werden. Dabei handelt es sich um kleinere Zusatzplatinen, die im Prinzip wie die Hauptplatine gebaut sind und den Rechner um Funktionen für Ton, grafische Darstellungen, Internetanschluss oder Netzwerkverbindungen erweitern. Diese sind variabel und können je nach Bedarf eingebaut und kombiniert werden. Auf der Rückseite liegen die diversen Anschlüsse für ▶ Internet- und Telefonverbindungen (▶ Telefon), Monitor, Maus, Tastatur, Drucker und die weitere Peripherie.

In den Montagefächern auf der Vorderseite des Rechners können verschiedene Zusatzgeräte untergebracht werden. Zur Standardausrüstung zählen ein Diskettenlaufwerk und ein DVD-ROM-Laufwerk für Multimediasoftware, Musik-CDs und Video-DVDs. Häufige Sonderausstattungen sind der ▶ Brenner und ein Laufwerk für ZIP-Disketten, die fast die zweihundertfache Speicherkapazität der üblichen 3,5-Zoll-Disketten haben.

Die ersten PCs wurden 1981 präsentiert. Seither hat sich die Leistungsstärke der Rechner um mehr als das Hundertfache erhöht: Jetzt kann man mit ihnen Programme ausführen, die noch vor wenigen Jahren undenkbar schienen.

Bei diesem **Computer** mit Flachbildschirm ist der Rechner in dem halbkugelförmigen Gehäuse untergebracht.

Die Tastatur eines **Personal Computers** erinnert an die der Schreibmaschinen. So kann man die Befehle schnell und bequem eingeben.

Mithilfe des **Scanners** kann ein Dokument auf den Rechner übertragen werden.

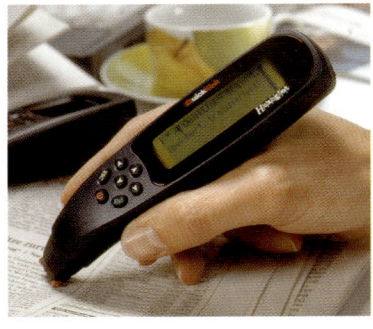

Mit modernen **Handscannern**, auch Lesestifte genannt, lassen sich Textpassagen oder ganze Artikel schnell erfassen.

Scanner

Scanner sind Zusatzgeräte, mit denen man Texte oder Bilder »einlesen« kann. Es gibt sie als Lesestifte, Hand- und Tischgeräte. Letztere sind die gebräuchlichen Flachbettscanner, welche mit fluoreszierendem Licht arbeiten. Sie zerlegen die Bild- oder Textvorlage in ein Raster aus Tausenden von Bildpunkten. Jeder einzelne dieser so genannten Pixel wird mit dem Fluoreszenzlicht auf Farbe und Helligkeit untersucht. Das Ergebnis wird, in einen Zifferncode verwandelt, Punkt für Punkt in den Rechner übertragen. Dort werden diese Informationen gespeichert und können dann weiter bearbeitet werden.

Für farbgenaue Druckvorlagen werden meist Trommelscanner eingesetzt. Und auch die Strichcodeleser an den Supermarktkassen zählen zu den Scannern (▶ Scannerkasse). ∎

Speichermedien

Auf Computern kann man enorme Datenmengen speichern und verarbeiten. Dazu werden Speichermedien benötigt. Es gibt Speicher, die fest im Rechner montiert sind. Andere sind beweglich, sodass große Datensätze von Rechner zu Rechner übertragen oder archiviert werden können.

Das wichtigste Speichermedium im Computer ist die Festplatte, die aus einem Stapel von Magnetplatten besteht. Im Gegensatz zum Arbeitsspeicher, einer Art Zwischenspeicher, bewahrt sie die Informationen auch, wenn der Computer ausgeschaltet wird. Die Festplatten in den üblichen Computern fassen mehrere Gigabytes (Milliarden Bytes), wobei jedes Gigabyte dem Inhalt von bis zu 10 000 dicken Büchern entspricht. Einer der gängigsten Zusatzspeicher ist die 3,5-Zoll-Diskette. Leistungsstärker sind Zip-Disketten, auf denen Daten komprimiert gespeichert werden. Große Datenmengen kann man auch auf DVDs und ▶ CDs speichern. CDs fassen meist 700 Megabyte – das entspricht Musikstücken von etwa 80 Minuten. ∎

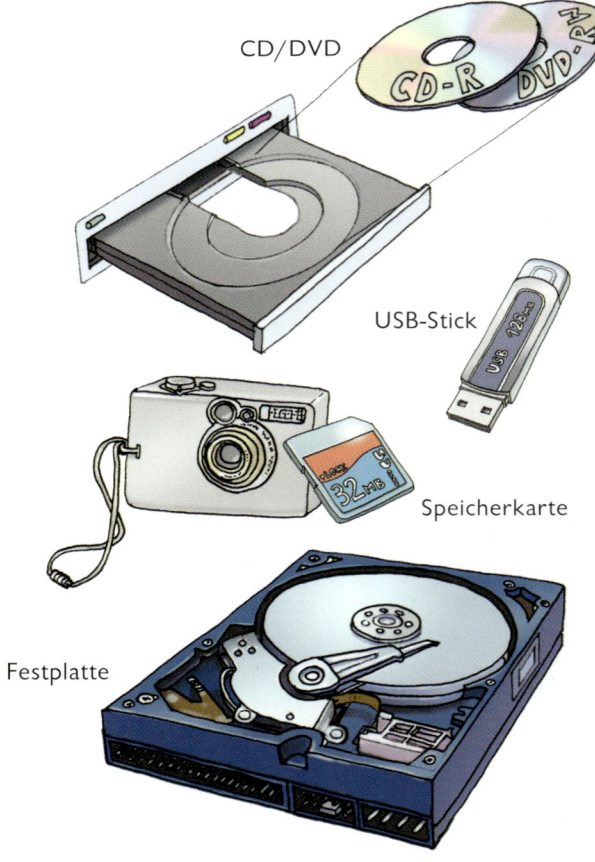

CD/DVD

USB-Stick

Speicherkarte

Festplatte

Trotz aller technischen **Spezialeffekte** werden die meisten Actionszenen noch immer mit Stuntmen gedreht.

Spezialeffekte

Mit Spezialeffekten lassen sich in Filmen Bilder erzeugen, die es in Wirklichkeit so nicht gibt. Der Wunsch, besondere Effekte zu zeigen, ist fast so alt wie das ▶ Kino selbst, doch haben sich die Methoden und Möglichkeiten erheblich verändert.

Ein früher Spezialeffekt war die Aufnahme einzelner Bilder. Nach jeder Aufnahme wurde das Modell geringfügig bewegt, sodass im ▶ Film die Illusion einer Bewegung entstand. Vor entsprechendem Hintergrund konnten winzige Figuren dann wie riesige Monster wirken. Eine andere Methode war die doppelte Belichtung. Bei der ersten Aufnahme wurde die eine Hälfte des Kameraobjektivs (▶ Kamera) verdunkelt, bei der zweiten die andere. Auf diese Weise konnte ein Schauspieler in einer Szene doppelt in Erscheinung treten. Damit die Schauspieler – vor allem bei turbulenten Actionszenen – nicht in gefährliche Situationen kamen, agierten sie vor einer Kulisse. Der im Film zu sehende Hintergrund wurde separat aufgenommen und dann hinterlegt. Sobald man Computer mit zur Gestaltung verwenden konnte, wurden die Szenen erheblich realistischer.

In den 1980er-Jahren setzten Filmemacher Rechner und die durch sie möglich geworde-nen Methoden zur Filmbearbeitung erstmals im größeren Umfang ein. Die ersten vollständig per Computer entwickelten Figuren finden sich in Actionfilmen wie »Terminator 2« und in Animationsfilmen wie »Toy Story« oder »Shrek«. In Dinosaurierfilmen wie »Jurassic Park« werden neben computergenerierten Figuren auch Animatronicmodelle gezeigt. Das sind elektronisch gelenkte ▶ Roboter, die bei der Nachbearbeitung mit einer realistisch aussehenden Außenhaut überzogen werden. ▪

INFOBOX

Animatronic

Viele spektakuläre Filmszenen wurden mit Animatronicmodellen gedreht. Das sind komplizierte Roboter, die in nachgestellten Szenen ganz natürlich wirkende Bewegungen ausführen können. Diese Sequenzen werden dann nachbearbeitet und in den Film integriert. In Dinosaurierfilmen beispielsweise übernehmen diese kleinen Modelle vor allem Laufszenen, manchmal zusammen mit computeranimierten Dinos. Aber selbst Schauspieler können in gefährlichen Szenen von Robotern gedoubelt werden.

ERFINDUNG

Spezialeffekte ganz ohne Multimedia

Filmemacher versuchen seit der Entwicklung des ▶ Kinos in ihren Filmen die Grenzen der Realität zu überwinden. Um fantastische oder besonders abenteuerliche Szenen zu drehen, entwickelten sie deshalb von Beginn an eine Vielzahl von Tricks und Hilfsmitteln.

Eines der wichtigsten Hilfsmittel der frühen Kinofilme war die Windmaschine (siehe Bild). Mit ihrer Hilfe konnten zum Beispiel auch Cabriofahrten mit wehenden Haaren bequem im Studio gedreht werden. Und wenn die Rotoren der Windmaschinen an Textilien schliffen, erzeugten sie die bedrohliche Geräuschkulisse eines Hurrikans.

Architekten und Investoren können in der **virtuellen Welt** ein geplantes Bauwerk begehen. Hier hat man Einblick in die Hallen einer hochmodernen Fabrik.

Der **Cyberspace** bietet beispielsweise Industrieunternehmen die Chance, neue Produkte vor der Fertigung dreidimensional und in realer Größe zu anzusehen.

Virtuelle Welt

Als virtuelle Welt bezeichnet man eine künstliche Wirklichkeit, in der man sich scheinbar bewegen und in die man verändernd eingreifen kann. Um eine solche virtuelle Welt zu erzeugen, benötigt man äußerst leistungsstarke Computer und einen Datenhelm oder eine Datenbrille für den Betrachter. Mit einem zusätzlichen Datenhandschuh lassen sich sogar Aktionen durchführen.

Die Bildschirme, die sich im Helm vor beiden Augen befinden, zeigen wie beim natürlichen Blick geringfügig voneinander abweichende Bilder. Dadurch entsteht der Eindruck eines dreidimensionalen Raumes. Mit jeder Kopfbewegung verändern sich Blickfeld, Perspektive und die Geräuschkulisse, die man über die ▶ Kopfhörer hört. Mithilfe des Datenhandschuhs lassen sich die Objekte der virtuellen Welt scheinbar anfassen, verrücken und verändern. Dabei kann man sogar ihren Widerstand spüren. Diese Illusion wird

Erschütterungen in der virtuellen Welt spürt man auf **Spezialsitzen**.

durch Druckkissen an den Fingerspitzen des Datenhandschuhs erzeugt.

Die Einsatzmöglichkeiten der virtuellen Welt sind sehr vielseitig. Am beliebtesten sind vor allem bei Jugendlichen wohl Computerspiele, denn im Cyberspace lassen sich

Bei **Computerspielen** werden die Aktionen über den Joystick gesteuert.

Mithilfe von **Computersimulationen** können Golf-Profis ihre Schläge einüben.

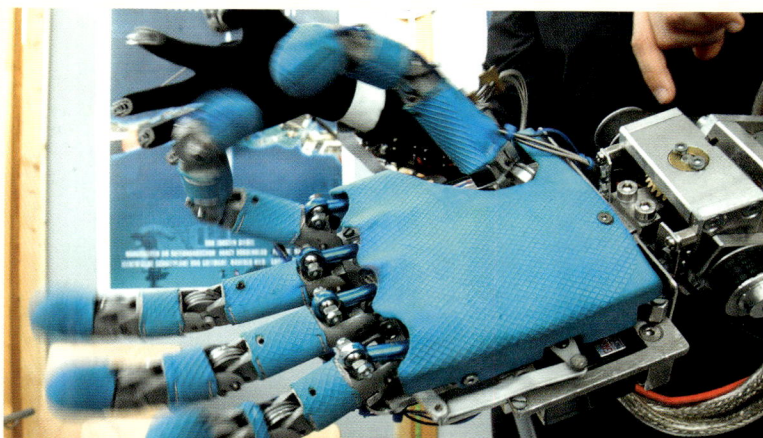

Dieser Universalgreifer wird über einen **Datenhandschuh** aus der Ferne gesteuert.

Abenteuer in einer Weise erleben, gegen die das Fernsehen langweilig ist. Daneben gibt es aber viele Anwendungsbereiche in Forschung und Technik. So trainieren Piloten, Kapitäne, Polizisten und Feuerwehrleute in Simulatoren ungefährdet das Verhalten in kritischen Situationen. Ingenieure und Architekten können virtuelle Bauwerke »durchwandern«, Mediziner »spazieren« während einer Operation oder zu Studienzwecken durch den menschlichen Körper.

Neue Perspektiven bietet die Verbindung aus virtueller Welt und Robotertechnik. Mit Datenhelm und -handschuh lassen sich per Ferngegenwart ▶ Roboter in Gefahrenregionen steuern oder komplizierte medizinische Operationen durchführen.

Eine noch junge Erfindung ist die »augmented reality«. Dabei wird mit einer halb verspiegelten Datenbrille gearbeitet, durch die sowohl die tatsächliche Realität als auch der zu erreichende Zustand zu sehen sind. ◼

INFOBOX

Was ist eine Ferngegenwart?

Während bei der virtuellen Realität »nur« eine Scheinwelt erzeugt wird, bietet die Ferngegenwart die Chance, in reale Situationen einzugreifen. Dazu sind ein ▶ Roboter und sein Bediener miteinander verbunden. Der Bediener befindet sich dank Datenhelm und Datenhandschuh gleichsam in der Situation des Roboters und dirigiert ihn unmittelbar und dennoch aus sicherer Entfernung. Dieses Verfahren leistet bei der Bombenentschärfung, der Untersuchung von Katastrophengebieten und vor allem der Weltraumforschung große Dienste.

In der **virtuellen Welt** lassen sich längst versunkene Städte durchwandern und Szenen aus dem täglichen Leben nacherleben. So wird beispielsweise eine Reise in das antike Troja möglich.

Bei der Polizei

a Blick in ein Kommissariat:
die Polizei bei der Fahndungs-
arbeit.

b Eine Gerichtsmedizinerin
untersucht eine Probe am
Mikroskop.

c Eine Polizeisperre mit Radar-
und Alkoholkontrolle.

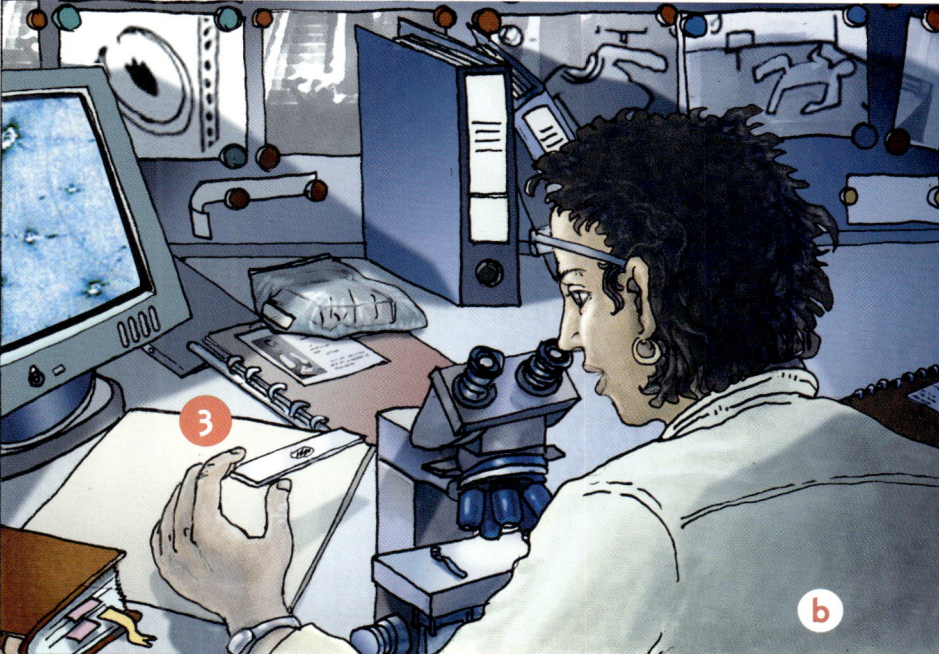

Bei der Polizei

In allen Ländern der Erde gibt es bestimmte Vorschriften und Regeln für das Zusammenleben der Menschen. Polizisten sorgen dafür, dass diese Gesetze eingehalten werden.

In Deutschland gibt es verschiedene Ordnungshüter mit unterschiedlichen Aufgabenbereichen. Die meisten Polizisten arbeiten auf Wachdienststellen, die es in jedem größeren Ort gibt. Wachdienstbeamte tragen Polizeiuniformen und zu ihren Aufgaben gehört unter anderem den Straßenverkehr zu überwachen. Vor allem aber sind sie bei jedem Notruf schnell zur Stelle – ganz gleich, ob es sich um Raub, Überfälle, Schlägereien oder Autounfälle handelt. Bei Verbrechen sperren sie den Tatort, um Fingerabdrücke und andere Spuren zu sichern.

Bei schweren Vergehen benachrichtigen sie ihre Kollegen vom Kriminalkommissariat. Kriminalkommissare ermitteln bei Kapitalverbrechen wie Mord, bei unerlaubtem Drogen- und Waffenhandel sowie bei Geldfälschungsdelikten. Diese Kommissariate werden unterstützt durch speziell ausgebildete Einsatzgruppen, die bei

Entführungen, Erpressungen und Geiselnahmen eingeschaltet werden. Solche Kommandos helfen auch, wenn bewaffnete Verbrecher gestellt werden müssen. Die Überwachung der Vorschriften auf Flüssen und Seen gehört zu den Aufgaben der Wasserschutzpolizei. Die Fliegerstaffel leistet mit modernen Infrarotkameras bei der Suche nach Vermissten und der Fahndung nach Tätern wichtige Dienste. Bereitschaftspolizisten sorgen dafür, dass es bei großen Veranstaltungen und Demonstrationen nicht zu Ausschreitungen kommt.

Die technischen Fortschritte der letzten Jahre haben den Polizeiberuf verändert. Inzwischen gehören Computer, große Datenbanken, aber auch Wanzen und andere technische Hilfsmittel zur Ausrüstung der Polizei.

Alkoholmessgerät

Immer wieder werden von betrunkenen Autofahrern schwere Autounfälle verursacht. Deshalb ist es verboten, mit mehr als 0,5 Promille Alkohol im Blut Auto zu fahren.

Ob ein Fahrer angetrunken ist, überprüft die Polizei mit »Alkomatgeräten«. Sie messen anhand der Atemluft die Menge des Alkohols im Blut. Da die Geräte früher nur ungenaue Ergebnisse lieferten, mussten sich verdächtige Fahrer nach dem Test noch einer Blutentnahme unterziehen. Die neueren Alkomatgeräte sind so exakt, dass diese Nachuntersuchung nicht mehr nötig ist.

Beim Atemtest muss der Betroffene zweimal in das Gerät pusten – im Abstand von mindestens zwei und höchstens fünf Minuten. Der eingebaute Computer kann Alkoholreste in Mund und Magen von denen in der Lungenluft unterscheiden. In mehreren Verfahren werden die beiden Proben getestet und die Ergebnisse verglichen. Wenn sie übereinstimmen, zeigt das Gerät den gemessenen Wert an. ■

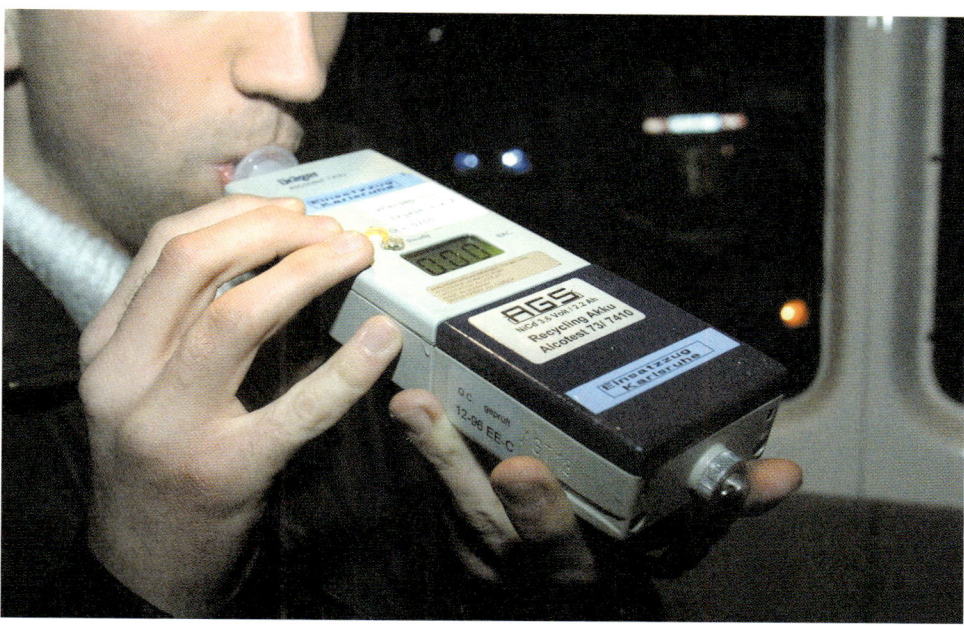

INFOBOX

Enigma

Die wohl berühmteste Verschlüsselungsmaschine der Welt war die Enigma. Arthur Scherbius hatte sich 1918 das Prinzip patentieren lassen. Nach technischen Weiterentwicklungen wurde Enigma im Nationalsozialismus zur wichtigsten Verschlüsselungsmaschine der Deutschen.

Dass ihr Code 1943 vom polnischen und britischen Geheimdienst geknackt werden konnte, war mitentscheidend für den Ausgang des Zweiten Weltkrieges.

Mit Enigma wurden Nachrichten nach dem Prinzip der »polyalphabetischen Verschlüsselung« codiert. Dabei erfolgt die alphabetische Abweichung nach einem geheimen Zahlenschlüssel. Jeder Buchstabe des »Klartextes« kann je nach seiner Stellung im Text durch andere Buchstaben ersetzt werden. Zusätzlich wird die Eingabe an drei Schaltstellen, den Rotoren, noch drei weitere Male codiert. So ergeben sich am Ende unzählige mögliche Schlüssel.

Geknackt werden konnte der komplizierte Verschlüsselungscode von Enigma erst mithilfe der frühesten Computer und dem Fachwissen der Verschlüsselungsexperten oder Kryptologen.

Chiffren und Codes

Für die Übermittlung vertraulicher Nachrichten benutzen Staatsmänner, Militärs und Spione seit Jahrhunderten geheime Schlüssel oder Codes. So hat beispielsweise Julius Caesar in seinen Geheimbotschaften die eigentlichen Buchstaben mit denen vertauscht, die im Alphabet drei Stellen später stehen. Nur wer von diesem Schlüssel wusste, konnte die wirren Zeichen in »Klartext« übersetzen. Codes, die mit regelmäßiger alphabetischer Abweichung arbeiten, nennt man deshalb noch heute Caesarschlüssel.

Bis zum Ende des Ersten Weltkrieges wurden Geheimbotschaften von Hand erstellt. Die Codes waren im Laufe der Zeit immer raffinierter geworden, dennoch konnten nahezu alle Verschlüsselungen »geknackt« werden. Immer wieder wurden deshalb neue Methoden gesucht. Das gelang um 1920, als vier Erfinder unabhängig voneinander Chiffriergeräte entwickelten. Nun wurden Verschlüsselungsmaschinen verwendet. Die berühmteste war die Enigma, die lange als absolut sicher galt. Mit der Erfindung von Computercodes auf der Basis langer Ziffernreihen hat die Verschlüsselungstechnik inzwischen eine neue Qualität erreicht. Heute dient sie neben Spionen und Staatsmännern vor allem Wirtschaftsunternehmen. ■

Der **Atemalkoholtest** ist freiwillig. Wer allerdings die Teilnahme verweigert oder dazu nicht mehr in der Lage ist, dem nehmen die Polizisten Blut ab. Mithilfe dieser Tests kann auch Drogenkonsum nachgewiesen werden. Das Fahren nach Alkohol- oder Drogenkonsum kann zu schweren Unfällen führen und ist deshalb verboten.

Fälschungsschutz

Geldscheine sind weit mehr als einfaches, bedrucktes Papier. Bei genauem Hinsehen kann man eine ganze Reihe besonderer Merkmale erkennen, die das Fälschen von Geldscheinen erschweren sollen. Die Herstellung dieser Sicherheitsmerkmale ist sehr kompliziert und die Verfahren werden strengstens geheim gehalten.

Der Druck von Geldscheinen erfolgt in vielen Einzelschritten auf Spezialpapier. So werden Euro-Scheine aus reiner Baumwolle hergestellt und haben deshalb eine besondere Oberflächenstruktur.

Ein wichtiges Sicherheitsmerkmal ist das Stichtiefdruckrelief. Diese fünf Buchstabenfolgen auf der Vorderseite oben lassen sich ertasten. Im unbedruckten Bereich liegen die Wasserzeichen. Sie sind im Prinzip Veränderungen der Papierdicke. Im Gegenlicht zeigen sie noch einmal Wertzeichen und Bildmotiv des jeweiligen Scheins.

In der Mitte des Scheins befindet sich der Sicherheitsfaden, der vollständig in das Papier eingebettet ist. Schließlich gibt es auf den Geldscheinen noch spezielle Leuchtfasern, winzige Schriftzeichen und weitere Tastmerkmale.

Trotz aller Sicherheitsmaßnahmen kommt es dennoch immer wieder zu Fälschungsversuchen, die weltweit von der Polizei verfolgt werden. ■

Dieser als Faschingsscherz in Umlauf gebrachte 40-Teuro-Schein ist natürlich **Falschgeld**.

Mit **UV-Lampen** lassen sich echte (hinten) und gefälschte (vorne) Geldnoten unterscheiden.

Fingerabdruck

Fingerabdrücke sind wichtige Spuren für die Polizeiarbeit. Jedes Jahr stellen die Ermittler allein in Deutschland Fingerabdrücke von mehr als 13 000 Personen sicher. Damit können zahlreiche Täter überführt werden. Für die Verbrechensbekämpfung sind die winzigen Hautprofile an den Fingern doppelt wertvoll: Sie sind fast immer einzigartig und ein Leben lang unveränderlich.

Kriminalisten bezeichnen die systematische Tätersuche mithilfe von Fingerabdrücken als Daktyloskopie. Das Wort kommt aus dem Griechischen und bedeutet »Fingerschau«. Polizisten nutzen das Verfahren seit über hundert Jahren. 1892 konnte erstmals ein Mörder durch die gefundenen Spuren seiner Fingerabdrücke überführt werden. Wenig später wurde die Sicherung und Überprüfung dieser Täterspuren in Europa zu einem festen Bestandteil der polizeilichen Ermittlungsarbeit. Die Datenbanken waren damals allerdings noch ziemlich klein und oft nur auf eine einzige Stadt beschränkt. Inzwischen ist die Daktyloskopie eine aner-

Spurensicherung

Bei der Aufklärung eines Verbrechens können alle möglichen Anhaltspunkte von Bedeutung sein. Deshalb ist die sorgfältige Spurensicherung ein besonders wichtiger Bestandteil der polizeilichen Ermittlungsarbeit.

Zuverlässige Hinweise auf den Täter liefern beispielsweise Fingerabdrücke. Sie werden auch von deutschen Gerichten als eindeutige Beweismittel anerkannt. Eine fast noch größere Gewissheit bietet der »genetische Fingerabdruck«. In einem komplizierten Analyseverfahren kann er aus einem einzigen Haar oder Blutstropfen gewonnen werden. Manchmal lassen Verbrecher am Tatort auch sichtbare Spuren zurück: So können Kleidungsfasern, Zigarettenstummel, Reifenprofile oder Fußabdrücke entscheidende Hinweise geben.

kannte Wissenschaft. Längst nehmen die Polizisten die Fingerabdrücke nicht mehr mit Druckerschwärze ab, wie es noch manchmal in alten Kriminalfilmen zu sehen ist. Die feinen Linienmuster auf der Haut werden mithilfe elektronischer ▶ Scanner registriert. Das Bild wird dann in einen Zahlencode verwandelt und in das automatisierte Fingerabdruck-Identifizierungs-System »AFIS« eingespeist. Hier werden Millionen solcher Daten gespeichert und bei Bedarf verglichen. ◼

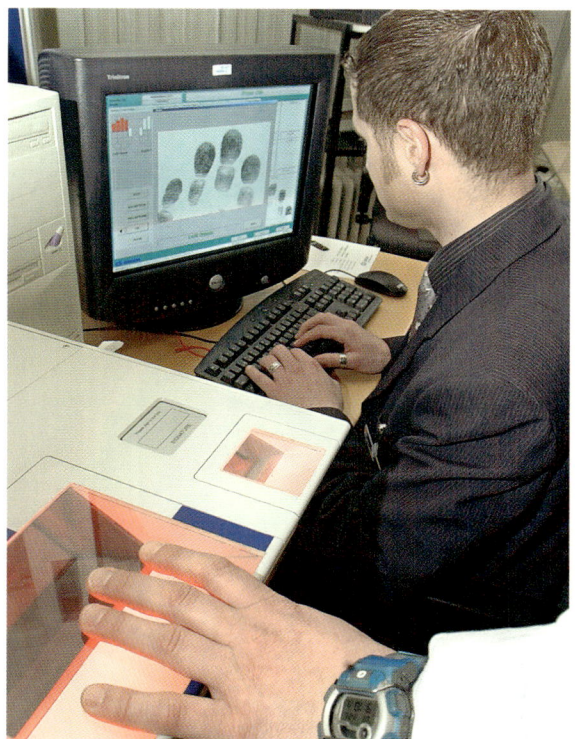

Die **Fingerabdrücke** werden von einem ▶ Scanner aufgezeichnet und auf dem Monitor angezeigt.

Dokumentüberprüfung - Aktuelles Bild: RECHTER DAUMEN Drücken Sie ""Vergrößern"" um das Bild zu sehen!				
GEROLLTE FINGER AUFNAHMEN				
R. Daumen	R. Zeigefinger	R. Mittelfinger	R. Ringfinger	R. kleiner Finger
Ok	Ok	Ok	Ok	Ok
L. Daumen	L. Zeigefinger	L. Mittelfinger	L. Ringfinger	L. kleiner Finger
Ok	Ok	Ok	Ok	Ok

Alle eingescannten Fingerabdücke werden in umfangreichen **Datenbanken** gespeichert.

▶ Röntgenaufnahmen gehören zu den unverzichtbaren Hilfsmitteln der modernen **Gerichtsmedizin**. So lassen sich Knochenverletzungen, stecken gebliebene Geschosse oder abgebrochene Messerspitzen erkennen.

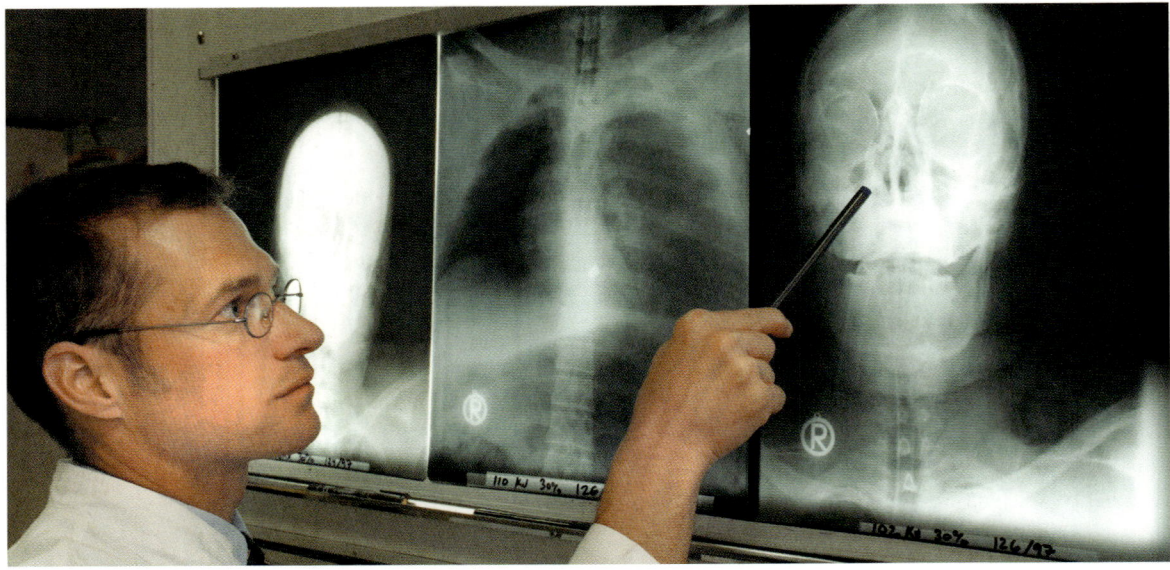

Gerichtsmedizin

Wenn die Polizisten bei einem Todesfall den Eindruck haben, dass irgendetwas nicht mit rechten Dingen zugegangen ist, ziehen sie Gerichtsmediziner hinzu. Diese sollen dann klären, ob es sich um einen natürlichen Tod, um einen Unfall, Selbstmord oder gar um Mord oder Totschlag handelte. Ist Letzteres der Fall, versuchen sie anhand der Verletzungen das Mordwerkzeug zu ermitteln, Spuren des Täters am Opfer sicherzustellen und den Todeszeitpunkt möglichst exakt zu bestimmen. Bei der Ermittlung der Schuldigen und der Überprüfung von Alibis können diese Informationen von großer Bedeutung sein.

Die Experten messen zunächst die Körpertemperatur und untersuchen das Fortschreiten von Leichenflecken und Totenstarre. Diese Merkmale sind in den ersten Stunden und Tagen in der Regel sehr zuverlässig, werden dann aber immer ungenauer. Ist der Tod schon vor Wochen oder gar Monaten eingetreten, entnehmen die Gerichtsmediziner Gewebeproben: Vom Zerfall der kleinen Körperzellen können sie ungefähr auf das Sterbedatum schließen. Auch die genaue Untersuchung der Insekten, die sich auf dem Körper des Toten angesiedelt haben, dient der Bestimmung des Todeszeitpunkts. ■

INFOBOX

Wie ermitteln Gerichtsmediziner den Todeszeitpunkt?

Leichen, die lange im Freien gelegen haben, sind oft schwer zu identifizieren. Um den genauen Todeszeitpunkt zu ermitteln, untersuchen Gerichtsmediziner deshalb die Insekten, die einen Toten meist innerhalb von Stunden besiedeln. Die meisten dieser Tiere machen Verwandlungen durch. Aus den Eiern entwickeln sich erst Maden, dann Puppen und schließlich ausgewachsene Insekten. Die Ermittler nutzen das: Alter, Größe und Entwicklungsstadium der Tiere geben ihnen wichtige Auskünfte über die Liegezeit eines Toten und damit über den Todeszeitpunkt. Handelt es sich gar bei den Insekten um eine

Art, die nicht am Fundort vorkommt, ist dies ein Hinweis darauf, dass die Leiche nachträglich dort abgelegt wurde.
Anhand des Todesdatums können die Kriminalbeamten anschließend gezielt die Vermisstenanzeigen des entsprechenden Zeitraums überprüfen. Ob das Opfer mit einer verschwundenen Person identisch ist, lässt eine Untersuchung des Gebisses erkennen. Die Stellung der Zähne und die Spuren früherer Behandlungen zählen zu den unverwechselbaren Merkmalen eines Menschen. Weitere wichtige Hinweise auf das Opfer können durch eine Blutgruppenanalyse gewonnen werden.

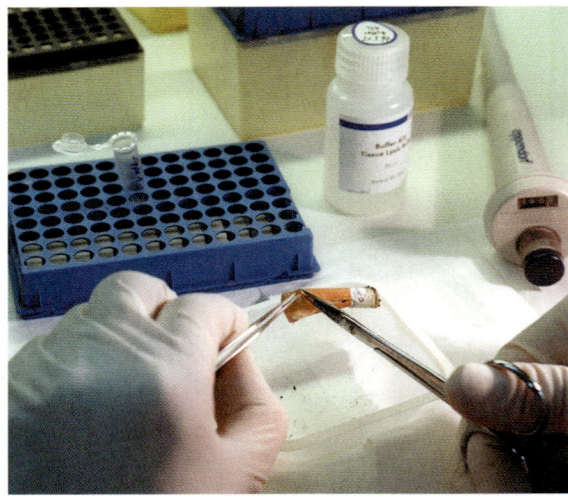

Auch von einer Zigarettenkippe kann man den **genetischen Fingerabdruck** abnehmen.

Gesichtsrekonstruktion

Eine Gesichtsrekonstruktion ist nötig, wenn die Todesopfer von Verbrechen oder Unfällen so stark verwest sind, dass man sie nicht mehr erkennen kann. Da sich das Gesicht im Laufe des Lebens stark verändert, müssen die Gerichtsmediziner zunächst das Alter der Person schätzen. Dazu untersuchen sie das Skelett oder die Zähne. Dann rekonstruieren sie in einer Art Puzzlearbeit die einzelnen Teile des Gesichts. An 21 Punkten des Schädels machen sie Zapfen fest, die so hoch sind wie der durchschnittliche Abstand zwischen Knochen und Haut. Anschließend tragen sie auf den Schädel eine spezielle Knetmasse oder Ton auf.

Diese aufwendige Rekonstruktion wird heute immer häufiger mithilfe entsprechender Computerprogramme vorgenommen. ■

🔍 INFOBOX

Digitale Gesichtsrekonstruktion

Das Verfahren der digitalen Gesichtsrekonstruktion per Computer ist noch sehr neu. Zunächst wird der Schädel auf eine Drehscheibe gestellt und mit einem Laserstrahl (▶ Laser) vermessen. Aus den gewonnenen Daten wird am Rechner ein virtuelles Gittermodell des Schädelknochens aufgebaut. Dieses Grundgerüst wird nun virtuell mit Gewebe überzogen und das eigentliche Gesichtsmodell entwickelt. Der Computer stützt sich dabei auf durchschnittliche Angaben zur Stärke von Fleisch und Knochen an den verschiedenen Partien des Kopfes. Mit einer speziellen Software können die Gerichtsmediziner besondere Merkmale wie Ohrringe, Bart und Haare ergänzen. Einige Charakteristika wie Hautfarbe und Geschlecht lassen sich allerdings nur am ganzen Skelett erkennen.

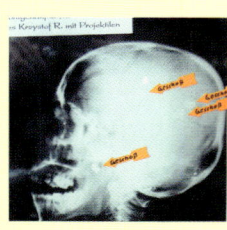

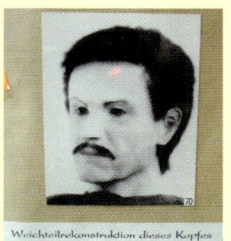
Weichteilrekonstruktion dieses Kopfes

tatsächliches Bild vom Mordopfer

Infrarotkamera

Menschen können in der Dunkelheit nur sehr wenig erkennen. Deshalb benutzen Militärs, Grenzschützer und Polizisten bei nächtlichen Einsätzen entweder so genannte Restlichtverstärker oder Infrarotkameras.

Restlichtverstärker haben den Nachteil, dass sie nur bei klaren Sichtverhältnissen funktionieren. Infrarotkameras hingegen nehmen die unsichtbaren Wärmestrahlen auf, die von allen Dingen abgegeben werden, und erzeugen daraus ein Bild. Die Körperwärme eines Menschen beispielsweise können sie selbst durch feste Mauern hindurch wahrnehmen. Die Polizei nutzt diese Technik oft, wenn große Waldgelände vom ▶ Hubschrauber aus nach Vermissten abgesucht werden müssen. Denn mit Infrarotkameras kann man auch versteckte Körper aufspüren. Auch Rettungsmannschaften suchen so nach Verschütteten. Das Bild einer Infrarotkamera sieht allerdings ganz anders aus als ein Foto: Warme Objekte sind weiß bis rot, kalte grün bis schwarz. ■

Mithilfe der **Infrarotkamera** an der Unterseite dieses Polizei-Hubschraubers können Wärmestrahlen erkannt werden.

Infrarotbilder werden zu verschiedensten Zwecken eingesetzt. Dieses Wärmebild von zwei Wisentbullen gibt Forschern darüber Aufschluss, ob die Tiere gesund sind. Die wärmsten Körperteile sind rot, die kältesten grün.

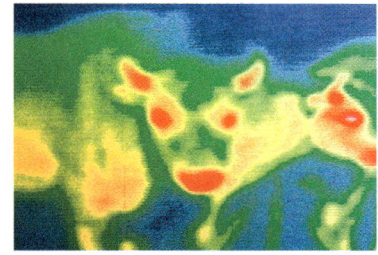

Phantombild

Bei der Jagd nach Verbrechern setzt die Polizei schon seit langem Phantombilder ein, auf denen die mutmaßlichen Täter abgebildet sind. Mit ihrer Hilfe versuchen die Ermittler, die Verdächtigen zu identifizieren und zugleich auch mögliche Zeugen für ein Verbrechen zu finden.

Bei der Erstellung der Phantombilder stützen sich die Polizisten auf die Beschreibungen von Zeugen. Früher haben sie die Gesichter meist aus einer Reihe fertiger Schablonen für Haare, Stirn, Nase, Mund und Kinn zusammengesetzt. Manchmal waren auch geduldige Zeichner am Werk.

Heute können Phantombilder per Computer mit einer speziellen Software viel schneller und genauer erzeugt werden. Der Bildaufbau beginnt mit den Haaren. Dann werden Schritt für Schritt alle anderen markanten Gesichtsmerkmale sowie Brillen oder Ohrringe hinzugefügt. Im Vergleich zu früher ist die Auswahl der Gesichtsmerkmale nun erheblich größer. Und das fertige Bild kann anschließend automatisch mit den Fotos von Gesichtern bekannter Verbrecher, die schon in der Datenbank gespeichert sind, verglichen werden. ■

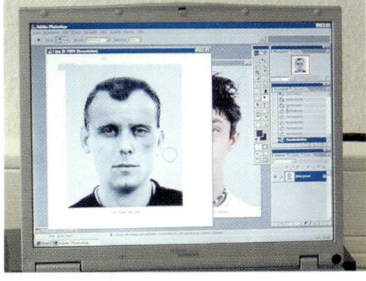

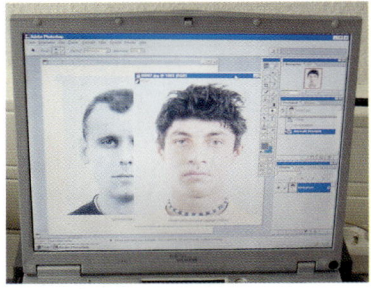

Phantombilder aus dem Computer zeigen im Gegensatz zur früheren Schablonen-Technik erheblich mehr Gesichtsmerkmale. Computer ermöglichen es auch, die einzelnen Partien so zu verändern und zu verschmelzen, dass ein stimmiges Bild entsteht.

Polizeiauto

In Deutschland gibt es viele unterschiedliche Polizeiautos. Das häufigste Einsatzfahrzeug ist der Streifenwagen. Darüber hinaus verfügt die Polizei über verschiedene Gruppen- und Mannschaftswagen sowie diverse Sonderfahrzeuge für Gefangenen- und Werttransporte und Demonstrationen. Die jeweilige Automarke ist in jedem Bundesland verschieden. Polizeifahrzeuge unterscheiden sich von Serienfahrzeugen durch Sonderausstattungen wie die Funkanlage, Blaulicht und die Sirene. Viele Einsatzwagen haben zusätzliche Extras wie eine besondere Panzerung oder weitere technische Ausstattungen. ■

INFOBOX

Fahrsimulator

In Bayern steht seit 2003 der weltweit erste Fahrsimulator für Polizisten zur Verfügung. Ähnlich wie Schiffskapitäne oder Flugzeugpiloten können auch Fahrschüler so gefahrlos lernen, ihr Fahrzeug sicher und vor allem schnell zu steuern. Im Fahrsimulator sehen die Lernenden Landstraßen, Autobahnen oder Stadtgebiete vor sich. Per Computer werden die Lenkbewegungen auf eine hydraulische Anlage übertragen, sodass alle Bewegungen wie in einem realen Auto zu spüren sind.

Polizeiautos sind gut an ihrer silbernen Farbe und den grünen Streifen erkennbar.

Radarfalle

Per Verkehrsradar wird gemessen, ob Autofahrer schneller fahren als erlaubt. Weil das Gerät meist unerwartet an den Straßen steht, sprechen die Autofahrer von einer Radarfalle. Für die Polizei ist es neben der Lasermessung ein wichtiges Instrument, um so genannte Raser aufzuspüren, die durch ihre riskante Fahrweise andere Autofahrer, Radfahrer, Fußgänger und sich selbst gefährden.

Die Radarfalle arbeitet mit Funkwellen, die auf die entgegenkommenden Fahrzeuge gerichtet sind und von diesen reflektiert werden. Durch die Vorwärtsbewegung des Autos werden die Funkwellen regelrecht zusammengeschoben – ihr Abstand verkürzt sich. Experten nennen dieses Phänomen Doppler-Effekt. Mit dem Verkehrsradar werden die Veränderungen der Wellen gemessen und daraus wird die Geschwindigkeit des herannahenden Autos errechnet. Die Polizeibeamten lesen das Messergebnis auf einer Anzeigetafel ab.

In den meisten Fällen ist das Verkehrsradar an ein »Blitzgerät« gekoppelt, das von zu schnellen Fahrzeugen automatisch eine Aufnahme macht. Dieses Foto dient in dem anschließenden Bußgeldverfahren als ein wichtiges Beweisstück. ■

INFOBOX

Was ist Spionage?

Als Spionage bezeichnet man das Auskundschaften geheimer Informationen. Zumeist richtet sie sich gegen Regierungen oder Industrieunternehmen. Eine besonders große Bedeutung hat sie in Kriegszeiten. Dann versuchen oft beide Kriegsparteien, die Angriffsziele, Verteidigungsmaßnahmen oder die Truppenstärke des Gegners zu erkunden.

Spionage ist ein sehr gefährliches Unternehmen, da ständig die Gefahr besteht, enttarnt zu werden. Die meisten Agenten leben unter falschem Namen und manchmal auch mit einem veränderten Aussehen. So können sie besser fliehen, falls sie entdeckt werden. Wenn sie dennoch gefasst werden, drohen harte Strafen.

Die vielleicht bekannteste Spionin, die Tänzerin Mata Hari, wurde 1917 in Frankreich als deutsche Spionin zum Tode verurteilt und hingerichtet.

Wanze

Wenn Geheimdienste, Spione oder polizeiliche Ermittler verdächtige Personen bespitzeln wollen, benutzen sie oft so genannte Wanzen. Das sind winzige ▶ Mikrofone, mit denen man unentdeckt Gespräche belauschen kann.

Aufgrund ihrer geringen Größe lassen sich Wanzen mühelos in Wohnungen, Büros oder ▶ Autos verstecken.

Mit einem entsprechenden Empfangsgerät zeichnen Agenten oder Polizisten die Tonsignale auf. Spezielle Minisender für das Abhören von ▶ Telefonen ermöglichen es, alle Gespräche weltweit von jedem beliebigen Telefon aus mitverfolgen zu können. ■

Wer von der **Radarfalle** mit zu hoher Geschwindigkeit erwischt wird, muss mit harten Strafen rechnen: Rasern drohen Geldbußen und der sofortige Führerscheinentzug.

Diese streichholzschachtelgroße **Abhörwanze** lässt sich leicht an einem unauffälligen Ort verstecken.

Auf der Straße

Auf der Straße

Alle Industrieländer haben ausgedehnte Straßennetze. Mit Abstand am meisten befahren werden sie von Personenautos. Sie gehören neben dem Fahrrad zu den wichtigsten Transportmitteln. Allein in Deutschland waren Anfang 2003 annähernd 45 Millionen Personenkraftwagen (PKW) registriert. Doch das Straßennetz wird auch von Lastkraftwagen (LKW) für den Transport von Gütern und Waren sehr stark genutzt.

Der Personen- und Güterverkehr auf der Straße bietet viele Vorteile, er hat aber auch viele Nachteile. Ein Problem ist die Abgasbelastung der Luft. Ein weiteres Problem sind die vielen schweren Autounfälle, bei denen jedes Jahr viele Menschen verletzt werden oder gar ihr Leben verlieren.

Da sich der Verkehr in den letzten Jahrzehnten erheblich verstärkt hat, müssen neue Lösungen gesucht werden.

Automobilhersteller arbeiten seit langem daran, den Kraftstoffverbrauch und den Schadstoffausstoß der Fahrzeuge zu senken – mit Erfolg. So wird die Abgasbelastung der Umwelt verringert. Fortschritte gibt es auch beim Insassenschutz, etwa durch Airbags und verbesserte Bremssysteme. Und »intelligente« Verkehrsleitsysteme, die durch die Nutzung von GPS, Mobilfunk und Computern möglich geworden sind, helfen lange Staus zu vermeiden. Dabei wird mit einem Zentralcomputer gearbeitet, der alle aktuellen Verkehrsdaten sammelt und auswertet. Anschließend gibt er sie durch GPS oder flexible Hinweisschilder an die Verkehrsteilnehmer weiter, die dadurch automatisch über die freien Routen gelenkt werden.

Ampel

An großen Kreuzungen, an denen sich die Wege vieler Auto- und Radfahrer, von Fußgängern und manchmal auch Straßenbahnen kreuzen, regeln meist Ampeln den Verkehr. Sie geben vor, welche Verkehrsteilnehmer anhalten müssen und welche die Kreuzung überqueren dürfen. Fußgängerampeln haben nur die Farben Rot für »Stopp« und Grün für »Überqueren erlaubt«. Bei Autoampeln gibt es zusätzlich ein gelbes Licht, das »Anhalten« oder »zügig überqueren« signalisiert. Wenn die gelbe Lampe blinkt, bedeutet das für den ankommenden Autofahrer »Vorsicht«.

Herkömmliche Ampeln werden in Zeitintervallen gesteuert, die Rot- und Grünphasen wechseln in immer gleichen Abständen. Moderne Ampeln hingegen reagieren auf die Anwesenheit von Fahrzeugen. Wenn die Wagen bis zur Haltelinie fahren, geraten sie in das Magnetfeld einer Kontaktschleife, die sich unter der Fahrbahn befindet. Das Signal wird von dem Schaltkasten neben der Ampel registriert, die daraufhin so bald wie möglich wieder auf Grün schaltet. Kontakte dieser Art gibt es auch für Busse und Straßenbahnen. Fußgänger können eine Taste betätigen. Für Fußgänger sind die Ampelzeichen manchmal auch an akustische Signale gekoppelt. Das ist vor allem für Blinde hilfreich.

Um Staus zu vermeiden, wurden in vielen Städten »Grüne Wellen« eingeführt. Dabei werden die Ampelschaltungen so aufeinander abgestimmt, dass der Verkehr möglichst stockungsfrei fließen kann. ■

Der grüne Pfeil erlaubt Rechtsabbiegern, trotz roter **Ampel** nach einem kurzen Stopp bei freier Straße vorsichtig abzubiegen.

Diese »Verkehrszeichenbrücke« ist Teil des elektronischen **Verkehrsleitsystems**, das auf Autobahnen Staus und Unfälle vermeiden soll.

Auto

Kaum eine Maschine bestimmt unser Leben so sehr wie das Auto. Weltweit gibt es Millionen Autos und jede Minute kommen einige Tausend neue hinzu. Stünden sie alle in einer Reihe, dann würde diese gigantische Autoschlange weit mehr als zehnmal die ganze Erde umkreisen.

Autos gibt es in allen möglichen Farben, Ausstattungen, Größen und Preisklassen. Die Auswahl reicht vom Familienauto über Geländewagen und Sportflitzer bis zur Luxuslimousine. Die meisten werden privat genutzt. Zahllose Menschen fahren mit ihnen zur Arbeit, zum Einkauf oder in den Urlaub. Es gibt aber auch Autos für ganz spezielle Zwecke. Zu ihnen zählen Taxis, Einsatzfahrzeuge von Polizei, Notarzt und Feuerwehr sowie Rennwagen, die auf normalen Straßen gar nicht fahren dürfen.

Das Herzstück des Autos ist der Motor, der bei fast allen Modellen von Benzin- oder Dieselkraftstoff angetrieben wird. Es gibt aber auch Gas-, Elektro- oder Solarmotoren. Der Motor befindet sich bei den meisten Autotypen vorne unter der Motorhaube. Durch das Getriebe wird seine Kraft auf die Vorderräder (Frontantrieb) oder Hinterräder (Heckantrieb) übertragen, beim Allradgetriebe auf alle vier Räder zugleich.

Die meisten Autos haben einen Rückwärtsgang und fünf Vorwärtsgänge. Durch das Schalten hält der Fahrer unabhängig von der Fahrgeschwindigkeit die Motordrehzahl im günstigsten Bereich. Dreht sich der Motor zu langsam, dann »stottert« er, dreht er zu schnell, verschleißt er schneller. In den ersten Gängen dreht der Motor die Räder langsam, aber mit sehr viel Kraft. Sie legt der Fahrer beim Anfahren und bei Steigungen ein. Je höher das Tempo, desto höhere Gänge nutzt man. Manche Autos haben ein schaltfreies Automatikgetriebe.

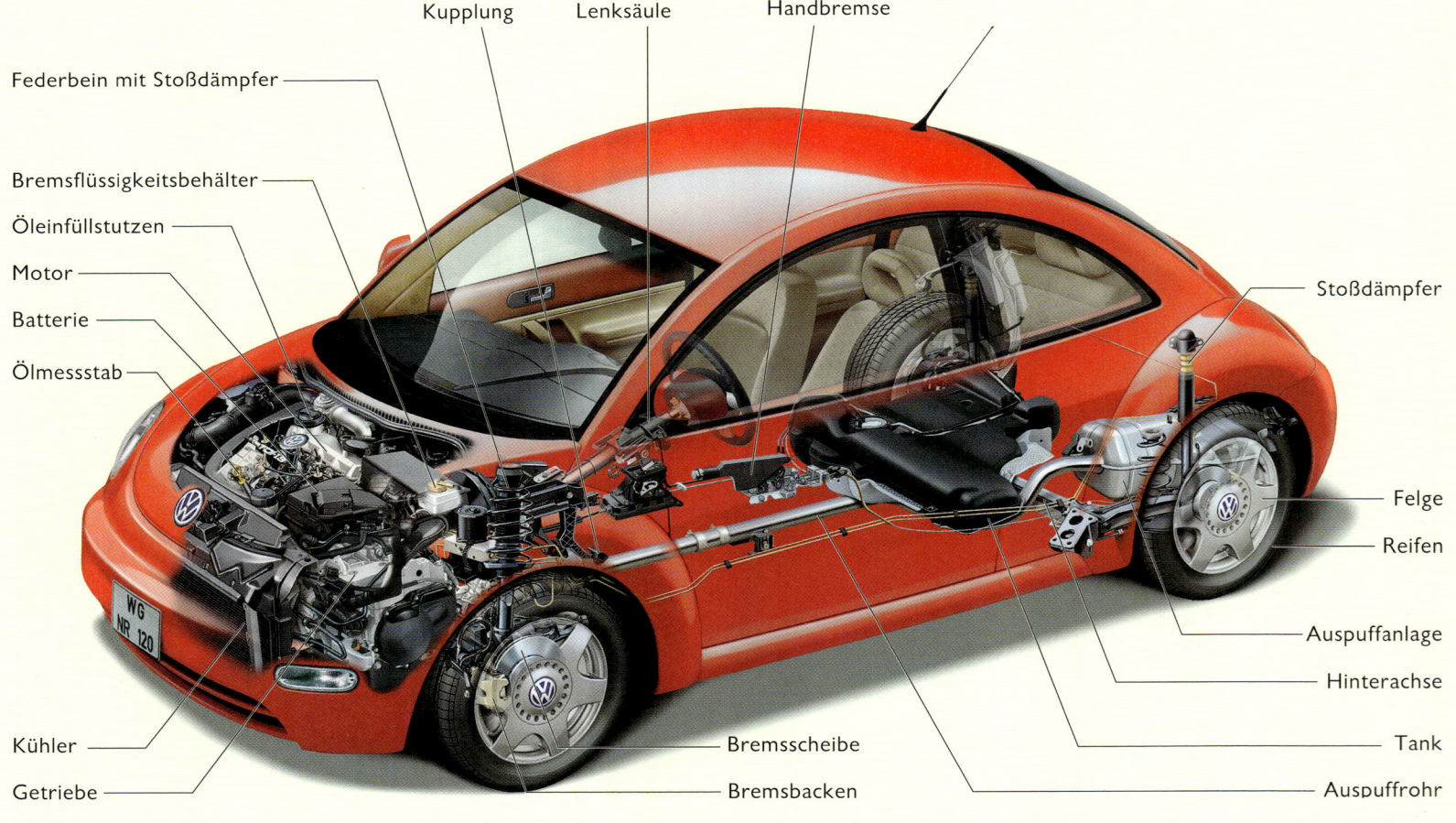

Kupplung · Lenksäule · Handbremse · Federbein mit Stoßdämpfer · Bremsflüssigkeitsbehälter · Öleinfüllstutzen · Motor · Batterie · Ölmessstab · Kühler · Getriebe · Bremsscheibe · Bremsbacken · Stoßdämpfer · Felge · Reifen · Auspuffanlage · Hinterachse · Tank · Auspuffrohr

Das erste Auto

Im Januar 1886 wurde Karl Benz das Kaiserliche Patent für ein »Fahrzeug mit Gasmotorenbetrieb« ausgestellt. Das Patent lautet zwar auf »Gaskraftantrieb«, aber der Motor war ein Zweitakter-Benzinmotor. Es ging als erstes Automobil in die Geschichte ein. Der Schnappschuss unten zeigt den Erfinder und Unternehmer Benz an der Lenkkurbel seines »Modell 3«. Es hatte bereits zwei Vorwärtsgänge und ein stählernes Fahrgestell, bewegte sich aber noch wie eine Kutsche auf eisenbeschlagenen Holzspeichenrädern fort. Als »Scheinwerfer« dienten mit Kerzen bestückte Laternen. Unabhängig von ihm arbeitete auch Wilhelm Maybach im Auftrag Gottlieb Daimlers an einem motorisierten Fahrzeug. Nachdem die Grundlagen geschaffen waren, ging die Weiterentwicklung der Automobile rasend schnell. 1903 gab es bereits geschlossene Modelle, die mit Geschwindigkeiten bis zu 110 km/h fuhren.

Seit Jahrzehnten arbeiten Autohersteller daran, die Aerodynamik und damit die Straßenlage ihrer Modelle zu verbessern. Im **Windkanal** wird getestet, wie die Luft am Auto – hier einem SLR McLaren – vorbeiströmt. Je weniger Luftwiderstand die Karosserie hat, desto schneller und energiesparender kann das Auto fahren.

Zwischen den Antriebsrädern befindet sich das »Differenzial« oder Ausgleichsgetriebe. Wenn Autos Kurven fahren, haben die Räder auf der Außenseite einen längeren Weg als die an der Innenseite. Das Differenzial ermöglicht den Antriebsrädern, mit unterschiedlichen Geschwindigkeiten durch Kurven zu fahren. So gerät der Wagen nicht so leicht ins Schleudern.

In den letzten Jahren wurden die Autos in mancher Hinsicht optimiert. Viele Verbesserungen gab es bei den Bremssystemen. Aber auch die Sicherheit von Fahrer und Beifahrer wurde verbessert. So haben viele moderne Autos »Airbags«. Das sind Luftkissen, die sich bei einem Unfall blitzschnell aufblasen und die Insassen vor Verletzungen schützen.

Moderne Autos verbrauchen auch weniger Kraftstoff und fahren mit Katalysatoren und bleifreien Kraftstoffen. Diese und andere Maßnahmen sollen helfen, die Luftverschmutzung zu verringern.

Der Porsche 911 Carrera Coupé ist seit seiner Entwicklung 1963 nahezu unverändert. Mit bis zu 320 km/h ist er wohl der berühmteste **Sportwagen**.

Ebenso alt wie der Porsche ist der **Mini Cooper**. 51 KW (70 PS) hatte das erste Modell aus dem Frühjahr 1963, heute sind es bis zu 120 KW (163 PS).

Bus

»Bus« ist eine Abkürzung für Omnibus. Die Bezeichnung kommt aus dem Lateinischen und bedeutet »Wagen für alle«. Die Geschichte dieses Verkehrsmittels reicht weit zurück. Schon um 1830 verkehrten in der Nähe von London Busse, die von qualmenden Dampfmaschinen angetrieben wurden. Zur selben Zeit kamen in Berlin die von Pferden gezogenen Omnibus-Kutschen auf. Um 1900 wurden erste Motor-Omnibusse konstruiert. Bei den frühesten Modellen handelte es sich um nach allen Seiten hin offene Doppeldecker. Die Fahrer saßen vorne, wie auf einem Kutschbock.

Heute existieren viele Arten von Linien-, Überland- und Reisebussen. Es gibt spezielle Modelle für den medizinischen Einsatz, für Fußballmannschaften, Büchereien und anderes mehr. Hinsichtlich ihrer Leistungsstärke und des Fahrkomforts sind sie den früheren Modellen weit überlegen. Viele der modernen Busse, die heute für längere Reisen eingesetzt werden, verfügen über Bordtoiletten, kleine Küchen, Bars und Videoanlagen. ■

Fahrrad

Das Fahrrad ist weltweit das am weitesten verbreitete Fahrzeug und wohl die meisten Fahrräder werden in Asien gefahren. Es lässt sich überall dort benutzen, wo es feste Wege gibt und die Steigungen nicht zu steil sind. Und da sein »Motor« der Mensch ist, ist es zugleich das billigste Verkehrsmittel.

Ein Fahrradfahrer schafft in einer Minute über 60 Tretkurbelumdrehungen. Wie weit er mit ihnen kommt, hängt ganz von der jeweiligen Übersetzung ab. Viele Fahrräder haben nicht nur einen Gang, sondern drei, fünf oder gar einundzwanzig. Im untersten kann man Steigungen erklimmen. Die Strecke, die man bei dieser Einstellung mit einer Tretkurbelumdrehung zurücklegt, ist zwar erheblich kürzer als bei den höheren Gängen, aber dafür bewegt sich das Rad mit viel Kraft. Die meisten Gangschaltungen haben Zahnkränze für die verschiedenen Gänge. Diese Kränze befinden sich im Hinterrad auf der Nabe oder auf der Radachse. Mit einer Schaltung am Lenkrad kann der Fahrradfahrer den passenden Gang wählen.

Die ersten Vorläufer des modernen Fahrrads kamen Ende des 18. Jahrhunderts auf. ■

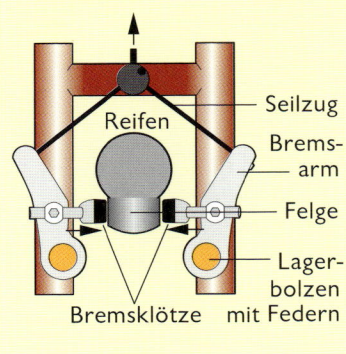

hintere Zahnkränze (Kassette)

Sattel

Gangschaltung

Schaltzüge

Bremszug

Rücklicht

Bremse fürs Hinterrad

Federgabel

Bremsanlage

Felge

vordere Zahnkränze

Tretkurbel

Speichen

Kette

Pedal

Ventil

Mantel

LKW

LKW (Lastkraftwagen) sind für den Gütertransport unersetzlich. Zwar können sie nicht so große Lasten befördern wie ▶ Eisenbahnen, dafür aber jeden Ort erreichen und selbst bis in eisige Polarregionen, Wüsten und zerklüftete Berge vordringen.

Bei den schweren LKWs auf unseren Autobahnen handelt es sich meist um Sattelzüge. Sie bestehen aus einer Zugmaschine, dem so genannten Sattelschlepper, und einem Auflieger oder Sattel. Manchmal ziehen sie auch noch einen Anhänger hinter sich her. Auflieger und Anhänger unterscheiden sich dadurch, dass die Letzteren über eine Deichsel verfügen und daher theoretisch von jedem motorisierten Fahrzeug gezogen werden können, während Auflieger nur auf Zugmaschinen aufgelegt werden können. Für lange Touren gibt es in der Fahrerkabine der Zugmaschine ein bis zwei Betten.

Verbreitete Solofahrzeuge sind Pritschen-LKWs mit und ohne Plane sowie Koffer-LKWs mit einem geschlossenen Aufbau. Bei Lebensmitteltransporten werden meist Kühlkoffer-LKWs eingesetzt. Zu den typischen Baustellenfahrzeugen zählen ▶ Fahrmischer und Kipper. Andere Sondermodelle sind etwa die Tankwagen für Milch und Heizöl, Autotransporter, ▶ Müllfahrzeuge und die Löschzüge der Feuerwehr. ■

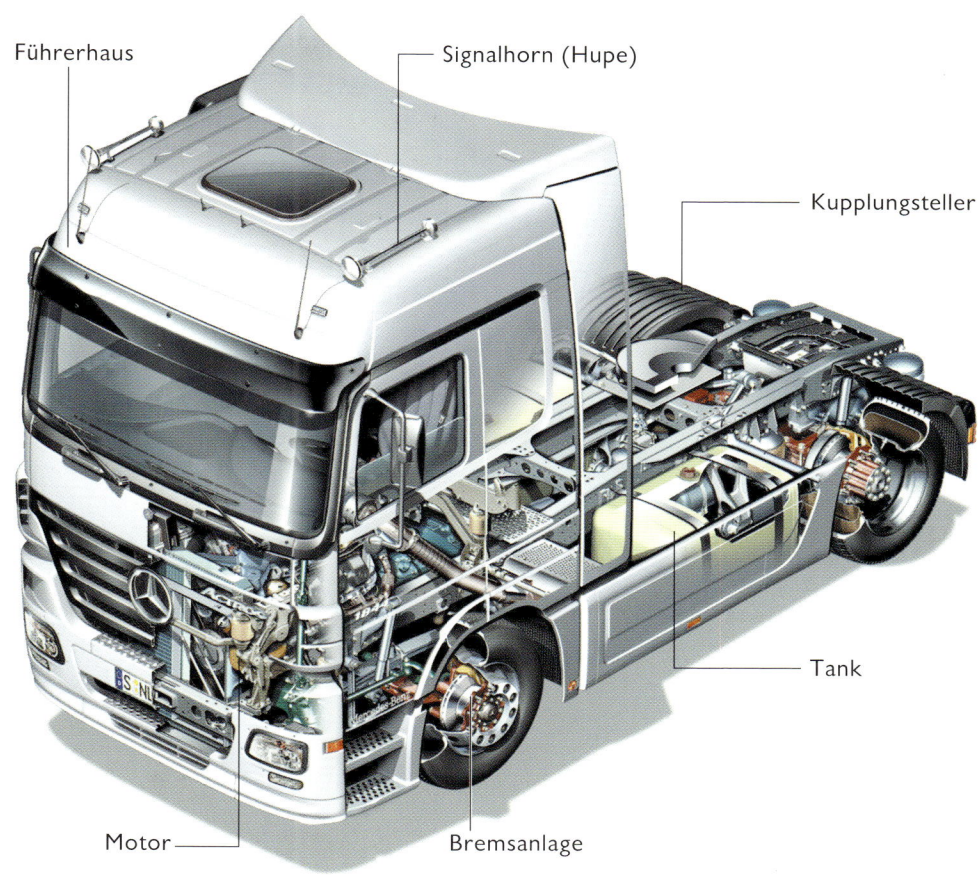

Führerhaus

Signalhorn (Hupe)

Kupplungsteller

Tank

Motor

Bremsanlage

Wo fahren die größten LKWs?

Die längsten LKWs der Erde fahren in Australien. Sie sind so groß, dass die Australier sie als Road Trains, als »Straßenzüge« bezeichnen. Mit Zugmaschine und drei großen Anhängern sind diese Riesentrucks bis zu 50 m lang. Wer sie überholen möchte, sollte mindestens einen Kilometer freie Sicht haben.
Riesige LKWs fahren auch in den chilenischen Kupferminen. Sie sehen aus wie Kipperfahrzeuge in Dinosauriergröße. Mit 8 m Höhe und 6 m Breite haben sie fast die Ausmaße eines Einfamilienhauses. Die Treppe zur Kabine ist 8 m lang, jeder Reifen fast so hoch wie ein Lieferwagen.

Moderne **LKWs** sind Hochleistungstrucks mit viel Technik. Die komfortable Fahrerkabine ist oft mit ein bis zwei Betten ausgestattet.

Motor

Durch die Erfindung der Verbrennungsmotoren wurde es möglich, die beschränkte Muskelkraft von Mensch und Tier in großem Umfang durch eine Vielzahl von leistungsfähigen Maschinen zu ersetzen. Ohne Verbrennungsmotoren gäbe es weder ▶ Autos, ▶ LKWs, Diesellokomotiven (▶ Lokomotiven) und ▶ Traktoren noch ▶ Motorräder, ▶ Rasenmäher oder Kettensägen.

Es gibt verschiedene Bauarten von Verbrennungsmotoren, am bekanntesten sind der Ottomotor und der Dieselmotor. Alle Motoren beruhen auf demselben Prinzip, nämlich der Verbrennung von Treibstoff. Die Methode ist relativ einfach: Im Vergaser wird der Kraftstoff – zum Beispiel Diesel oder Benzin – mit Luft vermischt. Dieses gasförmige Gemisch presst ein Kolben in den Zylinder. Durch den Kolbendruck wird es verdichtet. Zum Zeitpunkt der höchsten Verdichtung wird das Gemisch gezündet. Die heißen Gase, die bei der explosionsartigen Verbrennung entstehen, dehnen sich aus und drücken dadurch den Kolben wieder nach

Bei den so genannten **V-Motoren** – hier ein BMW V8 Dieselmotor – sind die Zylinder schräg angeordnet.

unten. Die rhythmischen Auf- und Abwärtsbewegungen des Kolbens, die durch die Wiederholung dieses Vorgangs entstehen, treiben die Kurbelwelle an. Diese Drehbewegung wird wiederum über das Getriebe und die so genannte Kardanwelle auf das Differenzial und von diesem auf die Räder übertragen. Und das Auto fährt.

In der Regel gilt der Satz, dass ein Motor umso ruhiger und kraftvoller läuft, je mehr Zylinder er hat. Mofas und Rasenmäher verfügen meist über nur einen Zylinder, der im Zweitaktbetrieb arbeitet. Die meisten Autos

Saugrohr (Luftzufuhr)

Kolben

Kurbelwelle

Treibriehmen

hingegen haben vier Zylinder. Es gibt allerdings auch Wagen, die fünf, acht, zehn oder gar zwölf Zylinder haben.

Bei normalen Viertaktmotoren wiederholen sich unablässig die vier Arbeitsgänge Ansaugen, Verdichten, Arbeiten und Ausstoßen. Da die Kolben nur bei den Abwärtsbewegungen im dritten Arbeitsschritt Energie für den Antrieb entwickeln, arbeiten die vier Zylinder nicht im Gleichtakt, sondern zeitlich so aufeinander abgestimmt, dass die Kurbelwelle kontinuierlich angetrieben wird.

Von allen Verbrennungsmotoren arbeiten die Dieselmotoren am wirtschaftlichsten. Die Zündung im Zylinder erfolgt nicht durch Zündkerzen wie im Ottomotor. Dort zündet ein kleiner elektrischer Funke das Benzin. Im Dieselmotor hingegen saugt der Zylinder vielmehr reine Luft an, die dann so stark verdichtet wird, dass sie eine Temperatur von 600 bis 900 °C erreicht. Wenn der Kraftstoff durch die Einspritzpumpe in den Zylinder gelangt, entzündet er sich dort durch die Hitze von selbst. ■

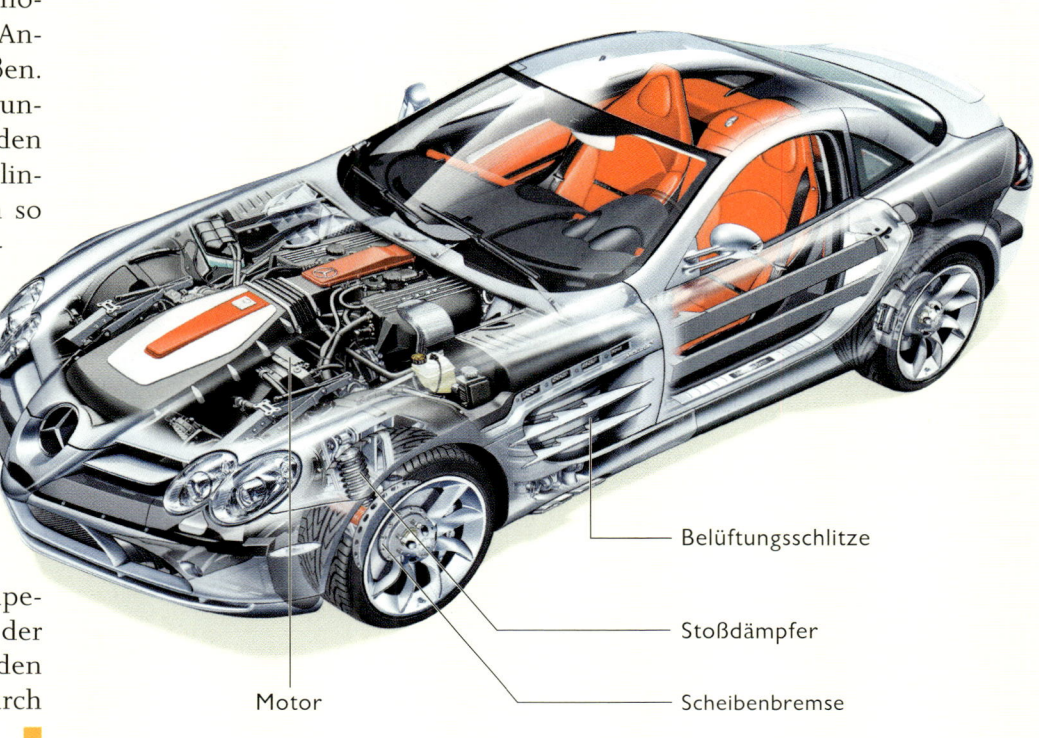

Belüftungsschlitze

Stoßdämpfer

Motor

Scheibenbremse

INFOBOX

So funktioniert ein Motor

Die Grafik zeigt das Viertaktprinzip eines Ottomotors. Zunächst bewegt sich der Kolben nach unten und saugt dadurch Luft und Kraftstoff durch das Einlassventil an (1). Wenn die Kammer gefüllt ist, schließen sich die Ventile. Der Kolben bewegt sich wieder nach oben und verdichtet dadurch das Luft-Kraftstoff-Gemisch (2). Wenn es seine höchste Dichte erreicht, zünden die Zündkerzen. Das Luft-Kraftstoff-Gemisch explodiert, durch die Ausdehnung der heißen Gase wird der Kolben wieder nach unten getrieben. Durch die Abwärtsbewegung treibt er die Kurbelwelle an (3).

Durch diese Drehung wird der Kolben wieder nach oben geschoben. Das Auslassventil öffnet sich und das verbrannte Gas wird in den Auspuff ausgestoßen (4).

Nockenwelle
Zündkerze
Einlassventil (Luft)
Kolben
Wasserkühler
Pleuelstange
Kurbelwelle

Auslassventil (Abgase)

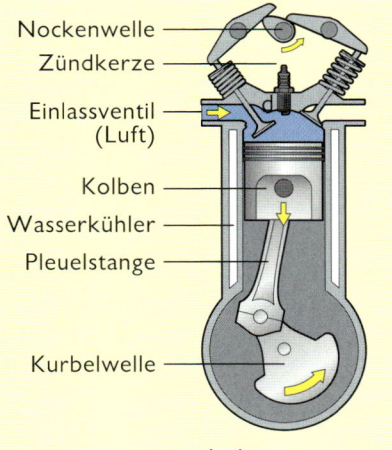
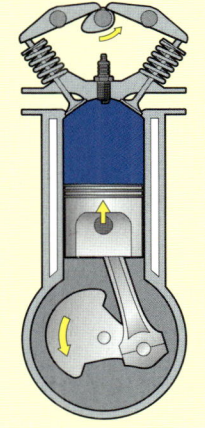
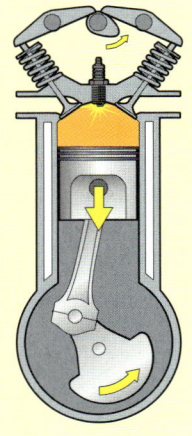
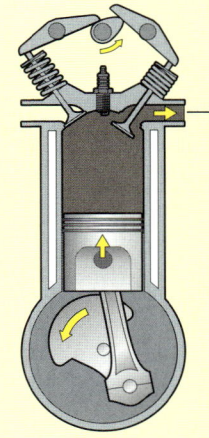

1. Ansaugen   2. Verdichten   3. Explosion   4. Ausstoßen

Enduros unterscheiden sich von normalen Straßenmaschinen durch ein stabileres und höheres Fahrgestell. Die Reifen haben ein gröberes Profil und die Federung ist wesentlich härter. Diese robustere Ausstattung ermöglicht rasante Fahrten durchs Gelände.

QUIZBOX

Was ist ein »Petroleum-Reitwagen«?

1. Eine Kutsche
2. Eine Dampfmaschine
3. Ein Motorrad

Antwort 3: Bezeichnet wurde so das erste Motorrad. Wilhelm Maybach hatte es im Auftrag Gottlieb Daimlers im Jahre 1885 konstruiert. Es bestand aus einem schweren Fahrradrahmen aus Eichenholz, der mit einem Motor versehen war. Dieser Motor musste von Hand angeworfen werden, die Kraftübertragung auf das Hinterrad geschah mit einem Riemen. Die Höchstgeschwindigkeit lag bei 12 km/h.

Motorrad

Motorräder, auch Krafträder genannt, unterscheiden sich von Leichtkrafträdern wie den Mopeds und Kleinkrafträdern wie den Rollern vor allem durch ihre stärkere Motorleistung. Motorräder gibt es in verschiedenen Grundformen. Am häufigsten sind die Rennmotorräder und die Touren- oder Reisemaschinen für normale Straßenfahrten. Daneben gibt es die so genannten Enduros, die sich sowohl für Straßen- als auch für Geländefahrten eignen. Die reinen Gelände- oder Crossmaschinen sind Sport-Motorräder, die am normalen Straßenverkehr nicht teilnehmen dürfen. Mit einer verlängerten Federung für Vorder- und Hinterrad sind sie so konstruiert, dass die Fahrer mit ihnen auch Sprünge über Gräben oder Bodenwellen meistern. Im Unterschied dazu liegt bei den üblichen Straßenmaschinen der gesamte Motorblock deutlich tiefer.

Alle Motorräder müssen über zwei Bremsen verfügen: die Scheibenbremse im Vorderrad wird über den Bremshebel am Lenker betätigt, die Trommelbremse im Hinterrad durch das Treten eines Fußpedals. ∎

Eines der neuesten **Motorrad**-Modelle von BMW ist eine typische Allroundmaschine, die sich sowohl für leichte Geländefahrten wie für längere Reisen eignet.

Rennwagen

Schnelle Autos zeigen bei den Autorennen technische Spitzenleistungen. Die Rennwagen der Formel 1 werden eigens für die großen Rennen gebaut und dürfen auf normalen Straßen nicht fahren. Um immer schnellere Autos zu konstruieren, stehen die großen Autofirmen in erbittertem Wettbewerb und verbessern ständig die in den Autos eingesetzte Technik.

Besonders wichtig ist bei Rennwagen die Aerodynamik: Sie sind vorne breit und flach. So drückt sie der Fahrtwind fest auf die Straße und ihre Reifen haben eine gute Haftung. Sie würden andernfalls schnell wegrutschen oder durchdrehen. Diesem Zweck dienen auch die Heckflügel hinten. Die windschnittige Form bedingt auch, dass sie sehr flach sind. Die Fahrer nehmen deshalb eine fast liegende Position ein.

Die Techniker der Formel 1 optimieren ständig die ▶ Motoren der Rennwagen: Obwohl ihr Hubraum – das ist die Luftmenge, die in alle Zylinder zusammen passt – auf 1500 Kubikzentimeter beschränkt ist, leisten sie mindestens das Zwölffache eines vergleichbaren Motors in einem Mittelklassewagen. Bei einem Rennen werden sie allerdings so stark beansprucht, dass sie danach meistens ausgetauscht werden müssen. ■

Die Motorleistung der **Formel-1-Rennwagen** liegt bei über 588 KW (800 PS). Die Beschleunigung von 0 auf 100 km/h dauert 3 Sekunden.

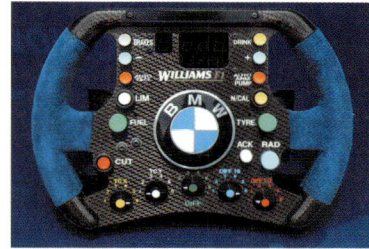

Ein Blick in das Cockpit eines Formel-1-Rennwagens: Viele Bedienelemente sind am **Lenkrad** untergebracht, so auch die Schaltung.

Der Hubraum von **Tourenwagen** ist mit 4000 Kubikzentimetern erheblich größer als bei Rennwagen. Dieser M3 GTR von BMW hat eine Leistung von 294 KW (400 PS).

Straßenbahnen haben im Stadtverkehr den Vorteil, dass sie elektrisch betrieben werden und auf den Straßen keine Schadstoffe produzieren.

Straßenbahn

Die älteren Straßenbahnen bestehen aus einem Triebwagen mit Anhängewagen. Doch in den letzten Jahren fahren zunehmend Gelenkwagen. Das sind leistungsstarke Zugmaschinen, die in der Mitte oder in jedem Drittel ein Gelenk für Kurvenfahrten haben. Sie verkehren solo oder als Zweiwagenzüge. Gelenkwagen gibt es in verschiedenen Ausführungen und Größen von 18 bis knapp 30 m Länge. Die Passagiere können durch den gesamten Wagen laufen. Straßenbahnen werden elektrisch betrieben. Die notwendige Spannung von 600 bis 1200 Volt wird mit einem Gestänge von einem oberhalb der Schienen verlaufenden Fahrdraht, einer Oberleitung, entnommen.

Tankstelle

Von Tankstellen sehen die Kunden nur den Verkaufsbereich, die Zapfsäulen und die verschiedenen Servicestationen. Das eigentliche Herz einer Tankstelle, die Anlage mit den riesigen Behältern für die verschiedenen Kraftstoffe, liegt unter der Erde.

Alle Kraftstoffe, gleich ob Diesel, Gas oder Benzin, sind leicht entzündlich. Deshalb eignen sie sich gut als Antriebsstoffe in Verbrennungsmotoren (▶ Motor). Aber das bedeutet auch, dass sie sehr gut gesichert werden müssen, vor allem gegen Feuer und Glut. Deshalb liegen sie mindestens 3 m tief in der Erde. Die gesamte Anlage ist mit einem speziellen Entlüftungssystem versehen, damit sich keine explosiven Dämpfe entwickeln. Überdies kontrolliert eine besondere Überwachungsanlage unablässig den einwandfreien Zustand der Behälter, damit die giftigen und leicht brennbaren Kraftstoffe nicht unbemerkt auslaufen und versickern.

Wenn ein Autofahrer das Zapfventil aus der Tanksäule nimmt und öffnet, schaltet sich automatisch eine Pumpe ein, die den Kraftstoff nach oben saugt. Er durchläuft zunächst einen Filter und dann einen Luftabschneider, der Luft- und Gasblasen abfängt. Dann folgt noch der Durchflussmesser, der die geförderte Menge misst und an der Tanksäule anzeigt. Vorne im Zapfhahn stoppt ein Fühlermechanismus den Zufluss, sobald der Tank voll ist.

Die Kraftstoffe werden an **Tankstellen** unterirdisch gelagert. An den Zapfsäulen lassen sich die Kraftwagen mit den jeweils benötigten Kraftstoffen – Benzin, Diesel, Gas oder Superbenzin – auftanken.

Videosensoren am Fahrzeug können Verkehrszeichen, Fahrspuren und Hindernisse erkennen. So helfen sie, die **Verkehrssicherheit** zu erhöhen.

🔍 **INFOBOX**

Technische Routenplaner: Navigationssysteme

Navigationssysteme können den Autofahrern den kürzesten oder schnellsten Weg übermitteln. Der Navigationscomputer im Auto empfängt über die Satellitenantenne Signale des GPS (Global Positioning System), durch die er die eigene Position bis auf wenige Meter bestimmt. Der Bordcomputer gleicht die Angaben mit der Straßenkarte und mit aktuellen Angaben zur Verkehrssituation ab, die er über Mobilfunk erhält. Die Informationen über Staus und Stockungen stammen von Polizisten, Pannenhelfern, LKW-Fahrern und elektronischen Sensoren und werden über die Verkehrsleitzentrale an Telekommunikationssatelliten geschickt.

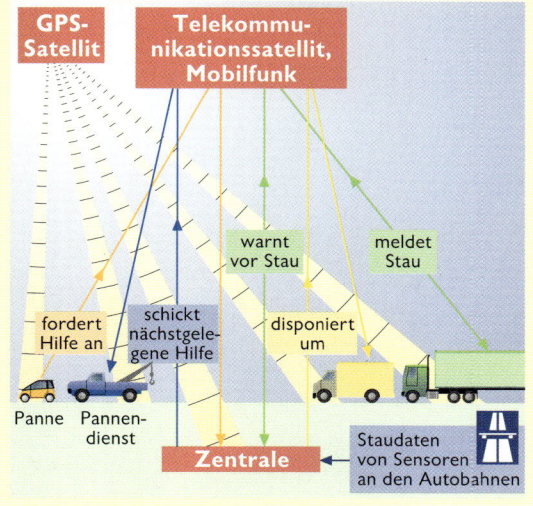

Verkehrssicherheit

Da im Straßenverkehr auch schwere Unfälle passieren können, ist es wichtig, die Verkehrssicherheit immer wieder zu prüfen und zu verbessern. Unfallursachen können das Verhalten der Verkehrsteilnehmer, mangelnde Sicherheit der Fahrzeuge, unbeachtete Verkehrsregeln oder der Zustand der Straßen und Wege sein.

Zu den häufigsten Vergehen von Autofahrern zählen das Fahren nach Alkohol- und Drogenkonsum, das »Rasen« sowie unangeschnalltes Fahren. Deshalb greift die Polizei immer wieder durch Aufklärungskampagnen und Kontrollen ein.

Zu einer größeren Verkehrssicherheit trägt auch der einwandfreie Zustand der Fahrzeuge bei. In Deutschland muss jeder Autobesitzer sein Auto regelmäßig durch die technischen Überwachungsvereine (TÜV, Dekra u.a.) prüfen lassen. Neu entwickelte Autos durchlaufen Crashtests, bei denen Techniker unter anderem die Länge des Bremswegs sowie die Gefährdung von Insassen und Fußgängern untersuchen.

Verkehrswege werden durch ▶ Ampeln oder Kreisverkehre sowie durch den Bau von Fahrradwegen sicherer. Seit einiger Zeit werden auch automatische Verkehrsleitsysteme eingesetzt.

Damit es kein Chaos auf den Straßen gibt, müssen alle die Verkehrszeichen und die Verkehrsregeln beachten. ◼

Bei **Crashtests** prallt ein Auto mit verschiedenen Geschwindigkeiten auf ein Hindernis. An speziellen Versuchspuppen, den Dummys, lässt sich die Gefährdung der Insassen studieren.

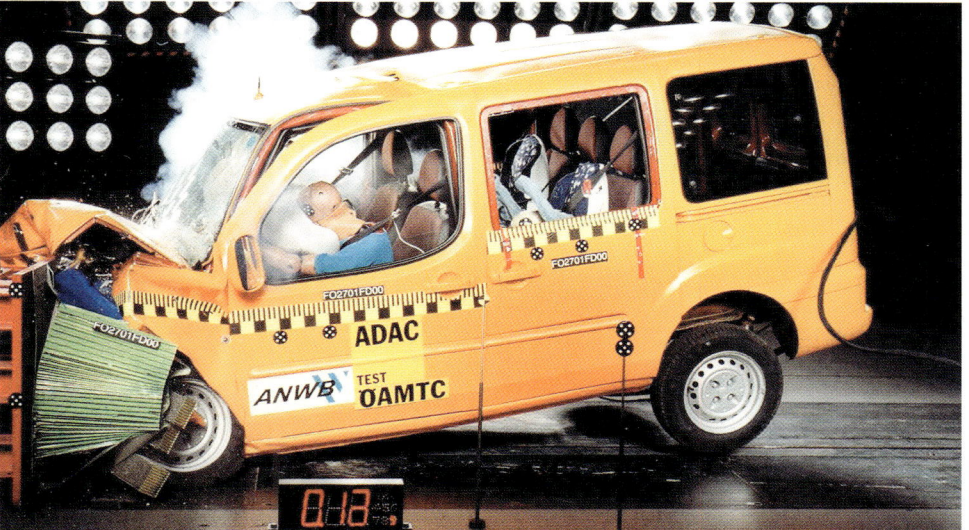

Unter-
haltungs-
medien

Unterhaltungsmedien

Unterhaltungsmedien sind heute in fast jedem Haushalt zu finden. Während sich noch vor 75 Jahren ganze Familien mit Nachbarn und Freunden vor einem einzigen, krächzenden Radioempfänger versammelten, gibt es inzwischen eine große Vielzahl elektronischer Geräte für die Wiedergabe von Musik- oder Filmaufnahmen und für Computerspiele.

Die Entwicklung der Unterhaltungsmedien ist eng mit den technischen Fortschritten verknüpft. Sie begann 1887 mit der Erfindung des Grammophons, das in den darauf folgenden Jahren kontinuierlich verbessert wurde. Während es in den 1920er-Jahren seine größte Verbreitung erreichte, wurden bereits die ersten Kinos eingerichtet und die ersten Radiosendungen ausgestrahlt. In den 1940er- und 1950er-Jahren kamen Tonbänder und Langspielplatten aus Vinyl auf den Markt, vor allem das Tonband gelangte in der Form der 1962 entwickelten Kompaktkassette zu großer Beliebtheit.

Die rasanten technischen Neuerungen ab den 1980er-Jahren bezeichnet man auch als »digitale Revolution«. Diese Entwicklung ist eng mit den Verbesserungen des Computers und der digitalen Art der Datenverarbeitung verknüpft. »Digital« nennt man das Verfahren, verschiedenste Arten von Informationen als Zahlencode mit den Ziffern 0 und 1 zu verschlüsseln. Das können Texte, Musikstücke, Bilder oder die aufwendigen Grafiken von Computerspielen sein. Digitale Aufzeichnungen kann man leicht kopieren, speichern, versenden und bearbeiten. Das inzwischen wichtigste Speichermedium für Tonaufnahmen sind CDs. Die Zukunft der Musikmedien könnte jedoch in Speicherverfahren liegen, wie sie heute schon MP3-Player verwenden.

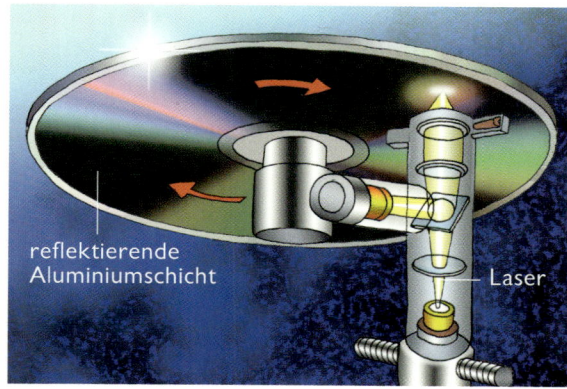

reflektierende Aluminiumschicht

Laser

CD

Eine Compact Disc, kurz CD genannt, ist eine 12 cm große Plastikscheibe, auf der man große Datenmengen speichern kann. Am häufigsten in Gebrauch sind Musik-CDs, es gibt aber auch CD-ROMs, die große Textmengen, Bilder, Tonaufnahmen oder Computer-Programme speichern können.

CDs bestehen aus Kunststoff, der bei industriell gepressten CDs (▶ CD-Fertigung) mit einer reflektierenden Aluminiumschicht überzogen ist. Die im ▶ Brenner eines Computers gebrannten CDs haben eine synthetische Oberfläche. In diesen Schichten werden die Daten in Form eines binären Codes verschlüsselt gespeichert. Wird die CD von dem in einem Lesegerät integrierten ▶ Laser abgetastet, werden die in den Vertiefungen der Schichten, also den Pits, gespeicherten Informationen gelesen, entschlüsselt und in Töne, Texte oder Bilder zurückübersetzt. Auf diese Weise werden auch Daten auf Video-DVDs gespeichert, wobei dort ein noch größeres Datenvolumen, zum Beispiel ein ganzer Spielfilm, erfasst werden kann.

CD-/DVD-Player

Im CD-Player und in CD-ROM-Laufwerken werden die auf einer CD oder CD-ROM gespeicherten Daten von einem ▶ Laserstrahl abgetastet, d. h. »gelesen«.

Die im Player eingelegte CD wird mit einer Geschwindigkeit von 200 bis 500 Umdrehungen pro Minute gedreht. Beim Lesen wird von einer Laserquelle ein Lichtstrahl erst auf einen Spiegel und von dort auf eine Präzisionslinse unter der CD gelenkt, wo das Licht mit einer Genauigkeit von einem tausendstel Millimeter gebündelt wird. Dieser präzise Laserstrahl wird von den kleinen Vertiefungen auf der CD, den Pits, unterschiedlich reflektiert. Eine Photodiode wandelt die unterschiedlichen Lichtimpulse in digitale elektrische Signale um – und diese wiederum entschlüsselt der Computer.

Bei tragbaren **DVD-Playern** ist ähnlich wie bei ▶ Laptops der Monitor im Klappdeckel integriert.

ERFINDUNG

Seit wann gibt es CDs?

Für die Unterhaltungselektronik war die Entwicklung von CDs ein wesentlicher Fortschritt, denn so können Daten bequem und vor allem platzsparend gespeichert werden.
Ende der 1960er-Jahre entwickelte die niederländische Firma Philips ein Verfahren, digital gespeicherte Daten mit einem eng gebündelten ▶ Laserstrahl zu lesen. Den ersten Prototyp einer CD, eine gläserne Disc, gab es 1970.

Zwischen 1972 und 1977 wurde die neue Compact-Disc-Technik stetig weiterentwickelt. Philips schlug 1978 einen internationalen Standard vor: Alle CDs sollten aus Polycarbonat bestehen und einen Durchmesser von 115 mm haben. Dieser wurde später auf 120 mm erhöht, um eine Spielzeit von 74 min zu ermöglichen. Seit 1982 sind CDs im Handel erhältlich – und inzwischen eines der meistgenutzten ▶ Speichermedien.

Fernseher

Bei der Fernsehtechnik werden zwei Eigenheiten des menschlichen Sehens ausgenutzt: Das ist zum einen die Trägheit der Augen. Sie sind so langsam, dass sie eine Folge von 24 Aufnahmen pro Sekunde nicht mehr als einzelne Bilder, sondern als ▶ Film wahrnehmen. Zum anderen ist es der Umstand, dass sich sehr viele Farbnuancen aus den drei Tönen Rot, Hellgrün und Violett mischen lassen.

Da jedes Fernsehbild zunächst gefilmt werden muss, beginnt die Produktion eines Fernsehfilms mit einer Kameraaufnahme. Das Objektiv der ▶ Kamera fängt ein bestimmtes Bild ein. Das gelangt auf beschichtete Spiegel, die das Motiv in die drei Grundfarben auflösen. Die drei Bildröhren der Kamera sind auf je einen Spiegel gerichtet, der nur jeweils den roten, grünen oder violetten Farbanteil des Bildes zeigt. Diese Bildinformationen werden in Raster aus 625 Zeilen mit jeweils 750 Bildpunkten zerlegt. Jedes Bild wird nun Punkt für Punkt von einem Elektronenstrahl auf Farbton und Farbstärke abgetastet. Diese Signale werden codiert und anschließend gemeinsam mit den Ton- oder Audiosignalen durch Kabel oder elektromagnetische Funkwellen an die Empfangsgeräte übertragen.

Ein neuer Trend bei **Fernsehern** sind flache, große Bildschirme, die allerdings technisch aufwendiger sind als Bildröhren.

Im Fernsehapparat müssen die ankommenden Informationen wieder in Bilder und Töne zurückverwandelt werden. Zunächst gelangen sie in das Empfangsteil des Fernsehers, den so genannten Tuner. Mit ihm wählt man die Programme aus. Er leitet die Tonsignale an den Audiodecoder weiter, der sie entschlüsselt, verstärkt und anschließend direkt an den ▶ Lautsprecher leitet.

Die Bildsignale gelangen in den so genannten Farbdecoder. Hier werden die Impulse für Farbton und Helligkeit wieder den einzelnen Grundfarben zugeordnet und an die drei Elektronenstrahlkanonen für je eine Farbe in der Bildröhre übertragen. Die Kanonen geben Strahlen ab, die durch ein Hochspannungsfeld gebündelt werden. Auf dem Bildschirm treffen sie auf eine Leuchtschicht aus Phosphorpunkten. Eine Lochmaske, die wie ein Sieb funktioniert, steuert die Strahlen so, dass genau jene Leuchtpunkte getroffen werden, die für den Aufbau des jeweiligen Bildes notwendig sind. Die einzelnen Farbtöne verschmelzen wie beim Betrachten eines Mosaiks für das Auge wieder zu Mischtönen. Dies alles geschieht in Sekundenbruchteilen, Bild für Bild. Dabei ist für die Schärfe des Bildes im Wesentlichen der Helligkeitsanteil der einzelnen Farbpunkte maßgeblich.

Moderne Breitbild-Fernseher haben inzwischen einen Flachbildschirm, auch Flatscreen genannt. Im Unterschied zu den herkömmlichen Fernsehgeräten sind sie nicht mit einer gewölbten Bildröhre ausgestattet, sondern besitzen zwischen zwei Glasscheiben eine Substanz, die halb flüssig, halb kristallin ist. Durch elektrische Signale verändern sich deren Eigenschaften und so entstehen die verschiedenen Bilder. ◾

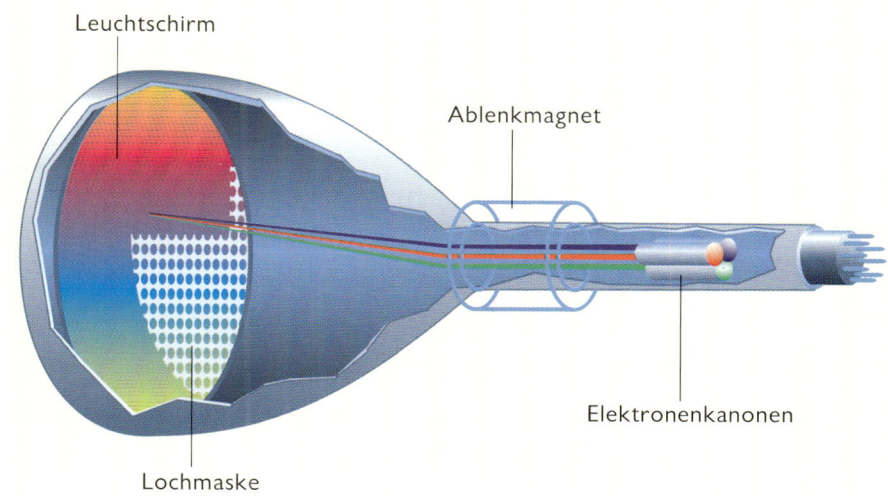

Die wichtigsten Bauteile einer **Bildröhre** sind die Elektronenkanonen, die Ablenkmagneten, die die Elektronenstrahlen in die richtige Richtung biegen, sowie die Lochmaske und der Leuchtschirm.

INFOBOX

Satellitenempfänger

In der Frühzeit des Fernsehens wurden die Bildsignale wie beim ▶ Radio über ultrakurze Wellen (UKW) ausgestrahlt. UKW-Wellen breiten sich allerdings nur geradlinig aus. Um der natürlichen Krümmung der Erdoberfläche zu folgen, müssen sie deshalb in regelmäßigen Abständen von hohen Funktürmen aufgefangen und weitergeleitet werden. Ozeane konnte man mit dieser Technik nicht überbrücken.

Das änderte sich, als 1957 der erste ▶ Satellit in die Umlaufbahn der Erde geschossen wurde. Schon bald begannen Versuche, ihn auch für die Übertragung von Fernsehbildern zu nutzen. 1962 wurde erstmals erfolgreich ein Baseballspiel live von Amerika nach Europa übertragen. Die für den Empfang nötigen ▶ Parabolantennen befanden sich zu dieser Zeit nur bei den großen Sendestationen, die die Signale anschließend über ein spezielles Fernsehnetz mit breiteren Frequenzbändern verbreiteten. Inzwischen haben die meisten Privathaushalte eigene Satellitenschüsseln, mit denen sie internationale Programme direkt vom Satelliten empfangen können.

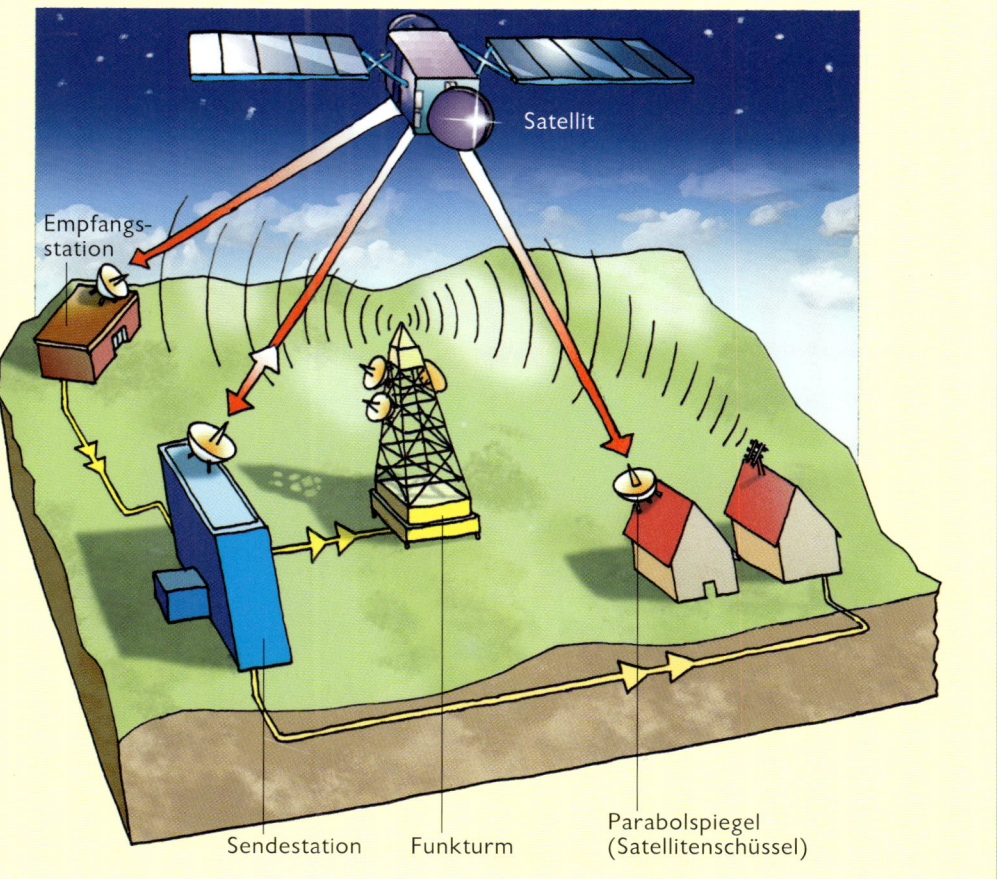

INFOBOX

Dolby Stereo und THX

Um einen einheitlichen Standard für die Bild- und Tonqualität in den Kinosälen zu schaffen, wurde 1982 THX eingeführt. THX ist ein Gütesiegel, das besagt, dass optimale Bedingungen für eine gute Ton- und Bildwiedergabe herrschen. Dolby Stereo erlaubt eine dreidimensionale Tonwiedergabe. Wesentlicher Bestandteil von Dolby Stereo ist ein erweitertes Lautsprechersystem, mit dessen Hilfe sich der Ton nicht nur von vorne, sondern auch von den Seiten und der Rückwand des Kinos wiedergeben lässt.
Als Dolby Surround gibt es dieses System auch für den Hausgebrauch. Statt der üblichen zwei hat es drei vordere ▶ Lautsprecher und einen zusätzlichen vierten Kanal für Hintergrundgeräusche und Raumhall.

Beliebt im **Kino** sind vor allem Abenteuerfilme.

Kino

Als Besucher kennt man vom Kino meist nur den Zuschauerraum mit der Leinwand und den ▶ Lautsprechern.

Die Leinwand ist eine aufwendige Konstruktion. Geht man nahe heran, erkennt man, dass sie übersät ist mit kleinen Löchern. Diese Perforation dient dazu, den Ton durchzulassen. In der Regel stehen hinter der Leinwand drei der Lautsprecher. Vor allem bei den Dialogen sorgen sie dafür, dass der Ton aus dem Mund des Schauspielers zu kommen scheint.

Hinter dem Kinosaal, im Vorführraum, arbeitet der Filmvorführer. Er bedient den ▶ Filmprojektor, weiß, wie die Filmrollen oder Kassetten einzusetzen sind und mit welchen Handgriffen der Film in den Projektor

eingefädelt wird. Je nachdem mit welchem Tonsystem – es gibt Dolby Stereo oder Digitalton – der Film gezeigt wird, muss an den Projektor ein zusätzliches Abtastgerät angeschlossen oder eine Audio-CD in einen Player eingelegt werden. Früher mussten die Vorführer mehrmals pro Film die Rolle wechseln. Damit die Vorführer die richtige Stelle für den Rollenwechsel fanden, wurden kleine Zeichen in einer Bildecke eingeblendet. ■

INFOBOX

Die dritte Dimension

Menschen sehen räumlich, weil die Augen zwei geringfügig verschiedene Bilder wahrnehmen. Diese Differenz wird bei 3-D-Aufnahmen durch einen Trick imitiert: Es werden zwei leicht abweichende Bilder übereinander projiziert. Damit die Augen sie unterscheiden können, sind sie eingefärbt. Mit einer entsprechend farbigen 3-D-Brille wird diese Verfärbung wieder neutralisiert – so entsteht der räumliche Eindruck.

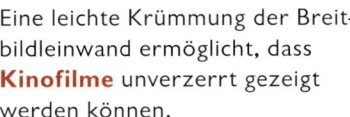

Eine leichte Krümmung der Breitbildleinwand ermöglicht, dass **Kinofilme** unverzerrt gezeigt werden können.

In der lauten Club-Atmosphäre ist ein **Kopfhörer** für den DJ oft unerlässlich, damit er genau hört, wann und welches Lied er als Nächstes auflegen kann.

Kopfhörer

Kopfhörer dienen zusammen mit einem ▶ Mikrofon in lauten Umgebungen wie beispielsweise im ▶ Hubschrauber oder unter Schutz- oder Taucherhelmen der Verständigung. Noch häufiger werden sie jedoch benutzt, um ohne störende Nebengeräusche Musik zu hören, zu telefonieren oder zu spielen. In den Ohrmuscheln des Kopfhörers befindet sich ein kleiner ▶ Lautsprecher. Dieser besteht aus einer Schwingspule, einer Membran und einem Magneten. Der Magnet erzeugt ein Dauermagnetfeld. Ein zweites Magnetfeld, das von der Spule aufgebaut wird, verändert sich entsprechend der elektrischen Signale aus der Tonquelle. Durch die Spannungen zwischen den Magnetfeldern wird die Spule in Schwingungen versetzt, die sich auf die Membran übertragen. Sie erzeugt dabei wiederum jene Schallwellen, die vom Mikrofon aufgezeichnet wurden. ■

MP3-Player

MP3-Player sind kleine elektronische Geräte, mit denen man mühelos mehrere Stunden Musik hören kann. Der große Vorteil dieser Geräte besteht in den modernen Speicherverfahren.

Bild- und Musikdateien benötigen sehr große Speicherkapazitäten. Im MP3-Player werden die Daten auf der Festplatte oder einem anderen ▶ Speichermedium gespeichert. Dabei wird die ursprüngliche Datenmenge wesentlich verkleinert, also komprimiert. Beim Komprimieren werden Töne, die für das menschliche Ohr nicht hörbar oder ohnehin von anderen überlagert sind, herausgeschnitten. Durch dieses Verfahren benötigt man weniger Speicherplatz für die Daten – bei MP3-Dateien kann die ursprüngliche Datenmenge sogar um das Zwölffache verkleinert werden.

Dieses Verfahren zum Komprimieren von Daten wurde ursprünglich für den Film entwickelt und ist als MPEG (Moving Pictures Experts Group) bekannt. Die Zahl hinter der Abkürzung verweist auf die Stärke der Verkleinerung. So steht die »1« für eine Verkleinerung auf ein Viertel, die »3« für eine solche auf ein Zwölftel der ursprünglichen Datenmenge. ■

Seit den 1980er-Jahren arbeiten Wissenschaftler an Verfahren zur Verkleinerung von Dateien. Eine populäre Entwicklung dieser Technik ist der **MP3-Player**.

In der Formel 1 stehen der Rennfahrer und sein Boxenteam in Funkkontakt – alles per **Kopfhörer**.

Plattenspieler

Der Plattenspieler wurde durch den ▶ CD-Player ersetzt, als die ▶ CD als neues, verbessertes ▶ Speichermedium entwickelt worden war. Lange Zeit waren aber Plattenspieler die häufigsten und qualitativ besten Geräte zur Wiedergabe von Tonaufnahmen.

Schallplatten sind aus Kunststoff, meist Vinyl, und haben kleine spiralförmige Rillen. Zum Abspielen werden sie auf den Plattenteller des Plattenspielers gelegt. Dieser wird von einem Elektromotor (▶ Motor) mit einer Geschwindigkeit von 33 1/3 (Langspielplatte) bzw. 45 (Single) Umdrehungen pro Minute angetrieben. Die wichtigsten Bauteile befinden sich im Tonabnehmersystem am Kopf

Das für Techno-Musik charakteristische Scratchen wird am **Plattenspieler** erzeugt.

des Tonarms. An seiner Spitze liegt eine feine Nadel, mit der die Rille der Schallplatte abgetastet wird. Die Tonnadel steckt in einem kleinen, beweglichen Magneten, der von je zwei Spulen für den linken und rechten Tonkanal umgeben ist. Durch feine Unebenheiten auf beiden Seiten der Rille wird die Abtastnadel in mechanische Schwingungen versetzt. Diese Schwingungen werden im Tonabnehmer durch die Wechselwirkung zwischen beweglichem Magnet und fixierten Spulen in elektrische Schwingungen verwandelt. Diese Signale werden zum ▶ Verstärker und von dort an die ▶ Lautsprecher geleitet. ■

ERFINDUNG

Das Grammophon

Das erste Gerät zur Aufzeichnung von Schallwellen war der Phonograph, den Thomas Alva Edison 1877 entwickelt hatte. Das verbesserte Abspielen von Schallwellen gelang mit Emil Berliners Grammophon von 1887. Im Prinzip funktionierte es bereits wie spätere Plattenspieler – nur ohne jede Elektrik. Der Plattenteller musste per Hand aufgezogen werden. Die Tonnadel war ohne ▶ Verstärker direkt mit der Membran verbunden, weshalb der Schalltrichter so groß war.

Plattenteller

Tonarm

Geschwindigkeitsregler

Tonabnehmersystem

Tonnadel

Radio

Das Radio ist neben der Tageszeitung das
älteste Massenmedium. Schon ab den 1920er-
Jahren konnten Millionen Menschen vor ihren heimischen Empfangsgeräten Nachrichtensendungen, Informationsprogramme und
musikalische Aufführungen verfolgen.

Jede Hörfunksendung beginnt mit einer
Aufnahme. Die Schallwellen, die durch das
Sprechen oder durch Musik entstehen, wer-
den von einem ▶ Mikrofon eingefangen und
über eine bewegliche Membran in elektri-
sche Signale umgewandelt. Ein ▶ Verstärker
intensiviert die zunächst schwachen Impulse.
Diese Signale werden digitalisiert und an-
schließend mit Computerprogrammen im
▶ Tonstudio bearbeitet. Die Aufnahmen wer-
den dann vom Tontechniker auf die passende
Länge geschnitten, manchmal mit anderen
Tonaufnahmen gemischt und von störenden
Nebengeräuschen befreit.

Bevor sie gesendet werden können, müssen sie schließlich noch einer so genannten
Trägerwelle beigefügt oder, wie der Fachmann sagt, aufmoduliert werden. Mit ihrer
Hilfe kann das Radioprogramm vom Sende-

ERFINDUNG

Erstes Radio

Die Entwicklung des Hörfunks entsprang dem
Wunsch, kabellos zu telegrafieren. Zunächst
interessierte sich vor allem das Militär für diese
Technik. Mit der Übertragung des ersten Weih-
nachtskonzertes 1920 begann jedoch eine rasante Entwicklung. Schon bald gab es Millionen
Rundfunkteilnehmer.
Die frühen Monogeräte waren noch sehr groß
und hatten einen dumpfen, rauschenden Klang.

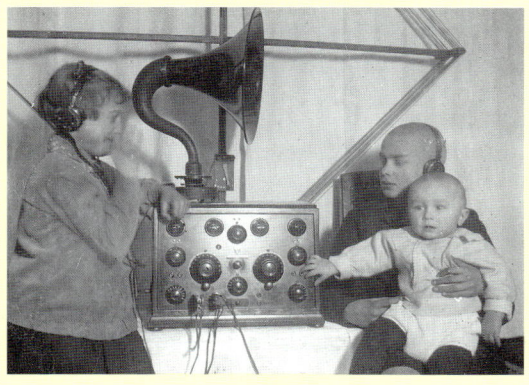

masten aus gleichmäßig in alle Richtungen
ausgestrahlt werden – deshalb spricht man
auch vom ▶ »Rundfunk«.

Über die Antenne empfängt das Radiogerät die Trägerwellen verschiedener Sender,
je nachdem welche Frequenz (zum Beispiel
98,9 oder 107,6 Hertz oder Megahertz) oder
Wellenlänge (zum Beispiel im UKW-Bereich)
ausgewählt wird. In den Schaltkreisen des
Geräts werden die Tonsignale von der Trägerwelle abgenommen, also »demoduliert«, und
wieder in die vormaligen elektrischen Impulse umgewandelt. Der ▶ Lautsprecher gibt
diese Impulse schließlich in der Form der ursprünglichen Schallwellen wieder.

Radiosender nutzen für die Übertragung
Lang-, Mittel- und Kurzwellen. Die beste
Empfangsqualität bieten die ultrakurzen Wellen (UKW), die allerdings den Nachteil der
geringsten Reichweite haben. ■

In modernen **Rundfunkstudios**
werden die Lieder per Computer
ausgesucht. Die Tontechniker
stimmen die Musikbeiträge genau
mit den Kommentaren des Redak-
teurs ab.

Das **Autoradio** wurde in den
1930er-Jahren erfunden. Heute
ist es in jedem Auto Standard.

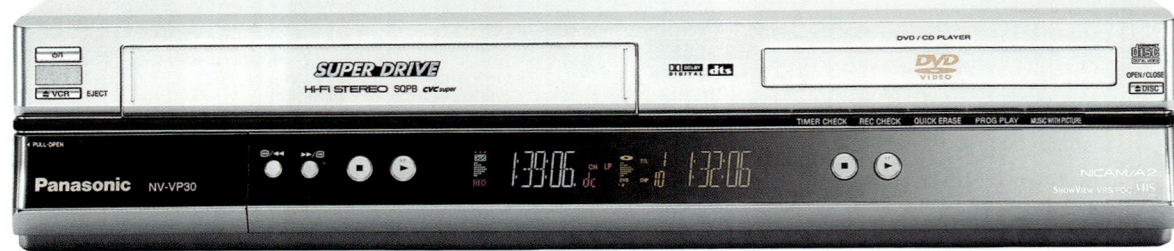

Die neuesten **Multiplayer** können sowohl klassische Videokassetten als auch neuere Video-DVDs abspielen.

Rekorder

Kassettenrekorder wurden vor etwa 50 Jahren sehr populär. Das Abspielverfahren dieser Rekorder basiert auf dem Prinzip der Magnetaufzeichnung. Das Abspielband der Musik- oder Videokassetten besteht aus dünnem Kunststoff und ist mit einer feinen Schicht aus Chromdioxid bzw. Eisenoxid überzogen.

Nimmt man auf einer Musikkassette neue Töne auf, wird das Band vom Andruckfilz der Kassette an den Aufnahme- und Wiedergabekopf des Geräts gedrückt. Im Aufnahmekopf befinden sich zwei kleine, hufeisenförmige Magnete. Diese verwandeln dann die elektrischen Signale aus der jeweiligen Tonquelle in unterschiedlich starke Magnetfelder. Durch die Magnetfelder werden die Eisenteilchen auf dem Band unterschiedlich stark magnetisiert. Wenn die Kassette abgespielt wird, erzeugen die je zwei Magnetspuren pro Kassettenseite schwache elektrische Signale im Wiedergabekopf. Diese werden verstärkt und an die ▶ Lautsprecher weitergeleitet.

Nach der Erfindung der Kompaktkassette 1962 wurden **Kassetten-rekorder** in nahezu jedem Haushalt benutzt.

Videorekorder sind etwas komplizierter aufgebaut, doch auch auf den Videokassetten werden die Signale als magnetische Muster gespeichert. Mit dem Schreib-Lese-Kopf werden zuerst die Bildsignale gelesen, der Tonkopf registriert anschließend die Audiosignale, die am Außenrand des Bandes liegen.

Durch ein konstantes Magnetfeld können alle Aufnahmen gelöscht werden. ▪

Aufnahme- und Wiedergabekopf

Abspielband mit Magnetspuren

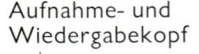
INFOBOX

Digitale Rekorder

Digitale Videogeräte verwandeln die eingehenden Bilddaten nicht in ein magnetisches Muster, sondern in einen digitalen Zahlencode, auch binärer Code genannt.

Herzstück einer digitalen Videokamera ist das so genannte CCD (**C**harge **C**oupled **D**evice). Das ist ein hochkomplexer ▶ Mikrochip, der als Bildwandler dient. Er zerlegt das einfallende Bildmotiv zunächst in winzige Bildpunkte, die Pixel. Die Bildsignale dieser Pixel werden in elektronische Signale umgewandelt. Dieser Vorgang wiederholt sich 25-mal pro Sekunde.

Digitale Videotechnik bietet den Vorteil, dass die Aufnahmen nachträglich am ▶ PC bearbeitet und auf verschiedenen ▶ Speichermedien archiviert werden können.

Mit den kleinen **Gameboys** kann man immer und überall bequem spielen.

Spielkonsole

Spielkonsolen sind speziell für Spiele konzipierte Computer. Man unterscheidet dabei die tragbaren Handhelds und die so genannten Großkonsolen.

Spielecomputer gibt es seit den frühen 1980er-Jahren. Weltweit bekannt wurden sie durch den »Gameboy«, der 1989 auf den Markt kam. Das ist ein handgroßer, batteriebetriebener Spielecomputer, in den Disketten mit verschiedenen Spielen eingeführt werden. Dank integriertem Monitor und Bedienungsknöpfen ist er überall gut einsetzbar. Großkonsolen wie Nintendo oder Playstation benötigen externe Computer- oder Fernsehbildschirme. ■

Verstärker

Verstärker dienen dazu, ein schwaches elektrisches Signal so zu verstärken, dass es die Membran eines ▶ Kopfhörers oder ▶ Lautsprechers in Schwingungen versetzen kann. Die externen Verstärkergeräte in Hi-Fi-Anlagen haben Anschlüsse für mindestens drei verschiedene Tonquellen. Tonquellen können zum Beispiel Hi-Fi-Geräte, ▶ Mikrofone oder Musikinstrumente mit elektrischen Tonabnehmern sein.

Verstärker nutzen das schwache ankommende elektrische Signal dazu, den Fluss eines starken Stroms zu steuern. Diese Aufgabe wurde früher von Elektronenröhren übernommen. Inzwischen werden jedoch fast nur noch die 1948 erfundenen, wesentlich kleineren Transistoren eingesetzt. ■

Große **Spielkonsolen** sind fest installiert – oftmals in richtigen Spielhallen.

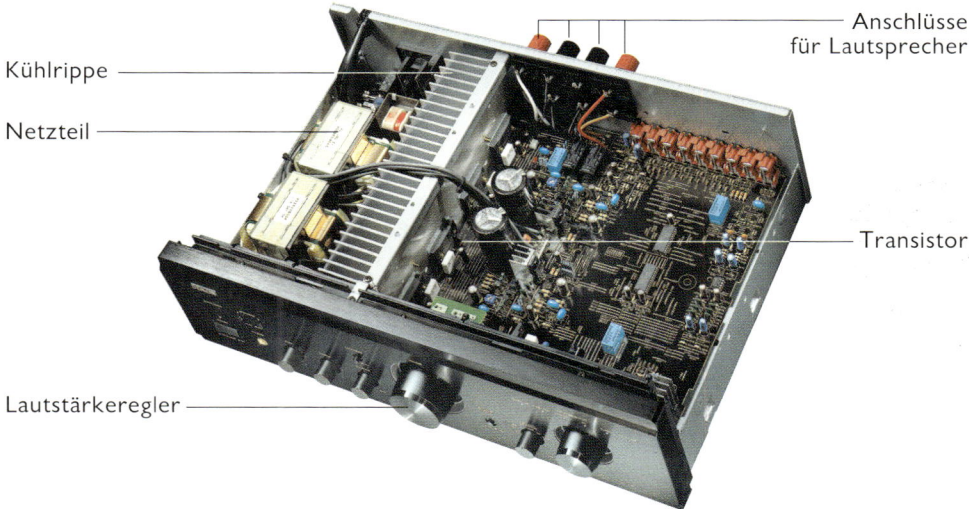

Kühlrippe

Netzteil

Lautstärkeregler

Anschlüsse für Lautsprecher

Transistor

Im Weltraum

Abschussrampe

Bodenstation

Marsmobil

Mondauto

1 Rakete

Raumanzug

Raumfähre

2 Raumstation

Satellit

Sonde

Umlaufbahn

Weltraumteleskop

a Die Feststoffraketen werden zwei Minuten nach dem Start von der Raumfähre abgekoppelt.

b Der Blick aus dem Cockpit der Raumfähre auf die Erde und die Weltraumstation.

c Die Raumfähre dockt an der Internationalen Weltraumstation ISS an.

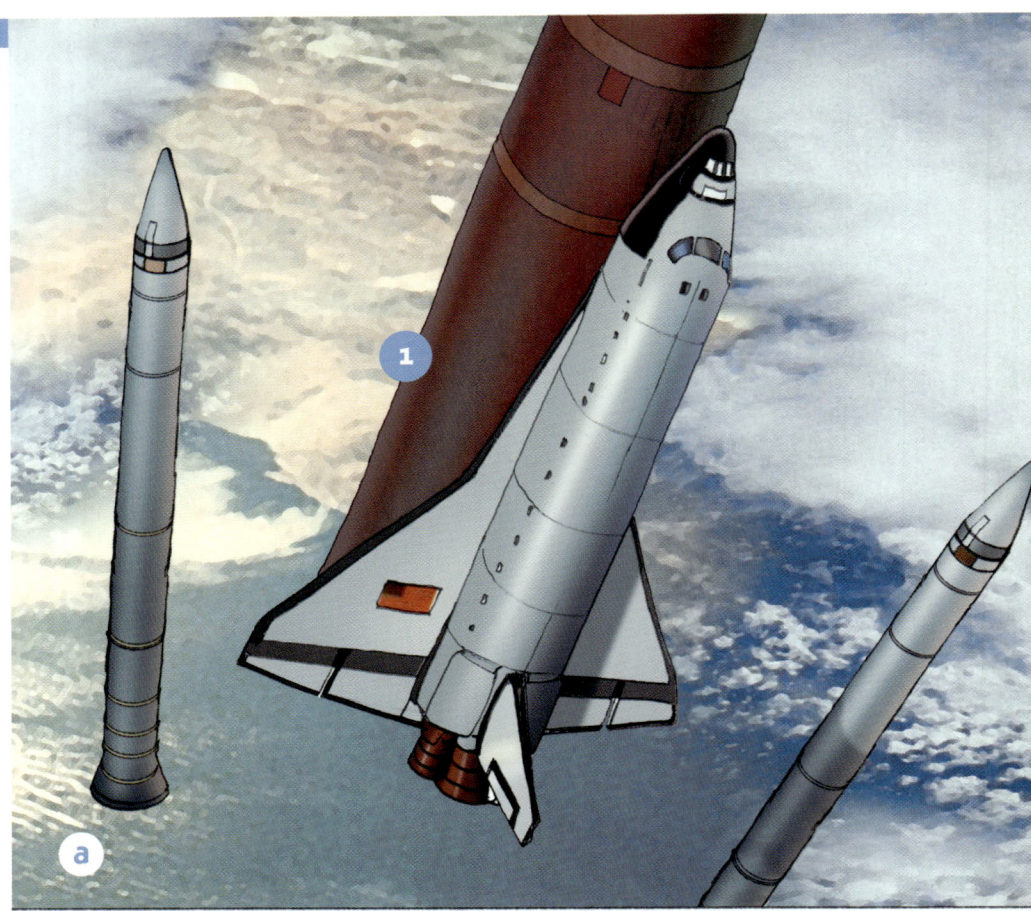

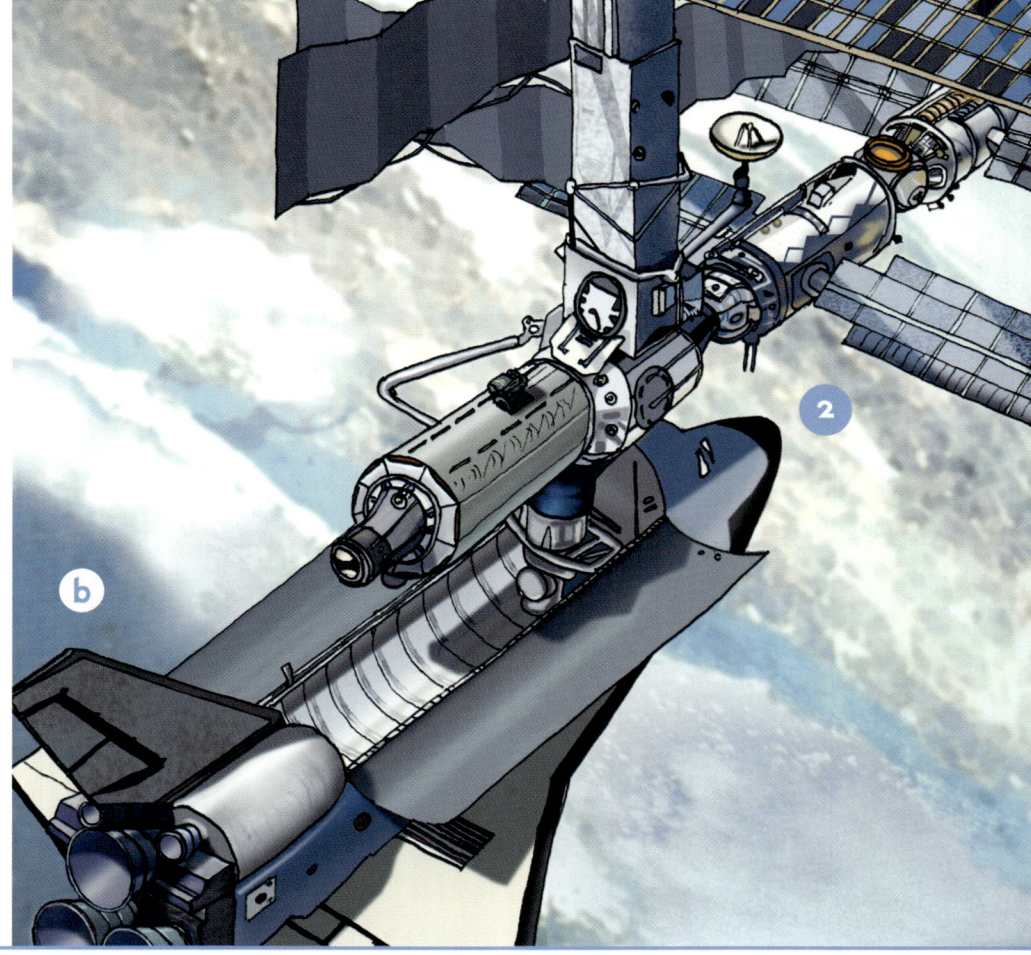

Im Weltraum

Es ist ein alter Menschheitstraum, fliegen zu können und zu den Sternen zu reisen. Im vergangenen Jahrhundert wurde dieser Traum wahr. Seither macht die technische Entwicklung unglaublich schnelle Fortschritte. Zwischen dem Start des ersten Motorflugzeuges, 1901, und den ersten Menschen, die schon 1971 auf dem Mond in einem Auto fuhren, lagen gerade einmal 70 Jahre. Heute sind Bilder aus der Raumfahrt für uns fast schon fast selbstverständlich geworden. Raumfähren vom Typ Spaceshuttle starteten schon weit mehr als einhundertmal und jedes Jahr werden Dutzende von Satelliten auf eine Umlaufbahn befördert. Seit mehr als 17 Jahren umkreisen ununterbrochen mindestens zwei Astronauten in Raumstationen die Erde.

Die Faszination für den Weltraum und die Begeisterung über Bilder aus dem Weltall sind aber geblieben. Das Weltraumteleskop »Hubble« liefert uns Aufnahmen von fernen Galaxien und kosmischen Nebeln. Raumsonden erkunden unser Sonnensystem und landen sogar auf anderen Planeten, wie die Marsmobile bei ihrer Erkundungsmission der Anfang 2004. Alle gesammelten Daten funken die Sonden an die Bodenstationen auf der Erde.

Die Daten und Erkenntnisse aus dem Weltall sind auch für viele andere Bereiche wichtig, denn es werden nicht nur Informationen über andere Planeten gesammelt, sondern auch über die Oberfläche der Erde, das Wetter und Klimaveränderungen. Auch Erdölvorkommen lassen sich aus dem All aufspüren. Materialien und Technologien aus der Raumfahrt werden in vielen anderen technischen Bereichen eingesetzt.

Die Erforschung des Weltraums ist nach wie vor ein aufregendes und schwieriges Unternehmen. Viel Arbeit und viel Geld müssen investiert werden, bevor eine neue Rakete auf der Abschussrampe steht oder ein Astronaut in einem neuen Raumanzug einen Weltraumspaziergang unternehmen kann.

Abschussrampe

Die Abschussrampe ist der Startplatz für
▶ Raumfähren und ▶ Raketen. Meist wird
das Raumschiff in einer geschützten Halle
vorbereitet und mit den Startraketen verbunden. Erst wenige Tage vor dem Start wird es
dann auf einer riesigen Plattform langsam zur
Abschussrampe gefahren. Am Startplatz steht
ein großer Versorgungsturm. Der Turm für
die Raumfähre »Spaceshuttle« ist über 100 m
hoch. Von diesem Turm reichen mehrere
schwenkbare Brücken zur Raumfähre hinü-
ber. So können die Astronauten die Pilotenkanzel besteigen und Techniker letzte Vorbe-
reitungen durchführen. Die Raumfähre wird
auch vom Versorgungsturm aus betankt. Kurz
vor dem Start werden alle Verbindungen ge-
kappt. So wird das Raumschiff nicht beschädigt, wenn es abhebt.

Unter der Startplattform verlaufen tiefe
Gräben aus Beton. Dort hinein ist der heiße
Strahl der Startraketen gerichtet. In ihnen
richtet er keinen Schaden an. ■

Der zum Start vorbereitete Spaceshuttle
wird langsam zur **Abschussrampe** gefahren.

Bodenstation

Bodenstationen halten die Verbindung zwischen der Erde und den ▶ Satelliten und
Raumschiffen im Weltraum. Mit empfindlichen Antennen empfangen sie von dort
Funksignale und leiten sie – ebenfalls per
Funk – an das Kontrollzentrum weiter. Dort
laufen die Daten von Bodenstationen aus der
ganzen Welt zusammen. Die Übertragung
der Signale kann einige Minuten dauern.

Im Kontrollzentrum sitzen Wissenschaftler und Techniker, die den Flug eines Raum-
schiffes oder Satelliten überwachen. Auf Bild-
schirmen können sie genau beobachten, wo
sich das Raumschiff befindet, wie schnell es
sich bewegt und wie viel Treibstoff noch im
Tank ist. Sogar die Werte von Puls, Blutdruck
und Atmung der Astronauten werden aus deren ▶ Raumanzügen zur Erde übermittelt.
Wenn etwas nicht nach Plan läuft, gibt das
Kontrollzentrum den Astronauten genaue
Anweisungen, was sie zu tun haben. Bei un-
bemannten Flügen steuert das Personal des
Kontrollzentrums, unterstützt von Computerprogrammen, die Triebwerke der Rakete
direkt. Diese Anweisungen werden an die Bodenstationen geleitet und von dort als Funksignale in den Weltraum geschickt. ■

Im Kontrollzentrum werden die Informationen
vieler **Bodenstationen** gesammelt und verarbeitet.

INFOBOX

**Wo geht's bitte zum
Weltraumbahnhof?**

▶ Flugzeuge heben von Flughäfen ab, Züge rollen aus
Bahnhöfen, aber wo starten
▶ Raketen? Vom Weltraum-
bahnhof! Es gibt auf der Erde
nur wenige solcher Startplätze
für Weltraummissionen, denn
an jedem Startplatz braucht
man aufwendige technische
Einrichtungen. Die amerikanischen ▶ Raumfähren starten
vom Cape Canaveral in Flo-
rida, USA. Die europäischen
Raketen heben in Kourou
ab, das im südamerikanischen
Französisch-Guayana liegt.
Außerdem gibt es noch den
Weltraumbahnhof Baikonur in
Kasachstan und den chinesi-
schen Startplatz Taiyuan.
Im Gegensatz zu einem Flughafen startet eine Rakete
von einem Weltraumbahnhof
meist nur. Nur der Space-
shuttle landet auch wieder in
Cape Canaveral.

Das **Marsmobil** »Sojourner« untersucht einen großen Stein, den die NASA-Wissenschaftler auf den Namen »Yogi« tauften.

Marsmobil

Das Marsmobil »Sojourner« erkundete 1997 für 85 Tage unseren roten Nachbarplaneten. Zum ersten Mal war damit ein ferngesteuertes Fahrzeug auf einem anderen Planeten unterwegs. Bisher untersuchten ▶ Satelliten oder ▶ Sonden andere Planeten oder Trabanten der Sonne nur im Vorbeiflug. Sojourner war nur 65 cm lang und 30 cm hoch, konnte aber mithilfe seiner sehr beweglichen sechs Räder Hindernisse bis zu einer Höhe von 20 cm überqueren. Im Inneren des Marsmobils steckten neben Energieversorgung und Funkausrüstung auch wissenschaftliche Messgeräte. Mit ihnen nahm Sojourner vor allem die Zusammensetzung des Marsgesteins unter die Lupe. Sensoren sammelten Daten über Wind oder Temperatur, ▶ Kameras fotografierten die Marslandschaft. ∎

Mondauto

Als die ersten Astronauten am 20. Juli 1969 den Mond betraten, hatten sie 200 000 km in ihrem Raumschiff zurückgelegt – und mussten dann zu Fuß gehen. Deshalb konnten sie nur relativ wenig der Umgebung erkunden. Das war erst für die Besatzung der Mondmission Apollo 15 anders. Sie nahm ein Mondauto mit auf ihre Reise. Der »Lunar Rover« war ein Elektroauto, mit dem zwei Astronauten auf der Mondoberfläche fahren konnten. Es konnte auf eine Höchstgeschwindigkeit von rund 11 km/h beschleunigen; meist war es aber viel langsamer unterwegs. Die Astronauten David Scott and Jim Irwin legten mit dem Mondauto insgesamt 27,8 km zurück, entfernten sich aber nie weiter als 5 km von der Mondlandefähre. Das Mondauto war 3,10 m lang, aus Aluminium hergestellt und wog nur 210 kg. Trotzdem konnte es 490 kg Ladung transportieren – neben den Astronauten vor allem Gesteinsproben.

Auch die beiden folgenden Mondmissionen Apollo 16 und 17 brachten jeweils ein Elektroauto auf den Mond. Der »Lunar Rover« wurde zusammengeklappt in der Ladebucht der Mondlandefähre transportiert. Die drei Mondautos waren reine Einwegprodukte: Sie blieben mit leeren ▶ Batterien auf dem Mond zurück. Wahrscheinlich sind sie aber noch voll funktionstüchtig und könnten bei einer neuen Mondmission wieder aktiviert werden. ∎

Die **Mondautos** vom Typ »Lunar Rover« wurden nicht mit einem Lenkrad, sondern einem Steuerknüppel gelenkt. Die elektrische ▶ Batterie reichte für maximal 65 km Fahrt. Die Antenne, die so ähnlich aussieht wie ein umgestülpter Regenschirm, übertrug Videosignale zur Erde. Mit einem Preis von 38 Mio. Dollar waren die Mondautos 1971 wohl die teuersten ▶ Autos der Welt.

Rakete

Ob Silvesterrakete oder ▶ Raumfähre: Raketen arbeiten alle mit dem Prinzip des Rückstoßes. Sie stoßen heiße Gase aus und schieben sich dadurch vorwärts. Die heißen Gase entstehen in der Rakete durch die Verbrennung des Treibstoffs. Die großen Antriebsraketen werden meist mit flüssigem Sauerstoff und Wasserstoff betrieben. Diese Stoffe reagieren unter enormer Hitzeentwicklung – bis mehrere Tausend Grad Celsius – miteinander. Kleinere Raketen oder die Hilfsraketen des Spaceshuttles, auch Booster genannt, nutzen feste Treibstoffe. Dabei muss neben dem Treibstoff auch der zur Verbrennung nötige Sauerstoff ebenfalls mitgeführt werden – im Weltall gibt es keinen. Die meisten Raketen sind aus mehreren Antriebsstufen aufgebaut. Ist der Treibstoff in einem Teil verbraucht, wird dieser abgestoßen und das Raketentriebwerk der nächsten Stufe gezündet. So wird kein unnötiger Ballast transportiert. ■

Die russischen Ingenieure montieren ihre **Raketen** horizontal zusammen. Diese »Sojus TMA 2« ist gerade auf dem Weg zur ▶ Abschussrampe.

Die »Ariane 5« ist die leistungsfähigste **Rakete** der europäischen Raumfahrtagentur ESA.

Raumanzug

Bei einem Aufenthalt außerhalb des Raumschiffs muss sich ein Astronaut gut schützen. Im direkten Sonnenlicht wird es bis zu 120 °C heiß, im Schatten bis zu minus 100 °C kalt. Außerdem gibt es im Weltraum keine Luft zum Atmen und ohne Luftdruck würde der Körper der Astronauten schmerzhaft anschwellen. Vor all diesen Gefahren schützt der Raumanzug. Er besteht aus mehreren Schichten robusten, luftdichten Materials. Eine spezielle Unterwäsche für den ganzen Körper ist mit kleinen Schläuchen durchzogen, in denen Kühlflüssigkeit zirkuliert. Die äußerste Schicht des Raumanzuges ist so widerstandsfähig, dass sie auch dem Beschuss von winzigen Meteoriten standhält. Der Astronaut atmet im Anzug reinen Sauerstoff. ■

In einem **Raumanzug** arbeiten die Astronauten bis zu sechs Stunden außerhalb des Spaceshuttles.

Raumfähre

Am 12. April 1981 ging für viele Raumfahrtingenieure ein großer Traum in Erfüllung: Die Raumfähre »Columbia« startete zu ihrem ersten Flug ins All. Das Besondere an diesem raketengetriebenen Raumfahrzeug war allerdings nicht der Start, sondern die Landung zwei Tage später. Die »Columbia« segelte auf dem Rückflug wie ein ▶ Flugzeug durch die Luft und setzte wohlbehalten auf dem Weltraumbahnhof Cape Canaveral auf. Bis zu diesem Zeitpunkt waren Astronauten immer nur mit »Einmal-Raketen« ins Weltall gereist. Der Spaceshuttle, wie die Raumfähre auf Englisch heißt, kann aber fast vollständig für neue Flüge wieder verwendet werden.

Das Herzstück des Spaceshuttles ist der flugzeugähnliche Orbiter. Für den Start ist er mit einem großen Außentank verbunden, in

In einer Raumfähre gibt es nur selten Pizza, wie bei dieser Werbeaktion. Alles was nicht befestigt ist, schwebt im **Kabineninneren** umher.

dem flüssiger Sauerstoff und Wasserstoff lagern. Zusätzlich sorgen beim Abheben zwei Feststoffraketen, die Booster, für den nötigen Schub. Nach 2 min Flug hat die Raumfähre eine Höhe von 45 km erreicht. Zu diesem Zeitpunkt sind die Booster ausgebrannt und werden von der Raumfähre getrennt. Genau 8 min und 30 s nach dem Start ist der große Außentank leer und wird abgekoppelt. Nach einer weiteren halben Stunde schwenkt der Spaceshuttle mit seinen kleinen Hilfstriebwerken auf eine stabile Umlaufbahn in 300 bis 500 km Höhe ein.

Die Raumfähre kann höchstens 28 Tage im All bleiben. In dieser Zeit führen die Astronauten verschiedene Aufgaben aus. Wenn sie in der großen Ladebucht einen ▶ Satelliten mitgebracht haben, wird dieser freigesetzt. Defekte Satelliten oder das ▶ Weltraumteleskop »Hubble« können die Astronauten vor Ort reparieren. In Ausnahmefällen fangen sie sogar einen Satelliten ein und bringen ihn wieder mit auf die Erde. Während des Fluges

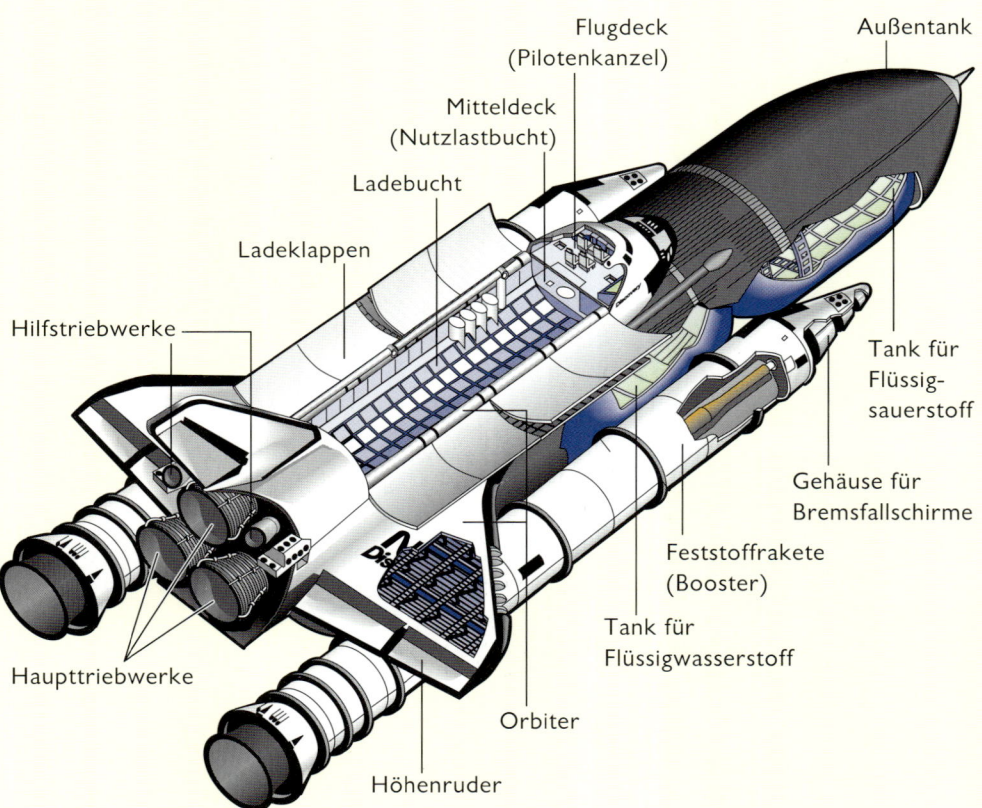

Flugdeck (Pilotenkanzel)
Mitteldeck (Nutzlastbucht)
Ladebucht
Ladeklappen
Hilfstriebwerke
Haupttriebwerke
Höhenruder
Orbiter
Tank für Flüssigwasserstoff
Feststoffrakete (Booster)
Gehäuse für Bremsfallschirme
Tank für Flüssigsauerstoff
Außentank

Die Pilotenkanzel einer **Raumfähre** ist sehr eng. Vor dem Start darf sie nur in Schutzkleidung betreten werden. Verunreinigungen könnten sonst die Funktionen beeinträchtigen.

werden in der Raumfähre auch wissenschaftliche Experimente durchgeführt. Ähnlich wie eine ▶ Raumstation hat auch der Spaceshuttle einen Raum zum Schlafen, Essen und Waschen. Für ihren Flug müssen die Astronauten alles von der Erde mitbringen – auch die Luft zum Atmen.

Die Rückkehr zur Erde ist der heikelste Teil einer Mission. In der Erdatmosphäre wird die Raumfähre durch die Luft stark abgebremst. Ihre Unterseite heizt sich dabei bis auf 1600 °C auf und muss deshalb durch spezielle Hitzekacheln vor dem Verglühen geschützt werden. ◾

INFOBOX

Raumfahrt ist gefährlich

Bislang sind sechs Raumfähren vom Typ »Space Shuttle« gebaut worden. Zusammengenommen sind sie über einhundertmal in den Weltraum gestartet. Zwei Missionen endeten allerdings mit Unfällen. Am 28. Januar 1986 explodierte die Raumfähre »Challenger« nur 73 s nach dem Start. Eine defekte Dichtung an einer der Feststoffraketen führte zu dem Unglück.
Am 1. Februar 2003 verunglückte die »Columbia« bei der Rückkehr aus dem Weltall. Wahrscheinlich war ein kleiner Schaden am Flügel für das Auseinanderbrechen der Raumfähre verantwortlich.

Die amerikanische **Raumfähre** »Atlantis« beim Start. Der Orbiter, der braune Außentank und die beiden Feststoffraketen wiegen zusammen rund 2000 t.

Raumstation

Eine Raumstation ist das Zuhause der Astronauten, die längere Zeit im Weltraum bleiben. Sie bietet Luft zum Atmen und moderate Temperaturen, sodass sich Menschen in ihr ohne ▶ Raumanzug aufhalten können. Richtig komfortabel ist sie allerdings nicht. Das Wohnmodul der Internationalen Raumstation ISS ist gerade einmal 13 m lang und 4 m breit, also in etwa so geräumig wie ein großer Reisebus. Im Normalfall beherbergt es eine Besatzung von drei Astronauten für mehrere Monate. Wenn »Besuch« von der Erde kommt, drängen sich dort bis zu sieben Personen – und das unter Umständen für mehrere Tage.

Die ersten Raumstationen boten noch weniger Platz. Diese Stationen vom Typ »Saljut« wurden ab 1971 von der Sowjetunion in den Weltraum geschossen. 1973 legten die Amerikaner mit der Raumstation »Skylab« nach. All diese Stationen hielten sich aber bestenfalls einige Jahre in der ▶ Umlaufbahn und verglühten dann bei ihrem Sturz auf die Erde.

Die erste richtige Langzeitstation war die sowjetische »Mir«. Seit die ersten Menschen sich 1986 in ihr einrichteten, arbeiten dort ununterbrochen mindestens zwei Astronauten. Bis zum Jahr 2001 wurde die »Mir« genutzt. Seitdem hat die Internationale Raumstation ISS ihre Aufgabe übernommen.

Die ISS ist eigentlich noch im Bau. Dass sie trotzdem schon genutzt werden kann, verdankt sie ihrer Zusammensetzung nach dem Baukastenprinzip. Um bewohnt zu werden, reichen im Grunde schon drei Bausteine: das Wohnmodul, eine Versorgungseinheit und ein Verbindungsstück. Die Module sind wie Lego-Steine aneinander gestöpselt. Im Wohnmodul gibt es Betten, Tische, eine Küche und eine Dusche. In der Versorgungseinheit lagern ein Teil des Treibstoffs und der Werkzeuge, die zum Betrieb der Station nötig sind. Über das Verbindungsstück können eine ▶ Raumfähre, ein Teil einer Versorgungsrakete (▶ Rakete) oder wissenschaftliche Labormodule angekoppelt werden.

Die **Internationale Raumstation ISS** umkreist die Erde in einer mittleren Höhe von 400 km. Energie gewinnt sie mit ihren großen Sonnensegeln.

Wie groß ist die Schwerkraft in einer Raumstation?

1. Im Weltraum gibt es keine Schwerkraft.

2. Sie ist halb so groß wie auf der Erde.

3. Sie ist fast genauso groß wie auf der Erde.

Antwort 3: In einer ◀ Raumfähre oder in einer Raumstation in 400 km Höhe ist die Anziehungskraft der Erde fast genauso stark wie auf der Erde. Die Astronauten rasen aber mit einer Geschwindigkeit von rund 27 000 km/h voran. So stürzen sie im freien Fall zur Erde, wegen der hohen Geschwindigkeit aber immer daran vorbei und scheinen deshalb zu schweben.

Das Leben im Weltraum ist für die Astronauten oft beschwerlich. Beim Essen müssen alle sehr gut Acht geben, dass Teile der Nahrung nicht einfach davonfliegen. Aus demselben Grund müssen die Schlafsäcke der Astronauten festgezurrt werden. Zum Duschen und für den Gang zur Toilette hat die Raumstation ausgetüftelte Apparate – alles wird mit Unterdruck abgesaugt. Der Urin und die Atem-Feuchtigkeit der Astronauten werden übrigens gesammelt. Aus dem darin enthaltenen Wasser lässt sich nämlich ein Teil des Sauerstoffs gewinnen, den die Menschen auf der Raumstation zum Atmen brauchen.

Wenn die Besatzung der ISS nicht damit beschäftigt ist, die Raumstation zu erweitern, dann arbeiten die Astronauten in einem der Labormodule. Dort führen sie viele wissenschaftliche Experimente durch, die nur in der Schwerelosigkeit möglich sind. ■

Um die **Raumstation ISS** zusammenzubauen, sind auch Arbeiten außerhalb der Station notwendig.

Die **Raumstation »Mir«** wurde im Jahr 2001 aufgegeben und verglühte bei Eintritt in die Erdatmosphäre.

Der **Nachrichtensatellit** »Leasat 5« kreist auf einer Umlaufbahn in 36 000 km Höhe um die Erde. Er wird vor allem vom amerikanischen Militär genutzt.

REKORDE

Reise ohne Wiederkehr

Seit mehr als 30 Jahren ist die Raumsonde »Pioneer 10« im Weltraum unterwegs. Sie erforschte die Planten Jupiter, Uranus, Pluto und Neptun. Im Juni 1983 verließ »Pioneer 10« dann unser Sonnensystem und befindet sich seither auf dem Weg in das freie Weltall. Obwohl der Funksender von »Pioneer 10« mit acht Watt nur die Leistung einer elektrischen Weihnachtsbaumkerze hat, gelingt es immer wieder, seine Signale aufzufangen. »Pioneer 10« hat etwas Besonderes an Bord: eine gezeichnete Botschaft. Sie zeigt eine Frau und einen Mann sowie einen Lageplan der Erde im Weltall. Als möglicher Finder kommt nur einer in Frage – ein Außerirdischer.

Satellit

In der Astronomie und Raumfahrt bezeichnet das Wort Satellit einen kleinen Himmelskörper, der einen großen umkreist. So ist der Mond ein natürlicher Satellit der Erde. Mittlerweile umkreisen mehr als 3500 künstliche Satelliten unseren Planeten und erfüllen sehr spezielle Aufgaben. Manche übertragen mit ihren Antennen Fernsehbilder (▶ Fernseher) und Telefongespräche (▶ Telefon) von Kontinent zu Kontinent, andere beobachten das Wetter oder erforschen das Sonnensystem. Es gibt Satelliten, die wissenschaftliche Daten über die Erdatmosphäre, die Ozeane und das Leben auf der Erde sammeln, und Spionagesatelliten mit hoch empfindlichen ▶ Kameras.

Je nach Aufgabe kreisen sie in verschieden hohen ▶ Umlaufbahnen. Dorthin werden sie entweder von einer ▶ Rakete oder einer ▶ Raumfähre transportiert. Damit sie auf dieser Bahn auch dauerhaft bleiben, haben Satelliten ein kleines Steuertriebwerk. Damit korrigieren sie von Zeit zu Zeit ihren Kurs. Wenn der Treibstoff nach einigen Jahren aufgebraucht ist, geht auch das aktive Leben eines Satelliten zu Ende. In der Zwischenzeit erzeugt er den Strom, den er für seinen Betrieb braucht, mit ▶ Solarzellen aus dem Sonnenlicht. ■

Die **Raumsonde** »Lunar Prospector« startete 1998 zum Mond. Unter der weißen Abdeckung liegen Funkantennen für die Verbindung zur Erde.

Sonde

Raumsonden erforschen auf langen Missionen die Himmelskörper unseres Sonnensystems. Sie fotografieren und untersuchen ihre Zielobjekte im Vorbeiflug. Ihre Beobachtungen funken sie zu den Bodenstationen auf der Erde. Die Raumsonde »Galileo« beobachtete auf ihrem achtjährigen Flug die Planeten Venus und Jupiter, zwei Asteroiden und den Jupiter-Mond Io. Manche Raumsonden landen sogar auf anderen Planeten. So haben wir Bilder und Gesteinsanalysen von Venus und Mars erhalten.

Raumsonden werden mit ▶ Raketen in den Weltraum geschossen. Meist fliegen sie auf ihrem Weg nah an Monden und Planeten vorbei, um deren Anziehungskraft zu nutzen. So können sie ihre Geschwindigkeit erhöhen und den Kurs ändern. Wenn sie sich weit von der Sonne entfernen, reichen ▶ Solarzellen nicht mehr aus, um sie mit Energie zu versorgen. Deshalb haben solche Raumsonden besonders leistungsstarke ▶ Batterien, die aus dem Zerfall radioaktiver Stoffe Energie gewinnen. ■

Das **Weltraumteleskop** »Hubble« gewinnt seine Energie mit zwei großen Sonnensegeln. Ein Klappdeckel schützt den Spiegel des Teleskops.

Umlaufbahn

▶ Satelliten, ▶ Raumfähren und ▶ Raumstationen schweben nie bewegungslos im Weltraum. Sie müssen stets mit einer rasenden Geschwindigkeit unterwegs sein, um ihre Umlaufbahn um die Erde zu halten. So stellt sich ein Gleichgewicht zwischen zwei Effekten ein: Zum einen will jedes Flugobjekt stur geradeaus fliegen, zum anderen zieht die Erde mit ihrer Anziehungskraft an ihm.

Durch diese Kraft werden die Flugbahnen von Raumfähren und Satelliten gerade so gekrümmt, dass diese in einer kreisförmigen oder elliptischen Bahn um die Erde kreisen. Dabei gilt die Faustregel: Je näher diese Umlaufbahn an der Erde liegt, desto schneller muss der Raumflugkörper fliegen. Die Raumstationen und einige der wissenschaftlichen Beobachtungssatelliten kreisen auf Umlaufbahnen in 250 bis 400 km Höhe. Dort rasen sie in rund 90 min mit einer Geschwindigkeit von 27 000 km/h einmal um die Erde.

Die geostationäre Umlaufbahn ist besonders wichtig. Sie verläuft in 36 000 km Höhe. Dort muss ein Satellit sich »nur« mit einer Geschwindigkeite von 10 000 km/h bewegen. Für eine Umkreisung der Erde braucht er genau einen Tag. Da sich die Erde in dieser Zeit einmal um sich selbst gedreht hat, scheint der Satellit am Himmel still zu stehen. Das ist besonders wichtig, wenn er Daten zwischen zwei bestimmten Gebieten übertragen soll. ■

Weltraumteleskop

Jahrhundertelang haben Menschen fasziniert die Sterne mit Fernrohren und Teleskopen von der Erde aus beobachtet. Der beste Ort für die Beobachtung des Weltalls ist jedoch das Weltall selbst. Weder Wolken noch Turbulenzen der Luft stören dort die Beobachtungen.

Im Jahr 1990 wurde deshalb ein großes Weltraumteleskop von einer ▶ Raumfähre in eine Umlaufbahn in 610 km Höhe gebracht. Die Konstrukteure benannten dieses Teleskop nach dem amerikanischen Astronomen Edwin Hubble. Das Herzstück jedes Teleskops ist ein großer Spiegel. Bei »Hubble« hat dieser Spiegel einen Durchmesser von 2,4 m. Das ist nicht außergewöhnlich groß, doch die Astronomen erwarteten zehnmal so scharfe und genaue Bilder wie von den Teleskopen auf der Erde. Zunächst stellte sich aber heraus, dass beim Bau Fehler passiert waren – »Hubble« war kurzsichtig. In einer weiteren Mission einer Raumfähre reparierten Astronauten das Teleskop. Seitdem hat es viele Bilder von fernen Galaxien, Sternen und astronomischen Nebeln geschossen. Jeden Tag sendet das Weltraumteleskop so viele Daten zur Erde, wie auf drei Standard-DVDs passen.

»Hubble« soll noch bis zum Jahr 2010 tief in den Weltraum spähen. Sehr wahrscheinlich wird es dann durch ein noch stärkeres Weltraumteleskop abgelöst. Das James-Webb-Teleskop soll einen Spiegel mit 6,5 m Durchmesser haben. ■

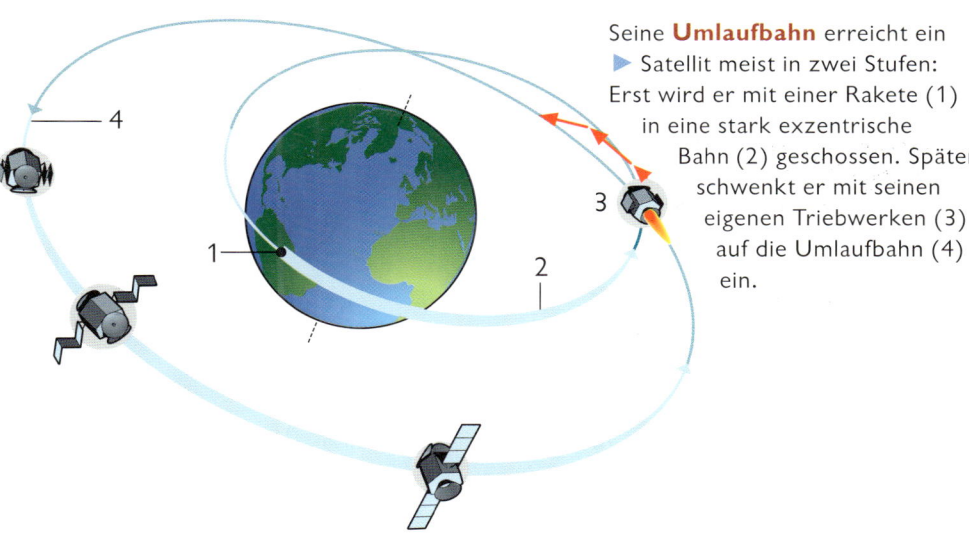

Seine **Umlaufbahn** erreicht ein ▶ Satellit meist in zwei Stufen: Erst wird er mit einer Rakete (1) in eine stark exzentrische Bahn (2) geschossen. Später schwenkt er mit seinen eigenen Triebwerken (3) auf die Umlaufbahn (4) ein.

Technik von Morgen

Wie könnte unsere Welt morgen aussehen? Welche Erfindungen könnten in Zukunft unser Leben vereinfachen? Wissenschaftler verschiedener Forschungsbereiche arbeiten daran, ihre Ideen für die »Technik von Morgen« erfolgreich umzusetzen.

Eine der zentralen Fragen in der Forschung ist zum Beispiel, welche Möglichkeiten zur Energiegewinnung es zukünftig geben könnte. Denn mit der Zeit schrumpft der Vorrat an Brennstoffen, die zum Betrieb der Kraftwerke nötig sind. Eine Alternative wäre die Kernfusion: Mit der Verschmelzung bestimmter Atomkerne ließen sich riesige Mengen an Energie erzeugen. Für diesen Prozess sind lediglich bestimmte Wasserstoffe als Rohstoff nötig. Und Wasserstoff lässt sich leicht aus Wasser gewinnen.

Die Brennstoffzelle könnte ein Energiespeicher von Morgen sein und so Akkus und Batterien ersetzen. Sie wäre nicht nur in der Lage, Transportmittel wie Autos oder Schiffe mit Energie zu versorgen, sondern könnte auch als Stromlieferant für elektrische Geräte dienen.

Andere Forscher träumen davon, Maschinen das Denken beizubringen: Roboter mit künstlicher Intelligenz könnten zum Beispiel im Haushalt oder bei der Pflege alter und kranker Menschen mithelfen. Auch in der Medizin wird es sicher große Fortschritte geben: Vielleicht müssen wir uns in Zukunft nicht mehr vor Krankheiten fürchten. Wissenschaftler der Gentechnik arbeiten an Behandlungsmethoden, mit deren Hilfe sich vielleicht sogar Krebs und Erbkrankheiten heilen lassen. Andere Forscher entwickeln winzig kleine Maschinen, die so genannten Nanomaschinen, die durch unseren Blutkreislauf flitzen und uns vor Krankheiten schützen könnten.

In der Raumfahrt werden Brennstoffzellen schon seit über 40 Jahren eingesetzt, um ▶ Raumfähren mit Energie zu versorgen. In Zukunft könnten Brennstoffzellen aber auch auf der Erde zum umweltfreundlichen Energiespeicher werden: Sie sollen Häuser mit Strom und Wärme versorgen. Tragbare Mini-Brennstoffzellen könnten auch ▶ Batterien und Akkus ersetzen – zum Beispiel in ▶ Laptops.
Entwickler arbeiten außerdem an Brennstoffzellen-Antrieben für ▶ Autos oder Schiffe. Erste Prototypen wie in diesem 12 m langen Schiff »No. 1« (siehe Bild) gibt es bereits.

Selbst Klebstoff haftet nicht auf einem **Lotusblatt**, sondern perlt ab.

Bionik

Das Wort Bionik setzt sich aus »Biologie« und »Technik« zusammen: Bioniker versuchen, Merkmale aus der Natur auf technische Anwendungen zu übertragen. Denn oft findet man die besten Ideen in der Natur, wie zum Beispiel den Lotus-Effekt. Die Lotus-Blume hat eine besondere Eigenschaft: Auch im schlammigen Wasser hat sie saubere Blätter. Dies ermöglicht ihre außergewöhnliche Oberfläche, an der das Wasser abperlt und dabei den Schmutz von den Blättern mitnimmt. Wissenschaftler haben diese Oberfläche nachgebildet – schon heute gibt es Hausaußenfarbe mit Lotusblatt-Effekt. Andere Forscher untersuchen die Bewegungen von Tieren, etwa für Verbesserungen in der ▶ Robotertechnik.

Brennstoffzelle

Die Brennstoffzelle ist ein Energiespeicher – ähnlich wie eine ▶ Batterie.

Sie enthält Wasserstoff und Sauerstoff. Die Wasserstoff- und die Sauerstoffteilchen verbinden sich in der Brennstoffzelle zu Wasser. Bei diesem Prozess wird Energie in Form von elektrischem Strom frei, der zum Beispiel zum Antrieb von elektronischen Geräten genutzt werden kann. Weil das einzige Abfallprodukt Wasser ist und keine Abgase entstehen, sind Brennstoffzellen umweltfreundliche Stromerzeuger. In einigen Gebieten, wie der Raumfahrt, werden Brennstoffzellen bereits erfolgreich eingesetzt. Viele andere Einsatzmöglichkeiten sind denkbar, doch müssen Forscher noch an der Alltagstauglichkeit der Brennstoffzellen arbeiten.

Die Wissenschaftler der Bioelektronik befassen sich mit der Kombination von biologischen Elementen und elektronischen Bauteilen. Ein großes Ziel der Forscher ist es, das menschliche Gehirn mittels einer besonderen Schnittstelle mit mechanischen oder elektronischen Geräten zu verbinden und diese nur mit der Kraft der Gedanken zu bedienen. Damit könnte es in Zukunft beispielsweise möglich werden, dass querschnittsgelähmte Menschen ihre Prothese oder ihren Rollstuhl bewegen, indem sie in ihrem Gehirn entsprechende Befehle formulieren.

In der **Bionik** dienen die Bewegungen von Tieren als Vorbild.

Brennstoffzellen können auch ▶ Laptops mit Energie versorgen.

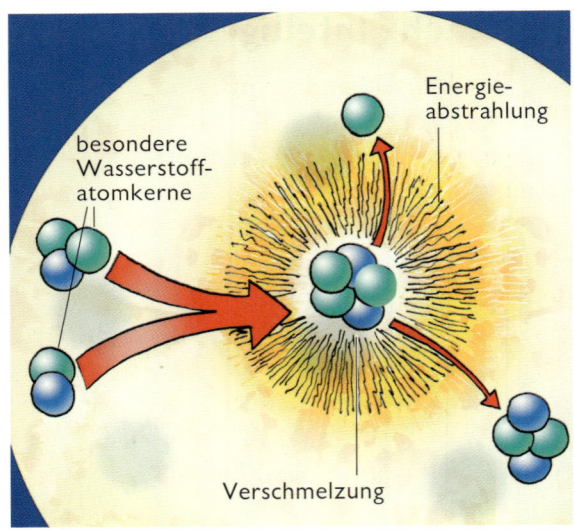

Bei der **Kernfusion** verschmelzen zwei Wasserstoffkerne und setzen dabei sehr viel Energie frei.

Forscher wenden **Gentechnik** bei Pflanzen an, sie können so zum Beispiel in ihrem Aussehen oder Geschmack verändert werden.

Gentechnik

Alle Merkmale eines Lebewesens sind im Erbgut gespeichert. Das Erbgut ist im Kern jeder Zelle des Körpers vorhanden – in Form einer langen Molekülkette, der so genannten DNA-Helix. Die jeweiligen Erbinformationen befinden sich in bestimmten Abschnitten der Molekülkette, den Genen. Die Gentechniker versuchen, gezielt in die Gene einzugreifen und diese zu verändern.

Die Gentechnik spielt unter anderem eine wichtige Rolle in der Medizin: Bei der Gentherapie wird gezielt in das menschliche Erbgut eingegriffen. So könnte man in Zukunft vielleicht Erbkrankheiten heilen. Die Gentechnik ist umstritten, da noch nicht vollständig geklärt ist, welche Nebenwirkungen bei Veränderungen des Erbguts auftreten können.

Kernfusion

Rohstoffe zur Energiegewinnung werden mit der Zeit immer knapper. Deshalb suchen Wissenschaftler Alternativen zu herkömmlichen ▶ Kraftwerken. Eine Möglichkeit ist die so genannte Kernfusion.

Für die Kernfusion benötigt man besondere Wasserstoff-Atomkerne. Wenn zwei dieser Kerne miteinander verschmelzen, wird sehr viel Energie freigesetzt. Solch eine Verschmelzung ist allerdings schwer umzusetzen: Ein Problem ist, dass die Kerne auf über 100 Mio. °C erhitzt werden müssen – das ist heißer als die Sonne. Ein anderes ist, die Teilchen auf so engem Raum zusammenzuhalten. Noch ist es den Forschern nicht gelungen, mit der Kernfusion über einen längeren Zeitraum Energie zu gewinnen. ◼

In **Fusionsmaschinen** wird sehr viel Energie frei.

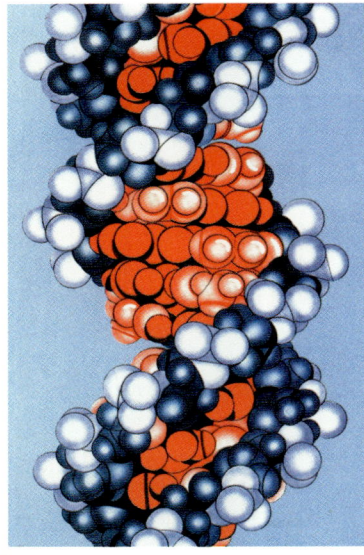

Alle Erbinformationen sind in den Genen in der **Doppelhelix** eines DNA-Strangs gespeichert.

Künstliche Intelligenz

In vielen Filmen sind sie nichts Ungewöhnliches: Maschinen, die sich nicht nur bewegen und verhalten wie Menschen, sondern auch selbstständig denken. Doch in Wirklichkeit sind die Wissenschaftler noch weit von der erfolgreichen Entwicklung derartiger ▶ Roboter mit künstlicher Intelligenz entfernt.

Heutige Roboter sind bereits in der Lage, eine Reihe von Aufgaben und Bewegungen zu wiederholen. So kann beispielsweise der kleine Roboter-Hund AIBO seinen Besitzer erkennen und auf dessen Befehle reagieren.

Maschinen mit künstlicher Intelligenz könnten zum Beispiel als Haushaltshilfen oder zur Pflege von alten und kranken Menschen eingesetzt werden. Doch die Anforderungen an solche Maschinen sind hoch: Unter anderem müssen sie Kontakt zu ihrer Umwelt aufnehmen, die so gesammelten Eindrücke in einem Rechner verarbeiten und in einer Art Gedächtnis speichern. Wichtig sind auch Lernfähigkeit und Reaktion auf die Umwelt. Für all das ist noch viel Forschungsarbeit nötig. ■

Dank **künstlicher Intelligenz** vielleicht möglich: Roboter, die sich wie Menschen verhalten.

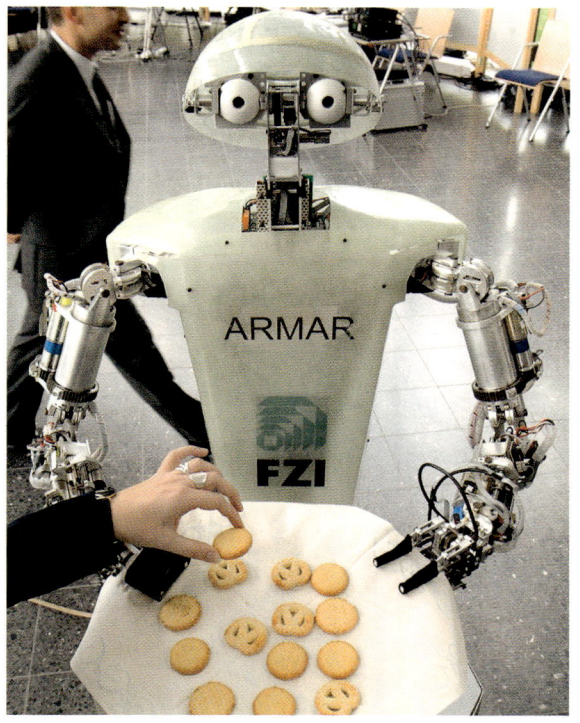

Nanomaschinen

Wissenschaftler arbeiten daran, so genannte Nanomaschinen herzustellen. Die Vorsilbe »nano« stammt aus dem Griechischen und bedeutet so viel wie »Zwerg«. Nanomaschinen sind also »Zwergmaschinen« – sie sind so winzig klein, dass sie noch nicht einmal mit einem herkömmlichen Lichtmikroskop (▶ Mikroskop) gesehen werden können.

Nanomaschinen könnten in Zukunft zum Beispiel im Inneren des menschlichen Körpers arbeiten: Mit ihrer Hilfe könnte man Blutgerinnsel beseitigen oder Medikamente direkt zu der kranken Stelle transportieren, an denen der Körper sie benötigt. Einige Forscher träumen sogar davon, dass irgendwann ganze Fabriken mit Nanomaschinen im Körper arbeiten und so Krankheiten heilen. ■

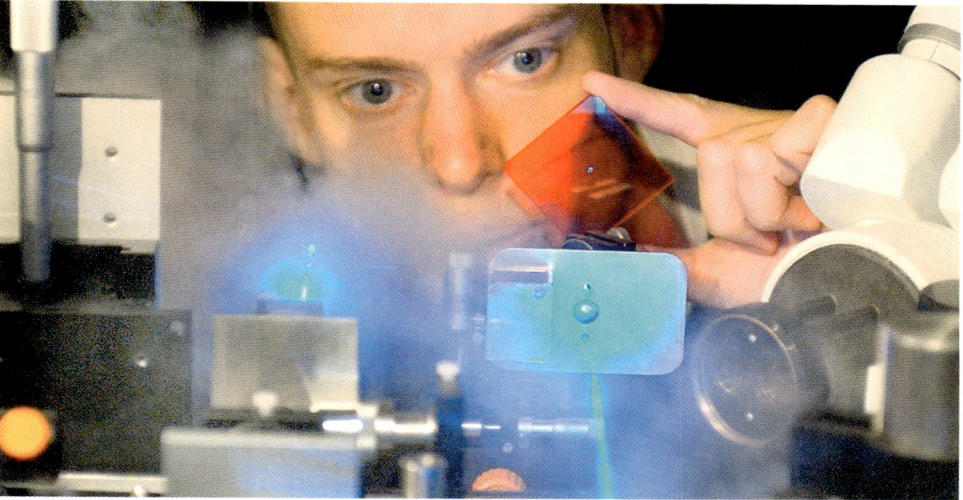

Eine große Herausforderung für die Forscher: Sie müssen Verfahren entwickeln, um die winzigen **Nanomaschinen** herstellen zu können.

INFOBOX

Der kleinste Stier der Welt

Noch immer ist eine große Herausforderung für Forscher, Nanomaschinen herzustellen. Denn dafür müssen sie nicht nur geeignete Apparate und Verfahren entwickeln – die Nanomaschinen müssen auch mit einer Art ▶ Motor ausgestattet werden, damit sie sich fortbewegen können. Es gibt also noch viele Hürden zu bewältigen.

Einen kleinen Erfolg konnten Wissenschaftler in Japan aber inzwischen erzielen: Sie stellten die kleinste Stiersculptur der Welt her. Sie hat die Größe eines Blutkörperchens. Dabei gewannen die Forscher wertvolle Erfahrungen für die Entwicklung von Nanomaschinen.

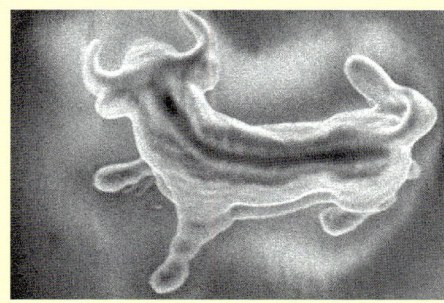

Stichwortverzeichnis

Alle Einträge im Stichwortverzeichnis findest du auch in diesem Buch.
Die Zahl dahinter gibt an, auf welcher Seite du Informationen zu den
gesuchten Geräten, Instrumenten oder Maschinen findest. Fettgedruckte
Zahlen bedeuten: Dieses Stichwort hat einen eigenen Lexikoneintrag.

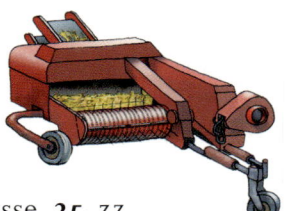

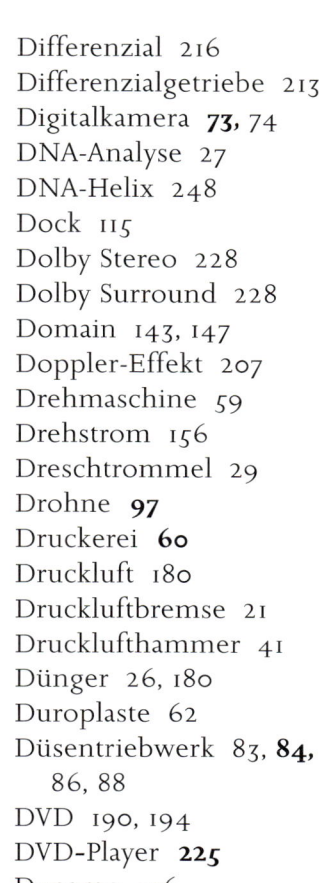

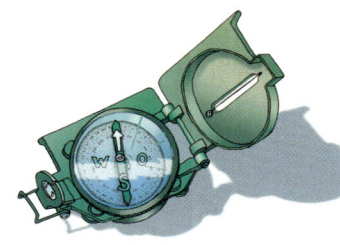

Stichwortverzeichnis

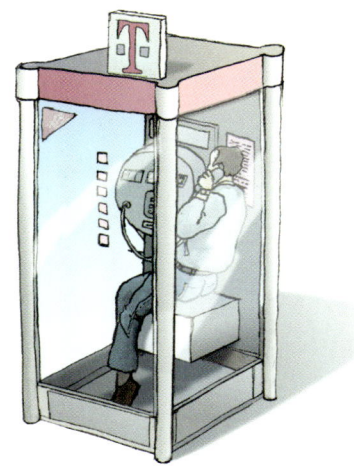

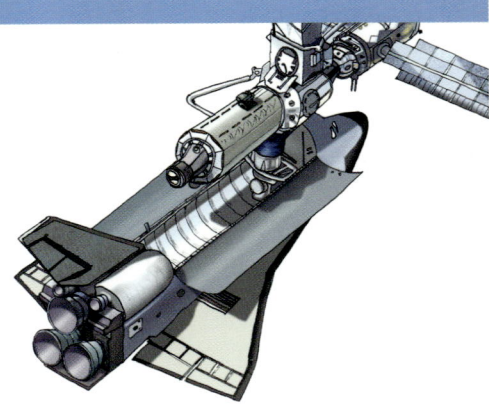

Bildquellenverzeichnis

Reproduktionsgenehmigungen für Abbildun-
gen künstlerischer Werke von Mitgliedern
und Wahrnehmungsberechtigten wurden er-
teilt durch die Verwertungsgesellschaft
BILD-KUNST/Bonn.